- Top Left -

Wall Street Kartalını Vurun

For Mr. Fevzi Chakmak

Ryo Kuroki

1 Jan. 2011

Bizim Kitaplar : 88
Dünya Edebiyatı / Roman

ISBN 978-9944-159-97-5

Yayınevi Sertifika No: 14933

Genel Yayın Yönetmeni
D. Ali Gültekin

Yayın Yönetmeni
Ayan Demirdağ

Editör
Mustafa Sürmeli

Sayfa Düzeni
Özlem Özkan

Kapak Tasarımı
Hüseyin Özkan

Baskı Cilt
Step Ajans Matbaacılık
0212 446 88 46

BİZİMKİTAPLAR

Ankara Cad. Konak Han No:43/5
Eminönü-Fatih / İstanbul
Tel: +90 212 528 35 51 Fax: +90 212 528 35 52
www.bizimkitaplar.com.tr
bizimkitaplar@bizimkitaplar.com.tr

- Top Left -

Wall Street Kartalını Vurun

RYO KUROKI

Çeviri

H. Can Erkin

BİZİM KİTAPLAR
İSTANBUL - 2010

"1986 ve 1987 yıllarında finansla uğraşanlar arasında yaygınlaşan iç mekân oyunu, yüzyılın son anlarında bulunduğumuz günümüzde ilk on sıradaki bankayı listelemek üzerine kuruluydu. Yaygın kabul gören önkoşul, finans pazarının küreselleşmesi ile birlikte ufak tefek banka ve finans hizmeti işletmelerinin irileşip dünya ölçeğinde birleşerek, bu finans kuruluşlarının finans alanında yeni "tekelleşme" kurgusunu ortaya koyacağıydı... Şu iki şirketin ilk on sıraya gireceği söylenmektedir: City Corp ve Nomura Capital. Daha sonra adı en çok geçenler Deutsche Bank, Solomon Brothers, Morgan Garanty'dir. Credit Swiss First Boston ile Amerikan yatırım ve İsviçre bankalarıdır. Sonraki sıraları İngiltere, Avrupa ve Japon bankaları alır. Çoğu insan bunlar arasından 21. yüzyıl bankasının çıkacağına inanmaktadır."

Roy C. Smith

"Uluslararası Finans Dünyasının Perde Arkası (1989)"

Prolog

Londra'da finans merkezi Canon Caddesi'nden Thames Nehri'ne doğru inen yokuşun ortalarında bir yerdeki Tallow Chandler Hall, Mum Üreticileri Toplantı Binası. Eski lonca merkezi.

Zamana karşı verdiği mücadelenin izlerini taşıyan ahşap binanın iç dekorasyonunda Ortaçağ'a kadar ulaşan tarihi tüm ihtişamıyla hissedebilmek mümkün.

Yüzeylerindeki kat kat vernikle ışıldayan duvarlar ve sütunlar. Duvara asılı rengi atmış bir eski Londra haritası. Parlatılmış bir ahşap masa, kahverengi deri kaplı sandalyeler. Yüzlerce yıllık zamanı aşıp gelen, ışıl ışıl gümüş takımlar.

Yüksek tavanlı toplantı salonunda koyu renk takım elbiseli elli adam bir araya gelmiş.

Tavana yakın pencereden loş salona bir ışık hüzmesi giriyor. Masanın üstüne kalın finans sözleşme dosyaları yığılmış, sıralanan küçük bayraklar düzenlenmiş çiçek görünümünde.

Her bir ülkenin finans kuruluşları tarafından seçilmiş, Avro pazarının hakimiyeti için defalarca ölüm-kalım mücadelesi vermiş adamlar...

"*The Most Exclusive Club in London.*" Londra'da girilmesi en zor klüp olarak adlandırılan uluslararası finans piyasası.

"Haydi, şerefe!"

Tanrıya adanan bir kurbanı kutlarcasına, elli kişilik uluslararası finans çetesi aynı anda kadehlerini kaldırıyor. Ardarda patlayan flaşlarla birlikte bir heyecan dalgası yayılıyor. Havada sıralanan şampanya kadehleri, karanlık gecelerde gökyüzünde ışıldayan yıldızlar gibi parıltılar saçıyor.

Uluslararası sendikasyon kredisinin final sahnesi, imza töreni.

Adamların yaşadığı gurur bu anda zirveye çıkıyor.

Sendikasyon için vekalet akdi kapma yarışı, yürütme kurulunun oluşturulması, genel sendikasyon, dökümantasyon aşamalarından oluşan altı aylık mücadele sonrasında, şu an sanki bir destana son nokta konuluyor.

Bardaklarını boşaltan adamların sırtını, savaş alanında yaşanan zafer duygusunun heyecanı gibi bir ürperti kaplıyor.

Nereden çıktı bu adam?

Tallow Chandler Hall'daki imza töreni ve sonrasındaki öğlen yemeğinin ardından bürosuna dönen Co Tatsuhana'nın yüzünde düşünceli bir ifade vardı.

Etrafı cam duvarlarla çevrilmiş yirmi metrekare genişliğinde ofis odası. Amerika'nın önde gelen yatırım bankalarından Morgan Drexler'ın Avrupa Kredi Sendikasyon Bölümü'nün başındaki Tatsuhana'nın odası. Odadaki raflarda *tombstone*lar neredeyse üstüste yığılmış olarak duruyor.

Tombstone...Kredi alan tarafın adı, kredinin toplam miktarı, ana kreditör banka adı, üstlenen bankaların adı ve sıradan katılımda bulunan diğer bankaların adının yazılı olduğu cep kitabı büyüklüğünde bir kağıdın yerleştirildiği iki santim kadar kalınlığı olan şeffaf akrilik bir süs. Şekli Batılıların mezar taşlarına benzediği için bu şekilde adlandırılıyor. Ana

Banka'nın adı sürekli yatırım bankası grubunun en üstünde sola '*Top Left*' kısmına yazılıyor. Uluslararası finans dünyasında çalışanlar bu '*Top Left*' (sol üst köşe) kısmına adlarını yazdırmak için kıyasıya mücadele ederler.

O adam neden, G F Capital'in Avrupa tüketici finans pazarına göz dikip, oyunun o taşla açıldığına varana kadar biliyordu ki?

Tatsuhana'nın aklına takılan, imza töreninde karşılaştığı İbuki adlı adamdı.

O gün, Amerika'nın devasa finans kuruluşu G F Motor Finans Avrupa şirketi için 1 Milyar dolarlık astronomik bir kredi imza edilmişti. İbuki, o imza töreninde ortaya çıkan kırklı yaşlarının ortalarında bir Japon'du. Hafifçe uzun boylu, üstüne tam oturan lüks takım elbisesi, yüzünden hiç eksilmeyen gülümsemesiyle sıradan Japonlardan farklı bir izlenim bırakan bir adamdı. Hem İngilizce, hem de Japonca ile gereksiz tek bir sözcük kullanmadan, nasıl olduğu anlaşılamayacak kadar kestirme bir yolla tartışmanın esas sorununa dalarkenki konuşma tarzı, sıradışı bir bilgi düzeyi ve uluslararası iş dünyasında engin bir deneyimi olduğu hissi uyandırıyordu.

G F Motor Finans Avrupa, dışarıya karşı İngiltere'de otomobil satışı finans sektöründe faaliyet gösteren bir şirket. Fakat, yakın gelecekte, konut ipotek kredisi, otomobil kredisi, bireysel kredi gibi her türlü tüketici kredileri alanında G F grubunun tüm Avrupa'ya giriş yapabilmesi için bir köprü ayağı olacak. Bunu bilen tek kişinin finans işbirliğinin genel başkanlığını yapan Morgan Drexler olması gerekir. Pekiyi bu İbuki denen adam bunu nereden biliyordu?

İbuki'nin isim kartvizitinde sadece "Bmuda Investment" şeklinde şirket adı ve Atlas Okyanusu üzerindeki vergi kaçırma cenneti (*tax heaven*) olan Bmuda Adası'nda bir adres yazılıydı. O Bmuda Investment, bu seferki krediye 50 Milyon dolar ile katılmıştı. G F Capital'in kurmaylarına bakılırsa, geçen gün G F Motor Finans Avrupa'nın hisselerinin bir kısmını almak istediklerini dile getirmişler.

Tatsuhana, İbuki'nin kartvizitinin arkasını çevirdi. Arkasında hiçbir şey yazmıyordu.

Amma da gelişigüzel bir karvizit. Bununla kim olduğunu anlamaya imkân bile yok... Arkasında Hedge Fund mu var acaba?

"Co, Bahreyn ofisinden Erick Sutherland'dan telefon var."

Kartviziti süzmeye devam eden Tatsuhana odanın dışındaki sekreterin sesiyle tekrar gerçekliğe döndü.

"Tamam, bağla" diyen Tatsuhana, hızla ahizeyi kaldırdı.

Odanın cam kapısının ardındaki geniş işlem salonunda yüzlerce satış elemanı ve pazarlamacı boşluk bırakmayacak şekilde döküman tepecikleri oluşturmuşlardı. New York Dow 9,000 doları aşmış, Amerikan ekonomisi istikrara kavuşmuştu. Avrupa'da gelecek yıl tek para birimi olacak Euro'ya geçilmesi öncesinde, yılbaşından Mart sonuna kadar Euro ile yapılan bono basımı dolara çevirildiğinde 21 milyar 440 milyon dolara denk geliyordu, ki bu geçen sene aynı dönemin dört katına ulaşan bir rakamdı.

"Tatsuhana speaking (*Buyurun, Tatsuhana*)"

"Ben Sutherland. Şu iş için, Hazine Bakanlığı'ndan teyid aldım. Az bir zaman sonra onay çıkacakmış."

"Öyle mi, tamam anlaşıldı. Bundan sonrasını buradaki işletmeler finans bölümüne takip ettiririm."

Tatsuhana telefonu kapatıp, cam duvarlı oda içerisinde geniş adımlarla dolaşmaya başladı.

Özel odanın önündeki kuşakta İngilizce, Fransızca, İtalyanca, İspanyolca, Almanca, İsveççe gibi farklı dillerden sözcükler havada uçuşuyordu. Tüm dünyadan finans kuruluşları ve yatırımcılarla iş yapan Avrupa Kredi Sendikasyon Bölümü. Adamların ütülü duble paça pantolonlarının üstünde beyaz pamuklu gömlekler ve ipek kravatlar. Tümü yirmili ve kırklı yaşlar arasında en verimli çağlarında olan bu adamların çoğu Batı'nın önde gelen işletme okullarından mezunlardı.

"Şu Tatsuhana Bey işte."

Geçen Nisan'da Tokyo şubesi için işe alınan on kadar yeni eleman gezmeye gelmişlerdi, aralarında bir uğultu yayıldı. Tatsuhana'nın 1.80'lik boyu, ince yüzü ve uzunca saçları, kararlı gözleri. Dünyada en hareketli, rekabetin en şiddetli olduğu Avrupa finans dünyasında mücadelelerden geçmiş hırçın kartal karşısında, bu yeni elemanlar saygı dolu bakışlar gönderiyorlardı.

Tatsuhana, Kredi Sendikasyon Bölümü'nün ortasında sırtını gererek dikildi.

"*Launch*'a (piyasaya iniş) hazırlanın!"

Tatsuhana'nın sesi yankılanınca kırk kadar personel arasında bir heyecan dalgası oluştu.

Sendikasyon kredilerinin oluşturulmasında ilk aşama '*Launch* (suya inmek)' şeklinde adlandırılır.

Ortadoğu'daki büyük petrol üreticisi bir ülkeye 2 milyar dolarlık büyük bir kredi, engin bir deniz olan uluslararası finans pazarında tam o an suya indirilmek üzereydi. Batı'nın önde gelen finans kuruluşlarının birbirlerine girdikleri ana banka olma mücadelesi sonunda, Karayipler'deki vergi kaçırma cennetinde paravan bir şirket kurarak İngiltere'deki vergi muafiyeti uygulamasından yararlanan, Japonya hayat sigortasının uzun dönemli düşük faizli sermayesini kullanıp, üstüne de kredinin geri ödeme öncelik sıralamasına göre A-B-C-D dört sınıfına ayırarak ve finans tekniklerini de üst düzeyde kullanarak teklif veren Morgan Drexler '*Top Left*' koltuğunu ele geçirmişti.

Halihazırda dört yüz katılım davet mektubu düzenlenmiş, Drexler'ın bilgisayar sistemi içerisinde bir savaş gemisinin torpidoları gibi yola çıkmayı bekliyorlardı.

"Hazine Bakanlığı'nın onayı hala gelmedi mi!?"

"Şimdi Şirketler Finansman Bölümü'nden teyid alıyorum!"

Spikerli telefonla işlemleri gerçekleştiren İngiliz eleman gergin bir yüz ifadesiyle yanıtladı.

"Elimizi çabuk tutmazsak swap (takas) marketi harekete geçer!" dedi Tatsuhana, sinirle.

Japon hayat sigortası şirketinin sermayesine yen bazında sabit faiz uygulanacak ama borçlanacak olan petrol üreticisi ülkenin ödeyeceği Amerikan doları bazında değişken faiz. O yüzden *launch*'ın hemen sonrasında faiz swapının bağlanması gerekiyor. Bu swapın gerçekleşmesine bağlı olarak kâr büyük ölçüde oynar. Sadece üç, dört dakikalık zaman sonsuzluk gibi hissediliyor.

"Şu an Hazine Bakanlığı'nın onayı alındı!"

Bu sesle bazılarının yüzünde rahatlama ifadesi yayıldı, bazıları ise daha da heyecanlanmış gibiydi. Böylece *launch* hazırlığı tamamlanmış oldu.

Finans işbirliği ana üstlenicisi Morgan Drexler. Üstlenici banka da Drexler şirketlerinden birisi. Böylesine devasa bir sermaye akışı söz konusu olduğunda, normalde finans işbirliği ana üstlenicisi altına başka bazı üstlenici bankalar da alınarak, risk dağıtılır ama Wall Street ekeleri daima tek başlarına finans işbirliğine başkanlık eder, tek başlarına üstlenici banka olurlar. Bu saldırgan iş stili kârı uç limitlere taşımakla birlikte, sendikasyonda başarısız olunduğunda, büyük miktarlarda zarara da yol açar.

Morgan Drexler Avrupa Kredi Sendikasyon Bölümü'ne bir an sessizlik hakim oldu.

Faiz, komisyon, kâr, risk olmak üzere, dört kalemi bilgisayara yüzlerce farklı rakamla girerek, insanı bıktıracak ölçüde simulasyon tekrarı yapıldıktan sonra biçilen rakam, acaba doğru muydu, değil miydi? Pazar tanrısının muhakemesini açıklayacağı an. *Top Left* koltuğu. Tanrıya en yakın yer.

Tatsuhana keskin bakışlarla Kredi Sendikasyon Bölümü'nün tamamını gözden geçirdi.

Her birinin çevresi finans bilgi medyası Bloomberg ve Reuters monitör ekranıyla kapalıydı. Kırmızı, sarı, mavi ve yeşil. Çok renkli ekranlar rakamlarla ve tablolarla an be an değişen pazar hareketlerini sessizce iletmekteydi.

"Tamam öyleyse, *launch*!"

Tatsuhana'nın sesi, kopacak kadar gerginleşmiş bir ipi keser gibi yankılanmıştı.

O an katılım davetiyeleri, e-posta mermileri haline gelerek tüm dünyaya dağıtılacağı internet ağına uçtu. Dört yüz mermi, Ortadoğu, Afrika, Kuzey Amerika, Orta ve Güney Amerika, Asya ve Okyanusya'daki finans kuruluşlarına yağmur gibi yağdı. Satış elemanları ipi çözülmüş av köpekleri gibi aynı anda telefonlara sarıldılar. "Morgan Drexler Avrupa Kredi Sendikasyon Bölümü, bugün öğleden sonra iki yüz milyon dolarlık büyük çaplı bir sendikasyon kredisinde *launch* işlemini gerçekleştirdi. Muhatap ..." Göz açıp kapayana kadar Reuters ve Bloomberg ekranlarında haber geçmeye başladı. İki milyon dolarlık büyük bir sendikasyon kredisi, şu an pazar denizinde mavi dalgaları yararak ilerlemeye başlamıştı.

"Swap ne oldu?" Tatsuhana kükredi.

"1.90!" dedi, Swaptan sorumlu genç eleman. Gerilim ve heyecandan yüzü kızarmıştı.

Amerikan doları *libor* (*libor*: Londra'da bankalar arası faiz) ödenecek olursa, yen bazında %1.90 faiz alınabileceği anlamına geliyordu.

"Tek taraflı olmaz! Her iki taraf da net rakamı koysun ortaya"

Çevredeki satış elemanlarının sesi uğultu haline gelmişti.

"1.90, 1.95! Ekranımızda olduğu gibi!" diye bağırdı, eleman.

(Lanet olsun!) Fazla açılmış! Tatsuhana'nın kızgınlık dolu sesi yükseldi. "*Derivative* (türev ürünler) takımındaki aptallara, hantal bir şirkete fiyat vermediklerini söyleyin! Bir dakika içinde doğru dürüst bir oran çıkmazsa, pazardaki oranı kullanırım, ona göre!"

Tatsuhana'dan azarı işiten eleman telefonun ahizesine bağırıyordu. Sesi sonuna kadar açılmış hoparlörün bu tarafı ile karşı taraf arasında kısa ama, çetin bir görüşme oldu.

"1.92, 1.93!"

Telefon spikerinden kafasını kaldıran eleman vargücüyle seslendi.

O an, Tatsuhana'nın kafasında sayılar baş döndürücü bir hızla değişerek, kar rakamını hesaplamaktaydı.

"Okey, tamamdır!"

Tatsuhana iyice sıktığı sağ yumruğunu havaya salladı. Swap gerçekleşmişti.

"İşte, geldi!"

Tatsuhana'nın sağ ön tarafındaki Alman satış elemanından heyecanlı bir ses yükseldi. Kafasında kulaklıklı bir telefon vardı.

"Hey, June! Essen Landes Bankası 70.000 USD'la katılıyor!"

"Oh, bravo!"

June dedikleri Amerikalı kadın katılım rakamını kendi bilgisayarına geçti. Kadın finans grubu oluşturulduktan sonra, aylar gerektiren kredi sözleşmelerinin hazırlanmasından imza törenine varana kadar işlemleri yapan kredi yürütme takımının başındaydı.

"Burada, Banco San Gimigyano 50.000 USD !"

İtalyan satış elemanlarının neşeli sesini, İtalya takımından iki üç kişi alkışladı.

Sanki bunu beklemiş gibi, birbiri ardına katılım talepleri ve bilgilendirme notası istekleri gelmeye başladı. İngilizce yazılmış, tamı tamına yüzlerce sayfalık dosyalar birbiri ardına e-posta haline gelerek muhataplarına uçmaya başladı.

Gelen tepki mükemmeldi.

İki milyar dolarlık muazzam kredi bir kaç ay sonra yapılacak imza törenine doğru rotasına sorunsuzca başlamıştı.

Tatsuhana gerginliğini atıp, hafif bir heyecanla işlemleri sürdüren elemanlarına baktı.

"Co, her şey yolunda gibi."

Kredi Sendikasyon bölümünün eş-başkanlığını yapmakta olan Jack Hildreth'di yan tarafından seslenen. Kolalı beyaz gömleği üzerine tam oturmuş. Bu yolda otuz yıllık veteran İngiliz, yönetici müdürlere verilen cam duvarlı özel odaları sevmediği için inatla 'pazarın kokusunu alabildiği' geniş işlem salonunda işini yapıyordu. Yaşı elliyi geçmişti. Tam bir Anglosakson gibi iri kemikli, uzun boylu, sağlam yapılı bir adam. Dikkatli gözleri bu dünyanın insanı olduğunun bir işareti. Tepesindeki saçlar iyice seyrelmişti. Oturduğu koltuğun sırtlığına, bir bakışta pahalı olduğu anlaşılan ceketi öylesine takılmıştı. Morgan Drexler'ın Avrupa Kredi Sendikasyon Bölümü, alım-satım işlemleri başkanlığını yapan Tatsuhana ve taktikleri oluşturan Hildreth olmak üzere iki başkanla yürütülüyordu.

"Evet, bu dönemde çıta yüksek ama böylelikle biraz ilerlemiş olduk" diye yanıtlarken, Tatsuhana Hildreth'in yukarısına baktı.

"Bu arada, son zamanlarda Japonya'daki sendikasyon kredi pazarı oldukça canlılık kazanmış görünüyor" Hildreth masasının üstüne sarı kapaklı International Financing Review dergilerini yaymıştı.

Hildreth'in sözlerini, Tatsuhana başıyla onayladı.

O zamana kadar hiçbir sözleşmeye katılmayan Japonya'da 1998 yılına girildiğinde, önce Hitaçi Şinhan 18 milyar Yen ile sahneye çıkmıştı. Ana banka London Forfaiting şirketi idi. Mart ayında City Bank, NEC'in 70 milyar yenlik sendikasyonun bağlanmasında başarılı olarak piyasayı şaşırtmış, Chase Manhattan Bank da Fuji Xerox'un 750,000,000 Dolarlık finansmanında başarılı olmuştu. Fransız Paribs Bankası Acom'a 20 milyar Yen, İsviçre UBS Promise'e 15 milyar Yen bağlanmasını gerçekleştirmişti. Bu yakınlarda Japon Havayolları JAL için de, 40-50 milyar yenlik dilimin City Bank'ın ana bankalığında sağlanacağı söylentisi yayılmıştı.

Sürekli Asya finans piyasasının son öncüsü olduğu söylenen, nihayet kendini gösteren Japon sendikasyon kredisi piyasası, yabancı bankaların tekelinde bulunuyordu.

"Japon bankaları kredi açmakta tutuk davranarak, işletmelere yönelik kredi hatlarını birbiri ardına iptal ediyorlar. İşletmeler de acil paraya gereksinimleri olduğunda kullanamadıkları Japon bankalarının kredi bağlantılarına güvenmeyerek, bir parça komisyon ödemek pahasına da olsa yabancı bankalarla kredi bağlantıları oluşturuyorlar sanırım" dedi Tatsuhana.

"Ancak, ana bankalar hep City Bank, Chase, Paribs, UBS, ABN AMRO. Bizim adımız hiç geçmiyor. Tokyo şubemizde sendikasyon kredilerine kim bakıyor?"

"Helen King olacaktı."

"Helen..." Hildreth kaşlarını çattı.

Helen King, henüz otuzlu yaşlarının başlarında Tokyo şubesinin işletmelere yönelik kredi bölümü sorumlusu Amerikalı bir kadındı. Kariyer ve para kazanmak söz konusu olduğunda herkese tekmeyi basabilecek, gerektiğinde gözünü kırpmadan ayıyı bile ısırabilecek, tipik bir Wall Street yatırım bankacısıydı. Doğaya aşık, yaşamın değerini ruhun özgürlüğünde bulan İngiliz Hildreth ile taban tabana zıt bir tip.

"Fakat, Helen acaba neden böylesine feci zararda?" diye sordu Hildreth.

"İş politikasında yanlışlık yapmış olmalı... Şimdiye kadar Japonya'da Japon bankaları her yıl Mart ve Eylül ayları sonunda geçici olarak sıkıştırdıkları için, bizimki gibi yabancı bankalara geri almak şartıyla sermaye satışında bulunurlardı ya?"

"Haa, şu göz boyama işleri mi? Bizim gibi yabancı bankalar için çok iyi bir işti."

"Bu yıl da aynı yolla büyük kazanç sağlamayı planlayan Helen, sendikasyon kredisi piyasasının hareketlerin hiç izlememiş herhalde. Ancak, bu Mart'ta devlet semayesinin devreye girmesiyle Japon bankalarının kendi sermayeleri büyüyünce, göz boyama işlemlerine gerek kalmadı."

"Hımm. Yazık olmuş. İyi de, nasıl kapatmayı düşünüyormuş?"

"Bono, tahvil gibi farklı türden göz boyama işlerine girişip de zarar eden şirketlere bol bol satış yapıyormuş. Çerçeve itibariyle, kötü sermaye geçici olarak dışarıdaki paravan şirketlere uçuruluyor, hafif fiyatla sermaye artışı yapılarak, zararı on yıllık süre içerisinde azar azar bono, tahvil zararı olarak hesaplanıyor. Doğal olarak bu zararlar içinde bize ödeyecekleri komisyon da dahil."

"Böyle şeyler normal mi?"

"Yani, yasal görüş almış gerçi. Ancak, Japonya'da mahkemeler ve yönetim de Batı ile farklı olarak, bireysel inisiyatif oldukça ağırlıklıdır. Amerikan mantığıyla, yasal görüş aldıktan sonra bir şey olmaz diye rahat davranmak biraz tehlikeli."

"Amerikan taşrasından bir kadının o kadar çalışmaz kafası... Peki o yolla para yapabilmiş mi, bari?"

"Evet. Geçenlerde tek bir işte 38 milyon Dolar kar yapmış."

"38 milyon Dolar! Muazzam bir rakam" Hildreth bakışlarını çevirdi. "Fakat, Japon şirketleri o kadar aptal mı? Reuters ekranına şöyle bir bakmakla bile, ne kadar illegal komisyon kaptırdıklarını anlamaları lazım halbuki."

"Japonya'nın rahatlığı yeni başlamış bir şey değil. Yani, Helen de, gözünü para hırsı bürüyüp de pek risk almaz umarım. Üstelik, sendikasyon kredisi konusunda da sağlam çalışıp bizim aşımıza malzeme sağlaması lazım."

"O kadın açık vermez, sorun çıkacağını sanmam. Şimdi saçlarını savura savura Tokyo'yu arşınlıyordur, kesin."

"Öyledir tabi... Bu arada Jack. Helen, hamileymiş şimdi. Sabahtan gece yarılarına kadar hiçbir şey yokmuş gibi çalıştığından kimse farkına varamamış ama, altı aylık olmuş."

"Helen hamile mi?! Evlendiğini duymuştum ama, bu habere şaşırdım işte."

Konuşmaları rotasından sapmaya başladığında, işlem salonunun hisse senedi bölümünde aniden bir kalabalıklaşma başladı.

"Oo, zamanı yaklaştı." Hildreth'in gözleri parlamıştı.

"Neyin?".

"Unuttun mu? Bugün Avesta Mühendislik'in halka açık hisse satışının son günü."

"Öyle mi? Finali bugün mü?"

"Evet, hem de bizim 5 milyon dolarımızın... Gidip bakalım."

Gelecek yılki Avrupa para birimi birleştirilmesi öncesinde, Avrupa bölgesi içerisinde işlerini yeniden düzenlemek için fırsat kollayan şirket alımları (M&A: mergers & acquisitions) canlanmıştı.

Bu Şubat'ta İngiliz sigorta şirketleri General Accident ve Commercial Union birleşme kararı alınca Avrupa'nın dokuzuncu büyük sigorta şirketi ortaya çıkmış oluyordu. Mart'ta

Alman kimya şirketi Huels ve Degussa birleşti. Yine aynı Mart ayında, Avrupa birleşik şirketi "Airbus Industry"i oluşturan şirketlerden Alman Daimler Benz Aerospace, Fransız Aerospatiale, İngiliz British Aerospace ve İspanyol CASA şirketleri birleşme kararı almıştı.

Almanya'nın makine üretiminde büyük şirketlerinden German Technology, İsveç'in Avesta Engineering Şirketi rakip olarak satın alımda bulunacağını (TOB: take over bid kısaltması) dört ay önce açıklamıştı. Morgan Drexler, German Technology şirketinin danışmanı olarak M&A takımı ağırlıklı olarak tüm gücüyle çalışıyordu. Toplam 4 milyar dolarlık satın alma sermayesinin yarısını Tatsuhana ve Hildreth'in yönettiği Kredi Sendikasyon Bölümü, sendikasyon kredisi olarak toparlamış, geri kalan yarısını tahvil bölümü *junkbond*, yani yatırım için uygun olmayan, riski ağır ve yüksek faizli olarak dolaşan bonoları toplamıştı. Bu işte, Kredi Sendikasyon Bölümü, halihazırda 3 milyon dolarlık komisyon almışlardı. Bugün, German Technology şirketi hisselerin yarıdan fazlasını ele geçirirse, kredi bulma komisyonu olarak 5 milyon dolar daha gelecekti. Ancak, başarılı olamazsa geçen dört aylık çaba boşa gitmiş olacaktı.

Saat öğleden sonra dördü geçmişti.

Avesta Mühendislik, Stockholm ve Londra borsalarına açılmıştı. Londra ile bir saat zaman farkı olan Stockholm'da az önce işlemler kapanmıştı. Ancak, henüz sonuca ulaşılmamıştı. Yarım saatten az bir süre sonra, saat 16:30'da işlemlerin kapandığı Londra borsasında hisselerin yarısından fazlası ele geçirilemezse TOB başarısızlıkla sonuçlanacaktı.

Borsa bölümünün monitörlerinin tamamı aynı sayfaya ayarlanmıştı.

Yeşil ekran üzerinde şu an elde edilen hisse sayısı kırmızı renkle yanıp sönmekteydi.

İlgililer, birbiri ardına borsa bölümünün çevresine toplandılar.

İnsan topluluğunun ortasında German Technology şirketinin Alman genel müdürü kollarını göğsünde kavuşturmuştu.

Hayatının en iyi döneminde, enerji dolu bir Alman erkek. Amerikan tarzı saldırgan iş stiline uygun, beyaz düğmeli gömleğinin üzerine canlı, kırmızı ve lacivert çizgili kravatıyla genç gösteren bir giyim tarzı. Emrinde çalışan CFO (chief financial officer; mali bölüm şefi) ile birlikte gözlerini ayırmadan monitöre bakıyorlar.

Saat 16:05.

Henüz elde edilen hisseler % 44 oranında. % 6 daha gerekiyor.

Borsa bölümü satış elemanları telefonlara yapışmış, kendi müşterilerinin Avesta hisselerini satmaları için son bir gayret içerisindeler.

Saat 16:10.

"Avesta hisselerinin % 4'ünü elinde bulunduran İsviçre Handels Bank başkanı Avesta şirketi ile uzun yıllardır sürdürmekte oldukları iş ilişkisini göz önünde bulundurarak, hisselerini satmayacağını açıkladı."

İşlem salonundaki televizyonda haber geçiyordu.

O an salonu bir uğultu ve iç çekme sesleri kapladı. Drexler'ın New York merkezindeki M&A'den sorumlu yönetici müdürü German Technology genel müdürü ile bir şeyler konuştular. İkisinin de yüz ifadeleri gergindi. Handels Bank'ın hareketi ağır bir darbeydi.

16:14. Geriye sadece 16 dakika kalmıştı.

İnsan kalabalığının içinde, beyaz saçlarını tamamen geriye taramış bir bey ekrana bakıyordu.

Londra'daki büyük hukuk bürolarından Baker&Sinclair'ın büyük ortaklarından ve "Mr. M&A"a olarak adlandırılan şirket satın alımları uzmanı İngiliz bir avukat. German Technology şirketinin hukuk danışmanı olarak büyük alımların hukuk işlemlerini idare etmişti. Hangi görüşmesinden koşup da geldiyse, beyaz saçları dağılmış, kolunun altına kalın bir döküman yığını kıstırmıştı.

Elde edilen hisse sayısı, henüz % 44.5'ti.

"Düşündüğümüz gibi ilerlemiyor..." "Uff..." "Kurumsal yatırımcı tipler hangimizin galip geleceğini oturmuş seyrediyorlardır. Yarışı kazanan belli olana kadar, onlar asla kıpırdamazlar. Lanet olsun!"

Salonun her yerinden sıkıntılı fısıltılar ve iç çekişler duyuluyor.

16:19.

Junkbond (yüksek riskli tahviller) sorumlusu yönetici müdür, elemanlarıyla fısıldaşıyor.

2 milyar dolarlık *junkbond* bu adamın yönetimi altında Amerikan yatırım fonlarına satılmıştı. Ancak, German Technology şirketi yenilecek olursa bono basımı durdurulacak, tahvil bölümünün çabaları boşa gidecekti. Yenecek olursa, 10 milyon dolar gibi muazzam bir işlem komisyonu gelecekti. Yönetici müdürün yüzündeki ifade derinleşmişti.

16:21. Geriye sadece dokuz dakika kalmıştı.

Elde edilen hisse sayısı % 45'e bile ulaşmamıştı.

"Biraz zor galiba."

"Öyle. İşlem kapanışına kadar on dakika bile zaman yok."

Tatsuhana ve Hildreth'in konuştukları anda borsa bölümünün bir köşesinde uğultu koptu.

Baktıklarında, M&A sorumlusu yönetici müdür zafer işaretleri yapıyordu.

"Ne oluyor!?" diye sordu Hildreth, yanındaki borsa bölümü satış elemanına.

"Şimdi, Reuters ekranında, Avesta'nın büyük hissedarlarından İsviçre Lugano Sigorta'nın elindeki hisseleri sattığı haberi geçti!"

"Ooo!" Tatsuhana ve Hildreth aynı anda bağırdılar. "Böylece kurumsal yatırımcıların yıldırım satışları başlar! Sonrası domino taşları gibi yıkılır!"

O anda, tek bir çizgi halinde sıralanan borsa bölümünün satış masalarından, aniden alevler kaplamış gibi kırmızı ışıklar çıkmaya başladı. Müşterilerden satış istekleri ardı ardına gelmeye başlamış, telefonların ışıkları yanıp sönmeye başlamıştı.

Az sonra, monitördeki rakam bir anda %48'e fırladı.

"İşte, bir adım daha. Haydi!" "Haydi!"

Canlanan yüzler, yüzler, yüzler... Bir anda işlem salonunu, dünya kupası finalindeki bir futbol stadyumu gibi coşku ve heyecan kapladı.

"Hey, Avesta çalışanları ellerindeki hisseleri satmaya başladılar!" Satış elemanlarından biri ahizeyi sallayarak sevinç çığlıkları atıyordu. "İçeriden yıkıldılar!"

16:29.

Nihayet monitörlerdeki kırmızı rakam %50.1'e ulaştı.

"Ohooo!"

Sevinç dalgası tüm işlem salonundaki havayı kapladı.

BİRİNCİ BÖLÜM

Sendikasyon Kredisi

1.

Londra'daki Nisan rüzgarları hala soğuk esiyordu.

Fukoku Bankası Londra şubesinin uluslararası finanstan sorumlu müdür yardımcısı İmanişi Tetsuo, sağ elinde siyah evrak çantası, sol elinde yolda aldığı kahvesi, sabah ışıkları ve rüzgarı içinde ofise doğru ilerliyordu.

Londra finans merkezi, metronun Bank İstasyonu merkezli olarak, Thames Nehri'nin sol kıyısında uzanan iki kilometrekarelik bir alana yayılır. İmanişi işine giderken, metro Bank İstasyonu'nda inip, merkezi doğu-batı olarak ikiye ayıran Cheapside Caddesi'nde St. Paul Katedrali'ne doğru yürümeyi rota haline getirmişti. Kaldırımın yanındaki özenle bakılan çiçeklikler, rengarenk çiçekleriyle göz zevkini okşardı.

New York'taki Wall Street, finans kuruluşlarının yüksek binaları arasında gelişigüzel serpilmiş harabe gibi bir mahalledir ama aynı şekilde bir uluslararası finans merkezi olmasına rağmen Cheapside'de kafeteryalar, kitabevleri, havayolu şirketleri, butikler ve kunduracılar gibi şık mağazalar sıralanmıştır. St. Mary le Beau Kilisesi'nin yanındaki ağaçların gölgesinde, kot pantolon üzerine kapşonlu parkalar giymiş kadın çiçek satıcıları döşeme taşları üzerinde, kırmızılı, mavili, sarılı, beyazlı, rengarenk çiçekler koydukları kovaları sıralar, ofislerine giden insanlar, arada sırada durup çiçek demetleri alırlar.

Wall Street ile tek ortak nokta, yoldaki insanların yürüme hızıdır. İngiltere, şu son iki üç yıldır ekonomik canlılık yaşadığından, özellikle finans merkezinde çalışan elit çalışanlar para kazanma telaşı içindeler.

Fukoku Bankası Londra şubesi St. Paul Katedrali'nin önündeki sekiz katlı işhanında yer alıyor. Siyah tonlarında, vakur dış görünümüyle modern bir bina.

İmanişi uluslararası finans bölümü ofisine vardığında, bölüm şefi Takahaşi çoktan gelmişti bile.

Takahaşi henüz otuz yaşına girmişti. Banka tarafından görevlendirilerek, İngiltere'nin en iyi işletme enstitüsünde master yapmıştı. İmanişi'nin emrinde çalışmak üzere, Londra'ya iki ay önce gelmişti. Uluslararası finans konusunda henüz yeniydi ama matematik ve bilgisayar konusunda sıradışı yeteneklere sahipti. Ufak tefek vücuduyla, yorgunluğa aldırmadan vargücüyle çalışıyordu.

'Bizim bankada da hala böyle parlak insanlar var. Hem de alçakgönüllü.'

İmanişi, Tokyo'daki yurtdışı inceleme bölümünden önceki gece faksla gönderilen soruya pür dikkat göz gezdiren Takahaşi'yi, memnun bir ifadeyle bir süre izledi.

'Bir gün mutlaka baş avcıların dikkatini çeker ama...'

Zayıflayan Japon bankalarında, tarak dişlerinin dökülmesi gibi, genç bankacılar birbiri ardına istifa ederek, dış sermayeli finans kuruluşlarına geçmişlerdi. Özellikle, yirmili yaşlardan otuzlu yaşların başlarına kadar olan, içlerinde özellikle *derivative*(türev finans ürünleri) ve IT (bilişim teknolojileri) gibi, bankanın kaderini etkileyebilecek alanlarda etkinlik gösteren 'saha oyuncuları'nın istifa oranı çok yüksekti. Tersine, kırklı yaşlarının üzerindeki, özel bir yeteneği olmayan 'idareci' kesimi, vargüçleriyle bankaya yapışmışlardı. Bu idareciler "Bırakmak isteyen, bıraksın" diye, vurdumduymazlık içinde, kendi emeklilik ikramiyelerinin rakamı ve atanacakları yerden başka bir şeye ilgi göstermezler.

"Günaydın."

"Günaydın, efendim."

Her zamanki gibi selamlaştıktan sonra, İmanişi kendi koltuğuna geçti.

Takım elbisesinin ceketini koltuğunun arkasına asıp, masasının kilidini açtı. Kağıt kahve bardağının plastik kapağını açınca, espressonun keskin kokusu yayıldı. Önceden yanısıra *kurovasan* da alırdı ama, kırk bir yaşına geldiğinde göbeği çıkınca, son zamanlarda sadece kahveyi tercih ediyordu. İmanişi, yaşına göre akları göze batan saçlarını tek eliyle arkaya doğru atarken, her sabah masasının üzerine konan Financial Times'i önüne çekti.

Uluslararası finans bölümünün ağırlıklı işi sendikasyon kredileridir.

Bu, bir bankanın tek başına yüklenemeyeceği büyüklükteki finansmanı, çok sayıda bankanın finans grubu oluşturarak gerçekleştirdikleri finansman yöntemi olarak 1960'lardan itibaren geliştirilmişti.

Finansman rakamı normalde yirmi milyon dolarla iki milyar dolar arasında değişir. Piyasa hareketlerini göz önünde bulundurarak, en uygun koşullarla finans grubu oluşturmaya dayanan, yatırım bankacılığı tarzı bir bankacılık tekniğidir. İmanişi'ni arkasında, *tombstone*lar da sıralanmıştı.

Eskiden, 80'li yıllarda Japon parasının piyasayı silip süpürdüğü bir dönem de olmuştu.

Çoğu büyük finansmanlarda ana banka konumunda Japon bankalarının adları sıralandığı gibi, sonraki ilk sıraları da sürekli kapmışlardı. O dönemde uluslararası finans bölümünde altı Japon ve Londra'da çalışmak üzere işe alınan 15 İngiliz çalışan vardı. Ancak, son zamanlarda birbiri ardına gelen el çektirmeler sonucu, Japon olarak sadece İmanişi ve Takahaşi kalmıştı. İngiliz elemanlar ise sekreter dahil olmak üzere sadece üç kişi. İki, üç yıl öncesinden beri bankalararası (inter-bank) piyasada elli ila seksen baz puan arasında değişen (%0.5-%0.8) Japon bankalarına yönelik ek faiz yüzünden, katılabildikleri finansman işleri de son derece azalmıştı. Batılı büyük şirketlerin ödedikleri kâr marjinleri bu rakamların altında kaldığından durum tersine dönmüştü. Ancak % 1'i geçen Türkiye, Ortadoğu, Afrika'ya yönelik finansman işlerine katılabiliyorlardı.

"Japon bankalarıyla yapabileceğimiz iş yok." Sadece İngiltere'deki şirketler değil, Japon şirketlerinin de soğuk tepkileri arasında geçen günlerde, iyice güçsüz düşmüşlerdi.

Geçen gün de büyük Japon ihracatçı üretici şirketinin İngiltere ortaklığı mali işler müdürü "Japon bankalarıyla görüşsek bile elinizden ne gelir ki?" demişti, aşağılayıcı bir ifadeyle. "Bizim İngiltere ve Avrupa'da iş yaptığımız bankaların tümü Avrupa ve Amerika kökenli. Söz gelişi, dış ticaret finansmanı durumunda City Bank. Oraya gittiğimizde çoğu riski üstlenebiliyorlar."

"Öyle mi? Bu arada şirketinizin son zamanlarda hisse senetlerini borsaya açma çalışmalarına başladığını duydum. Biz de Fukoku Menkul Değerler şirketini kurduk, beraber iş yapmak isteriz..."

"Bu konuda deneyimli şirketler Amerikan Morgan Stanley ve Meryll Lynch ile İsviçre Warburg Dillon Read'dır. Biz de ölüm kalım mücadelesi içinde borsaya açılmaya başladığımız için, deneyimi olmayan bir kuruluşun kobayı olabilecek durumda değiliz. Borsaya açılma dışında da Avrupa ve Ortadoğu'daki projelerimize finansman sağlama aşamasındayız. O işte de danışmanlığımızı CSFB (Credit Swiss First Boston) yapıyor. Öte yandan, risk yönetimi için, Bankers Trust sistemini kullanıyoruz."

"Demek öyle..." İmanişi'nin omuzları düşmüştü. "Nakit işletme hizmeti olabilir mi, acaba? Son zamanlarda çok yönlü araştırmalarda bulunarak, bu alandaki hizmetlerimize de ağırlık veriyoruz ama..."

"Nakit işletme konusunu iki yıl önce Chase Manhattan Bank'a bıraktık. O zaman, ana bankamız olması dolayısıyla Fukoku Bankası'yla da görüştük ama sistem açısından ilgilenemeyeceğiniz söylendi. Şimdi, bir adım daha ilerleyerek, yakınlarda, mali işlemlerimizi toptan idare etmek üzere Amerikan bankalarının TREASURY sistemini kullanmaya başlayacağız."

İmanişi'nin tutunacak dalı kalmamıştı.

Cesaretini kaybetmiş bir halde şubeye dönerken, metroda okuduğu gazetede, İngiltere'nin finans denetleme kurulu FSA (The Financial Services Authority) yönetim kurulu başkanı Howard Davis'in "Uzun süreli olarak dengeli etkinlikleri olmayan finans kuruluşlarının, finans merkezinde kalmalarını istediğimi sanmıyorum" şeklinde, Japon bankalarına çekilme önerisinde bulunduğunun haberini görünce, iyice çökmüştü.

Ona rağmen, İmanişi Fukoku Bankası'nın adının bir şekilde piyasada kalması için vargücüyle çalışıyordu. Özellikle, bir Japon bankası olarak Avrupalı ve Amerikan bankaları karşısında direnebildikleri Türkiye'ye yönelik finansman işlerine yoğunlaşmıştı.

O sabah, açık turuncu renkli Financial Times'ı öylesine açtığında, gözlerine inanamadı.

"*Citicorp to merge with Travelers!* (Citicorp, Travelers ile birleşiyor!)"

Kocaman harflerle atılmış manşet birinci sayfanın tepesini süslemişti.

'Dünyanın en güçlü ticaret bankası Citi Bank'ın sahibi Citicorp ile bir zamanlar Wall Street İmparatoru olarak adlandırılan nüfuzlu Salomon Smith Barney Bankası'nı şemsiyesi altında bulunduran Travelers Group birleşiyor ha!?'

Yeni şirket Citi Group'un sermaye ölçeği 700 milyar dolar. Borsa hisselerinin şu anki toplam değeri 135 milyar dolarla, Amerikan AIG Group ve Nations Bank, İsviçre UBS gibi bankaları çok çok geride bırakarak, dünyanın en büyük finans kuruluşu haline gelecek. Ticari bankacılık, yatırım bankacılığı, sigorta, bireysel kredi, kredi kartı, sermaye işletimi gibi, tüm alanlarda dünyanın en yüksek standartlarında hizmet vermeyi amaçlayan finans imparatorluğu doğuyordu.

Manşetin altında, New York Park Avenue No: 301'deki Waldorf Astoria Oteli'nin basın toplantısı salonunda Travelers Group başkanı Sandford (bilinen adıyla Sandy) Will ile birlikte avize ışıklarının altında, neşeyle gülümseyen Citicorp başkanı John Reed'in büyük bir fotoğrafları konulmuştu.

'Dünyanın en güçlü ticaret bankacısı' John Reed.

Chicago doğumlu, 59 yaşında. Arjantin ve Brezilya'da yetişmiş, kahveyi herşeyden çok seven bu adam, entellektüel ve taktisyen tipi bir bankacı. Kırklı yaşlarının ortasında Citicorp'un CEO'luğuna (chief executive officer) getirilir. O andan beri, on dört senedir bu işi yürütüyor. 1990 sıralarında, Citicorp Amerika'daki emlak yatırımları ile Orta ve Güney Amerika'daki kredilerinin yanması yüzünden, bir dönem iflasın eşiğine gelmişti. John Reed, eşi benzeri görülmemiş büyüklükteki açığı dengelemiş, Suudi Arabistan kraliyet ailesinden Prens El-velid Bin Talal'a 800 milyon dolarlık öncelikli hisse satın aldırtmayı başararak, büyük bir beceriyle grubu hayatta tutmayı başarmıştı. Şimdi City Bank, dünyada kırktan fazla ülkede şubesi bulunan, yüzden fazla ülkeyle iş yapan bir marka olmuştu.

"Denge adamı Reed ile eylem adamı Will?.." İmanişi gözlerini haberden kaldırdı. "Böylesine karakteri baskın iki kişi, eş düzeyde ortak yönetici olarak, sorunsuz çalışabilirler mi, acaba?"

"Gerçekten de o konuda çekinceli görüşler de var." Takahaşi, İmanişi'nin koltuğunun yanına kadar geldi. Ancak, bu ikili her açıdan dünyanın en üst düzey işadamları. Sıradan işletmecilerle farklılar. Goldman Sachs de geleneksel iki adamın zirvede güç birliği ederek, örgütü işletmeleri stiliyle, öylesine başarılı olmuşlardı. Ben sorunsuz yürüyeceğini sanıyorum."

"O bir yana, dünyanın finans piyasasında yeniden oluşum fırtınası esiyor. Geçen yıl Morgan Stanley Dean Witter'ın ortaya çıkışının şaşkınlığını yaşarken, şimdi onun da üzerinde bir City grubu."

"Amerika'da Glass-Steegal kanunu çözülmeye başladığından, bundan sonra da bir çok ticari banka-yatırım bankası birleşimi ortaya çıkacaktır. Çok önceden beri, Meryll ile Chase'in birleşeceği dedikoduları da var."

1929'da New York borsasında yaşanan büyük çöküşün arkasından gelen finans dünyası skandalları sonrasında, 1933 yılında Amerika'da ticari bankalarla yatırım bankaları arasında sağlam bir duvar ören Glass-Steegal Kanunu yürürlüğe konmuştu. Bu kanunla, hisse senetlerinin alışverişi ve aracılığını, sadece yatırım bankaları yürütebilir hale gelmişti.

Yatırım bankası. Japonya'da duymaya alışkın olunmayan bir sözcük ama, iş içeriği olarak Japonya'daki menkul değerler şirketlerine yakındır. Başlıca işi, hisse senetleri, kredi ve M&A (şirket alımı). Tüzel ve bireysel kişileri ayırt etmeksizin iş yapan Japon menkul değerler şirketleri ile farklı olarak, müşterileri çoğunlukla büyük şirketler ve kurumsal yatırımcılardır. En yüksek maaşlarla, en yetenekli beyinleri biraraya getirerek, finans mühendisliğinin en uç noktasında bulunmaları açısından da Japon menkul kıymetler şirketleri ile farklıdır. Önde gelen yatırım bankaları, Goldman Sachs, Morgan Stanley Dean Witter, Meryll Lynch, Salomon Smith Barney gibi bankalardır. Buna karşılık ticaret bankaları Japonya'da bilinen 'banka' işlerini yaparlar. Mevduat toplayarak, şirketlere ve bireylere borç verirler. Amerikan Citi Bank ve Chase Manhattan Bank; İngiliz HSBC (Honkong Shanghai Bank); Alman Deutsche Bank; İsviçre UBS ve Hollanda ABN Amro, bu türden bankalardır.

"Dünya finans kuruluşlarının tamamı geleceğe yönelik olarak emin adımlarla taşları döşerlerken, Japon bankaları kredi yolsuzlukları yüzünden zor nefes alıyorlar. Şikayet etmek bir işe yaramaz gerçi."

İmanişi, gazetenin geri kalan sayfalarına hızla göz gezdirdikten sonra, konsantrasyonunu toparlayarak işine başladı.

Öğleden önce saat 11'i geçmişti ki, uluslararası finans bölümünün teleksi tıkırdamaya başladı.

Bir mesaj geliyordu herhalde. İmanişi, yürüyüp makinadan çıkan kısa teleksi yırtıp aldı.

Gönderen, Türkiye'nin devlet petrol şirketi, Petrol Sanayî (bilinen adıyla Petsan) mali işler bölümüydü.

Fukoku Bankası, birkaç ay önce Petsan'a 60 milyon dolarlık bir finansman önerisi vermişti. Ancak, daha sonra Petsan'ın avro piyasasında sermaye sağlayacağı dedikoduları yayılmış, daha da kötüsü Petsan hangi bankaya vekalet akdi vereceğine ilişkin kararını aylarca ertelemişti. Bunun sonucunda, çok sayıda banka Petsan'a yaklaşarak, fiyat kırma yarışına girmişti.

'Bunda vekalet akdi alsak bile, doğru dürüst bir fiyat olmaz herhalde.'

İmanişi'nin bildiği kadarıyla, Fukoku Bankası dışında, Amerikan Lexington ve Philadelphia, Hollanda Utrecht, Japon Tozai, Fransız Lyon Devlet ve Alman Köln Eyalet bankaları teklif vermişlerdi.

İmanişi aceleyle teleksin tamamını okudu.

"Bankanızın 60 milyon dolarlık finansman önerisiyle tarafımıza göstermiş olduğu ilgiye teşekkür ediyoruz. Şirket olarak, bankanızın sürekli destekleri karşısında minnettarız. Ancak, titiz incelemelerimiz sonucunda, ne yazık ki bu kez önerinizi geri çevirmek durumundayız. Gelecekte de, aynı şekilde sermaye sağlama gereksinimimiz olduğunda, mutlaka görüşmek isteriz. İlişkilerimizin devamı dileğiyle, saygılar sunarız."

'Aa ah, olmamış, tahmin ettiğim gibi... Acaba, vekalet akdi hangi bankaya gitti?'

Bu tür olumsuz bildirimlerde, hangi bankanın vekalet akdini elde ettiği özel olarak yazılmazdı. Kaybeden bankayı tahrik etmemek için, borçlunun gösterdiği bir titizlikti.

İmanişi iç çekerken, masasının üstündeki telefonu çaldı.

Lexington Bankası'nın sendikasyon müdürü Roger Morris'ti arayan. Ne için aradığını, sormasa bile anlayabiliyordu.

"Oo, Roger. Vekalet akdini sen mi kaptın?"

"Maalesef ben değilim. Galiba, Morgan Drexler."

"Morgan Drexler!?" İmanişi şaşakalmıştı. "Drexler geçenlerde Türk Hava Yolları'nın 1 milyar dolarlık işinin vekalet akdini almamış mıydı?"

"Evet, şu US Atlantic Bank ile kafa kafaya yarıştıkları iş. O kadar büyük işlerde, Amerikan bankaları arasında da ancak büyükler teklif verebilir elbette. Yaşamım boyunca, bir kez de olsa öylesine büyük bir teklifte rekabet etmek isterim."

"O Drexler, neden tutup da böylesine küçük bir ihalede öneri veriyor ki?"

Goldman Sachs ve Meryll Lynch gibi yatırım bankaları, sendikasyon kredisi dünyasına 1990 sıralarında katılmışlardı. Büyüklü küçüklü her tür ihaleye katılan ticaret bankaları ile farklı olarak, büyük çaplı ihaleler ve şirket alımlarıyla sınırlı olacak şekilde, finans ihalelerine el atma eğilimleri güçlüydü.

"Özetlersek, kredi sendikasyon bölümlerinin yeni elemanlarının pratik yapmaları için malzeme olarak kullanacaklar herhalde." dedi Morris, keyifsiz bir sesle.

"Yine de her ne kadar Drexler olsa bile, böylesine fiyatı ucu ucuna verilen çetin bir teklifte, öyle kolayca satabilir mi?"

"Tipler, son anda Utrecht, Köln Eyalet ve Far East Standart'ı işe dahil etmişler."

"Dört banka ortak mı almışlar?"

"Galiba öyle. Ana banka, bildiğimiz üzere 'medya ligi'nden Drexler; onun altındada Utrecht, Köln Eyalet ve Far East Standart." Sendikasyon kredisinde vekalet akdini alan banka, ana üstlenici banka olarak finans grubunu oluşturur.

"...Ya, işte, Petsan'ın iyi bir adı var, bir şekilde idare ederler artık. Üstelik, Köln Eyalet ve Far East Standart bankalarının satışları iyi gitmeyecek olursa, bir miktarını kendileri üstlenmeyi göze alarak girmişlerdir, sanırım."

"Öyledir elbette. Onlar aslen ticaret bankaları olduklarına göre, sermaye tutmak konusunda tepki güçsüz olsa gerek... Aa ah, her halükârda bu teklif, tutsa da tutmasa da keyifsiz bir teklifti."

"Hmm. Ama yine de dürüstçe söylemek istedim. Bizim her yıl yaptığımız Türkiye ihaleleri dört tanedir, hepsi Haziranla Ekim arasına denk gelir. Nisan'dan başlayacak bir ihaleyi almak istemiştim."

"Bu arada, İzmir Demir Şirketi'nin ihalesiyle ilgili, borçluyla görüşmeler bu aralar başlamayacak mıydı?"

İzmir Demir Şirketi, Türkiye'deki demir üreten büyük şirketlerden biriydi ve her yıl Haziran'da Morris, yani Lexington Bank, bir yıllık süreyle 20 milyon dolarlık sendikasyon kredisi sağlardı.

"Eh, yaklaştı... Sakın, teklif vermeyi düşünüyor olmayasın." Morris, bir an tedirgin olmuş gibiydi.

"Vermiyorum. Bizim için küçük ölçekli kalıyor. Teftiş kurulundan geçmez. İyi bir borçlu olduğu kanısındayım gerçi. Ama, elde edilen kâr pek matah bir şey değil."

"Gerçekten de, ettiğimiz kâr pek iç açıcı değil. Sendikasyona girince, diğer bankalar hep o noktaya takılıyorlar."

"İyi şanslar."

Morris'le telefon konuşması bitince, İmanişi Tozai Bankası'nın Londra şubesi uluslararası finanstan sorumlu müdür yardımcısı Kudo'ya telefon açtı.

Kudo, İmanişi'den iki yaş daha büyüktü, 43 yaşındaydı. Londra'ya gelmeden önce Honkong şubesinde yine sendikasyon yöneticiliği yapmıştı. Bu dünyanın veteranlarından biriydi. Kudo da Morris'le aynı şekilde, konunun ne olduğunu söylemeden anlayabilirdi. İmanişi, kestirmeden konuya girdi.

"Kudo bey, Petsan işini kaptırmışız."

"Ya, şimdi geçekten... Şu an asistanım Petsan'la telefonla görüşüyordu, durumu teyid etmek için. Ben seni tekrar ararım."

Oldukça kafası karışmış gibiydi, aceleyle telefonu kapattı.

On dakika kadar geçtikten sonra, Kudo'dan telefon geldi. Bu kez, sakinleşmiş gibiydi ama ses tonundan keyifsiz olduğu anlaşılıyordu.

"Keyifsiz bir durum ya!" dedi Kudo, soğuk bir ses tonuyla.

"Ne fiyatla vermişler vekalet akdini?"

"116 galiba..."

Komisyon ve kârı kapsamak üzere, 'her şey dahil' *libor* (*libor*: kredilerde baz alınan Londra bankalar arası faiz oranı) artı 116 baz puanı (%1.16) anlamına geliyordu.

"İmanişi bey, sen ne teklif vermiştin?"

"117.5..."

"İyi bir çizgiye çekmişsin!" Kudo'dan hayret nidası yükseldi. "Biz de 120'den aşağı inip inmemek konusunda kararsız kalmıştık gerçi. Alt limitimiz 117 idi."

"Bir yerle beraber mi girdiniz?"

"Tozai, First American, Lombard."

Lombard Bankası, İngiltere'deki dört büyük bankadan birisiydi.

"Ooo. Lombard'da normalde kiminle görüşüyorsun?"

"Mark Lockwood."

"Haa, şu Lehman Brothers'tan gelen avukat dedikleri... Bu arada, bu sefer Fuyo Bankası'yla iş yapmak isterim." Fuyo Bankası, ticaret şirketi Kakubeni ve Anno Yangın Sigorta gibi şirketlerin bulunduğu holdingin bir parçası olan şehir bankası idi. "Lüksemburg IPPA Bank'la birlikte Lexington'un grubundaymış."

"IPPA? Adını pek duymadığımız bir yer teklif vermiş... Pekiyi, İmanişi, sen nereyle birlikteydin?"

"Yok, tek başına."

"Oohoo, tek başına 60 kafayı (60 milyon dolar) üstlenebiliyor musunuz?"

"Hayır, üstlenebileceğimiz 35'i. Geri kalan 25 *best effort*."

35 milyon dolara kadar para bulma sözü veriliyor ama, geri kalan 25 milyon dolar için sendikasyon sağlanamazsa sorumluluk alınmıyor.

"Olmaz işte, öyle! Biz bile Petsan rakamı 40'tan 60'a çıkartmak istediğini söyleyince, diğer bir banka olarak Lombard'ı çektik yanımıza."

"Bu ihalede, pek gücümüz yetmedi."

"Bu arada Drexler 116 fiyatını verdiğine göre, bir yerden sizin verdiğiniz fiyatı öğrenmiş olacaklar."

"Öyle olsa gerek. Drexler'ın İstanbul'da yerel temsilciliği var ya, bilgi toplama konusunda güçlüler."

"Haydi neyse yenildik ama, Petsan'ın tarzı da pek hoşuma gitmedi. Bizimle bağları eskiye dayanır, öyle aniden karar vermeden, bir kez olsun danışsalar olmaz mıydı, sanki?"

Kudo'nun küskün çocuk gibi konuşmasını İmanişi zoraki bir gülüşle karşıladı.

"Of, of. Pazartesi'den itibaren keyifsiz başladık."

"Bu akşam içmeye gidelim mi?"

Telefonu kapattıktan sonra, İmanişi Petsan'dan gelen teleksi buruşturup tostoparlak ederek, "Lanet olsun!" diye çöp kutusuna fırlattı. Kağıt, az bir farkla çöp kutusunu ıskaladı.

O an, İmanişi'nin masasındaki telefon çaldı.

Telaşla kağıdı çöp kutusuna atıp, ahizeyi kaldırdı.

"Buyrun, ben İmanişi."

"Haloo, Tetsu! Benim."

Alışkın olduğu bu neşeli sesin sahibi Türk borsa simsarı Haluk'tu.

Yaşı İmanişi'den dört, beş yaş daha küçük olan Haluk, 36-37 yaşındaydı. Babası 1980'li yıllarda Özal hükümetinde devlet bakanlığı yapmış, köklü bir aileden gelen Haluk lise ve üniversiteyi İngiltere'de okumuştu. Şimdi, öğleden önceleri İstanbul'da kendi kurduğu borsa şirketinde çalışıyor, öğleden sonraları ise farklı yerlerdeki torpillerini kullanarak finans simsarlığı yapıyordu. Haluk'la konuştuğunda, Türkiye'nin büyük sermaye gruplarından Sabancı ailesinin oğlunu şakır şukur tokatladığı, babasıyla birlikte Başbakan Demirel'in evine ziyarete gittikleri gibi konular açılmış, Türkiye'nin kurumsal çevresinin ne kadar dar olduğunu çok iyi anlamıştı.

"Haluk! Uzun zaman oldu görüşmeyeli. Her şey yolunda mı?"

"Evet. Borsa işi de yolunda gidiyor. Geçenlerde bir seferlik işte 100.000 dolar kazanınca, yazın kız arkadaşımla Akdeniz gezisine çıkmaya karar verdim."

"Kıskandım şimdi... Neden aramıştın?"

"Tetsu, Fukoku Bankası Tomita Otomotiv'in ana bankası mı?"

"Evet, tek başımıza değil ama, ana bankalardan biriyiz. Bir şekilde tek başımıza ana banka olarak kalabilmek için Seikai ve İtsui bankaları ile çetin bir rekabet halindeyiz."

"Konu şu: Tomita'nın Türkiye'de yerleşik şirketi 150 milyon dolarlık bir sermaye sağlamayı planlıyor."

"Aa, gerçekten mi?"

"İlgilenir misin?"

"Elbette, ilgilenirim. Ayrıntılardan bahsetsene biraz."

"Finansman gerçekleşirse, komisyonumu ödersiniz değil mi?"

"Evet, o konuda bir sorun yok. Senin borsa şirketini Fukoku Bankası'nın danışmanı olarak gösteririz, o ölçüde de komisyonunu öderiz."

"Okkey! Mesele şöyle...."

2.

Motorların gürlemesi kabinin içine kadar ulaşıyordu. Saatte 840 kilometre hıza ulaşan güç, sıfırın altında 50 derece sıcaklığındaki havayı yararak ilerliyordu.

Almanya Frankfurt Havalimanı'ndan öğleden sonra altıyı biraz geçtiğinde havalanan 600 sefer sayılı Lufthansa uçuşunda her şey yolundaydı. Uçak, yerden 10,000 metre yükseklikte, gecenin karanlığında bir ok gibi tek çizgi üzerinde ilerlemekteydi.

Sonunda, uçak İran İslam Cumhuriyeti hava sahasına girdi. Almanya saatiyle akşam onu geçmişti. İran saatiyle gece yarısından biraz sonra.

"Buradan itibaren alkollü içki içemezsiniz."

"Uçağın içinde anons yapıldıktan sonra, hostesler küçük şarap şişelerini ve mayolu kadınların resmi bulunan havayolları dergilerini toplamaya başladılar. İran, Humeyni'nin 1979 yılındaki İslam Devrimi sonrasında 'Velayeti Faghi' olarak adlandırılan mollalar tarafından yönetilmekteydi. Katı İslam kuralları hava sahasında da istisna tanımıyordu.

Hostesler, ülkeye giriş kartlarını dağıtarak koltukların arasında ilerliyordu.

Verilen kartta, ilginç şeyler yazıyordu.

Şöyle ki, havalimanında yeşil gümrük (gümrüğe tabi eşyası olmayanlar) kapısından geçebilmek için, geçtiğimiz bir yıl içerisinde İran'a giriş yapmış olmamak ve aşağıdaki maddeleri bulundurmamak gerekiyordu.

Silah ve barut
Uyuşturucu
Alkollü içki
Kumar gereçleri
Film, teyp, plak, CD
Basılı malzeme
Makyaj malzemesi
Yiyecek malzemesi, et ürünleri
Tarım ürünleri

Elbette, silah ve uyuşturucu taşıması söz konusu olamazdı ama İmanişi'nin çantasında fotoğraf makinası ve dökümanları bulunuyordu. Ayrıca Tomita Otomotiv'in İran'da çalışan temsilcileri için Japon yiyecekleri de getirmişti.

Girer girmez, kodesi mi boyluyoruz yoksa?

İmanişi huzursuz olmuştu.

Bir şeyler okuyup, huzursuzluğunu atmak için İran'ın devlet sistemiyle ilgili yazıları çıkarttı.

"Alman işadamına zina suçundan idam cezası."

Aniden, şok edici manşet gözüne ilişiverdi.

İrkilerek içeriğini okumaya başladı. İran'da iş gezisinde bulunan Alman işadamı, İranlı bir kadınla cinsel ilişkiye girdiği için mahkemeye verilmiş, yaklaşık üç ay sonra 31 Ocak'ta idam kararı açıklanmış. Geçen yıl Nisan ayında, Berlin Yüksek Mahkemesi'nin Kürt ayrılıkçı hareketi liderlerinden birinin öldürülmesi olayında İran hükümetinin parmağı olduğunu kabul eden kararına misilleme imiş.

Onun altında, son zamanlarda Humeyni'nin '*Şeytan Ayetleri*' kitabının İngiliz yazarı Salman Rushdie'nin katledilmesini emrettiğine ilişkin İran gazetelerinin makaleleri vardı.

İmanişi iyice huzursuz olup, yazıların bulunduğu dosyayı kaldırdı. Koltuğunu yatırarak gözlerini kapattı.

Airbus A 300 uçağı, sarsıntısız uçuşuna devam ediyordu.

Uluslararası finans piyasasından çalışanların ülkeler arası iş gezileri çok olur. İmanişi de her yıl yaklaşık olarak yetmiş kez uluslararası uçuş yapardı. Londra'da bulunduğu sürenin beş yıl olduğu göz önüne alınırsa, 350 uçuş eder. Uçuş seçimi gerçekten can sağlığı ile ilgili bir sorun olduğundan, son derece titizlenirdi. Havayolları şirketlerine bakılırsa, para sıkıntısı yüzünden servis ve eleman yetersizliği izerisindeki gelişmekte olan ülkelerin havayolları ve bir kısım Amerikan havayolları uçuşlarından uzak durmak gerek. Uçak modeli olarak, yaşlı Boeing 707, DC 9, Tri-Star ve ayrıca eski Sovyet yapımı uçaklardan sakınılmalı. Ayrıca hava akımlarından kolayca etkilenen küçük uçaklardan. Mümkün olduğunca jumbo jetler (Boeing 747 serisi) ve Airbus'un büyük uçakları tercih edilmeli. Bunun sonucu olarak, sık sık uzaktan dolaşan rotaları kullanıyordu. Doğu-batı hareketlerinde fakir ülkelerin uçaklarından başka yol olmayan Afrika'nın bir kısmında, Avrupa'dan gelen gelişmiş ülkelerin havayolları şirketlerinin uçuşlarına göre kuzey-güney yönü rotası üzerinden programını yapardı. Bu kez de Frankfurt'ta aktarma yapma zahmetine katlanarak, Lufthansa uçuşuna binmişti.

Motorların koltuktan geçerek ulaşan ritmik gürültüsünü dinlerken, hafif bir uykuya daldı.

Uçağın yavaş yavaş yüksekliğini azalttığını hissederek gözlerini açtığında, kol saati Almanya saati ile 10:20'yi, İran saati ile gece yarısı 1:55'i göstermekteydi.

Sonunda, uçak Tahran üzerine ulaştı.

Tahran şehri beyaz ve turuncu ışıkların göz kırptığı bir deniz gibiydi.

Uçağın kanatlarının siyah gölgesine ucu ucuna yapışarak, ışık denizi arkaya doğru akıyordu. Işıklar ve karanlığın geçit töreni... İmanişi, yüzünü pencereye yaklaştırarak seslice içini çekti. Gece yarısı ikiye yaklaşmasına rağmen, şehirde ışıkların böylesine yanıyor olması, Ortadoğu'da insanların gece geç saatlere kadar uyanık kalma alışkanlıklarından mı kaynaklanıyordu acaba?

Gece saat tam ikide Lufthansa uçağı Tahran'ın Mehrabad Uluslararası Havalimanı'na indi.

Uçağın merdivenlerinden inerek, servis otobüsüne bindi. Dışarısı, sandığından daha sıcaktı.

Otobüs havalimanı girişine ulaşınca, İmanişi eşyalarını tek eline alarak otobüsten aşağı atlayıp, yüz metre ilerideki pasaport işlemleri kontuvarına doğru hızla ilerlemeye başladı. Diğer yolcular da otobüsten iner inmez tüm hızlarıyla koşuşturmaya başlamışlardı. Tahran'daki gümrük işlemleri feci zaman aldığından, bir parça olsun kuyrukta daha önde yer almak gerekir. Bunu bilmeyenler, gece yarısı nemli sıcak salonda, şıpır şıpır ter dökerek üç saat kadar beklemek durumunda kalabilirler.

İmanişi pasaport işlemleri kontuvarına ulaştığında, çoktan beş kişi önünde sıraya girmişti.

40 dakika kadar geçtikten sonra, İmanişi'nin sırası geldi.

Pasaport memuru, yeşil renkli elbiseli orta yaşlı bir adamdı. Tek tek pasaportları, elle yazılmış şüpheli kişilere ait kalın dosyadakilerle karşılaştırarak kontrol ediyordu. Uykulu olacak ki, sık sık esniyordu. Bir süre geçtikten sonra, İmanişi pasaportunu yelpaze yerine kullanarak, yüzünü serinletmeye başladı.

Pasaport işlemlerinden geçtikten sonra, bagaj alım salonuna ilerledi. Hareketli bant durmuş, bagajlar etrafa dağılmıştı. Kendi bagajını bulduktan sonra gümrük noktasına ilerledi.

O tuhaf ülkeye giriş kartını yazdığında kendini rahatsız hissetmişti ama saat çoktan gece yarısı üçü geçmiş, bedenen ve zihnen yorgun düşmüştü. Her şeyini teker teker deklare etmeye takati kalmamıştı. İmanişi, kendini toparlayarak yeşil ışığa (deklare edecek eşyası olmayanlar çıkışı) yöneldi.

"Deklare edecek eşyanız var mı?"

"Nothing at all (*Hiçbir şey yok*)."

Memur eşyaları aramaya kalkmadı.

Onun ilerisinde kara sakallı, anormal ölçüde keskin bakışlı bir adam bekliyordu. Devrim muhafızlarından biri olsa gerek. İmanişi'nin içini kötü bir his kapladı. Ancak, adam sadece İmanişi'ye dik dik bakıyordu.

"Japon musun? Okey, geçebilirsin."

İmanişi rahatlamıştı. Adamın fikrini değiştirip, onu durdurmaması için, adımlarını hızlandırıp, gümrük kapısından çıktı.

Havalimanı binasının çıkışına yaklaştığı anda, durdurulması imkansız yıldırım gibi bir hızla, karanlık bir gölge yaklaştı. İmanişi'nin elinden bagajını kaptı. Şaşkınlıkla dönüp baktı, kel kafalı ufak tefek ihtiyar bir taşıyıcıydı. İmanişi'nin bagajını pas ve el kiriyle kararmış el arabasına attığı gibi tıkırtılar çıkartarak ilerlemeye başladı.

'İşte bu! İran toplumunda da yaşam mücadelesi çetin geçiyor herhalde.'

İmanişi, çaresiz ihtiyarın ittiği arabanın arkasına takıldı.

Havaalanı binasından çıkınca, bu kez beyaz taksilerin şöförleri dört bir yandan karınca gibi üşüştüler. İmanişi'nin bagajını el arabasından alıp, kendi arabalarına yüklemeye çalışıyorlardı.

"Don't touch (*Dokunmayın*)!"

Mehrabad Havalimanı Tahran şehir merkezine 11 kilometre mesafededir.

Yolda Pers Devleti'nin kuruluşunun 2500. yılı anısına dikilen kule, ışıklandırılmış haliyle gecenin karanlığında beyaz ışıltılarıyla yükseliyordu. Humeyni'nin İslam Devrimi sonrasında bu kule '*Özgürlük Anıtı*' olarak adlandırılmaktaydı.

Yaklaşık otuz dakikada şehir merkezindeki Azadi Grand Hotel'e ulaştı. Eskiden yabancı sermayeli Hyatt Hotel idi ama devrimle birlikte devletleştirilerek resmi işletme haline getirilmişti. İmanişi 14. kattaki odasını kontrol etti. Oda eski Hyatt oteline özgü genişlikteydi ama hemen hiçbir şey konulmamış odanın soğuk bir havası vardı. Loş ışıklı oda, sanki aniden tek başına iş gezisine çıkmak zorunda kalmanın yalnızlığını taşıyordu.

Saat çoktan sabah dördü geçmişti. Karnı açtı ama, bir bardak şişe suyu içtikten sonra, İmanişi kısa uykusuna daldı.

Sabah gözlerini açtığında, sandığından daha fazla kendine gelmişti.

Otelde Ortadoğu'ya özgü ucuz salam ve un ufak dağılan peynirden oluşan kahvaltısını ettikten sonra, İmanişi, Tomita Otomotiv'in ofisine doğru yola çıktı. 1200 metre rakımdaki büyük Tahran şehri ekonomik serbestliğin havasını taşımaktaydı. İnsanlarla ve arabalarla dolup taşan yolda egsoz dumanlarından gözleri yanıyordu. Şehrin kuzeyinde, zirvesi 5670 metreye ulaşan Demavend Dağı başta olmak üzere, Elbruz Dağları sıralanıyordu. Bu görkemli manzara karşısında farkında olmadan yutkundu.

Tomita Otomotiv'in İran inşaat ofisi şehrin kuzey kısmında Halid İslamboli Caddesi yakınlarındaydı. Halid İslamboli, Ekim 1981'de Mısır Kahire varoşlarında yaşanan 4. Arap İsrail Savaşı Zaferi kutlamalarında askeri geçit töreni sırasında ateş ederek Devlet Başkanı Sedat'ı suikastle öldüren İslam köktendincisi Mısır kara kuvvetleri subayıydı.

Bu ülke, caddelerinin adıyla bile sıradışı.

İmanişi şaşkındı.

Ofis eski bir işhanının üçüncü katındaydı.

Ucuza döşenmiş misafir odasına alındıktan bir süre sonra, muhasebe müdürü olduğunu söyleyen, babacan görünüşlü orta yaşlı bir Japon geldi.

Tanışma merasiminden sonra, İmanişi esas konuya girdi.

"Bugün, şirketinizin İran fabrikasının inşaat sermayesinin finansman konusu ile ilgili olarak buradayım. Duyduğumuza göre toplam 300 milyon dolar olacak, yarısını İran hükümeti, yarısını da Tomita Otomotiv Türk karşılayacakmış. Doğru mu?"

"Evet, öyle. Ancak, ne kadar hızlı duyum alıyorsunuz! Nereden bilgi edindiniz?"

"Türkiye Tomita'nın ortağı Karaöz sermaye grubu ile samimiyeti olan bir Türk simsardan."

"Anlaşıldı. Türkiye de torpil ve insan ilişkilerinin oldukça işe yaradığı bir ülke galiba."

Muhasebe müdürü gülümsediği anda, kapı vurulup, ofisteki genç İranlı kız elinde çay tepsisiyle odaya girdi. Kız uzun yeleğinin altına kot pantolon giymiş, saçlarını tamamen eşarpla örtmüştü. Eşarbı, şehirde gördüğü siyah kumaşlardan değil, çiçek desenli idi. Kirpikleri uzun, gözleri ıslanmış gibi karaydı.

"Belki abes bir soru olacak ama neden İran'da fabrika kurmayı düşündünüz? Gerçekten, nüfusun fazla olması, pazar açısından cazip olabilir. Ancak, bu ülkede risk bir hayli fazla. İran'a girmeden önce, söz gelişi, Polonya'ya falan gitmenin daha normal olacağını düşünüyorum."

"Dediğiniz gibi. Bu ülkede İslam köktendinciliği geçerli ve batıdaki gelişmiş ülkelerle tamamen farklı bir dünya. Yirmi yılı aşkın süredir katı İslam usulleriyle yönetildiği için, İran halkı bile rahatsız olmaya başladı. Ekonomi yönetimi de pek yolunda değil. Bunun sonucu geçen yılki devlet başkanlığı seçimlerinde Hatemi, muhafazakarların desteklediği meclis başkanı Natık Nuri'yi tahminleri aşan bir farkla geçerek cumhurbaşkanı oldu."

"Ondan sonra, özgürleşme çizgisinde ilerliyorlar yani?"

"Daha önce yasak olan sinema ve gazete, dergiler serbest bırakılıp, yabancı ülkelerin uydu yayınları da otellerde izlenebilir hale geldi. Diplomaside de Amerika'ya karşı yumuşama politikası başlatıldı, bu Şubat'ta Amerikan amatör güreşçi grubu Tahran'a geldi. Bir zamanlar Çin'le yapılan pinpon diplomasisinin güreş versiyonu... Öte yandan muhafazakarların başlangıca dönme hareketleri de şiddetlendi. Hatemi taraftarı Tahran belediye başkanının yolsuzluk şüphesiyle geçenlerde tutuklandığını biliyorsunuz. Reform hareketlerinin önde gelen ismi İçişleri Bakanı Nuri'nin de yakınlarda mecliste güvenoylaması ile düşürüleceği dedikoduları var. Reform taraftarlarına karşı saldırı olayları da meydana geliyor. Şu an İran'da, reform taraftarları ve muhafazakarlar karşı karşıya gelmiş durumdalar."

"Öylesi bir ülkede yatırım yapmayı neden düşünüyorsunuz?"

Muhasebe müdürü, bir an yanıtlamakta tereddüt etti. Düşünceli bir yüzle elini masadaki fincana uzattı. Ortadoğu'ya özgü, lale şekilli küçük şeffaf fincan. Açık kahverengi, berrak çaydan bir yudum aldıktan sonra, muhasebe müdürü yavaşça ağzını açtı.

"Aslında, bu Japon Arap Petrol ile ilgili bir durum."

"Japon Arap Petrol?"

Bir bakışta pek bağlantısı olmayan bir şirket adı aniden ortaya atılmıştı. Japon Arap Petrol şirketi 1950'li yılların sonlarında finans çevrelerinin desteğiyle kurulmuş, devlet destekli bir Japon petrol şirketiydi. Suudi Arabistan ve Kuveyt'in eski tarafsız bölgesi boyundaki Khafji petrol sahasında imtiyazlı olarak petrol çıkartıyordu.

"Japon Arap Petrol'ün imtiyazlarının Suudi Arabistan'da 2000, Kuveyt'te 2003 yılında sona ereceğini biliyorsunuz değil mi? Japon tarafı Endüstri ve Ticaret Bakanlığı aracılığıyla, Suudi Arabistan hükümeti ile imtiyazların uzatılması için görüşmelerde bulunuyor ama mali sıkıntılar içindeki Suudi hükümeti, Japonya'dan Suudi Arabistan'a büyük ölçekli yatırımlar olmadıkça imtiyaz sözleşmesini uzatmayacağı tehdidinde bulunuyor."

"Suud tarafı, ülkenin kuzey tarfındaki maden bölgesinden kıyı şeridine fosfor madenlerinin taşınması için toplam uzunluğu 1400 kilometrelik, 2 milyar dolara malolacak demiryolu projesi için yatırım yapılmasını istiyormuş, değil mi?"

"Evet öyle" diye onayladı muhasebe müdürü. "Ancak, öyle çölün ortasındaki hiç bir yararı olmayan bir demiryolu için ne diye yatırım yapılsın? Üstelik, Japonya'nın mali durumu da kötüye gidiyor. Suudi Arabistan'a yardım olsun diye yüksek miktarda ülke kaynaklarının kullanımına Endüstri ve Ticaret Bakanlığı içersinde de sert tepkiler var."

Muhasebe müdürü, burada fincandaki çayını içerek soluk aldı.

"O yüzden Japon hükümeti de, işler kötüye giderse hakların uzatılmaması olasılığı bulunduğundan, Japonya'nın enerji güvenliğini sağlamak açısından, başka bir yerde petrol çıkarma imtiyazı elde etmek zorunluluğu olduğunu düşünmeye başladı."

"O yer de İran..." İmanişi nihayet bağlantıları kurabilmişti.

"İran, Amerikan ambargosu yüzünden, şimdiye kadar yabancı yatırımcılar için zor bir yerdi. Yabancı sermaye girişi olmadığından, işletilmeyen petrol ve gaz alanları çok. Oralara Avrupalılar göz dikti. İran güneyindeki Pers Körfezi'nde denizde Güney Pars adlı muazzam bir petrol alanı var. Fransız Total, Rus Gasprom ve Malezya Petronas, geçen yıl Eylül'de İran hükümetiyle oraya 2 milyar dolarlık işletmeye açma yatırım sözleşmesi yaptı."

"Amerika'nın İran'a yönelik ambargo kanunu ile çatışmıyor mu? 1996 yılında çıkarttıkları İran-Libya üzerindeki ambargoyu güçlendirme kanunu, yaygın adıyla 'DAMAT Kanunu'nda, İran'daki petrol ve gaz üretimine yıllık 20 milyon dolardan fazla yatırım yapan yabancı şirketlere yaptırım uygulanmasını öngören kanun."

"DAMAT Kanunu'na Avrupa Birliği şiddetle karşı çıkıyor. Başkan Clinton da öyle kolayca yaptırım uygulayamaz. Üstelik DAMAT Kanunu'nda bunun ne zamana kadar geçerli olduğuna dair bir sınırlama yok. Sonuçta çözümsüz kalacaktır. Her neyse, son zamanlarda Avrupalıların İran'a hücumu muazzam bir şey. Royal Dutch Shell, Türkmenistan-İran-Türkiye'den geçecek doğalgaz boru hattına teknolojik katılıma karar verdi. Almanya, İran'a yönelik dış ticaret güvence rakamını 150 milyon marka yükseltti. Fransız Elf Aquitaine şirketi ile İtalyan ENİ (Resmi Hidrokarbon Şirketi) ortaklığının da önümüzdeki yıl İran Körfezi Harg Adası yakınlarındaki deniz petrol sahasında 1 milyar dolar ölçeğinde işletmeye açma yatırımı yapma sözleşmesi imzalayacağı söylentileri var."

İmanişi, adamın konuşmalarını başıyla onaylayarak çayını içti. İran usulü, bolca şeker konmuştu.

"Özetle, bu ülke sadece reform taraftarları ile muhafazakarlar değil, Amerikan-Avrupalı karşıtlığına da sahne olmak üzere mi?"

"Tamamen öyle. Bu Temmuz Londra'da, toplam 800 milyon dolarlık petrol-gaz işletmeye açma uluslararası ihalesiyle ilgili NIOC (İran Devlet Petrol Şirketi) açıklama toplantısı planlanıyor. Amerikan petrol-gaz şirketleri de Avrupalıların pastanın en güzel yerlerini götürmelerini parmak yalayarak seyirci kalmaya tahammül edemediklerinden, DAMAT Kanunu'nun kaldırılması için etkin lobi faaliyetlerine giriştiler. Son zamanlarda Clinton hükümetinde de ambargoyu kaldırma belirtileri görülmeye başladı. Öyle olunca, Japonya'nın buraya girmekte geç kalmaması gerekir. Bu Temmuz'da Japon Ekonomik Kuruluşlar Federasyonu (Keidanren) temsilciler heyeti İran'a gelecek. Galiba, heyet başında Mitsubişi Ağır Sanayi yönetim kurulu başkanı olacaktı."

"Suudi Arabistan yerine petrol işletme imtiyazı alınacak yer olarak İran güzel bir hedef oldu yani?"

"Ancak, İran hükümeti de öyle kolayca imtiyaz vermiyor. Japon Arap Petrol ve Japonya Endüstri ve Ticaret Bakanlığı ile perde arkasındaki görüşmelerde, bazı yatırımlar yapılmasını istemişler..."

"Öyle ya, Japon Arap Petrol'ün yönetim kurulu başkanı eski Endüstri ve Ticaret Bakanlığı müsteşarıydı."

"O bağ yoluyla, bakanlığı araya sokup, Japon Ekonomik Kuruluşlar Federasyonu başkan yardımcılığını yapan Tomita Otomotiv yönetim kurulu başkanından bir şeyler yapılıp, yapılamayacağını sorunca..."

"Öylece, İran hükümeti ile ortak otomobil fabrikası kurulmasına karar verildi."

"60 milyon nüfuslu İran'da, otomobil sanayi için gerçekten potansiyel var. İtalyan Fiat ve Alman Volkswagen İran araba üretimine yatırım yapmayı düşünüyor. Bizim için de yapmamız iyi olacak. Ancak, mümkün olduğunca riski azaltmayı istiyoruz. Toplam 300 milyon doların yarısını Japon tarafı karşılayacak. Bunun, Tomita Otomotiv'in Türkiye'de yerleşik şirketi tarafından yapılmasına karar verdik. Tomita Otomotiv Türk aslında, Tomita Otomotiv ve Türk Karaöz sermaye gurubunun ortak şirketi. İşler yolunda gidiyor, şimdi hisseleri İstanbul borsasına da açıldı. İşletme hakkı, halen Tomita Otomotiv ve Karaöz sermaye grubu elinde bulunduruyor ama sahip oldukları hisse miktarı, her birinin %15'i geçmiyor. Tomita Otomotiv Türk'ün borçlarının, Tomita Otomotiv merkez şirketi bilançosuna olan etkisi de elindeki hisse oranında, sadece %15."

"Anlaşıldı... İran tarafının üstleneceği 150 milyon dolar nasıl sağlanacak?"

"Onun büyük kısmı Japonya'dan ekipman ihracatına karşılık ödenecek, üstelik Japonya İhracat-İthalat Bankası'nın üç nolu (satın alım) kredisi kullanılacak."

"İyi çalışılmış bir finansman projesi."

İmanişi bir yandan bu sözü söylerken, bir yandan da Tomita Otomotiv'den sorumlu Fukoku Bankası Tokyo İşletmeler Üçüncü Dairesi'nin finansman projesinin oluşumuna hiçbir şekilde katılmamış olmasını bir eksiklik olarak hissetmişti.

"Öyleyse, Tomita Otomotiv Türk o sermayede kullanmak için, beş yıl süreli sendikasyon kredisi sağlamaya çalışıyor."

"Ekipman yatırımı için yapılacak kredi alımında beş yıllık süre kısa gibi görülebilir ama İhracat- İthalat Bankası'nın finansmanı kapıdan kapıya (finansman sözleşmesi imzalandıktan sonra sürenin bitimine kadar) 17 yıl gibi uzun süreli bir finansman olduğu için, projenin nakit akışı yeterli olacaktır. Bu bir devlet projesi olduğundan İhracat- İthalat Bankası da bu iyi şartları kolayca kabul etti. Bizler de Türkiye Tomita'nın kredi ödemesini çabucak halledip, riski ortadan kaldırmak niyetindeyiz. Fabrikanın yeri Tahran'dan pek uzak değil..."

Muhasebe müdürü büyükçe bir İran haritasını masanın üzerine yaydı.

"Buralarda." Muhasebe müdürü fabrikanın yerini parmağıyla gösterdi. "İnşaata başladık bile. Japonya'dan getirdiğimiz teknisyenler de orada kalıyor."

"Anlaşıldı..."

Ondan sonra yaklaşık bir saat boyunca, muhasebe müdürü fabrika inşaatının ana hatları, ilerleme durumu ve İran'daki otomotiv pazarı, İran ekonomisinin şu anki durumu hakkında bilgi verdi. İmanişi, Londra'ya döner dönmez, finansmanın öneri dosyasını hazırlaması gerektiğinden, ciddiyetle not alıp, alabileceği dökümanların fotokopisini aldı.

Açıklama faslı bittikten sonra, ikisi oturup soğuyan çaylarını içtiler.

"Bu arada, İmanişi Bey, bu akşam bir programınız var mı?"

"Hayır. Özel bir planım yok."

"Tamam öyleyse, mutlaka bizim bekarlar lojmanına akşam yemeğine davet etmek isterim."

Görüşme sonra erince, İmanişi ofisin kapısından çıktı.

Tam çıkarken, Uzakdoğulu bir adam canlı hareketlerle merdivenlerden çıkıyordu. Koyu lacivert üzerine ince çizgili, üzerine tam oturan takım elbisesiyle enerjik görünümlü bir adamdı. Kırk beş yaşlarında olmalıydı. Her haliyle Batılı havası taşıyordu. Siyah deri evrak çantası, ne kadar uzun yıllar kullanıldığının izlerini yansıtıyordu.

Adam İmanişi'yi görünce gülümsedi. İmanişi de başıyla selamlayarak yanıtladı.

Singapurlu mu acaba?

Adam, İmanişi'nin çıktığı anda ofise girdi.

"Oo, İbuki Bey. Buyrun." İnce kapının arkasından az önceki muhasebe müdürünün sesi duyuldu.

'Japon muymuş? Yine de Japonlardan oldukça farklı bir adam. Yabancı yatırımlarla ilgili biri mi acaba?'

İmanişi bir süre durup içeriye kulak verdi.

"Şimdiki Japon kimdi?" diye sordu adam, muhasebe müdürüne.

"Fukoku Bankası'nın Londra şubesi müdür yardımcısı."

"Oo, Fukoku Bankası yeni fabrikanın finansman işine mi giriyor? Ne güzel bir tesadüf! Ha ha ha." Adam neşeyle güldü. "Bu arada, geçenlerde görüştüğümüz sorunlu noktalar hakkında, bizim mühendislik alt şirketimiz şu değişiklikleri yapmanızın doğru olabileceğini söylüyorlardı. Bugün öneri dosyasını getirdim."

İbuki adlı adamın döküman sayfalarını karıştırdığı anlaşılıyordu.

Bu da kim acaba? Her neyse rakip değil herhalde... Mühendislik alt şirketi dediğine göre bir inşaat şirketinden olmalı.

Adam İmanişi'nin ilgisini çekmişti ama uzun uzun orada dinlemesine olanak yoktu, merdivenlerden inmeye başladı.

Tomita Otomotiv'in 'bekarlar lojmanı' Tahran şehrinde iki katlı bir evdi.

Orada bulunanların beşi de evlilerdi ama İran'a tek başlarına gelmişler ve bu 'bekarlar lojmanı'nda kalıyorlardı. Buyur edildiği oturma odasının genişliği kırk metrekare kadardı.

Tavanı ikinci katı da içine alacak şekilde, bir salon tarzında yapılmıştı. O akşam, müdürleri ve bir diğeri inşaata gitmişti, muhasebe müdürü ve otuz yaşlarında iki genç eleman İmanişi'yi karşıladılar.

"Bir tane almaz mısınız?"

Muhasebe müdürü İmanişi'ye bira ikram ediyordu. Adı üzerinde İslam devleti İran'da bira içebileceğini düşünmemişti, karaborsada bulunuyormuş.

"Bu da çok iyidir."

Sarı eşofmanlı genç eleman İran'ın ünlü çam fıstığından ikram etti.

Tomita Otomotiv'in üç çalışanının üzerinde de eşofmanlar olması, lojmana üniversite öğrenci yurdu havası vermişti. Belki de iş gününün bitmesinin verdiği rahatlıkla, çam fıstığı yerken, konuşmalar oradan oraya dolaşıyordu. Elbruz Dağları'ndan Hazar Denizi'ne kadar arabayla gitmeleri, yakınlarda oturan yaşlı Ermeni hanımın değişik Ermeni yazısı kullanması, İran'ın güneyindeki Persepolis kalıntılarının ilgi çekici olduğu ya da olmadığı, bekarlar lojmanının oturma odasında tropik balık ve bahçede tavuk yetiştirme planları, plajda erkeklerle kadınların yüzdükleri alanı ayıran tahta perdedeki delikten İranlı kadınların mayolu hallerini görmeleri... Herhalde, uzun geceleri böyle luzumsuz konulardan konuşarak geçiriyorlardı.

Bekarlar lojmanının çevresinden en ufak bir ses bile gelmiyordu.

"Haydi, akşam yemeğine geçelim mi?"

Muhasebe müdürünün sözüyle dört adam oturma odasının yanındaki mutfağa geçtiler.

Mutfaktaki masada, çeşit çeşit yemekler sıralanmıştı.

"Bu ülkenin Çelo kebabı harikadır."

Çelo, uzun taneli İran pirinci. Henüz pişmiş Çelo'ya yumurta sarısı ya da tereyağ karıştırarak, üzerine, safrana bulanarak kömür ateşinde nar gibi kızartılmış tavuk ya da ince dilimli kuzu eti konulduğunda Çelo kebabı olur. Ağzın içinde bir armoni haline gelen soğan ve et tadı hayran bırakacak ölçüdeydi. Masada kroket, haşlanmış yumurta ve pişirilmiş uzun turp vardı. İranlıyla evli Koreli bir kadın yapıyormuş. Pek gösterişli değildi ama içtenlikle hazırlanan sofra, uzak bir ülkede çalışan Japonların duygularını anlamasına yetmişti.

"Bu arada, bugünkü karşılama işiniz sorunsuz halloldu mu?"

Yemeğin sonlarına yaklaştıklarında, muhasebe müdürü genç elemanlara sordu.

"Evet, bugün üçü de sorunsuz bir şekilde giriş yaptılar. Şimdi üçü de inşaat yerindeki lojmana girmiş olmalılar."

"Öyle mi? İyi olmuş."

Muhasebe müdürü İmanişi'ye döndü.

"Şimdi Japonya'dan sıvacı, baca işçisi, vinç yükleme ustaları geliyor. İnşaatı üstlenen şirketin yerel elemanları ile dönüşümlü olarak havaalanına kadar karşılamaya gidiyoruz. Çok zahmeti bir iş. İnşaat şirketinin, bir alt şirketi, onunda altında üç taşeron daha var. Bunların usta mı yoksa, gelişigüzel seçilmiş elemanlar mı olduğunu anlamak güç. İsim listesiyle havaalanına gidiyoruz, adlarına bakarsanız Nagare Şingoro gibi adlar çıkıyor. Bu devirde öyle bir adı iyi vermişler."

Muhasebe müdürünün sözleri karşısında, İmanişi hafifçe gülümsedi.

"Üstelik, çoğu ilk kez bir yabancı ülkeye geliyorlar. Beyaz takım elbise, beyaz ayakkabı ve beyaz fötr şapka takıp geliyorlar. Ancak, tek kelime bile İngilizce bilmedikleri için sık sık pasaport ve gümrük işlemlerinde sorun çıkıyor. Bu tipten şüphelendik deyip, hapishaneye bile götürebiliyorlar. Biz de vargücümüzle arıyoruz ama iki üç hapishane değiştirecek olursa bulmanın imkanı yok."

"O durumda ne yapıyorsunuz?"

"Yapacak hiçbir şey yok. Meçhul. Kendisi de İran hapishanesinde çıldırır herhalde."

"... feci bir durum."

"Feci durum sadece ülkeye girerken değil. İnşaat şantiyesi de felaket durum da. Dağların arasında oyuk gibi bir kulubede yüzden fazla insan yaşıyor sonuçta."

"Daha yeni, beş gün önce teknisyenle inşaat şirketi elemanları arasında yumruk yumruğa büyük bir kavga çıkmış" dedi yanlarındaki genç eleman.

"Öyleydi... Yahu, sebebi neydi?" diye sordu, yanlarındaki genç eleman.

"Galiba, körili pilavın içine patates konur ya da konmaz gibi bir meseleden dalaşma başlamış."

"Körili pilavın patatesi..." İmanişi'nin ağzı şaşkınlıktan açık kaldı.

"Üstelik, içki içtiklerinde mutlaka kavga çıkıyor. İçkiyi yasakladık ama gizlice bir yerlerden bulup getirenler oluyor. Bu bir aylık sürede 'Tahran kulak kesme olayı' ya da bıçaklama gibi olaylar da çıktı."

"Birileri yaralandığında ne yapıyorsunuz?"

"Yanımızda doktor da var gerçi. Ama bu aralar gelen doktorlar arasında doğru dürüst olanı pek çıkmıyor. Adını bile duymadığımız tıp üniversitesi çıkışlı, hiç doktor olarak düşünemezsin. Arada sırada Tomita Otomotiv'in merkezinden doktorlar gelerek, 'Doktor bey, o onun ilacı değil' diye eğitmeye çalışıyor. Ufak bir yara olsa sorun değil ama büyük yaralanmalarda acilen ülke dışına gönderiyoruz... İnşaat yerinde kavga ve yaralanmalar dışında da sıksık sorunlar çıkıyor. Su borusu patlıyor, yirmi kadar varili kamyona yükleyip dağdan kaynak suyu almaya gidiyoruz. Su dolana kadar yıldızlı gökyüzünü izleyerek beklerken, ben neden böyle bir yerde, böyle bir iş yapıyorum, düşüncesine kapılabiliyor insan. Geçenlere kadar şantiyede çalışan Tokyo Üniversitesi çıkışlı bir elemanımız da o yıldızlı gökyüzüne bakarak düşünmüş olacak ki, geçen ay istifa etti."

"Aa..."

"Sadece şantiye değil mali işler de zor... İlginç bir şey göstereyim mi?"

Muhasebe müdürünün ardına takılarak İmanişi ikinci kattaki yatak odasına baktı.

"Burası benim yattığım oda."

Yatağın öte yanına 1.5 metre yüksekliğinde kocaman bir demir kasa konulmuştu. Muhasebe müdürü tuşlara basarak ağır kapısını açtı, tıka basa banknotlarla doluydu.

"Muazzam bir miktar!"

"Japon yeniyle 300 milyondan fazla var. Tamamı İran riyali. İran tarafının üstleneceği 150 milyon doların ilk %15'lik dilimi İthalat-İhracat Bankası'nın finansman kapsamına girmeyeceği için, İran hükümeti yerel para birimiyle ödeme yapıyor. İran bankalarının ne zaman ödemeleri durduracağını bilemediğimizden, hükümetten her ödeme gelişinde kocaman bir çantayla bankaya gidip tüm miktarı çekiyorum. Bankanın bankosunda tepe tepe dizilen paraları görünce çevremizdeki İranlılar gözlerini faltaşı gibi açıyorlar."

"Sonra ne yapıyorsunuz? İran riyalini yurt dışına çıkartamazsınız, çıkartsanız bile kağıt parçalarından başka bir şey değil."

"İran'da riyalle alışveriş yapıp, inşaat ve ofis masrafları için kullanan Avrupalı şirketlere satıyoruz. Yerine aldığımız yabancı para Frankfurt'taki banka hesabımıza yatırılıyor. Karşılıklı olarak naylon faturalar düzenliyoruz."

"Bu yasa dışı değil mi?"

"En azından İran hukuğuna göre yasa dışı olmalı. O yüzden, İran hükümeti ve Tomita merkez için olmak üzere iki ayrı hesap cüzdanımız var... Böyle bir ülkede muntazaman yasalara uymaya kalkarsan hiçbir iş yapamazsın. İnşaat için gerekli yedek parça geldiğinde, resmi gümrük işlemleriyle uğraşacak olursak, inşaat durur. Onun için de gümrükteki memurlara bin dolar kadar rüşvet verip, aynı gün gümrükten geçiriyoruz."

Muhasebe müdürünün anlattığı her şey, İmanişi için sarsıcı olmuştu.

Yönetim tarafından sıkıca korunan bankalar ve inşaat şirketleri pervasızca ekonomik refahı yaşarken, otomobil, elektrikli ev aletleri, sarfiyat malzemesi ve makina gibi ihracat sanayî, kimsenin koruması olmaksızın, sıkıntılara katlanarak, varlıklarını sürdürüyorlardı. İşte bu, Nikkei endeksinin ortalama 15-16 bin yen sınırında dolaştığı şu günlerde, Honda Mühendislik ve Tomita Otomotiv'in hisselerinin yükselişinin başlıca unsuru.

"Ya, yine de İran'da da bankalar çok iyileşti. Irak'la savaşları sırasında felaket bir şeydi. O zamanlar, ihracat sözleşmeleri için sık sık İran'a gelirdim. Bir gün aniden, öğleden sonra dört sıralarında Irak savaş uçakları geldi, bombardıman başladı. O zaman Tahran şehir merkezindeki Huma Oteli'nde kalıyordum, otelin çevresine ardı ardına bombalar ve füzeler yağıyordu, otel zangır zangır sallanıyordu. Sıradan bir ifade olacak ama, o gün gerçekten sonumun geldiğini sanmıştım."

"Sonra ne yaptınız?"

"Şans eseri, o gün tesadüfen hem İran hem de Irak'la dostluk ilişkileri içerisinde olan Türkiye'nin başbakanı Özal da Homa Oteli'nde kalıyordu. Irak devlet başkanı Hüseyin'le acilen irtibat kurmuş, hava saldırısının durdurulmasını istemiş. Bunun üzerine Irak tarafı birkaç saat hava saldırısını kesince, Başbakan Özal, Türk Hava Yolları'nın özel uçağıyla Tahran'dan ayrıldı. Ben de Türk işadamları ile birlikte o özel uçağa alındım, kurtuldum. Uçak yerden havalanır havalanmaz bombardıman yeniden başladı. Uçağın penceresinden dumanlar yükselen Homa Oteli çevresini ve füze fırlatan Irak uçaklarını gördüğümde, sırtımdan soğuk terler boşalmıştı."

Bu feci deneyimi dinlerken İmanişi'nin hiç sesi çıkmıyordu.

"Haydi, bir yemek sonrası çayı içelim mi?" dedi muhasebe müdürü neşeyle. "Memleketim Şizuoka'dan gönderdikleri Japon çayım var. Yapayım mı?"

3.

Kadının düzgün uzun bacakları ve dolgun beyaz göbeği, uyumlu hatlara sahipti. Altın rengi vücut tüyleri. Badem şekilli mavi gözler. Gümüş renginde t-back külot. Uzun sarı saçları sırtında dalgalar oluşturmuş. Onlarca lazer ışık demeti, denizin derinliklerini tarayan arama ışıkları gibi sahneye vuruyor. Seçilmiş Avrupalı kadınların tümü manken ayarında. Davul sesleri güçlü müziğe uydurarak, buz üzerinde kayan bir top gibi sahnede hareket ediyorlar. Kamçı gibi kıvrak hareketlerle vücutlarını çeviriyorlar. Kol altları kalemle yontulmuş gibi, mükemmel derin hatlara sahip. Vahşi hayvanlar gibi, dolgun kaslı siyahi kadın, tuhaf denecek ölçüde beyaz dişlerini göstererek gülüyor.

Londra'nın tanınmış gece klüplerinden biri.

Co Tatsuhana tek başına oturmuş, çıplak kadınları izliyordu.

Lüks gece kulübünün koltukları kırmızı kadifeyle kaplı. Perdeler de kırmızı kadife. Onun dışındaki dekorasyon tamamen siyah. O kırmızı ve siyahtan oluşan salonu avizelerin ışıkları hafifçe aydınlatıyor. Salonu puro ve parfüm kokusu kaplamış. Gümüş parıltılı küçük kovalara konmuş şampanya şişeleri birbiri ardına müşteri masalarına taşınıyor. Kulübe belirli düzeyde insanların girmesine izin veriliyor. Saçlarını tamamen geriye taramış siyah elbiseli müşterilerin tamamı iş dünyasından adamlar. Garsonlar beyaz gömlekli, siyah papyonlu. Masaların sağında solunda kadınlar üstlerini soyunarak dans ediyor. Pekin'den gelme uzun boylu Çinli kadın, bembeyaz teniyle güzel şekilli iri göğüslerini göstere göstere, gülümseyerek masaların arasından geçiyor. İşlerinin iyi gittiği anlaşılan tüccar görünümlü genç adam, peş peşe kadınları çağırarak masasının önünde oynatıyor. Dans bitince, adam kalın cüzdanından 20 pound çıkartıp, kadının küloduna sıkıştırıyor.

Bu manzarayı dalgın gözlerle izleyen Tatsuhana, viski bardağını ağzına götürdü.

Çökkünleşmişti.

Çıplak kadınları izleyerek bir plan tasarlamaya çalışmıştı ama onu da yarıda bırakmıştı.

Nedeni, öğlenleyin Tatsuhana ile aynı sıralarda Fukoku Bankası'ndan ayrılıp, Amerikan sermayeli bir bankanın Tokyo şubesine geçen bir adamla yaptığı telefon görüşmesi idi. O anı, Tatsuhana sıkıntıyla anımsıyordu.

"Aradığınız kişi... Şu an evindedir sanırım." Telefona çıkan tanımadığı genç kadın sıkılmış gibi bir ses tonuyla konuşmuştu. "Arkadaşı mısınız?"

'*Evinde? Arkadaşı mısınız?*'

O tuhaf konuşma şekli aklına takılmış, hemen adamın evine telefon etmişti.

"Müdürün tuzağına düştüm..." Telefona çıkan adam inler gibi bir sesle konuşuyordu. "...Bu ay sonunda bankadan ayrılmak durumunda kaldım."

"Öyle mi?... Benim yapabileceğim bir şey olursa, yardım etmek isterim." Ne olduğunu sormamak savaşçılığın görgü kuralıdır. "Lafı açılmışken, bizim Tokyo şubemize de eleman alınacağı söyleniyordu..."

"Aa, gerçekten mi!? Drexler'ın Tokyo şubesi söz konusu ise yardımını rica etmek isterim. Evet, lütfen."

Adamın lafın üzerine atlaması karşısında, Tatsuhana ne yapacağını bilemeyerek telaşlanmıştı.

Tokyo şubesi, yurt dışı projelerin finansmanında deneyimli, otuz beş yaş sınırı ve en az otuz projede yer almış olmak gibi zor şartlar arıyordu. Telefonda konuştuğu adam bunlardan hiçbirini taşımıyordu.

"Yani...herhalde bazı şartları vardır, oldukça zor olabilir."

Tatsuhana'nın sözleriyle adam durumu kavramış gibiydi.

"Öyle elbette. Bu yaşta öyle hemen girecek bir iş bulabilmek kolay değil."

Telefonu kapatmadan hemen önce adam "Kusura bakma ama benim işi bıraktığımı Fukoku'daki tiplere ve başka kimseye söyleme" dedi.

Böyle boş bir uyarıyı ne diye yaparsa sanki!?...

Tatsuhana, acıma hislerini bastırarak "Anlaşıldı" deyip, telefonu kapatmıştı.

Ondan sonra gün boyu sürekli kendini çökkün hissetmişti.

Tatsuhana, Fukoku Bankası'nda son olarak Londra şubesinde çalışıp, Morgan Drexler'a geçtikten sonra sekiz yıl olmuştu. 11,000 çalışan arasında 3,500 kişiden oluşan başkan yardımcısı grubu arasından sayısı sadece 300 olan yürütme müdürleri topluluğuna yükseltildikten sonra üç yıl geçmişti.

Amerikan yatırım bankalarının ödemesi muazzamdır. Temel maaş o kadar yüksek değildir ama bonus ve hisse satın alma hakkı eklenir. Yıllık gelir olarak hesaplanırsa bir kaç adam idare eden bir alt düzey yürütücü müdür bile Japon yeni ile 50 ila 70 milyon yen. Tatsuhana gibi bir bölümü idare eden yürütücü müdürler 200 milyon Yen civarında alır. Ayrıca, bu ücrete kendi ek gelirleri katılınca, başarı durumuna göre yüzlerce milyon yene ulaşabilir. Eğer öylece Fukoku Bankası'nda çalışmaya devam edecek olsaydı, şu sıralarda bölüm şefi olsa yıllık geliri 14 milyon Yen, şube müdür yardımcısı olsa en fazla 16 milyon Yen alırdı. Halen Japon bankalarına yapışıp kalan tiplerin karşısına geçip '*Sizin beyniniz yok mu? Ben artık ömür boyu sıkıntı çekmeyecek kadar parayı kazandım bile!*' diye kahkahalarla gülmek geçiyordu içinden.

Ancak, öte yandan işini değiştirdikten sonra bir süre yaşadığı işsiz kalma korkusu, halen benliğinin bir yerlerinde gizleniyordu. Bugünkü gibi olaylar olduğunda da kızgınlığa dönüşüveriyordu.

Ben ondan farklıyım... Ben şanslıyım!

Tatsuhana her zamanki gibi kendini cesaretlendiriyordu. Sürekli tuttuğunuzu koparmanız beklenen yatırım bankalarında silik davrandığınız anda bitersiniz. Güçlü davrandığınızda talihin yanınızda olacağına inanarak, finans cangılında savaşmaya devam etmeniz gerekir.

Korkusunu unutmaya çalışarak, Tatsuhana tekrar bardağını kaldırdı.

Fakat sinirini bozan karanlık ruh hali, bilincinin derinliklerinde uyumakta olan eski kötü anılarını depreştirmişti. Fukoku Bankası döneminde personel idaresi ve amirlerin hakaretleri ve aşağılamaları aklında canlanmaya başlamıştı.

Tatsuhana'nın üniversiteyi bitirdikten sonra Fukoku Bankası'na girişi on sekiz yıl önceydi.

"Şirketlerden ziyade bankalarda çalışmak, yurt dışı görev olanağı daha fazla" vaadiyle Tatsuhana'nın aklını çelen bankanın tavrı, yeni elemanların giriş töreninden sonra bir anda değişivermişti. Tatsuhana, Çiba ilindeki küçük bir şubeye atanmıştı. Çöplük gibi bir yerdi. Kadın ilişkilerinde başarısız insanlar, müşteriden aldığı parayı kaybedenler, amiriyle çatışıp sürülenler, tüm eleman sayısının belirli bir oranında işe alınması kanunen belirlenen bedensel özürlüler. Banka içerisinde asla yükselme olasılığı olmayanların süpürülüp atıldığı bir yerdi. Tatsuhana'nın bir gün yurt dışında çalışma isteğini ilettiği şube müdürü, acıma ve kızgınlık arasında bir ifadeyle orasının en başta gönderilecek bir yer olmadığını söylemişti. Tatsuhana'ya her gün, geceleri kasaya atılan onlarca siyah naylon torbadaki paraları sayma görevi verilmişti. Ama bıkmasızın İngilizce çalışmaya devam etmişti. "İngilizcem de iyidir. Bir sonraki atamada uluslararası birime olmasa bile, en azından kambiyo birimi olan bir Tokyo şubesine atanmak isterim." Bankaya girişinden bir yıl sonraki personel birimi görüşmesinde, Tatsuhana zayıfça isteğini dile getirmişti. 30 yaşını henüz geçmiş personel birimi görevlisi adam, Tatsuhana'ya aşağılar gibi bakıp burnundan gülmüştü. "İngilizcen o kadar iyiyse, şansını kendi başına yakala!" Adamın sözleri karşısında, Tatsuhana'nın kanı çekilmişti sanki. Bankaya girişinden iki yıl sonra, Tatsuhana Koto semtindeki orta ve küçük ölçekli işletmelerle iş yapan şubeye atanmıştı. Her gün balık pazarına gidiyor, balık kokan pul bulaşmış banknot ve bozuk paraları tahsil ediyordu. O şubede, Tatsuhana bir bayan memureyle tanışmıştı. Arkadaşlığa başlayınca, anında şube müdürünün odasına çağırılmıştı. Şube müdürü ile birlikte bekleyen müdür yardımcısının elinde, ne zaman ele geçirdiyse, Tatsuhana'nın kütük kaydının bir kopyası vardı. "Senin kütük kaydına baktık. Köklü bir aileden gelmediğin belli oluyor" demişti müdür yardımcısı, sırıtarak. "Senin de bildiğin gibi o kızın ailesi şubemizin büyük mevduat sahiplerinden. Onu köklü ailelerden gelen biriyle evlendirmeyi düşünüyorlar" diye devam etmişti müdür, Buda heykelleri gibi donuk bir yüzle. "Yani, biz de mümkün olduğunca bu tür sorunlardan uzak durmak istiyoruz. Anlıyorsun değil mi? Bu şekilde, o kızla görüşmeye devam edersen, senin banka içindeki geleceğinin pek parlak olacağını sanmıyorum." O akşam, Tatsuhana bekarlar lojmanına döndüğünde, personel biriminin şef yardımcısı da olan lojman müdürü tarafından çağırılmıştı. Ufak tefek ve Japon sanat müziği şarkılarını ustaca söylemekten başka bir hüneri olmayan adam "Banka isterse seni toplumsal olarak da ezebilir" tehdidini savurmuştu. Birkaç gün sonra da kız başka bir şubeye gönderilmiş, şubedeki tüm çalışanlar, Tatsuhana'dan uzak durarak gizli gizli dedikodusunu yapmaya başlamışlardı. Tatsuhana, Fukoku Bankası'nın kendi önüne dikilen soğuk bir duvar olduğunu, kendisinin yıkıp geçmesi gereken bir düşmandan başka bir şey olmadığını utanç ve öfke içerisinde öğrenmişti.

Yine de Tatsuhana Fukoku Bankası'nı bırakmamıştı. O dönemde iş dünyası hareketsizdi, bırakacak olsa bile girebileceği bir iş yoktu. O da dayandı. Tatsuhana dışında da bankanın o devasa örgütünün tacizine uğrayan çok sayıda eleman vardı. Onlar toplaşarak, birbirlerinin dertlerini paylaşırlardı. İşi bırakanlar da vardı. Ama Tatsuhana öyleleriyle arasına mesafe koyardı. Tek başına sıkıntılara katlanıp, bıkmasızın önüne çıkacak gün için kendini geliştirmeyi sürdürmüştü. Kartalların sürü kurmaması gibi, güçlü erkekler de yalnızlığını korur. Nihayet, 80'lerin ikinci yarısında Japon balon ekonomisinin dalgalarıyla birlikte Japon bankalarının yurt dışına açılma furyası çıktı karşısına. Bir parça bile İngilizce konuşabilenlerin yurt dışı şubelerine gönderildiği bir dönem başlamıştı. Koto şubesinden sonra Marunouçi şubesine atanan Tatsuhana, bu rüzgarı arkasına alarak Londra şubesine gidiş biletini eline geçirmişti. Ancak, Londra'ya geldikten sonra da örgütle olan mücadelesi sürmüştü.

Japon bankalarının iç yapısı Japon "köy toplumu" ile aynıydı. Kanto Bölgesi'nin bir üniversitesinden çıkanlar bankayı kontrol eden, samimi bir kapalı topluluk oluşturmuşlardı. O üniversiteden çıkmış olmasa bile, diz çöküp itaat ettiklerini göstermeyi başaranlar, ancak kapı önü adamları olarak değerlendiriliyordu. Onun dışında kalanlar tamamen süpürülmüşlerdi. Lise mezunu memurlar baştan itibaren insan değilmiş gibi görülürlerdi. O üniversitenin mezunu olmayan, kimseyle de gruplaşmayan Tatsuhana, o samimiler grubu tarafından sürekli düşman olarak görülmüştü. Özellikle Londra şubesinde uluslararası finans dünyasında boy göstermeye başladıktan sonra, türlü tacizlere maruz kalmıştı. Londra şubesine teftişe gelen samimiler grubu üyesi, personel birimi yurt dışı personel sorumlusu, durup dururken iki ayağını birden masanın üzerine atarak "Yani sen, iş konusunda başarılıymışsın ama insan olarak oldukça eksikliklerin var. Bir sonraki atamanda taşradaki şubelerden birine gönderelim seni" salvosunu savurmuştu. Uluslararası finans biriminde amiri olan "kapı önü" kökenli şef yardımcısı da üstüste iş bağlayan Tatsuhana'nın başarılı çalışmalarını kıskanıp, her fırsat bulduğunda personel birimine ve merkeze Tatsuhana hakkında kötü şeyler söylerdi. İşle ilgili olarak Tatsuhana'nın gölgesinde kalıp histeri krizine giren ticari işlemlerden sorumlu şube müdür yardımcısı, Tatsuhana iş gezisindeyken masasını ters yüz etmiş, dökümanlarını yerlere saçmıştı. Tatsuhana bunlar dışında da tacizlere maruz kalmış, yaptığı işlere karışılmış, kırılmıştı. Tatsuhana dişlerini sıka sıka tüm bunlara dayandı. Çevresi düşmanlarla sarılı olduğu halde, bir biri ardına iş bağlayarak, emin adımlarla kariyerini sağlamlaştırdı. Sonra, aradan dört yıl geçtiğinde, İngiltere'de ömür boyu ikamet etme hakkına kavuşup, özgürce iş değiştirebilecek hale gelince, anında istifasını verdi. Kartal, kartalların olması gereken yere geçmişti.

Ancak, bankanın on yıl boyunca süren hakaret ve aşağılamaları, elbette anılarından silinmemişti.

Lanet olası herifler!...

Nefretten yüzü iyice kararmıştı. Sinirle tüm gücünü bardağı tuttuğu eline verdi.

Onu aşağılayan amirleri ve personel birimi sorumluları şu an karşısına çıkacak olsa, vura vura öldürürdü.

Bir gün gelecek, hesabını soracağım...

Elinden gelseydi Fukoku Bankası'na karşı rekabet alımı (TOB: take-over bid) uygulayarak, bankayı ele geçirip, tipleri topladığı gibi gaz odasına gönderirdi.

Gerçekte de Tatsuhana bu rekabet alımının olasılığına ilişkin olarak Drexler'de şirketler finansman bölümü yetkilileriyle görüşmüştü. Ancak, yanıt '*No!*' idi. Çünkü, Fukoku Bankası'nın toplam pazar değeri 5 trilyon Yen'e ulaşıyordu. Pazar değeri, satışa çıkartılan hisse senedi sayısına, pazardaki hisse senedi değeri eklenerek ortaya çıkar, kısacası bir şirketin pazardaki fiyatı anlamına gelir. Bir şirketi satın almaya kalkınca, bu değer gerekli sermaye için bir ölçüt olur. 5 trilyon Yen, dolara vurulduğunda 40 milyar Dolar gibi muazzam bir rakam. Bu ölçüde büyük ölçekli bir işletmeyi satın almaya kalkacak biri kolay kolay çıkmaz. Sermayesi de kolayca bir araya getirilemez.

Ama vazgeçmeyeceğim. Rekabet alımı mümkün olmasa bile, bir gün Fukoku Bankası'nı çökerteceğim.

Tatsuhana'nın gözleri kanlanmış, dişlerini gıcırdatıyordu.

"Tatsuhana, sen misin?"

Aniden arkasından gelen sesle irkilen Tatsuhana, arkasına döndü.

"İmanişi?..."

"Uzun zaman oldu. Marunouçi şubesinden beri görüşmedik... Her şey yolunda mı?"

Neşeyle konuşan İmanişi Tatsuhana'nın karşısına oturdu. 'Her şey yolunda mıymış. Onu benim sana sormam lazım. Senin bankan şu sıralar kredi yolsuzluklarıyla allak bullak değil mi?'

Tatsuhana ve İmanişi, Fukoku Bankası'na aynı dönemde girmişlerdi. Samimiler grubunun üniversitesinden mezun olan İmanişi, işe giriş töreninde yeni elemanları temsilen konuşma yapmıştı, elit takımından biriydi. Babası aslen, hisseleri kısmi olarak piyasaya açılmış bir şirketin kurmaylarındandı ve eğitim düzeyiyle kazanılan sorunsuz kişilikli insanlar, personel işleri tarafından hoş karşılanıyor olmalıydı. Göze çarpan bir başarısı yoktu ama uluslar arası birim, yurt dışında eğitim, Marunouçi şubesi, proje bölümü, genel sekreterlik birimi olmak üzere 'yıpratmayan elit çizgi' boyunca ilerlemiş, birkaç sene önce Londra şubesine atanmıştı. Bankaya girişinden hemen sonra ülke içindeki şubelerde çalışarak, yerlerde sürünen Tatsuhana ile tezat oluşturuyordu. Marunouçi şubesinde, ikisi tesadüfen bir araya gelmişlerdi ama İmanişi finans birimi şefi olarak klimalı şubede çalışıyordu. Tatsuhana ise sorumluluğu ağır, dışarıda dolaşma işine verilmişti. Pantolonunun ağı bisikletinin gidonuna sürtünerek yırtılıyor, yaz demeden, yağmurlu kış demeden, sabahtan akşama kadar kan ter içinde koşuşturup duruyordu.

'*Buna baktıkça tam bir şanslı Japon bankacısı görüyorum.*' Tatsuhana, on iki, on üç yıl sonra karşılaştığı İmanişi'nin yüzüne dikkatlice bakınca, aniden bir şeyin farkına vardı. '*Saçları amma da ağarmış. Demek ki, bu da sıradan bir insanın çektiği sıkıntılara katlanıyor...*'

"Bu klübe sık sık geliyor musun? Biz bu akşam banka içi bir ağırlama olarak, inceleme biriminden birini davet etmiştik." Tatsuhana'nın yüreğinin karanlığını anlamasına imkanı olmayan İmanişi masum bir ifadeyle sormuştu.

"Arada sırada."

"Öyle mi? Oldukça ilginç bir yer... Bu arada, işler nasıl gidiyor? Amerikan yatırım bankaları muhteşem değil mi?"

"Eh işte. Örgütlenme tarzı basit olduğundan, hareketler hızlı. Yardımcılar, VP ve idareci müdür şeklindeki üç sınıftan başka şirket içi ayrım yok. Yardımcılar bankaya girdikten sonra ilk dört, beş yıl iş öğrenen çalışanlar. Tek başına iş yapabileceği onaylanınca VP, yani *vice president* olur, bir ekip idare etmeye başlayınca da idareci müdür olurlar."

"İş yaptığımız yerlerden sorumlu işletmeler finansman bölümü, petrol, gaz, taşımacılık, finansman ve sigorta, elektrik, kimya, demir üretimi gibi, sanayi kollarına göre yirmi takıma ayrılıp, muhatabımızın gereksinimlerine göre üst düzey ve nezih bir finansman hizmeti veriyor. Japon bankalarının Londra şubelerinde, Japon işletmeleri, İngiltere işletmeleri, uluslar arası finans ve proje finansman şeklinde sadece bölüme ayrılması büyük bir hata. Japon menkul kıymetler şirketleriyle karşılaştırıldığında da çekim gücü, satış gücü ve finansman teknikleri açısından sikletler farklı."

Bunları söyledikten sonra, Tatsuhana bir şeyleri anımsamış gibi bir se tonuyla konuşmasını sürdürdü. "Menkul kıymetler dedim de bu sabahki Nikkei gazetesinde Fukoku International ile Fukoku Financial Products'un birleşeceğine dair bir yazı vardı."

Fukoku International ve Fukoku Financial Products, Fukoku Bankası'nın Londra'daki yerel şirketleriydi. İlki menkul kıymetler şirketi, diğeri ise finans yan ürünleriyle ilgilenen bir şirketti.

"Haa, şu mesele..." İmanişi'nin yüzünü rahatsız olmuş bir ifade kaplamıştı. "Her zamanki gibi bizim genel müdür programsız bir adam. Baharda yapılan Japonya şube müdürleri toplantısında, hiçbir politika ortaya koymaksızın 'Diğer bankalarda farklı işbirliği konuları ortaya atılıyor ama ben şekilde kalacak bir işbirliğinin anlamsız olduğu kanısındayım' diye konuşmuş." Neredeyse iç çeker gibi konuşuyordu.

"Yalnız, hiç değişmedi, modaya uyarak örgütü kurcalamayı seviyor. Son zamanlarda küresel yapılı finans gibi bir şeyler söyleyerek, Hongkong, Londra ve New York'ta merkezle doğrudan bağlantılı uluslar arası finans bölümleri kurmayı tasarlıyor. Fukoku International ve Fukoku Financial Products'ın birleşmesi de buna benzer bir konu işte. Özel bir stratejisi yok gerçi. Halihazırdaki örgüt kazançlı değil diye, hele birleştirelim bakalım ölçüsünde bir fikir."

"Denetleme kurumu bunu onaylıyor mu? Özellikle İngiliz SFA (The Securities and Futures Authority: Menkul Kıymetler ve Vadeli İşlemler Kurulu) kolayca izin vermez herhalde."

"Aynen dediğin gibi. Japon maliye bakanlığı, birleşme ile ilgili bildirimde bulunulduğunda, 'Ha öyle mi?' diye, her zaman olduğu gibi 'Bir bakalım' tavrını takınmış."

"Bir şey yapmazlar ama sonradan problem çıkınca şikayet ederler."

Tatsuhana'nın iğnelemesini İmanişi başıyla onayladı.

"Ancak, SFA kökten bir şekilde finans idaresine el attığı için, bu birleşmenin neden gerekli olduğu, kâr açısından ne gibi yararları olacağı gibi soruları dağ gibi yığmış önlerine."

"O zaman ne yapmışlar?"

"Fukoku International'daki genç bir Japon işin başına geçmiş, gelişigüzel rakamlarla sunum hazırlamış, onu da Fukoku International'ın yönetim kurulu başkanı ballandırarak anlatmış."

'*Aptal herif!..*' Tatsuhana içinden tükürdü. '*Sen şu an kiminle konuştuğunun farkında mısın?Beni hala bankadan devre arkadaşın olarak rahatça düşünebiliyor musun? Ben, senin bankanı çökertmeyi düşünen Amerikan yatırım banka-*

sının bir adamıyım. Şu an, senin anlattıklarını yarın, İngiltere Bankası'na ve SFA'ya gidip anlatsam ne yaparsın?'

Düşmanı un ufak etmeden bırakmamak, Anglo-Saksonların demir kuralı.

Tatsuhana masanın üstündeki kesme bardağın dörtte biri kadar kalan sek Single Malt'u bir dikişte içti. Boğazı alev alev yanmıştı.

"Müthiş içiyorsun. Artık İngilizler gibi olmuşsun."

"Zaten İngilizim artık." dedi Tatsuhana, kızarmış gözleriyle.

"Öyle elbette. Londra'ya geldiğinden beri on yıldan fazla oldu değil mi?"

"Hayır o anlamda değil. Uyruğumun Japon olmadığını söylemek istemiştim."

"Ne!?"

"Fukoku'yu bıraktıktan bir yıl kadar sonra Japon vatandaşlığından çıktım."

"Ne yaptın!?... Fakat, İngiliz vatandaşlığı o kadar kolay alınıyor mu?"

"Kolay elbette. İngiltere'de çalışma vizesiyle beş yıldan fazla çalışır, iki İngiliz'in de referansını eklersen vatandaşlık bir çırpıda alınıyor. Parayla vatandaşlık satın almak gibi bir şey… Bu dünyada olan her şey parayla satın alınabilir. Herşey para."

Tatsuhana'nın sözleri karşısında İmanişi'nin nutku tutulmuştu.

"Fa… fakat, o kadar kolayca kendi ülkenden vazgeçebiliyor musun? Ben asla düşünemem."

"Bense, gençliğini tamamladıktan sonra da Japon vatandaşlığında kalmaya devam edenleri hayranlıkla karşılıyorum" dedi Tatsuhana, alaycı bir ses tonuyla. "Japon vatandaşlığından çıktıktan sonra sorun yaratan sadece iki şey var. Japonya'ya döndüğümde, üç ayda bir vize yenilemek zorunda olmak ve devletten emekli maaşı alamamak. Sadece bunlar... Zaten uzun süre Japonya'da kalma durumum yok, üç ay yeterli. Şu sekiz yıldır, bir kez bile Japonya'ya dönmedim. Dönmeyi de düşünmedim. Gelelim emekli maaşına. Fukoku Bankası'nda kendimi paralayarak on yıl çalıştıktan, o on yıl içerisinde 3 milyar doları bankaya kazandırdıktan sonra, 65 yaşına geldiğimde alacağım emekli maaşı ne kadar biliyor musun? Fukoku Bankası sayın personel işleri müdürü imzalı, kocaman mühürlü bir emekli maaşı belgesi gönderdiler, 30 bin Yen'den biraz fazlaydı. Öyle sümük gibi bir para için vatandaşlığı sürdüreceğimi mi sanıyorsun?" Tükürür gibi konuşuyordu.

"İyi de çıkmana gerek var mıydı?" diye sordu, sarsılan İmanişi.

"O beyinsiz ülkenin vatandaşlığını taşımanın neresi seni sevindiriyor?" dedi Tatsuhana, tahrik edercesine. "Bürokratlar halkın vergilerini kullanarak kafalarına eseni yapıyorlar. Varlığının hiçbir anlamı olmayan göstermelik kuruluşlar oluşturuyorlar, vergileri oraya akıtıyorlar. Üst düzey bürokratlar devletten ayrıldıktan sonra o tür kuruluşları dolaşarak yüz milyonlarca yen emeklilik ikramiyesi topluyorlar. Hiç Batılı ülkelerde öyle bir şey gördün mü?"

"Hayır... Gerçekten de Japonya'daki devlet kuruluşlarının göze battığı doğru ama..."

"Devlet kuruluşları sadece bir örnek. Halkın binbir zahmetle ödediği vergileri, dünyanın her yerinde yardımlara dağıtıyorlar, hiç ses getirmediği gibi, aslında sadece enayi yerine konuluyorlar. Körfez Savaşı sırasında en fazla parayı veren ama o ölçüde de en fazla aptal yerine konan ülke hangisi? İngiltere ve Fransa'ya bak. Pek o kadar para vermedikleri halde, ülke çıkarlarını sağlama aldılar. Aynı vergiyi ödediğime göre İngiltere ya da Fransa vatandaşı olarak ödemek çok daha iyi değil mi?"

Tatsuhana'nın söyledikleri doğruydu.

ODA (Japon Hükümeti Kalkınma Yardımı) olarak geçen yıl (1997) boyunca Japon hükümetinin kullandığı vergi 91 milyar 360 milyon dolardı. Ekonomik durgunluk içinde bunalan, uluslararası kredi derecelendirme kuruluşu Moody's tarafından devlet bonolarının artışına bağlı olarak resmi borçların yükselmesi sebebiyle güvenirlik derecesi düşürülen, hergün yüze yakın vatandaşı intihar eden bir ülke Amerika'nın 1.5, İngiltere'nin 3 katına yakın bir parayı savurmuştu.

"Bu seferki bankalara devlet sermayesi yatırımı bile, Maliye Bakanlığı 'Devlet Sermayesi' diye halkı kandırıyor ama aslında 'vergi yatırımı' demeleri gerekmez mi? Japon halkı, korkunç bir saatli bombayı sırtlandığını hala anlayabilmiş değil."

"Korkunç bir saatli bomba?"

"Evet öyle. Devlet borçları ve yerel idarelerin borçlarına eski devlet demiryolları gibi kuruluşların borçlarını ekleyince şu an 600 trilyon Yen ediyor. Vatandaş başına 5 milyon Yen, bir aile beş kişi olsa 25 milyon yen. Japon halkı farkında olmadan bu kadar borca batmış durumda. Borçlar bundan sonra da gittikçe artacaktır. Sonra en dehşet verici olan şey faizlerin yükselmesi. Şu an faizler düşük ama gelecekte faizler % 1 artacak olsa yıllık 6 trilyon Yen yük demektir. % 3 artışta 18 trilyon Yen. Düşünmekle bile kanı donuyor insanın. Önümüzdeki on yıl içerisinde Japonya'nın iflasın eşiğine gelmesi ve darmadağın olması olasılığı çok yüksek."

'Sen ne yapmak niyetindesin?' dercesine gözlerle Tatsuhana İmanişi'ye baktı. İmanişi'nin verecek yanıtı yoktu.

"Dans ister misiniz?"

Kadınlardan biri masaya yaklaşıp, eğilerek iki adama sordu. İmanişi elini sallayarak reddedip, aynı anda sandalyesinden kalktı.

"Benim teftiş kurulundan misafirlerim var, masama dönüyorum. Yakınlarda bir öğle yemeği yiyelim istersen." İmanişi zorla gülümsemeyi başarmıştı.

"Olur." Tatsuhana soğuk bir ifadeyle yanıtladığında, artık İmanişi'yi hiç görmüyormuş gibi, bakışlarını çıplak kadınlara yöneltmişti.

Ayağa kalkan İmanişi'nin gözleri, Tatsuhana'nın masanın üzerine koyduğu not defterine takıldı. Açık sayfadaki karman çorman yazılar içerisinde 'Turkish Airlines' 'X7:141298' 'Fukoku B/K Tsuchiya' sözcüklerini seçebilmişti.

İçki içerek düşünüyordu herhalde... Türk Hava Yolları, geçenlerde Drexler'ın 1 milyar dolarlık sermaye sağlanması için vekalet akdi aldığı iş olsa gerek. Ancak, Fukoku Bankası Tsuçiya ne? Geçenlerde menkul kıymetlet işlem ofisine atanan şube müdür yardımcısı Tsuçiya mı acaba? Türk Hava Yolları ile ilgisi olmadığına göre başka bir konu olmalı...

İmanişi aklına takmamaya karar verdi. Başkalarının insan ilişkilerini kurcalamamak prensibiydi.

"Her zaman doğrudan duşa giriyorsun..."

Davetkâr nazlı ses arkasından gelmişti. Tatsuhana duymazdan gelerek banyoya yöneldi. Duşu açıp, başından aşağı vücut şampuanını boca etti. Kadın teri ve vücut kokusundan arındı. Tüm vücudunu iyice yıkayınca, beline bir havlu sarıp yatak odasına döndü. Kadın üzerine sadece bir çarşaf çekmiş, yatakta çırılçıplak yatıyordu. Arada sırada güzelce yıkanmış saçlarını usulca kaldırıyordu. Gözleri zevk anından kalan izleri taşıyordu. Uzun kol ve bacaklarının bakımlı teni, 29 yaşına göre oldukça gergindi. Eskiden haber spikeri olarak ünlü olmuş bir kadın. Bir yıl öncesinden beri Londra'da bir üniversitede yüksek lisans yapıyordu.

Onuncu katta bulunan lüks dairenin penceresinden Kensington Caddesi'nin ağaçları karanlık silüetler halinde görülüyordu. Arabaların far ışıkları, zifiri karanlık içinde sürüleşen ateş böcekleri gibi, caddede akıyordu.

'*Bu kadın, uluslararası siyaset bilimi çalışmaya gelmiş ama olasılıkla televizyon kanalındaki amiriyle kapışmıştır herhalde.*' Tatsuhana duygusuz gözlerle kadına şöyle bir baktı. '*Gururu, kafasının içindekilerle eş düzey olamayan bu kadın, mutlaka çevresindekileri bunaltmıştır.*' Buruk bir gülümsemeyle birlikte, sigaranın mor dumanını üfledi. Kadınla bir barda tanışmıştı. Amerikan yatırım bankasının kurmaylarından olan ve yıllık geliri yüz milyonu geçen Tatsuhana ile birlikte olmayı toplumsal düzeyine uygun bulmuş olacak hemen vücudunu açmıştı.

'*Vücudu fena değil. Ancak, lüks Fransız lokantalarına götür, doğumgününde hediye al... Çok zahmetli. Silkelemenin zamanı geldi herhalde...*'

"Baksana, hamile kalırsam doğurayım mı?" dedi kadın, Tatsuhana pencereden dışarı bakarak sigarasını üflerken.

"Ne dedin!?" Tatsuhana öfkeli bir ifadeyle kadına döndü. Az öncesine kadar çıplak kadınların olduğu gece klübünde içtiği içkiler ve seks heyecanıyla gözleri anormal bir şekilde kanlanmıştı. "...Sen, hap kullanmıyor muydun, ha!?"

Tatsuhana'nın kızgın sesiyle kadın sindi.

"Şaka yaptım, şaka. Düzenli olarak alıyorum." dedi kadın, korkulu bir yüzle. "... Senin ne düşündüğünü öğrenmek istemiştim sadece."

"Gereksiz şakalar yapma!"

Kadın dudaklarını büzdü.

Tatsuhana sigarasını kültablasına bastırıp, giyinmeye başladı. İçinden atacağı şeyleri atıp rahatladıktan sonra, başka işi kalmamıştı. "Ben çıkıyorum." Koyu takımının ceketini giyip Barry marka yumuşak deri ayakkabılarını ayağına geçirdi.

Yatakta çıplak olarak yatan kadın nefret ve içerlemenin birbirine karıştığı gözleriyle Tatsuhana'ya bakıyordu.

"Seninle bu son görüşmem."

"Ne!?" Kadının yüzü duyduklarına inanamıyormuş bir ifadeye büründü. "Bunun anlamı ne!?"

"Ne dediysem o. Artık seninle görüşmek istemiyorum. Kadın istersem fahişe bulurum."

"Ne dedin sen!? Bunları ciddi mi söylüyorsun!?" diye bağırdı kadın. "Beni fahişelerle bir mi tutuyorsun?" Sinirden titreyen kadın Tatsuhana'ya dik dik bakıyordu.

"Öyle." Tatsuhana'nın yüzünde alaycı bir gülümseme belirmişti. "Bak. Bu dünyada her şeyin bir fiyatı vardır."

Tatsuhana'nın sözleriyle kadının yüzünde sorgulayıcı bir ifade belirdi.

"EBRD'nin (Avrupa Kalkınma Bankası) çıkarttığı Mayıs 2002 süreli Ruble bazında sıfır kuponlu tahyilleri bonoları 100'e 35 fiyatıyla satılıyor. Faizler artarsa, sabit faizli kredinin fiyatı düşer. Türk hükümetinin bundan sonraki beş yıl içinde kredi temerrütüne gitme olasılığı % 4.5 olarak düşünüldüğünden Türkiye'nin kredi temmerrüt swap fiyatı bono başına yıllık % 4.5. İşletmelerin ederi gelecekteki tahmin edilen kârının günümüzdeki değerinin hesaplanmasıyla belirlenir. Bu dünyada fiyat biçilemeyecek hiçbir şey yok. Üzüntü ve sevgiye de fiyat biçilebilir. Fiyat biçip satmak da biz yatırım bankacılarının işi." Kadın Tatsuhana'ya şüpheyle bakıyordu. "Benim sana biçtiğim değer de ..." dedi Tatsuhana soğukkanlılıkla, "Senin apış arandaki şeyin fiyatı. Ne fazlası ne de azı."

Şokun etkisiyle kadının beti benzi atmıştı. Uğradığı ağır hakaretin etkisiyle konuşamıyor, ağzı zangır zangır titriyordu.

"Seninle birlikte olmak için gereken masrafları toplar, sen fahişelerden daha ucuza geliyorsan seninle yatarım. Daha pahalıya geliyorsa, bir fahişe bulurum. Basit bir fiyat karşılaştırması sorunu."

Tatsuhana sözlerini sakince bitirdikten sonra arkasına bile bakmadan kapıyı kapattı.

"Lanet olsun!" Kapının arkasından kadının bağırışını duydu.

Tatsuhana kadının dairesinin bulunduğu binadan çıktığında karanlık caddede yağmur yağmaya başladı.

Bir taksi çevirip, şöföre gideceği yeri söyledi.

"Hamsted."

Taksi kahverengi Royal Albert Hall anfi-tiyatrosunun yükseldiği karanlık caddede Hyde Park boyunca ilerlemeye başladı. Sonra Marble Arch'dan sağa dönerek Oxford Caddesi'ne girdi. Akvaryum gibi duradan siyah taksinin koltuğuna, yağmur damlalarının yapıştığı pencerenin dışından canlı alışveriş semtinin kırmızı ve mavi neon ışıkları vurmaktaydı.

15 dakika kadar ilerledikten sonra, taksi iki tarafında yeşil tepeliklerin ve ormanın bulunduğu caddeye girdi. Londra merkezinden uzak olmadığına inanılması güç bir sessizlik hakimdi. "Oh, fox!" Şöförün sesiyle ön tarafa bakınca yolun ortasında karanlık silüetini seçebildiği üçgen kulaklarını dikmiş tilki, bir an sonra tepenin yeşillikleri arasında kayboldu. Az sonra, ormanla çevrelenmiş Londra kuzeyinin tek lüks konutlar bölgesi Hamsted Garden Suburbs göründü, taksi tuğla yapılı görkemli bir evin önünde durdu. Tatsuhana'nın nakit parayla aldığı, sekiz yatak odalı köşk.

Tatsuhana, yağan ince yağmur altında taksiden inip, kapı ışığının önünde otomatik kilidi açtı. Köşkün içini, gündelikçi olarak gelen hizmetçi lüks otellerin suit odaları gibi tertemiz yapmıştı. Tatsuhana merdivenlerden çıkıp, ikinci kattaki seksen metrekare genişliğindeki oturma odasında, ceketini çıkarıp koltuğun üzerine attı. Şömineyi yakıp, yanık kahverengi meşe büfeden Decanter marka konyak ve brandy bardağı çıkarttı.

Tatsuhana koltukta iç geçirerek, brandy bardağına boşalttığı konyağını yudumladı. İçki içmiş, bir kadınla yatmıştı ama yüreğinin kuruluğu geçmemişti. Oturma odasının zemininde ince dokunmuş geometrik desenli bir İran ipek halısı serilmişti, büyük pencereden geniş bahçe ve karşıdaki yoğun orman görülebiliyordu. Loş ışık ve şöminenin alevleri odayı kızıla boyamıştı. Duvar tarafında büfenin yanına kitaplık konmuş, kitaplarla birlikte Takahana'nın ofise sığmayan sayısız *thombstone* ile birlikte fotoğrafları sıralanmıştı. Fotoğraflarda, imza törenleri; yılın işi ödül törenleri; yeni atanan yönetici müdürler; çeşitli ülkeleri eski bakanları, bürokratları ve ünlü isimler ile birlikte çektirdiği fotoğraflar... Tamamı, Tatsuhana'nın ihtişam sahneleri idi.

Aynı rafın bir köşesinde o parıltılı fotoğraflarla farklı havadaki iki fotoğraf iliştirilmişti.

Fotoğraflardan biri, Tatsuhana'nın üniversite dördüncü sınıfta Prens Cicibu Japonya Kayak Şampiyonası Liselerarası 30 km Cross Country yarışmasına katıldığında çektirdiği fotoğraftı. Gösterişli alpin stili ile farklı olarak, mesafe kayağı yalnız başına yapılması gereken çetin bir spordur. Tüm sporcular belirli aralıklarla yarışa başladıklarından, sporcu kendisinin kaçıncı sırada olduğunu bile anlayamaz. Başlangıçtan bitişe kadar sonsuz cehennem gibi sıkıntı içerisinde sporcu azimle kendisini ayakta tutarak inatla devam edemezse galip gelemeyeceğinden, yatırım bankacılığı ile çok benzeşir. Müsabakadan çok daha zorlu, karlı düzlüklerde onlarca kilometre boyunca gerçekleştirilen antremanlar. İlk on kilometrede sporcu terler, vücut ısısı da yükselir ama on kilometreyi geçtiği sıralarda ter kurur, vücut ısısı hızla düşer. Üniversite öğrencisi Tatsuhana akan burnunu silerek, ince uzun kayaklarını ve çubuklarını yay gibi kullanarak, ağzında biriken tükürüğünü ata ata, hayvan gibi hırıltılar çıkartarak karlı düzlükte yol almaya devam etmişti. Tuz kristalleri biriken yanakları soğuk rüzgârla yıpranmış, derisi uyuşmuş gibi hissedemez hale gelmişti. Sonunda güneş yatıklaşmış, çevresindeki manzara kararmaya başlamış, ne zaman olduğunu anlayamadan siyah beyaz düzlükte kımıldayan bir insan gölgesi haline gelmişti. Düzlüğün aniden karardığı an, vücudunun sınırlarını aşmak üzere olan Tatsuhana bayılmıştı. Hedefi Japon milli takımına seçilip, güneşli bayrağı göğsüne takmaktı. Bu rüyası gerçekleşmeye bir adım kala kaybolmuştu. İş hayatına atıldığı anda, Tatsuhana kayaklarını bir kenara atmıştı. Bu kez, Japonya'yı temsil eden bir bankacı haline gelip, Japonya için iş yapmayı arzuluyordu. Kaderin cilvesi, Tatsuhana bugün artık İngiliz bayrağı altında işini yapıyordu. Sonuçta, Japonya öyle bir ülke. Üniversite dördüncü sınıftan kalma o fotoğraf, sıkıntı yaşadığı her an eline alıp, 'kartallar sürü kurmaz' diye kendisini cesaretlendirdiği bir fotoğraftı.

Bir diğer fotoğraf, yıllarca önce, memleketinde evlerinin önünde çekilmiş, anne ve babasının fotoğrafıydı.

Yaşlı çift, sararmış yaprakların uçuşmaya başladığı sonbahar sonunda bir gün, eski püskü düz çatılı küçük bir evin önünde durmuş, neşeyle gülümsüyorlardı. O fotoğrafa her baktığında, Tatsuhana özlem duymak yerine, anne ve babasının ne kadar ufak tefek olduklarını düşünürdü. Babası ilkokul öğretmeniydi. Bu işinin yanısıra, köylü komşularından tarla kiralar, patates, turp, mısır gibi, soğuk yörelere uygun ürünler yetiştirirlerdi. Tarlanın kirası ödendiğinde ellerine bir şey kalmıyordu ama dedelerinin başka birinin kefili olmasıyla yüklendiği borcu geri öder ödemez, iki oğlunu üniversiteye göndermek birikim yapmak için gece gündüz, yıl boyu çalışan bir adamdı babası. İlkokuldaki işini bitirdikten sonra, sararmış atleti ve yırtık pırtık pantolununu giyerek tarlada gübre saçan babası ile şalvarı ve yırtık şapkasıyla topladıkları ürünleri el arabasıyla kooperatife götüren annesinin o minnacık görüntüsü, Tatsuhana'nın beyninin derinliklerine kazınmıştı. Babası, kendisini gençliğinden beri yıpratmış olmanın etkisiyle hastalanmış, üç yıl önce ölmüştü. Annesi de Tatsuhana'nın yüz milyon yenin üzerinde para harcayarak yaptırdığı, yaşlı bir insanın rahatça yaşabileceği evde hastalıkla boğuşuyordu. Yerel bir devlet dairesinde çalışan kardeşi Takaşi annelerine bakıyordu ama pek fazla ömrü kalmamış gibiydi. "Anne senin bir hayalin var mı?" Tatsuhana, üniversiteye girdiğinde öylesine sormuştu. Annesi biraz düşündükten sonra "Hayal...Dedenizin borcunu öder, Takaşi de üniversiteyi bitirirse, küçük çocuklar için bir pastacı açmak istiyorum." Sonuçta, annesi bu hayalini gerçekleştiremeden ömrünün son anlarına gelmişti. Çalışıp didinen, hayatların eğlenceleri olmayan anne ve babası. Yine de fotoğrafta neşeyle gülümsüyorlar. Bu güleryüzlerini her gördüğünde, Tatsuhana içi kabararak "Ben farklı yaşayacağım, ihtişam ve zevki tadacağım" derdi, kendi kendine.

Tatsuhana fotoğrafa bakarken derin bir nefes aldı.

Aklından bir sürlü atamadığı anıları, alkolle yıkamak istercesine brandy bardağını ağzına götürdü. Sonra, aniden, bir zamanlar birlikte yaşadığı bir kadın geldi aklına. Tatsuhana'nın annesi gibi olgun ve şefkat dolu, belli belirsiz hüzünlü bir kadın.

Miçiko. Japonya'nın kuzeyinden bir kadın.

4.

Tokyo'daki dış ilişkiler teftiş birimi ile uzun telefon konuşmasını bitiren İmanişi derince iç çekti. Ahizeyi bıraktıktan sonra da bir süre havada bir noktaya bakarak, az öncesine kadar müfettiş Şimamura ile olan sert diyalogunu aklından geçirdi.

"Tahmin ettiğimiz gibi zor mu?" diye sordu Takahaşi, endişeli bir yüzle.

"Hmm. Şimamura bey her zaman hayır diyerek başlar. Ancak bu kez çok daha sert."

Şimamura, İmanişi'den on yaş kadar daha yaşlı, dış ilişkiler konusunda veteranlardan biriydi.

"Şimamura, Tomita Otomotiv Türk'le ilgili özel bir sorun olduğunu düşünmüyor. Türkiye'nin kendisine sorunlu ülke olarak bakıyor. Şöyle ki, Türkiye'nin dış borçlarının aşırı arttığını, tehlikeli bir hal aldığını söylüyor. Bu noktayla ilgili olarak, hemen getirebileceğim bir karşı fikir yoktu."

İmanişi, biraz yorgun bir yüz ifadesiyle sürdürdü.

"Ancak, Türkiye'nin dış borçlarının fazlalığı hemen bugün başlamış bir şey değil. O ülke, Başbakan Özal döneminden beri dış borçla sermaye bulup, ülke endüstrisi ve bayındırlık alanında yatırım yaparak gelişen bir ülke. Üstelik sürekli cari açıkları olsa da her yıl en fazla 1.5 bilemedin 2 milyar dolar, çok büyük bir miktar değil. Türkiye'ye sık sık giden biri olarak, ben bile o kadar ciddi bir durum olduğunu sanmıyorum."

Takahaşi başını sallayarak onayladı.

"Bir çıkış yolu olmalı..."

"Ekonomist Vakabayaşi'den görüş almaya ne dersiniz?"

Vakabayaşi, İmanişi'den iki yıl daha kıdemliydi. Fukoku Bankası'nın beyin organı olan Fukoku Genel Araştırma şirketinin şef ekonomisti olarak Londra'da ikamet ediyordu.

İmanişi, İran iş gezisinden dönünce, hemen Tomita Otomotiv Türk'e yönelik 150 milyon dolarlık finansman için ön teklifi hazırlamaya girişmişti. Finansman şekli sendikasyon kredisi olacaktı.

Sendikasyon kredisi adına bakılınca karışık bir iş gibi görülebilir ama yöntemi pek zor değildir.

Öncelikle, borçlu çok sayıda bankadan finans şartlarına ilişkin öneri ister, bunlardan birini ana banka olarak belirleyip, finans gurubu oluşturma vekalet yetkisi verir. Sonra, bu ana banka, çok sayıdaki güçlü banka ile finans grubunu oluşturur. Bu gruba dahil olan bankalar, finansman şartlarının belirtildiği katılım davetini dünyanın dört bir yanındaki bankalara göndererek, işbirliği grubuna girecek bankaları toplar. Finans grubu, ana banka ve beş ila otuz finans grubu bankasından oluşur. Finans grubunun oluşumu tamamlanınca, bu kez finans sözleşmesinin hazırlanması (dökümantasyon) başlar. Sonunda, tüm muhataplar finans sözleşmesi üzerinde harfiyen anlaştığında, imza töreni düzenlenerek sözleşme tamamlanmış olur. Bu bir dizi prosedürün tamamlanması en kısa beş hafta sürer. Uzadığında bir yılı bulabilir.

Bu kez, Tomita Otomotiv Türk, 150 milyon dolarlık bir rakamın tamamen üstlenileceği bir teklif istiyordu. İmanişi, Fukoku Bankası'nın önce tüm miktarı üstlenip, 130 miyon dolarlık kısım için başka bankaları toplamayı düşünüyordu. Fukoku Bankası'nın nihayi finans katılım rakamı 20 milyon dolar olacaktı.

Borçluya bir teklif götürülebilmesi için merkeze ön teklif sunulması ve onay alınması gerekir. Ek dökümanlarla birlikte, ön teklif yüz sayfayı geçmişti. Tomita Otomotiv'in İran fabrikasının ekipman içeriği, tahmini nakit akışı, sermaye sağlama planından başlayıp; risk analizi; Tomita Otomotiv Türk'ün ana hatları, mali analizi ve tahmini nakit akışı; Türkiye'nin ülkesel risk analizi; son zamanlarda Türkiye'ye yönelik sendikasyon kredilerinin oluşturulma şartları vs. ayrıntılarıyla açıklanmıştı. İmanişi ve Takahaşi, ön teklifi bir an önce hazırlayabilmek için bir hafta boyunca gece geç saatlere kadar çalışmışlardı.

"Her sefer, her sefer, yüz sayfadan fazla ön teklif yazacak olursak, bu işin sonu gelmez" dedi İmanişi bıkkın bir yüz ifadesiyle, Takahaşi'ye.

"Avrupa ve Amerikan bankaları en fazla on beş sayfa yazıyorlarmış."

"Japon bankaları tuhaf işte. Bu şekliyle teklif için onay alana kadar bitkin düşüp, esas önemli olan vekalet yetkisi alma aşamasında başka bankalarla mücadele edemez hale geliyoruz."

Fukoku Bankası'nın sisteminde finans ön teklifleri, önce Londra şubesindeki teftiş sorumlusunun yorumu alındıktan sonra, şube müdürü ve müdür yardımcısının mühürleriyle merkezdeki dış ilişkiler teftiş bölümüne gönderiliyordu. Merkezde, dış ilişkiler teftiş bölümünün müfettiş yardımcısı kontrol ettikten sonra, müfettişe gönderiliyor, son olarak da dış ilişkiler baş müfettişi son kararı veriyordu. Ancak, miktara göre, dış ilişkilerden sorumlu yönetim kurulu üyesi ve uluslararası ilişkiler bölümünden sorumlu yönetim kurulu başkan yardımcısına da gittiği oluyordu.

Bu seferki Tomita Otomotiv Türk'e yönelik teklifte, dış ilişkiler teftiş kurulundan sorumlu yönetim kurulu üyesi, son kararı verecek kişiydi. Fakat, gerçekte veteran müfettiş Şimamura onayladıktan sonra ne bölüm başkanı ne de yönetim kurulu üyesi sorun çıkarır. Şimamura üzerine oynanacak taktik en önemli anahtar.

'Ön teklifi göndermeden önce, bir telefonla görüşmekte fayda var.'

İmanişi ahizeyi kaldırdı.

Kol saati öğleden önce 11'i gösteriyordu. Tokyo'da saat akşam 8:30.

Ön teklifler merkeze ulaştığında, ilk olarak okuyup, Londra şubesine soru ve değerlendirme gönderecek olan, Şimamura'nın emrinde çalışan genç müfettiş yardımcısı idi. Anında buhar çıkarmaya başlayabilen Şimamura'ya, birden konuyu götürünce, baştan itabaren itirazlarıyla karşılaşıp, aslında yapılabilecek bir işin, reddedilmesi olasılığı vardı. İmanişi, bu genç müfettiş yardımcısını tampon olarak kullanırdı.

"Aa, öyle mi? Anlaşıldı. Ön teklifiniz geldiğinde dikkatle okuyacağım."

İmanişi'nin açıklamasını dinleyen müfettiş yardımcısı, duygularını açığa vurmayacak şekilde konuşmuştu.

'*Eh, başlangıç tepkisi ancak bu kadar olur.*' Konuşma bittiğinde İmanişi pek de hayal kırıklığına uğramış değildi.

Ancak, ahizeyi koyar koymaz, Şimamura'dan gelen telefon selamsız sabahsız başladı.

"İmanişi bana bakar mısın? Tesadüfen yan taraftan konuyu dinledim. Ne kadar uçuk bir teklif! Değil mi ha!?" Perde çok şiddetli açılmıştı.

"En başta, Türkiye gibi dış borçları o ölçüde artmış bir ülkede, peş peşe iş yapabileceğimizi mi sanıyorsun!? İpe sapa gelmez bir öneri bu!"

Sinirden sesi titriyordu.

"Fakat, sayın müfettiş. Tomita Otomotiv Türk'ün işleri yolunda. Türkiye'deki sıradan işlerle karşılaştırıldığında riskin çok düşük olduğunu sanıyorum." İmanişi, Şimamura'nın atağını ümitsizce de olsa bir şekilde atlatmaya çalışıyordu.

"Bak şimdi, ben o konudan söz etmiyorum. Türkiye'deki risk, Türkiye'deki! Eğer, Türkiye kambiyo işlemlerini durduracak olursa, Tomita Otomotiv Türk ne kadar istikrarlı olursa olsun, döviz bazlı krediyi geri ödemesi olanaksız hale gelmez mi? Üstelik, Türkiye ekonomisi karışırsa, ülke içindeki otomobil talebi de doğal olarak düşmez mi?"

"Orası, gerçekten söylediğiniz gibi ama..."

"Her şeyden önce, Türkye'nin dış borçları geçen yıl sonunda 84 milyar dolara ulaşmadı mı? 84 milyar dolar dediğin Arjantin ayarında bir şey. Borçlar böylesine artarken, ne yapmaya çalışıyorlar? Ha!?"

Ne yapmaya çalışıyorlar, sorusunun benimle ilgisi yok gerçi...

Fakat, dış borçların artışı konusunda İmanişi'nin kendisinin de kabullenemediği noktalar vardı. Şimamura'nın çekincesine karşı kendinden emin yanıtlar verebilecek durumda değildi.

"Üstelik, 150 milyon doların altına imza atmaktan söz ediyorsun. O kadar büyük bir rakamı kabul edeceğimi mi sanıyorsun!?"

"Ya, bu işe Avrupa bankaları da olumlu bakıyorlar..."

"Hangi Avrupa bankaları?"

"Şu an ses verenler British Chartered, Credit General, Gulf Banking Coop gibi bankalar."

"Hıı... Öyleyse bırak onlar yapsınlar. Böylesi bizim yapabileceğimiz bir iş değil."

Şimamura, İmanişi'nin tüm ümitlerini suya düşürürcesine kestirip atmıştı.

"Netice olarak, ben böyle bir işi onaylamayı düşünmüyorum. Söyleyeceğin şeyler varsa dinlerim gerçi... Söylemek istediğin şeyleri iyice araştırdıktan sonra konuş. Her zaman karşına çıkmaya hazırım. Geçenlerde Türk Ticaret Bankası işini bir yıllık kısa süreyle olduğundan kabul etmiştim ama bu kez elimden geleni ardıma koymam. Elimden gelen her şeyi!"

Şimamura daha sonra da ileri geri konuşmaya devam etti ve en sonunda, "Of, kendimi kötü hissetmeye başladım. İyi değilim, odama dönüyorum!" diyerek tek taraflı olarak telefonu kapattı.

Ahizeyi yerine koyduktan sonra, İmanişi başını ellerinin arasında aldı. Şimamura'nın bu ölçüde karşı çıkacağını tahmin etmemişti. Onay alamayacak olursa, daha önce iletişime geçtiği British Chartered Bank ve diğerlerine ne diyeceğini düşündükçe içi kararıyordu.

Ertesi sabah, İmanişi Şimamura ile tekrar uzun bir telefon görüşmesi yaptı. Fakat, sonuç önceki günden pek farklı değildi.

Şimamura ile telefonda ikinci kez tartıştıktan sonra, İmanişi o gün ekonomist Vakabayaşi'yi davet ederek George&Vulture adlı İngiliz usulü ızgara yemekler yapan restorana öğlen yemeğine gitti. Vakabayaşi üniversitede ekonometri öğrenimi görmüş, Fukoku Bankası'na girdikten sonra araştırma alanında ilerlemekteydi. Londra'da Avrupa siyaset ve ekonomisinin yönelimlerini izlemek başlıca işiydi ve Fukoku genel araştırma müdürlüğüne düzenli olarak raporlar hazırlamakta, bankanın işletme kurmaylarının istekleri doğrultusunda "*Avrupa para birimi birleşimi*", "*Avrupa'da Japon İşletmelerinin Hareketleri*" gibi temalar altında incelemelerini sürdürmekteydi. Makro ekonomi alanında yetkin olduğundan, dış ilişkiler bölümü ile ülkesel risk konusunda baştan itibaren tartışmak durumunda kalan uluslararası finans birimindeki İmanişi ve Takahaşi için güvenebilecekleri bir danışmandı.

George&Vulture'ın eski ahşap kapısına, restoranın adının yazılı olduğu buzlu cam takılmıştı. Kapıyı açtıklarında ızgara et ve yanan odun kokusu içeriyi kaplamıştı. Restoran kalabalıktı. İki garsonun yol göstermesiyle, eski devlet demiryolları koltukları gibi yüksek sırtlıklı sandalyeleri olan dörtgen masaya oturdular.

"Oo, böyle bir yer var mıydı ya?" Vakabayaşi, meraklı bakışlarla içeriye göz atıyordu.

Geçen yılları hissettiren ahşap duvarlar ve girintili çıkıntılı tavanda uzun zaman boya ve vernik atılmış, yıpranmış yerler vardı. Aslında kırmızı olan örme perdeler güneş ışıklarıyla ağarmıştı. Elektrik kablosu ile tavandan sarkıtılan, basit şemsiyeleri bulunan çıplak ampüller restoranı turuncuya boyamıştı. Müşterilerin çoğunluğu erkekti. Çift manşetli gömlekleri ve iki yanı yırtmaçlı koyu takım elbiseleriyle, bir bakışta Lloyds'un sigorta simsarları oldukları anlaşılan adamlar. Öyle değilseler bile, şehrin bankacıları. Şarap ve siyah Guinnes birası içiyorlardı.

"İmanişi, sen buraya sık sık geliyor musun?" diye sordu, ekonomistler arasında nadir rastlanan gözlüksüz ve sporcu duruşlu Vakabayaşi. Keskin bir konuşma tarzı vardı.

"Ayda iki, üç kez. Değişik bir ortamı var. Japonya'dan gelen misafirleri getirince hoşlarına gidiyor... Şuna bakın. Kuruluş yılı 1175." İmanişi mönüyü uzattı.

"Oo, kuruluş 1175!"

"Dan no Ura Savaşı'nın on yıl öncesi. Mönü'nün kapağında A.D. 1600 yazıyor ya, restoranın şu anki yerine taşındığı yıl. Japonya'da Seki-ga-hara Savaşı'nın yaşandığı yıl. Restoranın bir kısmı eskiden normal bir evmiş, Charles Dickens yatak odası olarak kullanmış."

"Süper ..." Vakabayaşi mırıldandı. "Şehir içerisinde böyle muhteşem yerler çok. Bu şehrin tuhaf bir direnç gösterdiği hissine kapılıyorum."

İkisi set mönü karışık ızgara sipariş ettiler.

"Takahaşi'den duydum. Türkiye ön teklifi konusunda sıkıntıdaymışsın" dedi Vakabayaşi, bardağındaki içme suyunu yudumlarken.

"Evet. Tomita Otomotiv Türk'e yönelik 150 milyon dolarlık bir iş."

"150 milyon dolar. Türkiye'ye yönelik olunca, çok büyük bir rakam. Türkiye'ye, geçenlerde de Türk Ticaret Bankası için finans sağlamamış mıydınız? Şimamura için de bölüm başkanı Tagame'ye ön öneriyi götürmek biraz zor olsa gerek."

"Orası öyle olmalı."

"Hem de bölüm başkanı Tagame, Londra şubesini kafasına takmış zaten." Vakabayaşi gülümsüyordu.

"Evet... Bu yüzden sıkıntıdayız." İmanişi sözcükleri ağzında yuvarlayarak konuşmuştu.

Saldırgan bir mizacı olan dış ilişkiler teftiş bölümü başkanı Tagame, aynı devreden olduğu Londra şubesi müdürü ile rekabet ilişkisi içerisindeydi. Sık sık teklifler konusunda güçlük çıkararak işlerin ilerlemesine engel olurdu.

"Aynen öyle. Japon bankaları kurum içi çıkar ilişkilerinin karmaşıklığından dolayı çalışılması güç yerler. Durmadan böyle şeyler yapınca, kısa sürede olayların akışının dışında kalıverirler." Vakabayaşi'nin yüz ifadesi sıkıntılı bir hal almıştı. "Yine de, İmanişi sen çok iyi çalışıyorsun. Japon bankaları mükemmeliyet esasında ilerler. Başarılarını artırmaktansa, pasif halde suya sabuna dokunmadan çalışmak en akıllıca yol. Üstüne üstlük sen iyice elit rotaya yerleşmiş durumdasın. Pek öyle kendine eziyet ederek çalışmana gerek yok ki." Alay eder gibi bir ses tonuyla konuşuyordu.

"Elit rotası diye bir şey yok."

"Ya, neyse. Şu dökümanları gösterir misin?"

Vakabayaşi, İmanişi'den Türkiye'yle ilgili istatistik dökümanlarını alıp, göz gezdirmeye başladı. Belki de ekonomist alışkanlığı yüzünden, Vakabayaşi hemen sayı dizilerini izleyip, bunların anlamını çözmek için dalgınlaştı.

Kağıtlara gömülen Vakabayaşi'ye bakan İmanişi'nin ifadesinden az öncesine kadarki neşe kaybolmuştu.

Elit rotası ha!?... İmanişi acı bir şey yutuyormuş gibi içinden söyleniyordu.

Elit rotası sözcüğünü her duyduğunda, içindeki anılarının karanlık dönemi canlanırdı.

Bu, Marunouçi şubesinde finans bölümünde şeflik yaptığı, otuz yaşını henüz geçtiği sıralardı. Mevsim, kiraz çiçeklerinin kuzeye doğru açarak ilerlediği Mart ayıydı.

"Bu şirketin alıdığı ihalelerin toplam rakamı bu kadar. O yüzden, devamını sağlayabilecek kadar bir sermaye verilirse, sermaye akışı mutlaka düzgün ilerleyecektir."

Hesap ayında bankanın şubesi gelen müşterilerle kalabalıklaşmıştı. Şubedeki gürültü ve çevresindeki telefon sesleri arasında, İmanişi finans bölümü müdürünün karşısındaydı. Müdürün önünde İmanişi'nin hazırladığı 50 milyon yenlik bir ön teklif bulunuyordu. Çuo semtindeki küçük bir inşaat şirketine yönelik kısa süreli bir finanstı. Teknisyen kökenli şirket patronu henüz kırk yaşındaydı ve birkaç yıl önce karısını kaybetmiş, şirketin yönetimi dışında, erkek başına tek kızını yetiştirmeye çalışan sevilen bir adamdı.

"Gerçekte, senin söylediğin gibidir ama..." Finans bölümü müdürü kaşlarını çatmıştı. "Ancak, bu finans işi olmaz."

"İyi de neden? Gerçekten de ipoteksiz çalışmakla aşırı güveniyor olabiliriz ama siparişleri büyük dini tüzel kişilikler ve bir kısım piyasaya açılmış şirketler. İnşaat bedellerini almasında sorun olmayacaktır."

"Sorun o değil... Bu teklife yanıtım *No!*." Finans bölümü müdürü sağ elinin baş parmağını dikmişti. Şube müdürünü kastediyordu. "Babamın (şube müdürü) bu Haziranda yönetim kuruluna girme olasılığı var. Aynı devreden adamlar iki yıl önce yönetim kuruluna girmişlerdi. Bu yıl onun için son şans. O yüzden Haziran'dan önce asla hata yapmamak lazım. Dolayısıyla, yeni finans işlerinde, ipotek tabanı çok sağlam olmayanlar dışında asla mühür basmaz."

"Ö, öyle bir nedenle finansı nasıl durdurursunuz?" İmanişi hayal kırıklığına uğramıştı. "Üstelik, devamı sağlayacak sermayesi olmazsa, bu şirket ay sonundaki senetlerini ödeyemez, iflas eder."

"Yıkılan şirket, yıkılsın." Finans bölümü müdürü başka biri haline gelmiş gibi konuşmuştu. "Zaten, ip üstünde yürür gibi para akışına bel bağlamaları hata... Şu an, borçlar ve garantilerinin dengesi ne durumda?"

"Borçlar 150 milyon yen, ipotek olarak 30 milyon yenlik mevduat hesabı ve şirket patronunun evi birinci sırada olacak şekilde 140 milyon yenlik temel garanti olarak belirlenmiş" demişti İmanişi, yüzüne yıldırım inmiş gibi bir ifadeyle.

"Seni yanlış tanımışım" Metal çerçevelerin arkasında, finans bölümü müdürünün gözleri parlamıştı. "İpotek ilişkilerinde düzensizlik var mı, bir kez daha kontrol et. Başka bankalar bizim hareketimizi farketmeyecek şekilde."

"Fakat..."

Bölüm müdürü soğuk bakışlarla İmanişi'yi süzdü. "Senin bu Nisan'da şube müdür vekilliğine yükselme olasılığın var değil mi? Şimdi şube müdürünün tepesinin attıracak olursan, tüm yaşamını etkiler."

Bunu duyduğunda İmanişi söyleyecek söz bulamamıştı. Japon bankalarının personel sisteminde yeniklerin kendini toparlama mücadelesine girmesine imkân yoktu.

"Üstelik, geçenlerde şube müdürü, senin bir sonraki çalışma yerinin proje ya da personel bölümü olacağını söylememiş miydi? Elit rotasından bile bile ayrılmanın alemi yok."

"...."

"İşte, bankacılıkta bu tür şeyler sık sık olur." Bölüm müdürü, vaaz verir gibi bir ses tonuyla konuşuyordu. "İş dünyasındaki bir ekonomik mesele olarak kestirip atmak lazım. Doktorların, kendilerini her hastasının yerine koyması durumunda sağlıklarını kaybetmesi gibi."

Sonuçta, İmanişi o açıklamayı kabul etmişti. Ağlamaklı gözlerle bakan şirket patronuna haberi veren İmanişi olmuştu. Ay sonu geldiğinde şirket feci bir iflasa sürüklenmişti. Bu haberi duyduğunda, midesini bulandıracak ölçüde bir kendinden nefret dalgası İmanişi'yi sarmıştı.

Nisan ayında, İmanişi şube müdür vekilliğine yükselmişti. İmanişi'nin yükselmesinin kutlaması ile birlikte, şubenin çiçek seyretmeye gitme gezisi imparatorluk sarayı bahçesinin hendeği kıyısında yapılmıştı. Işıklandırılan, iyice açmış kiraz çiçeklerinin mayhoş kokularını yaydığı bir akşamdı. İmanişi, hiç yapmadığı bir hızla kadehleri yuvarlamış, erkenden sarhoş olmuştu. Arkadaşları İmanişi'ye o akşam ne olduğunu merak ediyorlardı. Ancak, sarhoş olmaktan başka yol bulamamıştı. Gece yarısına yaklaştığında, bir ara İmanişi'nin gözleri yakındaki çöp kutusuna ilişmişti. O an, İmanişi şaşkınlıktan dona kalmıştı. On metre kadar ötede, iflas eden inşaat şirketinin patronunun yüzünü görmüştü. İnce, kirlenmiş bir eşofman üstü giymiş, sırtını kamburlaştırmış, çöp kutusundaki yemek artıklarını karıştırıyordu. O haliyle, tam açmış kiraz çiçeklerinin altında, bu dünyadan bir şey değilmiş gibiydi. Adamın yanında on yaşına giren tek kızı duruyordu. Kız ölmüş bir balığın gözleri gibi donuk gözlerle İmanişi'ye bakıyordu.

İmanişi, bilinçsizce yüzünü çevirip başını öne eğmişti.

O gözlerin donmasının nedeni benim. Ben...

Bir anda ayılmış, vücudunun titremesi bir türlü durmamıştı.

O an, o korkunç pişmanlık duygusunun tüm yaşamı boyunca peşini bırakmayacağını anlamıştı.

Ondan sonra İmanişi, aynı hatayı bir kez daha asla yapmama düşüncesiyle yaşamıştı.

Çok farklı insanların çıkarlarının karmaşık bir şekilde çatıştığı Japon bankası örgütü içerisinde, ipin ucuna geldiği durumlar da olmuştu ama kıl payı kendi çapında adil davranmayı başarabilmişti. Ancak, bu olayla ilgili pişmanlığı vücuduna kazınmış bir dövme gibi asla silinmemiş, tam açmış kiraz çiçeklerinin altında gördüğü gece manzarası belleğine yapışmıştı. O olayla ilgili olarak, İmanişi'nin rövanş savaşımına girme olanağı yoktu. Aklına her geldiğinde, İmanişi'nin yüreği pişmanlık ve kendinden nefret duygusunun bataklığına gömülüyordu.

"Aa? İmanişi bir şey mi oldu?"

Dökümanlardan yüzünü kaldıran Vakabayaşi endişeli gözlerle İmanişi'ye bakıyordu.

"Ya, hayır. Bir şeyim yok." İmanişi tekrar eski neşeli yüz haline kavuştu. Kalabalık restoranın uğultusu kulaklarına dolduğunda, gerçeklik belleğini bastırmıştı.

Hemen sonra sipariş ettikleri karışık ızgara getirildi. Kuzu ve dana eti, ciğer, sosis parçalarıyla dolu tabaklar masanın üstüne kondu. Izgara şekli çok basitti, yer yer yanmış kısımları vardı. Etlerin üzerine yağda kızartılmış yumurta konması bu restorana özgüyüdü. Garnitür olarak yağda çıtır çıtır kızartılmış soğan dilimleri konmuştu.

"Anlaşıldı. Gerçekten de Türkiye'nin dış borçları artmış."

Vakabayaşi bakışlarını tekrar dökümanlara çevirerek, sağ eliyle biberliği yakalayıp, etin üzerine ekti.

"Evet. Ancak, aynı zamanda döviz rezervleri de artıyor. Döviz rezervleri 1993'te 6.3 milyar dolarken, geçen yıl sonu itibariyle 18.4 milyar dolara ulaşmış. Hemen hemen üç katı. Ben dış borçlar ile döviz rezervinin arasında bir sebep sonuç ilişkisi olduğunu düşünüyorum. Bunu açıklayabilsem, dış borçların artışıyla ilgili ikna edici bir açıklama getirebilirim sanıyorum ama..."

"Dış borçlar 93 yılı sonunda kısa vadeli 18.5 milyar, orta ve uzun vadeli 48.8 milyar dolar. Geçen yıl sonunda kısa vadeli 21.7 milyar, orta ve uzun vadeli 62.8 milyar dolar ha?" Vakabayaşi, çatalıyla sosisi ağzına götürürken, masanın üzerindeki dökümanları sol eliyle karıştırıyordu. "Eğer orta ve uzun vadeli sermaye bulmakta zorlanıp da kısa vadeli borçlara başvuruyorlarsa sorun yaratır ama, kısa vadeli borç artış oranı % 12, orta-uzun vadeli ise % 13, hemen hemen aynı.

Artışın mutlak rakamı açısından bakılırsa orta ve uzun vadeli borçlar çok daha fazla demektir..."

"Türkiye'nin sermaye sağlama durumu yolunda. Özellikle yabancı ülkelerin ECA (Resmi İhracat Sigorta Kuruluşları) ve dövize endeksli tahvillerle 5 yıl ile 12 yıl arası sürelerle dengeli olarak sermaye buluyorlar."

"Öyle gözüküyor... Bu arada... Cari denge ne durumda?"

Cari denge büyük ölçüde açıklar vermekteydi ve bunu kapatmak için dış borçlar artıyorsa, ortada bir sorun vardı. 1980 başlarında uluslararası kredi krizi çıktığında, dönemin Orta ve Güney Amerika ülkeleri o durumdaydı. Dönemin rakamlarına bakılırsa, cari denge bazında, Meksika'nın yıllık açığı 5-16 milyar dolar arasındaydı. Brezilya 7-16 milyar dolar, Arjantin ise 2-5 milyar dolar açık veriyordu. Herbir ülke cari açıklarda üst limitlerine ulaşmışlardı.

"Türkiye'nin cari dengesi gerçekten açık veriyor ama miktar yıllık olarak 1.5-2.5 milyar dolar arasında.ve bu büyük bir açık değil. 94'te tersine 2.6 milyar dolar fazla vermişler. Üstelik, her yıl 600 milyon dolar civarında doğrudan yardım girdiğinden, cari denge açığı bununla büyük ölçüde kapatılabiliyor."

"Öyle gözüküyor. Öyleyse, dış borçların artışı bir ölçü cari dengedeki açığı kapatmak için ama tamamen bunun için olmadığı anlamına geliyor... Burada senin de dediğin gibi, mantıklı bir açıklama olmalı."

Vakabayaşi'nin sözleriyle İmanişi'nin içine umut pırıltıları serpilmişti.

İmanişi, iyi kızartılmış ciğeri ağzına götürürken, Vakabayaşi'nin konuşmasını bekliyordu.

Vakabayaşi'nin gözleri hala istatistik rakamlarını izliyordu. Türkiye'nin dış borçlarının iç dağılımı maddesine geldiğinde bakışları çakıldı kaldı. Bu rakamlar, son yıllarda Türk

Ticaret Bankası gibi ticaret bankalarının dış borçları büyük ölçüde artırdığı gerçeğini göstermekteydi.

"Ticari bankaların kısa vadeli borçları çok artmış."

"Gerçekten de. Sendikasyon kredilerinde karşılaştığımız ihaleler de çoğunlukla Yapı Kredi Bankası, Garanti Bankası, Toprak Bank gibi ticari bankaların bir yıllık finansları üzerine."

"Türkiye'deki ticaret bankaları neden o kadar kısa vadeli borçlanıyor? O parayı nereye kullanıyorlar, biliyor musun?"

"Bu çok basit. Türkiye içi şirketler döviz bazında borçlanmayı tercih ettiklerinden, onlara verecek borç için kullanıyorlar. Türkiye'deki enflasyon oranı %100'e yakın olduğundan, Türk lirası bazında borçlandıklarında, bankalar yıllık %100'den fazla bir faiz alıyorlar. Bu, söz gelişi dolar bazında bir borçlanma olursa %20'nin altında bir faizle geçiştirilebiliyor. Özellikle satışları Türk lirasına bağlı tamamen ülke içinde iş yapan şirketlerin Türk lirası borç alması normal olabilir ama ihracat şirketleri gibi garantili döviz geliri olan ve Türk lirasının değerinin düşmesi gibi bir unsuru dert etmek durumunda olmayan şirketler bilhassa döviz olarak borçlanmayı tercih ediyorlar."

"Hımm, demek öyle..." Vakabayaşi'nin gözlerinde keskin bir tepki oluşmuştu.

"Buradan bir şey çıkıyor mu?"

"Evet, gittikçe berraklaşmaya başladı. Bir şekilde açıklanabilir sanıyorum."

"Gerçekten mi!?"

Vakabayaşi kuzu etini ağzına taşırken, dalıp gitmişti. Kendi savını, aklından kurguluyor olmalıydı. Arada sırada sayfaları çevirerek rakamları tekrar kontrol ediyordu. Tabağındaki etleri güzelce hallettikten sonra, bir yudum su içerek, nihayet konuşmaya başladı.

"İmanişi, anladım. Şimdi şöyle..."

Vakabayaşi'nin açıklaması çok doğal bir ekonomik mekanizma idi.

Türk ihracat şirketleri Türkiye bankalarından döviz borç alıyor. O para ile ihraç edecekleri tarım ve tekstil ürünlerini iç üreticiden satın alıyorlar ama bu ödemelerin büyük kısmını Türk lirası olarak yapıyorlar. Çünkü, Türkiye içerisindeki ticaretin büyük kısmı Türk lirası ile yapılıyor. Can alıcı nokta burası. Yani, Türk ihracatçıları dövizle borçlanıyorlar ama gerekli olan Türk lirası. Bu durumda, Türk lirasını nasıl elde ettiklerine bakacak olursak, borçlandıkları dövizi bankalara götürüp Türk lirasına çevirmekten başka yol yok. Bu Türk lirasına çevirilen döviz, Türkiye Merkez Bankası ve ticari bankalarda birikip, ülke genelinin döviz rezervi olarak tutuluyor. İşte bu da, son yıllarda dış borçların artışı ile birlikte döviz rezervlerinin de artmakta oluşunun ardındaki mekanizma.

"Şimdi çok iyi anlaşıldı."

İmanişi'nin yüzü, kara bulutların ardından ortaya çıkan gökyüzü gibi aydınlanmıştı.

"Bildikten sonra çok basit bir konu ama normalde Türkiye'ye gidip kimin ne yaptığını, gerçekte öğrenmedikten sonra, farkedilmeyebilir. Şimamura da Türkiye'ye gitmiş olmadığına göre, sadece dış borç rakamlarına baktığında şok olmuş olsa gerek."

"Teşekkür ederim. Böylelikle bir şekilde açıklamasını yapabilirim."

"Sevindim. Yalnız, dış borçların bir kısmının cari ve mali açıkların kapatılmasında kullanıldığı kesin. Üstelik, Şimamura'nın dediği gibi, mutlak dış borç rakamındaki artışın banka olarak göz ardı edilemeyeceği de bir gerçek... Bir de şurası kafama takılıyor."

Vakabayaşi, parmağıyla uluslararası denge ile ilgili istatistiklerin bir yerini gösterdi. Tahvil yatırımları ve kısa süreli sermayelere ilişkin maddeydi.

"Türkiye dikkat çeken yükselen pazarlardan biri ve Hedge Fund (kısa vadeli ve yüksek riskli yatırım fonları) gibi yerlerden büyük miktarda sıcak para girişi var. O tür paranın giriş-çıkışı şiddetli olunca, geçen yıl Asya'daki para krizine benzer bir durum da oluşabilir."

Vakabayaşi'nin söylediği gibi, sıcak paranın hareketlerini gösteren tahvil yatırımları ve kısa süreli sermaye girişinin toplam rakamı 1993 yılında 7 milyar dolar gibi muazzam bir rakama ulaşmış, 1994 yılında 4 milyar dolar çıkış olmuş, 1995 yılında ise tekrar 4 milyar dolarlık bir girdi ile her yıl şiddetli dalgalanmalar yaşanmıştı.

"Bu ölçüde sıcak para girip çıkıyorsa, küçük bir şeyle hisse ve tahvil senetleri de çok şiddetli hareket eder.... Eh, çok dikkatli gözlemek gereken bir ülke."

Yemeklerini bitiren ikili George&Vulture'dan çıkınca, binaların arasında sıkışıp kalan St. Michael Sokağı'ndan geçip, bankalar istasyonu ve Cheapside'a ulaşan caddeye çıktılar.

"Baring Brothers..." dedi bir an duran Vakabayaşi, ileriye bakarak.

Vakabayaşi'nin bakışları Cornhill'in iki yanında sıralanan beş, altı binanın ötesinde yükselen 21 katlı siyah binaya takılıp kalmıştı.

Baring Brothers.

Bir zamanlar güneşi batmayan Büyük Britanya İmparatorluğu'nun, para şekline girmiş kan dolaşımını sağlayan kalp işlevi gören *merchant bank* (ticaret bankası).

Merchant Bank, İngiltere'de yatırım bankası türünden rolü olan finans kuruluşlarıdır.

18. yüzyılda başlayan endüstri devrimi İngiltere'nin dış ticaret hacmini hızla artırmıştı. Bu temelde *merchant bank* olarak adlandırılan uluslararası finansla uğraşan bir grup finans kuruluşu çıkmıştı ortaya. Başlangıçtaki işleri, dönemin dünya ticaretinin merkezi olan Londra'da biriken enformasyonu kullanarak, dış ticaret senetlerinin ödeme güvencesini vermekti. Nihayet, Batılı ülkelerin sanayileşmesiyle birlikte gelen sermaye talebini karşılayabilmek için yabancı ülkelerin tahvillerinin alış satışlarını yapmaya başlamışlardı. 1850 yılına kadar 17 *merchant bank* kurulmuş, 1900'lü yılların başında ise sayıları yüzü geçmişti.

Baring Brothers ve NM Rothchild zirvedeki iki *merchant bank* idi. Rus-Japon Savaşı'nda Japon hükümetinin askeri harcamalar için bastığı 5 milyon ve 6 milyon poundluk bonolarda bu iki bankanın isimleri de vardı. NM Rothchild, İspanya'daki bakır, Güney Afrika'daki altın ve elmas madenlerinin, Azerbaycan petrollerinin işletilmesinde sarayın isteklerine göre Yahudi tüccarlar için geleneksel ilginin odaklandığı maden yatırımlarında yoğunlaşmasına karşılık; Baring Brothers, çay, şeker, kahve, çivit, pamuk, bakır, buğday, tahıl türleri, deri, demir, pirinç, rom içkisi, güherçile, parfüm, içyağı, kalay, sigara, yün gibi akla gelebilecek her türlü dış ticaret konusunda finans işlerine el atmıştı.

Birinci Dünya Savaşı sonrasında *merchant bank* etkinlikleri düşüşe geçse de İkinci Dünya Savaşı sonrasında Avro pazarının oluşumuyla birlikte Avro bazlı bonoların satın alımı ve ticaretinde ağırlıklı bir rol oynamaya başlamışlardı. Ancak, 1984-1988 arasında İngiltere'deki *Big Ban* bu bankların kaderini önemli ölçüde etkilemişti. Sermaye gücü açısından daha güçlü diğer Batılı ülke finans kuruluşları Londra pazarına girince, rekabette yenik düşen *merchant bank*lar birbiri ardına ortadan kaybolmuşlardı. Morgan Grenfell Deutsche

Bank, Kleinwort Benson Dresdner Bank, Samuel Montague Midland Bank, SG Warburg Swiss Bank ve Hambros ise Societé General Bank tarafından yutulmuşlardı. Günümüzde, sayıları iyice azalan Schroder ve NM Rothchild gibileri figuran konumunda, cılız bir şekilde etkinliklerini sürdürüyorlardı. Toplam sermaye açısından karşılaştırıldığında da ilki Morgan Stanley Dean Witter'ın 17'de biri, diğeri 434'te birinden öteye geçmez. Bugün, Londra'da yatırım bankacılığı işinde baskın durumda olanlar Amerikan ve Avrupa bankalarıdır. Oyun yeri İngiltere olmakla birlikte, etkin olanlarının tümünün yabancı olması açısından bir "Wimbledon Olgusu".

Baring Brothers, geleneksel gücü ile *Big Ban* dalgasını bir şekilde atlamış gibi gözükmüştü. Ancak, Şubat 1995'te Singapur şubesinin satış sorumlusu Nick Leeson, Japon Nikkei grubuna karşı bir rekabette 1 milyar dolar kaybedince iflas etmiş, Hollanda ING Bank tarafından yutulmuştu. 232 yılı bulan uzun tarihin perde kapanışı hazin olmuştu. Bir zamanlar Baring Brothers'ın merkez şubesi olan 21 katlı siyah bina, günümüzde Deutsche Bank tarafından kullanılıyordu.

Binaya bakan Vakabayaşi'nin bakışları derinleşmişti.

"Baring Brothers..." dedi, görüşme sonlandıktan sonra pencerenin önünde gerinen Hildreth.

Tatsuhana'nın 50. kattaki ofisinden finans semti binaları tamamen ayaklarının altında gibi görünüyordu.

Morgan Drexler'ın Avrupa merkezi Thames Nehri'nin karşı kıyısından finans semtine bakan Dockland'da bulunuyordu. Londra'nın dünyanın en büyük limanı olduğu sıralardaki mendireği, 1980'li yılların ikinci yarısında Başbakan Margaret Thatcher'ın projesiyle yeni bir şehir haline getirilmişti.

Bu toprak parçası, İngiltere'de aniden ortaya çıkan bir yabancıyı andırıyordu.

Eskiden var olan binaları mümkün olduğunca koruma esasına dayanan İngiliz usulü şehir planlamasına aykırı düşen mimarlar, asla tekdüzeliği olmayan devrimci tasarımlarla bu şehri oluşturmuşlardı. Yatırım bankaları Morgan Stanley, CS First Boston, Bear Sterns, Barclays Capital; gazete ve medyadan Trinity Mirror, Independent, Telgraf grubu; petrol şirketi Texaco gibi modern şirketler burada üslenmişlerdi. Çocukların ve yaşlıların olmadığı, makine gibi işleyen bir iş semti idi.

"Serseri bir satış sorumlusunun eline bakan bir finans kuruluşu olduğuna göre, er geç sonu öyle olacaktı..."

Hildreth'in gözleri, semtteki bina topluluğu içindeki bir boy daha yüksek siyah binaya takılmıştı.

"Buradan finans semtine bakınca, kendimi İkinci Dünya Savaşı'nda Londra'yı vuran Alman savaş uçaklarındaymışım gibi hissediyorum. Finans semtine saldıran Amerikan yatırım bankası için uygun bir yer" dedi Hildreth, sırıtarak.

"Baring iflas ettiğinde, ne düşünmüştün?" diye sordu, koltuğunda oturan Tatsuhana.

"... Sınıf toplumunun sonu."

"Sınıf toplumunun sonu?"

"Evet öyle. Bir zamanlar İngiltere'de keskin çizgileri olan bir sınıf toplumu vardı. İşçi sınıfı çocukları ancak işçi olabilirlerdi. *Merchant* bankacısı olabilenler, köklü bir aileden gelip, Oxford ya da Cambridge mezunu olurlardı. Tipler, sabah geç saatlerde bürolarına gelir, hâla boğazlarında takılı duran kahvaltıları yüzünden geğirir, şöminesi ve altın çerçeveli muhteşem resimlerle süslü küçük bir evren gibi duran odalarında, dünyaya hükmedermiş sanrısına kapılarak, iki üç belge ve çeke imza atarlar, öğleden sonra ise akranlarıyla maun masaları çevreler, üç saat süreyle öğlen yemeklerini yerler, şarap içerlerdi. Hafta sonlarında yazlıklarında atlarına binip ördek avına çıkarlardı. O tipler *Big Ban* sırasında büyük panik içerisinde Amerikan yatırım bankalarının uyguladığı *derivative* (finansal türev ürünler) gibi işlere bakarak taklit etmeye çalıştılar. Ancak, üç saatte öğlen yemeği yiyen tipler, öğlen yemeğinde bile tek elinde Mc Donald's hamburgeri, kanlanmış gözleriyle telefonlara bakan, bilgisayarda uğraşmaya devam eden adamlarla rekabete kalkarlarsa, sonuç baştan belliydi zaten... Bunun tipik örneği, Baring trajedisidir."

"Ha, şimdi tamam."

"Şimdi artık İngiltere, kişinin ailesinin kökleri ya da akademik kariyerine değil, kapasitesine bakılan bir ülke haline geliyor. Sirk cambazının oğlu bile başbakan olabildi. *Big Ban* sadece finans dünyası değil, toplumun tamamının devrim yapmasına önayak oldu... Japonya'da da benzer şeyler oluşuyormuş. Maceraperest girişimlerle (venture business) milyoner olanlar arasında Tokyo Üniversitesi çıkışlı çok az kişi varmış değil mi?"

"Öyle" diye onayladı Tatsuhana. "Bu arada Jack, Roy C. Smiths "Uluslararası Finans Dünyasının Perde Arkası" adlı kitabı okudun mu? On yıl önce çıkmış bir kitap."

"2000 yılında hayatta kalacak olanlar City Corp, Nomura Kapital, Deutsche Bank, Solomon Brothers, Morgan Garanty, Credit Swiss First Boston ile Amerikan yatırım ve İsviçre bankaları, diyen kitap değil mi? Sonra, İngiltere, Avrupa ve Japon bankaları, diyordu."

"O tahminleri çoğunlukla tuttu. Japonları hariç tutarsak."

Tatsuhana'nın sözleri üzerine Hildreth, biraz düşünüyormuş gibi bir an sessizleşti.

"Hımm... Ancak, Japonların tamamen çöktüğünü de söyleyemeyiz değil mi?"

"Saçma! Şimdiki Japon bankalarına ve borsa şirketlerine bak! Hangisi bizimle rekabet edecek durumda!?"

"Öyle olabilir ama benim biraz aklıma takılan bazı tipler var."

Hildreth, bu sözleri söyledikten sonra bakışlarını tekrar semtin binalarına çevirdi.

Biraz aklına takılıyormuş? Japonya'nın yeteneksiz finans kuruluşları ne yapabilirler ki?

Tatsuhana'nın yüzü endişeli bir hal almışken, odanın dışından sekreter seslendi.

"Co, Sumi-no-e Bankası'ndan Mr. Tagava telefonda."

"Tamam, bağla." Tatsuhana ahizeyi kaldırdı. "Buyrun ben Tatsuhana?"

"Tatsuhana bey, ben Tagava."

Tagava, Sumi-no-e Bankası Londra şubesinde uluslararası finans bölümü şef yardımcılığı yapıyordu.

"Tatsuhana Bey, British Cemical'ın sendikasyon konusuyla ilgili olarak rahatsız etmiştim. Yöntemleriniz biraz zorbaca kaçmıyor mu?"

İngiliz British Cemical şirketine yönelik sendikasyon kredisi, Morgan Drexler'ın ana bankalığında başta 400 milyon pound hedefi ile oluşturulmaya başlanmış, marketteki tepkiler olumlu olunca toplam miktar 500 milyon pounda yükseltilmişti. İmza töreninin gelecek hafta yapılması planlanıyordu ve Sumi-no-e Bankası üstlenici bankalardan biriydi.

"İşin kaymağını tek başınıza kapıp, 100 milyon poundluk kısım için üstlenme komisyonu bile ödememeniz biraz ayıp olmuyor mu?"

İşin kaymağı dediği, borçlunun ödeyeceği yönetim komisyonu idi. Tek sözcükle, ana bankanın diğer katılım bankalarına oranla fazladan aldığı miktardı.

"Tagava Bey, bizim size gönderdiğimiz davet mektubunda, öyle bir şey ödeyeceğimiz yazıyor muydu?"

Tatsuhana'nın yanıtı karşısında Tagava bir an sessiz kaldı.

"Yazmasa bile, bu pazar adeti değil mi? Doğal olarak alabileceğimizi düşünerek üstleniyoruz!" Ümit kırıcı bir yanıt olmuştu.

Tatsuhana burnundan soluyordu.

"Söz vermediğimiz bir şeyi ödemeye niyetimiz yok."

"Ne dedin!?"

"Tagava Bey, bu teklifi alabilmek için, şirketimiz Drexler, British Cemical ile uzun yıllar süren bir ilişki içinde oldu ve bu ihaleyi şekillendirerek, karşı tarafla aylar süren görüşmeler yaptıktan sonra Sumi-no-e ve diğer bankaların üstlenmesi için çağrı yaptı. Bizim, bu çabalarımız için bir karşılık almamızın adil olduğunu sanıyorum."

"Ancak pazar adetleri nerede kalıyor!? Görmezlikten mi geliyorsunuz!?"

"Bizim yaptığımızın pazar adetlerine aykırı olduğunuzu düşünüyorsanız, bu ihaleden çekilebilirsiniz, farketmez. Sumi-no-e Bankası'nın payını biz üstleniriz."

Ahizenin öte tarafında Tagava'nın dişlerini sıktığı anlaşılabiliyordu.

"Çekilecek olursanız, bu hafta sonuna kadar bildirir misiniz? Dökümantasyon açısından. İyi günler."

Tatsuhana, karşı tarafın yanıtını beklemeksizin ahizeyi yerine koydu.

"Co, Sumi-no-e Bankası British Chemical ihalesi ile ilgili bir şey mi söyledi?" diye sordu, Hildreth.

"İşletme komisyonundan pay ve kredideki artıştan üstlenme payı oranında komisyon istiyorlar."

"Eh, tabi. Bu pazar adeti ne de olsa." Hildreth sırıtıyordu. Yüzünden yüzlerce savaşla törpülenmiş bir savaşçının gururu okunuyordu.

"Peki, ne yanıt verdin?"

"İstemiyorsanız çekilin dedim."

Tatsuhana'nın sözleriyle, Hildreth iyice sırıtmaya başladı.

"Sence çekilirler mi?"

"Nasıl çekilsinler!? British Cemical şirketi, kredi derecelendirmesi çift A olan, İngiltere'nin sayılı iyi isimlerinden biri. Sumi-no-e Bankası'nın üstlenme komisyonu da 60.000 pounddan fazla. Böylesine iyi, üstelik kazançlı bir ihale yok. İhale oluşturma gücü olmayan Japon bankalarının, suratlarına basılsa bile hazmetmekten başka çareleri yok. Üstelik bizi kızdırırlarsa, bir daha davet mektubu göndermemizin, işler açısından zor bir durum olacağını Tagava da çok iyi biliyor."

"Öyle olsa gerek, hıhhıhhıı... Bu arada, biz bu ihalede ne kadar kazanmıştık ki?"

"Komisyon olarak 80.000 pounddan biraz fazla."

"Kötü değil."

Hildreth, iri eliyle çenesini okşarken, yüzü neşeli bir hal almıştı.

Amerikan yatırım bankalarında para kazanma konusu her şeyden daha keyiflidir.

İKİNCİ BÖLÜM

Wall Street Kartalı

1.

"Si...siz... Bunu söylerken ciddi misiniz?"

Paolo Beneditti yüzü sinirden kıpkırmızı kesilmiş bir halde bağırıyordu.

İtalyan göçmen asıllı, hırslı bir adamdı. Kendi elleriyle kurduğu Beneditti Mondino and Janus (BMJ) Yatırım Bankası'nı dünyadaki en agresif finans kuruluşlarından biri haline getirmişti ve kuruluşundan itibaren yönetim kurulu başkanı ve CEO'su olarak eleştiri oklarının hedefi durumundaki imparatorluğuna hükmediyordu.

Aklarla dolu saçlarını geriye taradığı yüzünde iş dünyası cehenneminde hayatta kalabilmek için verdiği mücadele ve sıkıntıların derin izlerini taşıyordu.

"Buraya laf olsun diye gelmedim" diye yanıtladı Getty Brothers M&A Bölüm Müdürü Walker, sakince.

"Tipe bak..."

Beneditti dişlerini gıcırdatıyordu.

"Sizin gibi yatırım bankaları ileriye bakmaksızın, sadece iş bağlamanın yeterli olacağını düşünen gözünü kan bürümüş kurtlarsınız. Benim öylesine riskli bir satın alıma girişmemi gerektiren ne?!" Çakmak çakmak gözlerle Walker'a dik dik bakıyordu.

Fakat, gözlerindeki alevleri boşalttığı üç adam sinecek gibi durmuyorlardı.

Walker yeniden konuşmaya başladı.

"Öncelikle söylemek isterim ki, sen de o gözünü kan bürümüş yatırım bankacılarından birisisin... Bu bir yana, önce bizi dinleyin. Bu teklif bizim aylar süren inceleme ve araştırmalarımız sonucunda oluşturuldu. Uçarı ya da çılgınca bir konu olduğunu sanmıyorum."

Rusya, Orta ve Güney Amerika gibi yeni yükselen marketlerde (emerging market) bir biri ardına geniş ölçekli hisse senedi yatırımlarına girişerek ani bir gelişme gösteren BMJ'nin binası New York merkezi ve kenar mahalleleri arasında kalan bölgede 24. adadaki Park Caddesi ve Madison Caddesi arasında bulunuyordu. Oradan Wall Street'e bir nefeslik bir uzaklık vardı. Bu konum, iş dünyasında BMJ'nin yerini de sembolize etmekteydi.

Park caddesini kesen caddenin karşı tarafında Araplar, Çinliler, Afrikalılar ve Meksikalıların çalıştığı hazır yemek, cafe, pizzacı, kumarhaneler, ayakkabı tamirhaneleri, pedikürcüler gibi dükkanlar sıralanıyordu. Dükkanların duvarları ve kepenkleri sprey boya ile yapılan grafitilerin hırçın görüntüsüyle kaplıydı. Merkez tarafına bakınca, caddenin iki yanında iş binaları sıralanıyor ve manzaranın ortasında, beyaz harflerle "MetLife (Metropolitan Hayat Sigortası)" yazılı 59 katlı eski Pannam binası devasa bir duvar gibi yükseliyordu.

BMJ'nin 28 katlı binası kalın gri duvarları süslemesiz taş bir binaydı ve yatırım bankasından ziyade adliye binasını andırıyordu. İnşaat öncesinde yüksekliği yüz katı geçecek, dünyanın en yüksek gökdeleni olacak bir bina olarak tasarlanmıştı ama 1929 yılında borsadaki büyük düşüş sonrasında yeterli bütçenin bulunaması gibi farklı bir geçmişe sahipti. Giriş kısmı Akdeniz sahil şehirlerinde sık rastlanan kemerli bir yol halindeydi ve kurşuni lambalar sarkıtılmıştı.

"OK! Let's get to the federal reserve! (Haydi Federal Rezerv Bankası'na gidelim!)" diyen genç adam, ceketinin yakalarını düzelterek ön kapıdan çıkıyordu. Kapının yanındaki yaşlıca duran yatırım bankacısı düşünceli yüzler takınmış elemanlarına "How about other names? For example..."(Diğer müşteriler ne durumda? Söz gelişi...)" diye soruyordu. Kenardaki kaldırımda, kaşlarını sinir hastası gibi çatmış genç bir kadın sigarasını içiyordu. Siyah döpiyes giymiş, inci kolye takmıştı. Kadın yatırım bankacıları aynı kalıptan çıkmış gibi bu şekilde giyinirler.

Mekanın genişçe kullanıldığı resepsiyonlu giriş salonunun tavanı üçüncü kata kadar yükseliyordu. Sütunlar muazzam kalınlıktaydı ve duvarlar beyaz ve sütlü kahve rengi dalgalı desenli mermerle kaplıydı. Zeminin altındaki birinci katta 2000 emanet dolabının göz alabildiğince sıralandığı çalışanlara özel spor salonu, kuru temizleme merkezi, ayakkabı tamircisi, süpermarket ve kreş bulunuyordu. Burası her açıdan kendi kendine yetebilecek durumdaydı. Amerikan yatırım bankalarında sabahtan akşama kadar ofiste çalışılır ve eve sadece uyumak için dönülür.

BMJ'nin kalbi konumunda olan işlem salonu 26. katta bulunuyordu.

Sıcaklık ve heyecan yüklü bu mekân, son yıllarda BMJ'nin büyük gelişme gösterdiği yeni yükselen marketler iş sahnesi idi.

Yeni yükselen marketler 1990'lı yıllara girildiğinde aniden ortaya çıkmıştı. Amerika Maliye Bakanı Bladey'in tasarladığı "Bladey Planı" olarak adlandırılan, gelişmekte olan ülkelerin borçlarının azaltılması politikası doğrultusunda envayi tür bononun ortaya çıkışı vesile olmuştu. Burada, Brezilya, Meksika, Arjantin, Polonya, Filipinler, Bulgaristan gibi ülkelerin devlet bonoları ve hisse senetlerinin alış-verişi tüm hızıyla sürdürülürdü. Bu ülkeler içinde son iki üç yıldır ilgi odağı haline gelen Rusya'ydı ve bu pazara gözünü kırpmadan dalmış olması BMJ'nin ani yükselişinde en büyük etkendi.

Rusya hastalanmış devasa bir canavardı.

Geçen yıl büyüme hızında artıya geçmişti ama son zamanlardaki petrol fiyatı dalgalanmalarıyla döviz dengesi kötüleşmiş, hükümetin toplayabildiği vergi de büyük ölçüde azalmıştı. Sermaye sahipleri ve mafya ülke dışına para kaçırıyor, maden işçilerinin grevlerinin ardı arkası kesilmiyor, üretim ve yatırımlar üst üste eksiye giriyordu. Sağlık sorunlarıyla boğuşan Yeltsin otoritesini yitirmiş, hükümet de finans sektörü de karmaşa içerisindeydi. Fakat, Dünya Bankası ve IMF gibi uluslararası kuruluşlar ve Batı ülkeleri bu canavarın elinde bulunan nükkleer gücün düğmesine basılması korkusuyla, belirli bir politikaları olmaksızın, her yıl on milyar dolar üzerinde bir parayı canavarın vücuduna enjekte etmeye devam ediyorlardı.

Yatırım bankaları da kâr amacıyla Rusya'ya üşüşmüşlerdi.

Onların etkinlikleri sayesinde son zamanlarda Rusya kökenli bonolar dünya geneline yayılmıştı. Öncelikle, geçen yıl (1997) Mart ayında CSFB ile Alman Morgan Grenfell idaresinde 2 milyar Alman markı değerinde yedi yıllık süreli avro bazlı bono; Mayıs'ta CSFB ile Nomura Menkul Kıymetler idaresinde Moskova Belediyesi 500 milyon dolar değerinde avro bazlı bono; Haziran'da Salomon Smith Barney idaresinde Petersburg Belediyesi 300 milyon dolar değerinde beş yıl süreli avro bazlı bono; yine Haziran'da JP Morgan ve SBC Warburg, Rus hükümetinin on yıl süreli bono çıkartmasına el atmış, bunu Goldman Sachs (Alfa Bankası üç yıl süreli bonosu, 175 milyon dolar), Meryll Lynch (Unexim Bank üç yıl süreli bonosu, 200 milyon dolar değerinde), ING Barings (Nizhny Novgorod Eyaleti bonosu, 100 milyon dolar), Dresdner ve Kleinwort Benson (Tatneft Petrol Şirketi beş yıl süreli bonosu, 200 milyon dolar) izlemişti.

Yatırım bankaları açısından bu yeni bonoların çıkartılışından daha iştah açıcı olan, Rus hükümetinin çıkarttığı GKO olarak adlandırılan ruble bazlı devlet bonolarıydı. Faiz oranı yıllık ortalama % 50-250 arasında değişen son derece yüksek faizli bonolar. Ruble-dolar paritesi 1 dolar=5-6 ruble civarında dengede olduğundan GKO bonolarına yapılacak yatırım müthiş miktarlara ulaşarak geri dönüyordu. CSFB ve BMJ kendi değerlendirmelerine dayanarak GKO bonoları üzerine büyük yatırımlarda bulunmuş, kelimenin tam anlamıyla mest edici karlar elde etmişlerdi.

Caddenin bir bloğunu tamamen kaplayacak genişlikteki işlem salonundaki uzmanlar balık istifi şeklinde sırlanmıştı. Sürekli en son fiyatları gösteren mavi ve yeşil renklerdeki monitörlerin görüntüsü baş döndürücü bir hızla değişiyordu. Telefonun tuşlama panelindeki kırmızı lambalar yanıp sönerek müşterilerin ya da simsarların hatta olduğunu bildiriyordu. "Hey! Minfin (Ministry of Finance kısaltması; Rusya hazine bonoları) fiyatlarını ver!" "Söylenmeyi bırak da bu bonoları al!" "Hey, çömez! Şu telefona baksana!" "Bravo, Moskova Belediyesi 40 dal satıldı!" "Sell it, sell it (Satın, satın)!" "Öff, lanet olsun! Bu kadar iş arasında işemeye bile gidemiyoruz!"

Salonun duvarı boyunca MD'lerin (managing director; yönetici müdür) özel odaları ve küçük toplantı salonları sıralanıyordu. Çevresi tamamen cam duvarlarla çevrili toplantı odasının uzun masası üzerine toplantılarda kullanmak üzere yerleştirilen mikrofonlar tuhaf bir çiçek düzenleme *ikebana* çalışması gibi ikişer ikişer dizilmişti. Kenar mahalleler tarafındaki pencereden Manhattan binaları tamamen görülebiliyordu. Yerden yükselen mantarlar gibi Manhattan'ı kaplayan sayısız bina ileriye gidildikçe bir dağın yamacı gibi yükseliyordu. Yamacın zirvesinde 110 katlı Dünya Ticaret Merkezi ikiz kuleleri yükseliyor, yakınlardaki binaların rengi bir yere kadar anlaşılsa da daha sonra hepsi koyu mavi gibi görünüyordu.

Yönetim Kurulu Başkanı Beneditti'nin odası o işlem salonunun bir üst katındaydı.

Holde, aşağı kattaki işlem salondaki telaşlı koşuşturmacayı yalanlarcasına bir sessizlik hakimdi.

Yönetim Kurulu Başkanı odasının kalın kapılarından içerisi artık İtalya'ydı. Fırça vuruşlarının izi kalmış duvarlar, koyu kırmızı şarap renginde boyanmış. Tavanda altın yaldızlı bir avize. Duvarlardan birinde İsa'nın tasvir edildiği bir Rönesans resmi. İyice verniklenmiş kahverengi masa ve koltuklar altın yaldızlı kanatlı aslan ve yuvarlak yapraklı çiçek desenleriyle işlenmiş. Masa ve koltukların ayakları altın renginde aslan ayağı şeklinde yapılmış ve üst tarafına kadın göğsü şekli verilmiş. Beneditti'nin arkasındaki rafta boydan boya sıralanmış, antika değeri olan kırmızıya yakın kahve renkleri solmuş deri ciltli kitapların adları sırtlarına altın rengi harflerle İtalyanca yazılmış. Odada pencere yok.

Beneditti büyük bir koltuğa oturmuş, karşısındaki kahverengi deri kaplama üçlü koltukta, her halleriyle kibirli ve küstahça bir duruşla bacak bacak üstüne atarak oturan üç adama gözlerini ayırmadan bakıyordu.

Adamlardan biri M&A (firma satın alımı) ve *junkbond* (kazancı ve riski yüksek tahviller) işlemleri konusunda uzmanlaşmış New York'da kurulu yatırım bankası Getty Brothers'ın M&A müdürü Douglas Walker. Aslen avukat olan ve Wall Street'teki hukuk bürosunda firma alımları ile ilgili konulara bakarken, zekasının bu işlere yatkınlığı keşfedilerek Getty Brothers'a transfer edilmişti. Uzun boylu Amerikalı kırklarının ortasındaydı. Topluca, en verimli çağında bir iş adamı.

Bir diğeri Acquisition Corp'dan John McGloughlin. Walker'la aynı şekilde kırklı yaşlarının ortalarında şişman bir adam. Kravatını gevşetmiş ve gömleğinin etekleri pantolunundan dışarı fırlamış, pejmürde bir kılıkta ama dağınık kızıl saçların altındaki geniş alnı ve dikkatli bakışları sıradan adamların çok ötesinde bilgi sahibi olduğunun bir göstergesi gibiydi.

Acquisition Corp. 1980'lerin başlarında Ortadoğu'nun offshore finans merkezi durumunda olan Bahreyn'de kurulan firma alımları konusunda uzmanlaşmış bir yatırım bankası. Amerika'daki birinci sınıf yatırım bankalarından çok sayıda M&A uzmanı yatırım bankacısını bir araya getirerek petrol üreten Arap ülkelerinin güçlü sermayesini arkasına alarak gerçekleştirdikleri geniş ölçekli yatırım faaliyetleri yüzünden "Petrol Parası Vekili" olarak adlandırılan bir şirket. Yatırım portföyü içerisinde New York merkezli Sachs Fifth Avenue ve İtalyan moda markası Gucci gibi isimler de bulunuyor.

Son adam zayıf vücuduyla Books Brothers marka koyu takım elbisesinin içine çakı gibi yerleşmiş, kravatını yakasına tam oturacak şekilde bağlayan Michael Yip. Otuzlarının ortasında üçüncü kuşaktan Çin asıllı Amerikalı. New York'taki ünlü Columbia Üniversitesi Business School'dan üstün başarı derecesi ile mezun olup, City Bank ile yarışan Amerika'nın sayılı büyük ticaret bankalarından U.S. Atlantic bankasına girdikten sonra tüm mesaisini yatırım bölümünde geçirmişti. Kredi satışlarında başarısını ortaya koyduktan sonra yirmili yaşlarının sonu gibi genç bir yaşta kredi-sendikasyon bölümü müdürlüğüne getirilmişti.

"Senin bankan artık bir İtalyan göçmenin ufak tefek hisse senedi simsarlık şirketi Beneditti Mondino and Janus değil. BMJ şu an tüm dünyada tanınan bir marka. Fakat, şu ana kadar eninde sonunda yeni yükselen marketlerde güçlü, orta ölçekli bir yatırım bankasından öteye geçemedi. Yani, senin bankan bu haliyle sonuna kadar ikinci sınıf bir banka olarak kalır" dedi, Acquisition Corp'dan McGloughlin, tahrik etmek istercesine.

"Beni kızdırmayın!"

Beneditti gürledi. İkinci sınıf sözcüğü karşısında Vezüv Yanardağı patlamak üzereydi. Az önce purosunu söndürdüğü mermer kültablasını kaptığı gibi McGloughlin'in suratına fırlatmak üzereymiş gibi duruyordu.

"Halbuki gözünüzün önünde mükemmel bir hedef var." McGloughlin aşağılarmış gibi bir ses tonuyla üzerine üzerine gidiyordu.

"Yavaş yavaş 'hedef'in hisselerini kapatıp, zamanını bekleyerek tüm gücünüzle atağa geçmeniz durumunda imkansız bir durum değil" dedi, Getty Brothers'tan Walker.

"O para nerede var? 'Hedef'in market değeri (hisselerin toplam güncel değeri) 4 milyar dolar. Anlıyor musunuz!? 4 milyar dediğiniz BMJ'nin altı katı ölçeğinde bir rakam."

"4 milyar dolar tedarik edebileceğimiz bir meblağ" dedi, Michael Yip. "Şuna bir göz atın" diyerek, parmaklarını dizüstü bilgisayarının tuşlarında gezdirerek ekrana bir tablo çıkarttı.

Beneditti'nin yaşadığı hayret gözlerinin rengine yansımıştı.

Tablo, Almanya, İsviçre, Fransa gibi Batı ülkelerinin on yedi büyük ticaret bankası ve her bir bankanın üstlendiği rakamların listesini içeriyordu. Toplam rakam 3 milyar dolar!

Böylesine devasa bir sendikasyon kredisi henüz yeryüzünde söz konusu olmamıştı. Geçmişteki en büyük sendikasyon kredisi LBO uzmanı yatırım şirketi KKR'nin (Kohlberg Kravis Roberts) RJR Nabisco'ya karşı rekabet alımına girişmek için topladığı 1.4 milyar dolardı.

"Bu bankalar, BMJ'nin şirket ele geçirme amaçlı hisse satın alımı (TOB: takeover bid) için sendikasyon kredisi olarak 3 milyar doları biraraya getirdiler. Elbette, onlara henüz 'hedef'in adı açıklanmadı. Fakat, onların son zamanlarındaki finans eğilimleri açısından ve herbir bankanın karar mercînde bulunan kişilerin tercihleri açısından baktığımızda bu *pre-sounding*'de (nabız yoklama) olduğu gibi katılacakları konusunda şüphemiz yok." Yip kendinden emin bir ses tonuyla kestirip atmıştı.

"Kalanını bizim vereceğimiz Ortadoğu petrol üreten ülkelerinin sermayesi ve BMJ'nin sermaye artırımı ile tamamlayacağız" dedi Walker, tamamlayıcı bir bilgi olarak.

Verileri görünce, Wall Street finans cangılında hayatta kalabilmiş Beneditti'nin ihtirası ortaya çıkıvermişti. Gözlerindeki düşmanca bakışlar gelgit dalgası gibi çekiliverdi.

"Fakat, ben 'hedef'i yutabilsem bile, yatırımcılarımın böylesine çılgınca görünen bir satın alımın mantığını kabul edebileceğini mi sanıyorsunuz?"

"Satın alımda mantık gerekmez" dedi McGloughlin, alaylı bir gülümsemeyle.

"Nasıl yani? Peki ne gerekir?"

"İhtiras." Hafif bir gülümseme takınan McGloughlin'in gözlerinde sanki çılgınca bir bakış geçmişti. "İhtiras. Yani, bu işte kazanılacak para. Hisse sahipleri de kazanmak ister, sen de istersin, biz de... Elbette, TOB (şirket ele geçirme amaçlı hisse satın alımı) planına öyle bir şey yazmayacağız."

"Yaa...." O Beneditti bile McGloughlin'in sıradışı etkileyici hali karşısında sinmişti.

"Üstelik, savaşta kazanmak için paraya sahip olmak yeterli... Görülmemiş, devasa ölçekte bir para. Tonlarca yeşil dolar banknotlar. Mantığın yeri yok!" dedi McGloughlin, iştah dolu bakışlarla. Canlanan yüzünde, bu benzersiz satın alım sahnesinde kendisinin alması gereken komisyonun sarhoşluğu şimdiden dolaşmaya başlamıştı bile.

2.

Yakabayaşi ile öğlen yemeğine çıkışının ertesi günü, İmanişi Türkiye'nin dış borçlarıyla ilgili ek açıklama dosyasını hazırlamıştı.

"Öneri onaylanır mı acaba?" diye sordu Takahaşi, tamamlanan dosyaya bakarak.

"Bu kadar sağlam bir açıklama getirildiği sürece, sorun olmasa gerek. Şimamura hızlı su kaynatma makinası gibidir ama garip onur ve gurur gibi huyları yoktur. Mantığı olumlu olduktan sonra söylediklerimizi sandığımızdan daha kolay kabul edecektir."

"Öyle elbette. Öyleyse fakslayayım şimdi."

İmanişi, raporu alarak iletişim odasına geçen Takahaşi'nin ardından bakarken telefon çaldı. Türkiye Tomita Otomotiv işiyle ilgili olarak görüştüğü, büyük ölçekli Fransız ticaret bankası Credit Generale sendikasyon müdürü Pierre Fountaine idi arayan.

Fountaine, otuzlu yaşlarını henüz geçmiş ufak tefek bir Fransızdı. Dalgalı kestane rengi saçları ve koyu kahverengi gözleri vardı, her zaman moda takım elbiseleri alımla giyerdi. İmanişi ile geçmişte bir imza töreninde tanışmıştı. Sendikasyon müdürü olduktan sonra pek fazla zaman geçmemişti ama veteranlardan aşağı kalmamak için var gücüyle çalışıyordu. İmanişi, arada sırada bu dünyanın kurallarını ona öğretirdi.

"Merhaba Tetsu, her şey yolunda mı?"

"Oo, Pierre. Tomita Otomotiv Türk'le ilgili ek açıklama dosyasını Tokyo'daki yurtdışı araştırma bölümüne yeni gönderdim."

"Ha, öyle mi?" dedi Fountaine, rahatlamış bir ifadeyle. "Bizim tarafta hemen hemen onaylanmış gibi."

"Aa, gerçekten mi?"

"Daha şimdi inceleme birimi yetkilisinin sözlü onayını aldım… Ne dersin, en hızlısı benim herhalde?"

"Evet. Sana güvenebileceğimi biliyordum. Biz ya da başka bir banka sıkıntıya düşecek olursa tekrar ararım seni."

"Tamam, memnuniyetle."

Telefon bitince, İmanişi tekrar işine döndü.

Güçsüz düşen Japon bankalarının para kazanabileceği işler çok azdı ama angarya işler dağ gibi yığılırdı.

Uluslararası finans bölümünün riskli sermayeye ilişkin merkezdeki yurtdışı araştırma bölümüne göndermesi gereken raporun yazılması. İş yaptıkları muhataplarından Japonya kökenli üreticinin mali işler müdüründen gelen, son zamanlardaki Polonya'ya yönelik sendikasyon kredisinin ortalama fiyatını öğrenme talebi. Riskli tahvil konusunda güçlü olan Amerikan yatırım bankası işlem uzmanıyla, Fukoku Bankası'nın satmak istediği gelişmekte olan ülkelere yönelik riskli sermaye sahibi olup olmadıklarına ilişkin görüşme. Şubeye bağlı kredi yönetim bölümündeki İngiliz kadından gelen, iki yıl önce Yunanistan'a yönelik kredi sözleşmesinde bir noktada tereddüt olduğu ve telefonla açıklamasını isteyen talep. Şube müdür yardımcısı Sone'den, bir süre önceki Afrika iş gezisi raporunda hoşa gitmeyen taraflar bulunduğundan düzeltilmesi doğrultusunda direktif.

Tüm bunları teker teker bitirdikten sonra, sekreteri Yvonne "Şube müdür yardımcısı Mr. Sone'nin yanına gitmesini istediği" mesajını getirdi.

Şube müdür yardımcısı Sone, İmanişi'den yedi yıl daha kıdemliydi ve Fukoku Bankası Londra Şubesi'nde ikinci yetkili konumundaydı. Merkez şubedeki personel işlerinden Londra Şubesi'ne tayin edilen tipik bir merkez şube bürokratıydı. Bankayı ellerinde oynatan "samimiler gurubu"nun bir üyesiydi. Asla girişimci eylemlerde bulunmaz, suya sabuna dokunmazdı. Her zaman gülümseyerek dolaştığından, bir bakışta sempatik görünürdü ama gölgede ne yaptığı anlaşılmazdı.

İmanişi müdür yardımcılığına yükseltilmeden önce, Sone uluslararası finans bölümünün müdür yardımcısı idi. Müşteriler ve diğer bankalarla olan görüşmeleri tamamen İmanişi'nin sorumluluğuna bırakması iyi bir şeydi ama risk almak gerektiğinde sürekli geri adım atardı. Özellikle Sone, günlük market hareketlerini tartmaktan aciz olduğundan, iş almaktan çekinirdi.

"Müdür yardımcısı Sone. İş almazsak bu dünyada nasıl ekmek yeriz?"

"İyi de bu teklif para yapar mı gerçekten?"

Bu diyalog defalarca tekrarlanmış, İmanişi birçok kez ağlamanın eşiğinden dönmüştü.

İmanişi öncesinde, Sone ile konuşurken '*Off! bu adamla nereye kadar gitsek iki paralel çizgi üzerindeyiz. Yaşam görüşlerimiz kökünden farklı*' düşüncesine kapıldığı olmuştu. Bu, İmanişi'nin merkez şubesindeki idrakın zayıflığı ve eylem yapma isteğini öldüren personel yapısından rahatsız olarak, ümitsizliğe kapıldığı sıralardı.

"Bakar mısın, müdür yardımcısı Sone. Tokyo'daki merkez şubenin işin gerçekten yapıldığı yerlerdeki gerçek duruma ilgisi hiç yok. Memurlar ve üst düzeydekilere karşı, kendilerini korumak için neler sergilemeleri gerektiğinden başka düşündükleri bir şey yok. Bu gidişle Batı bankalarıyla aradaki fark gitgide açılacaktır. Üstüne üstlük, biz banka çalışanları ne kadar çabalayıp para kazandırsak da ikramiyemiz artmadığı gibi tayin zamanımız geldiğinde istediğimiz konuma gelmemiz de söz konusu değil. Bir zamanlar bankaların yükseliş dönemlerinde olduğu gibi yaptığımız işin endüstri dünyasına büyük etkisi olduğu ruhunu taşıyabilmek söz konusu değil... Arada sırada kendimi boşlukta hissediyorum."

İmanişi sürekli Fukoku Bankası'nda olmasını anlamlandırmaya çalışmıştı.

Kariyer rotasına dahil olmuştu ama aslında, banka içerisinde kariyer yapmanın, başkalarının söylediği kadar değerli olduğunu sanmıyordu. Yine, Fukoku Bankası çalışanlarına baktığında saygı duyabileceği çok az kişi vardı.

Fukoku Bankası'nın kendisi güçsüzdü ama İmanişi'nin bağlı olduğu uluslararası finans bölümü bir şekilde yılda 200 milyon yen saf kar elde etmeyi başarıyordu. Çünkü, İmanişi canla başla Türkiye ve Yunanistan'a yönelik işleri bağlamayı beceriyordu. Bu yabancı bankalarda olsa yıllık 30-40 milyon yen gelir elde etmesini sağlardı ama İmanişi'nin yıllık geliri bankaya aynı dönem girdiği çalışanlardan pek farklı değildi. Dönem arkadaşları arasında iş bağlama yeteneği olanlar çoktan Citi Bank veya Salomon Brothers'a transfer olmuşlardı ve yeni cennetlerinde on milyonlarca yenden başlayıp yüz milyonu geçen rakamlar arasında yıllık gelirleri vardı. Morgan Drexler'deki Co Tatsuhana da onlardan biriydi.

Londra'yla Tokyo arasında yazın sekiz saat, kışın ise dokuz saat zaman farkı vardır. Acil işlerde onay alabilmek için, İmanişi sık sık gece 1, 2 gibi sattlerde kendi evinden merkez şubeye telefon ederek yurtdışı araştırma birimini ikna ederdi. Evinde faks makinası bulundurduğundan, bazen gece yarısı yemek masasında ek açıklama dosyaları hazırlayarak Tokyo'ya gönderirdi. Zaman farkının sıkıntı yarattığı durumlar sadece ön teklif ile sınırlı değildi. Finans işbirliği grubuna Amerikan bankalarının dahil olduğu durumlarda, akşam dokuzdan itibaren tele-toplantıların başladığı olurdu. New York'taki bankalar neyse de beş saat daha fazla zaman farkının bulunduğu Kaliforniya'daki bankalarla iş yapılırken gece ve gündüz tamamen alt üst oluverirdi.

Binde bir tatil yaptığında bile, yurtdışı inceleme bölümünün ne zaman soru soracağı belli olmadığından hazırlık aşamasındaki tekliflerle ilgili dökümanları koyduğu ağır çantasını yanında taşırdı. O tatilde diye, market elbette beklemez. Ailesi sahilde eğlenirken tek başına otel odasına kapanıp açıklama raporu hazırlayarak Tokyo'ya faksladığı bile olmuştu.

İş gezileri dolayısıyla sık sık evden ayrı kaldığından, ailesine çektirdiği sıkıntılar hiç de az değildi. Bir seferinde, İmanişi yurt dışı iş gezisindeyken, iki çocuğundan birisi yüksek ateşli bir hastalığa yakalanmış ve karısı hiç uyuyamamıştı. İş gezisinden döndüğünde, karısının gözlerinin çevresinin uykusuzluktan karardığını görünce kelimeler boğazına düğümlenmişti. Çocukluğundan beri tanışarak evlendiği karısı, Tokyo'nun kenar semtlerinden birinde dükkan işleten bir ailenin kızıydı. Ne özel bir İngilizce yeteneği, ne de yurtdışında yaşamaya ilgisi vardı. Yine de Londra'ya gelmeleri kesinleştiği andan itibaren azimle İngilizce çalışmış, tek sayfalık bir atama kararıyla savrulduğu yabancı ülke topraklarında tek bir itirazda bulunmaksızın neşeyle elinden geleni yapıyordu. Karısının neşeyle çabalayan halini gördükçe İmanişi'nin yüreği dolu dolu oluyordu.

Büyük oğlunun tek ayağı sakattı. İmanişi merkez şubesi planlama bölümünde çalıştığı sıralarda, okula giderken trafik kazası geçirmişti. İmanişi'nin Marunouçi şubesi döneminde inşaat şirketini göz göre göre ölüme terkettiği zamanla aynı, kiraz çiçeklerinin açtığı mevsimdi. Oğlunun bir şekilde eski haline dönebilmesi için, kazadan sonra bir yıldan uzun bir süre, İmanişi işler arasında boğulurken, bir yandan da saman çöpüne bile sarılacak gibi bir ruh haliyle, bütün hastaneleri dolaşmıştı. İmanişi'nin saçlarındaki akların çoğalması da bu dönemdi. Sonuçta büyük oğlu tekerlekli sandalyeye mahkum olmaktan kurtulmuştu ama tek ayağında ömür boyu taşıyacağı bir sakatlık kalmıştı. İngiltere'de 1993 yılında çıkartılan Okul Eğitimi Kanunu'na göre, özürlü çocukların velileriyle okullar görüşerek, uzmanların ve okul yönetim kurulunun görüşü alınarak, o özürlü çocuğun eğitimi ile ilgili sorunlar hakkında çözüm yolları belirleniyordu. Bu bir dizi formaliteye *assesment*(değerlendirme) işlemi denilir. Fakat aniden iş gezisine çıkması gerektiğinde ya da mutlaka bağlanması gereken işler çıkıp da ofisten ayrılamadığında, bu *assesment* ile ilgili işlemleri karısı tek başına yapmak zorunda kalmıştı. "Babası neden gelmedi?" Ailenin işin önünde geldiği İngiltere'de, İmanişi'nin hareketi anlaşılamaz ya da sorumsuzluktan başka bir şey olarak değerlendirilmez. Karşısındakilerin eleştirileri karşısında sessizce sabreden karısını düşündükçe yüreği paramparça olmuş gibi bir hisse kapılmıştı.

Pazardaki Fukoku Bankası adını koruyabilmek için özel hayatından fedakarlık etmeyi sürdürüyordu.

Öyle anlarda, İmanişi, neden bu kadar uğraşıp da iş bağlaması gerektiğini sorgulardı. Öyle özel bir çaba harcamasa, Sone gibi suya sabuna dokunmasa da olurdu. Fakat, Sone gibi bir yaşam sürmek istemiyordu. Öyleyse, ne için uğraşıp duruyordu?Eğer bunun yanıtını banka içerisindeki ücret ve mevkîde, işine olan azimde bulamıyorsa nerede aramalıydı?

Defalarca kendi kendine sorular sorup yanıtladıktan sonra, İmanişi yeterince tamin edici olmamakla birlikte, kendi çapında bir yanıt bularak, ikna olmayı başarmıştı.

Bu yanıtlardan biri, yaptığı işin borçlular açısından işe yaradığı ve o ülkenin gelişmesine katkı sağladığıydı. Söz gelişi, Fukoku Bankası Yunanistan'daki bir havayolu şirketine uçak alımı için finansman sağladığında, o havayolu şirketi uçak alabiliyor, bu da Yunanistan'ın turizmine bir katkı oluyordu. Türkiye'deki bir ihracatçıya finans sağladığında, o Türk ihracatçı ülke içerisinden mal alarak ihraç ediyor, böylelikle de Türkiye döviz girişi sağlayarak uluslararası cari dengesini iyileştirmiş oluyordu. Bu şekilde kendi yaptığı işi anlamlandırmaya başlamıştı.

Bunlar dışında da İmanişi, kendisinin Fukoku Bankası'na sağladığı kazancın bir kısmının nihaii olarak vergi şeklinde Japonya hazinesine gönderileceğini ve ülke için kullanılacağını düşünmeyi kendisini rahatlatacak bir artı haline getirmişti. İşini yaparak şirkete yararlı olma düşüncesi, Marunouçi şubesi döneminde terfi etmek için inşaat şirketini iflas ettirip, insanların kaderini değiştirmenin pişmanlığı ve hiç olmazsa telafi edecek bir şeyler yapabilme isteğinden kaynaklanıyordu. Fakat, halkın teriyle ıslanmış vergilerle maaşları ödenen maliye bürokratlarının doğru dürüst çalışmayıp kendi midelerini doldurmaktan başka bir şey yapmamaları ve Kasumigaseki memurlarının birçok anlamsız kapalı gruplar oluşturarak tepeden aşağıya örgütlenen bürokratların maaşları ve emeklilik ikramiyeleri için vergilerin reel olarak gasp edildiği gerçeği açığa çıkmaya başlayınca, İmanişi'nin inançları da sarsılmıştı. Memurların "kamu yararı" adı altında örgütlü olarak yaptıkları şeyler, gelişmiş ya da gelişmekte, hangi ülkede olursa olsun suçtur. Tatsuhana'nın söylediği gibi, Japonya'da vergi ödemek aptalca gelmeye başlamıştı.

Sone'ye "Arada sırada kendimi boşlukta hissediyorum" dediğinde, İmanişi aslında bilinçaltında Sone'nin Fukoku Bankası'nda çalışması için yeni bir anlam ortaya atmasını ümit etmişti.

Fakat İmanişi'nin sözlerini duyan Sone soğuk bir yüz ifadesi takınmıştı.

"İmanişi. Sen ne demeye çalışıyorsun? Zamanı gelince terfi edeceksin. Bir şirket çalışanı için terfi etmek en mutluluk verici şeydir. Zaten kısa bir süre sonra müdür yardımcısı olacaksın. Fukoku Bankası'nda müdür yardımcısı demek alemde oldukça iyi bir şey. Bunu anlayamıyor musun?" Sone yüzünde aşağılayıcı bir ifadeyle konuşmuştu.

İmanişi duyduklarına inanamamıştı. Bu tahminlerini aşan cevap karşısında söyleyecek söz bulamamıştı.

Sone'nin, banka içerisinde terfi etmenin yaşamdaki tek mutlak değer olduğuna sarsılmaz bir inancı vardı. İmanişi, hemen yanında oturan Sone'nin başka bir gezegenden olduğu düşüncesine kapılarak, konuşmayı sürdürme isteğini kaybetmişti. O zaman İmanişi, Suminoe Bankası'ndaki Tagava'nın da benzer şeyler anlattığını anımsamıştı.

Bir seferinde Tagava, Suminoe Bankası'nın Londra şube müdürüne İmanişi'yle aynı soruyu yöneltttiğini söylemişti. Gelen yanıt aynı şekilde "Sen de nasıl olsa terfi edeceksin. O günleri düşünerek sabret" olmuş.

"Peki o lafa karşılık sen ne dedin?" diye sormuştu İmanişi.

"Öyleyse bir an önce terfi ettirin, demekten başka çarem kalmamıştı" diye yanıtlamıştı Tagava, bıkkın bir yüz ifadesiyle.

Şube müdür yardımcısı Sone'nin masası İmanişi'nin uluslararası finans bölümü ile aynı katta, çapraz karşı köşede bulunuyordu. Sone'nin yanında genel sorumlu şube müdürü Hayaşi oturuyordu.

Hayaşi'nin masası geniş salonun kilit noktası konumundaydı. Arkasındaki büyük pencereden Thames Nehri ve karşı kıyıdaki Southwark semtinin manzarası görülebiliyordu. Hayaşi ellili yaşlarının başındaydı. Ilımlı bir insandı ama meselelere karışmayı pek sevmezdi.

"Haa, İmanişi. Buraya kadar zahmet oldu, kusura bakma" dedi Sone sevimli bir yüz ifadesiyle, İmanişi'nin farkına varınca. Sone'nin gülümsemesinin ardında her zaman bir şeyler yattığını herkes bilirdi.

"Tomita Otomotiv Türk'ünsendikasyon kredisi hakkında sormak istediğim bazı şeyler vardı."

"Ne gibi?"

İmanişi'nin sorusu üzerine kaşlarını çatarak doğrudan konuya girdi.

"O kredi gerçekten para yapar mı? Ben de öylesine ön teklifi imzaladım ama duyduğuma göre Şimamura Bey karşı çıkıyormuş."

Yine mi! İmanişi'ye artık gına gelmişti.

"Müfettiş Şimamura'ya bugün gönderdiğim ek açıklama belgesi sonrasında ikna olcağını sanıyorum. Satışı ile ilgili olarak da, British Charterd, Credit Generale, Gulf Bankig Corp gibi yerlerle birlikte üstleneceğimiz için, üstlenme riski en düşük düzeye inecektir."

"Fiyat oldukça sıkıntılı gibi. 400 ila 450 arası düşünüyormuşsun ama Türkiye'de beş yıllık bir iş için oldukça sertmiş gibi bir izlenim edindim."

400 ila 450 arası, komisyon ve faizi kapsamak üzere "herşey dahil" fiyattır ve LİBOR artı 400 ila 450 baz puanı (% 4-4.5) anlamına gelir.

"Gerçekten de fiyat Türkiye'deki diğer işlere oranla biraz düşük ama Tomita Otomotiv Türk markette nitelikli kuruluş olarak bilinen iyi bir isim. Bir şekilde satarız."

"Öyle mi? Ucu ucuna ip üzerinde yürünecek bir fiyat yani." Dudaklarında alaycı bir gülümseme belirmişti.

İmanişi sinirlenmişti.

"Zaten sendikasyon kredisi dediğimiz zaman, çoğunlukla ucu ucuna fiyatlarla vekalet akdi verilmez mi? Satış kesinliği olan fiyatlar söz konusu olsa herkes yapmak ister!"

"Eh, orası öyle gerçi..." Sone, İmanişi'nin çıkışı karşısında afallamıştı.

"Ya, Sone. Sendikasyon konusunda şimdiye kadar hiç hata yapmamış olan İmanişi öyle dediğine göre..." dedi şube müdürü Hayaşi, yan taraftan.

Sone, Hayaşi'ye dönerek abartılı hareketlerle onayladı.

"Haklısınız. Sayın müdürüm söylediğiniz gibi. İmanişi kendi gururunu ortaya atarak başaracağını söylediğine göre, en iyisi burada ona güvenmek olacaktır."

Başarısızlık durumunda sorumluluğu sen alırsın, havasında konuşuyordu.

"Teşekkür ederim" İmanişi başıyla selamlayarak ayrılmaya hazırlandı.

"Haa, bir şey daha vardı..." diye durdurdu Sone. "Son zamanlarda Tsuçiya'nın bölümünde Türk lirası üzerinden iş yapmaya başladılar. Altına girdiği pozisyon oldukça yüksek bir rakam. O yüzden, Türkiye ile ilgili bilgileri ivedi olarak ona aktarmanı istiyorum."

Tsuçiya, Sone ile aynı mevkîde şube müdür yardımcısı olarak finans işlerini yönetiyordu. Kıdem olarak Sone'den üç yıl daha aşağıdaydı. Şu ana kadar herhangi bir yerde önemli bir başarı göstermemişti ama hata yapmamayı önemseyen Japon bankalarının personel sistemi sayesinde terfileri rutin olarak ilerleyerek Londra şubesinde üçüncü adamlık pozisyonuna getirilmişti. Sone ile aynı personel ve planlama kökenli bir şirket içi memurdu ve Londra şubesi öncesinde İbaragi ilindeki küçük bir şubenin müdürlüğünü yapmıştı. İş bağlama konusundaki tecrübe bir yana, yurtdışında çalışmışlık tecrübesi bile yoktu. Personel bölümü şefinin, yönetim kurulu başkanının gözüne girmek için akıl ettiği "iç ve dış iletişim" gibi, slogandan öteye geçmeyen içi boş bir personel politikası sayesinde şimdiki pozisyonuna getirilmişti.

Tsuçiya'ın atama haberi duyurulduğunda, İmanişi başta olmak üzere gerçek sahnede çalışanlar şaşırmıştı.

Komisyonculuk, ömrü 35 yaşında biten bir iş olarak bilinir. "Denge anlayışı" dediği özü olmayan bir tabeladan başka meziyeti olmayan, iş bağlama konusunda hiçbir deneyimi olmayan bir insanın, komisyonculuk gibi özel bir anlayışa sahip insanlar topluluğunu idare etmesi imkansızdır. Londra şubesine ilk geldiği gün, ufak tefek ve hafiften tombul Tsuçiya, iyi bir insan görüntüsü veren gülümsemesiyle "Komisyon işlemleri konusunda tamamen amatörüm ama şu andan itibaren vargücümle öğrenerek ..." diye başlayan bir tanışma konuşması yapmıştı. Komisyon işlemcileri Tsuçiya'yı soğuk bakışlarla dinlemişlerdi.

İmanişi ve arkadaşlarının korktukları gibi, kısa bir süre sonra komisyon işlemleri odasındaki on kadar İngiliz ve Amerikalı uzman birbiri ardına işi bırakarak başka bankalara geçmişlerdi. Daha önce, Londra şubesinin kazancının üçte birini sağlayan komisyon işlemleri odasının sağladığı gelir ani bir düşüş göstermişti. Tsuçiya'nın o derisi kalın yüzünde bile son zamanlarda gülümsemeden eser kalmamıştı. Türk lirası üzerinden iş yapmaya kalkması da gelirleri tekrar eski düzeyine çekmek için can havliyle yaptığı bir hamle olmalıydı.

Sone'nin sözleri İmanişi'yi şaşırtmıştı.

"Ne! Türk Lirası üzerinden mi iş yapıyor? Fakat, Türk Lirası marketi küçüktür ve en ufak bir şeyde rakamlar dalgalanır, riski çok büyüktür."

İmanişi daha önce, aynı dönemde bankaya girdiği Tokyo'daki bir komisyon işlemcisi arkadaşına Türk Lirasının dalgalanma oranını sormuştu. Adam "Türk Lirası? Öylesi egzotik bir para birimiyle 200 milyon dolarlık bir işlem çıkacak olsa market uçar" demişti.

Fakat, Sone İmanişi'nin çekincesini hiç de dikkate alıyor gibi değildi.

"Fiyat büyük oranlarda hareket ettiği sürece daha iyi olmaz mı? Yüksek risk, yüksek kazanç. Bundan sonra bankalar risk almadıkları sürece para kazanamazlar. Bu Mart'ta aldığımız resmi sermayeyi de zamanı geldiğinde geri ödememiz gerek. Geliri artırmak emir altında çalışanların en önemli gündemidir."

Bu sözlerin, herhangi bir risk konusunda hemen kuyruğunu sıkıştıran Sone'ye ait olması mümkün değildi. Bu adamın aklından neler geçiyor acaba? dedi İmanişi kendi kendine.

"Sadece spot mu (peşin) çalışıyorlar? Yoksa, ileriye yönelik (forward) bir durum mu söz konusu?"

İleriye yönelik işlem, bir kaç ay sonra kambiyo işleminin gerçekleşmesi koşuluyla yapılan işlemlerdir ve işlem gerçekleşene kadar market koşulları değişir. Dolayısıyla spot işlemlerle karşılaştırıldığında doğal olarak risk bir kaç kat artar.

"Birazını ileriye yönelik olarak yaptıklarını duymuştum. Elbette belirli sınırlar içerisinde olmalı."

"Fakat ileriye yönelik işlemlerle…" diye İmanişi bir şeyler söylemeye çalıştığı anda, Sone tiz bir sesle söylenmeye başladı. "İmanişi! Sen uluslararası finans bölümünden sorumlusun ve komisyon işlemleri bölümünün işlemleri seni ilgilendirmez. Komisyon işlemleri bölümünün ne yapacağı hakkında söz söylemeye yetkin de yok!"

Sone'nin en iyi bildiği kurumsal örgütlenme safsatası başlamıştı. Bu aşamadan sonra konuşmayı sürdürmek imkânsızdı. İmanişi konuşmaktan vazgeçti.

"Anlaşıldı. Türkiye'yle ilgili bilgileri elimden geldiğince müdür yardımcısı Tsuçiya'ya iletmeye çalışırım."

Böyle yanıtladıysa da İmanişi içindeki endişeyi atamamıştı. Türkiye gibi ülkelerde resmi bilgilerle hesap edilemeyecek şeyler çıkar. İmanişi ne kadar yardımcı olsa da elbette bir sınırı olduğundan, Tsuçiya'nın kendisi bilgi toplamadığı takdirde bir işe yaramayacaktı. Ancak, birçok eksiği bulunan Tsuçiya'nın böyle bir işi becerebileceğini düşünmüyordu.

"Öyleyse, ben artık..." İmanişi çıkmaya hazırlandığında Sone tekrar durdurdu.

"İmanişi. Az önce öyle söyledim ama şu Tomita Otomotiv Türk meselesi, gerçekten bir sorun çıkmaz değil mi? İmzamı atacağıma göre bir sorun çıkarsa, benim de başım ağrır."

Yeter artık! İmanişi patlamak üzereydi.

"Az önce açıkladığım gibi... Üstelik Tomita Otomotiv, bankamızın işlem yaptığı önemli kuruluşlardan biri. Geçen ay yönetim kurulu başkanımız Tomita başkanı ile görüşerek, yapılan işlem hacminin artırılmasını talep etmişti."

"Haa, evet öyle olmuştu. Evet, gerçekten öyleydi." Yönetim kurulu başkanı sözcüğü karşısında Sone geri adım atmıştı.

"... Fakat, binde bir ihtimâl de olsa sendikasyonda çuvallarsak, karşı taraf kötü yorumlayabilir...."

"Sayın müdür yardımcısı, bu iş sadece Tomita Otomotiv ile olan işlem hacmimizin genişlemesini sağlamakla kalmaz, aynı zamanda bankamızın geliri açısından da etkili olur."

Gelir sözcüğünü duyduğu anda Sone histerik bir sesle bağırdı.

"Sence, para kazanacağız diye her işe atlamak mı lazım?!"

3.

"Para kazandıracaksa, her şey yapılabilir!" Helen King patlayıvermişti.

Morgan Drexler Tokyo şubesi planlama ve finans bölümü müdürü siyah deri kaplı koltuğunda güçlükle döndü ve hamileliğinde sekizinci ayına girdiği karnını sıvazlayarak yırtıcı kuşlara benzeyen bakışlarıyla yardımcısı Koike'yi süzdü. Şirket içerisinde arkasından "gelincik" diye dedikodusu yapılan planlama ve finans bölümü müdür yardımcısı Koike, çıkık dişleri ve kurnaz bakışları olan bir adamdı. Tehlikeli bir durumla karşı karşıya kaldığında, kertenkelenin kuyruğunu kopartması gibi emrinde çalışanları bir bir kesip atarak yabancı sermayeli finans kuruluşlarında dolaşıp duruyordu. Kartalla gelincik arasında elbette bir karşılaştırma söz konusu olamaz.

"Dediğinizi anlıyorum fakat bu gibi finansal türev ürünlere bağlı tahvil satışı konusunda son zamanlarda denetleme kurulu çok titizleniyor. Ne kadar hukukçu görüşü yasaya uygun olduğunu söylese de, aşırı riskli olduğu kanısındayım..." Koike mendiliyle terini silerek savunmaya geçmişti.

"Yeter artık! Sen gerçekten de çok sinir bozucu bir adamsın be! Avukatımız öyle dediğine göre neden sorun olsun ki?" Helen King altın sarısı saçlarını parmaklarının arasında kıstırmıştı.

"Helen! Burası Japonya. Amerika gibi değil. Sadece biz değil, bono bölümü başkanı da bir süre durumu izlemek görüşünde."

"Peki sen, nasıl para kazanmak niyetindesin? Söylesene?! Mart'ta Japon şirketlerin zararlarını kamufle etmeleri için finansal türev ürünler ya da düzmece kredi işleriyle bir şekilde gelir elde edilebiliyor ama sonrası bıçak kesmiş gibi duruyor. M&A'da (şirket alımları) da işin kaymağını Goldman Sachs ve Lehman Brothers'e kaptırıyoruz.... İş bu kerteye geldiğine göre, sen büyük Japon bankalarından birine karşı ele geçirme amaçlı hisse alımına giriş istersen!"

"Bu delice olur. Büyük Japon bankalarının güncel market fiyatı 4 milyar doları bulur. Böylesine çılgınca bir işe Mr. T. Boone Pickens bile kalkışmaz."

Mr. T. Boone Pickens, TWA havayolu şirketi ve Gulf Oil için, Japonya'daki küçük iplik üreticilerine karşı rekabet alımı hamlelerinde bulunmuş, Amerikan komisyoncu idi.

"Tüm sorunların altında Tokyo'da gayrimenkul fiyatlarının aşırı yüksek olması yatıyor! Ne kadar kazansak bile büro kirası için uçup gidiyor. Bu ne rezalet!"

"Bu ne rezalet diyorsunuz ama ben…"

"Üstelik son zamanlarda Japon kuruluşları da birbiri ardına sendikasyon kredisi pazarına girdikleri halde biz hiç vekalet akdi kapamıyoruz! Sen şimdiye kadar ne yaptın ki!? Gelecek ay John Heinemann Tokyo'ya geliyor. Ona ne diyeceğim ben şimdi!?"

John Heinemann Morgan Drexler'in yönetim kurulu başkanıydı. Helen King Harward Business School'da masterını tamamladıktan sonra, New York merkezindeki işletmeler finans bölümüne girdiğinde Heinemann'ın gözüne girmişti. 33 gibi genç bir yaşta şu anki görevine getirilmesi de Heinemann'ın desteği sayesinde olmuştu.

"Ya, diyecek sözüm yok…"

"Yeter. Anlaşıldı. Çekilebilirsin."

Umursamaksızın yan tarafına dönen Helen King'e selam verdikten sonra, Koike yuvasına kaçar gibi hızlı adımlarla çıktı.

"Helen Japonya Kangyo Bankası'nın uluslararası finans bölümünden telefon var."

Camla kaplı odanın dışından şirketler finansman bölümünde görevli Japon seslendi.

"Ne istiyorlar?"

"Geçenlerde bizim Honkong'da düzenlediğimiz Tayvan Havayolları'na yönelik sendikasyon kredisi hakkında, gerçekten gidip de Tayvan Havayolları'nda iş planını sorunca bizim hazırladığımız bilgilendirme notası ile tamamen farklı çıktığını söylüyorlar."

"O işin imzası geçenlerde atılmamış mıydı?"

"Evet, Japonya Kangyo Bankası da imzalamış. Artık kaçamazlar." Japon adamın yüzünde bir sırıtma belirmişti.

"Bilgilendirme notasının başlığında her zamanki önkoşul yazısı vardı değil mi?"

"Evet, elbette. '*Bu bilgilendirme notasında yazılı bilgiler borçlular ve diğer kaynaklardan Morgan Drexler'e verilen bilgiler olup, bilgilerin doğruluğuyla ilgili olarak Morgan Drexler hiçbir şekilde sorumluluk kabul etmez. Bu işleme katılan herbir banka, borçlu ve diğer konularla ilgili olarak kendisi bilgi toplayıp, kendi bankasının sorumluluğunda katılımda bulunacaktır*' diye açıkça yazılıydı."

"Öyleyse, bize ne dersin. Bu dünyada alaya alınmak kadar aptalca bir şey yok çünkü."

Helen King kestirip attıktan sonra bakışlarını masasına çevirdi. O anda yüzü allak bullak oldu.

Masasının üzerinde bugünkü sinirli halinin en büyük nedeni duruyordu. O günün gazetesi.

Amerikan Travellers Grubu ile Nikko Menkul Kıymetler'in genel işbirliğine gideceğini bildiren haber sayfayı tamamen kaplamıştı.

Japonya'daki finans dünyasının tamamını sarsan bir olaydı.

Nikko Menkul Kıymetler, dahil olduğu aynı Mitsubişi Grubu'ndaki Tokyo Mitsubişi Bankası'nı elinin tersiyle iterek yabancı sermaye ile topyekun bir anlaşma yapmıştı. Anlaşma yaptığı partneri ise iki ay önce Citicorp ile birleştiklerini açılayarak dünyanın en büyük genel finans kuruluşu haline gelen Travellers Grubu'ydu. Nikko Menkul Kıymetler'in kararı şirketi tam ortadan ikiye bölen radikal bir atılımdı. Anomim ortaklık kısmı Travellers Grubu şemsiyesi altındaki Salomon Smith Barney Menkul Kıymetler Tokyo şubesi ile birleştirilince 1300 kişilik bir çalışan topluluğu ile Nikko Salomon Smith Barney Menkul Kıymetler ortaya çıkıyordu. Böylelikle Nikko Menkul Kıymetler Salomon Smith Barney'in dünya genelindeki satış gücü ve finans tekniklerinden yararlanma olanağına kavuşuyordu. Bireysel kısmı ise Nikko Menkul Kıymetler olarak devam edecekti. Travellers, Nikko Menkul Kıymetlere sermaye sağlayacak ve bu şirketin 125 şubesi aracılığıyla 1.2 katrilyon yen rakamı telaffuz edilen Japonya bireysel sermaye pazarına girmiş olacaktı.

Haberde 1 Haziran'da Tokyo merkezindeki bir otelde düzenlenen basın toplantısının fotoğrafı vardı. Nikko Menkul Kıymetler yönetim kurulu başkanı Kaneko Masaşi ile Travellers Grubu yönetim kurulu başkanı Sanford (genelde Sandy olarak bilinir) Weill'in yanyana büyük bir fotoğrafı konmuştu. Kuzey denizlerinde yaşayan köpek balıklarınınki gibi yırtıcı bir yüz. Ok atarmış gibi bakışlar. Basın mensuplarının sorularını yanıtlarkenki hali aslanın gürlemesini andırıyordu. Japonlarla tamamen farklı bir duruş ve etkiye sahip bir adam.

"Wall Street'in rüzgarı çağıran adamı" Sandy Weill.

1933 yılında, New York'ta sıradan halk sınıfının yaşadığı Brooklyn semtinde bir Polonya göçmeni ailenin çocuğu olarak doğmuştu, 65 yaşındaydı. Üniversiteden mezun olduktan sonra şirket içi evrak postası olarak yatırım bankası Bear Sterns işe girmişti. 27 yaşında üç arkadaşı ile birlikte, 200 bin dolar sermayeyle küçük bir menkul kıymetler şirketi olan Carter, Berlind, Potoma & Weill'ı kurmuştu. O küçük şirket küçük balıkların bir balinayı yemesi gibi üst üste gerçekleştirdiği satın alımlarla, sonuçta Amerika'nın ikinci büyük yatırım bankası Shearson Loeb Rhoades haline gelmişti. Weill 1981 yılında Shearson Loeb Rhoades'i AmEx'e yaklaşık 1 milyar dolara satmıştı. AmEx yönetim kurulu başkanı olmuştu. Fakat aynı şirketin büyük hissedarı ve CEO'su James Robinson ile ters düşmüştü. Dört yıl sonra AmEx'ten ayrılarak bir süreliğine işsiz kalmanın üzüntüsünü tatmıştı. Ondan sonra bir yıl boyunca fırsat kollayarak, Baltimore'daki yıkılmak üzere olan tüketici kredisi şirketi Commercial Credit'in yönetim kurulu başkanlığına getirilmişti. Weill, Commercial Credit'i göz açıp kapayana kadar yeniden ayağa kaldırarak, buradan yeniden çıkışa geçmişti. 88 yılında yatırım bankası Smith Barney'i şemsiyesi altında bulunduran sigorta şirketi Primerica'yı 1.7 milyar dolara satın almakla başlayarak, sigorta şirketi Travellers, yatırım bankası Shearson, büyük sigorta şirketi Etan'nın zarar sigortası bölümünü birbiri ardına satın almıştı. Weill'i güçlü kılan yanı sıradan insanlarla farklı açılardan geleceğe bakabilmesi, marketteki zamanlamayı yakalayarak inişe geçen şirketleri ucuz fiyattan alarak işletmesini düzeltme yeteneğiydi.

Eylül 1997'de, Weill'in başkanlığını yaptığı finans imparatorluğu Travellers, Salomon Brothers'ı 9 milyar dolara satın alacağını açıkladı. Wall Street ekesi Salomon Smith Barney doğmuş oluyordu. Bundan yedi ay sonra Travellers, Citicorp ile birleştiğini açıklıyordu. Weill dünyadaki en büyük finans kuruluşunun zirvesine kurulmuştu. Devamında, bıkmaksızın iş peşinde koşan adam nihayet Japonya'da boy gösteriyor ve kendisine partner olarak da Nikko Menkul Kıymetler'i seçiyordu.

Hezimeti enerjiye çeviren adam Sandy Weill. Geçen yılki bireysel geliri 230 milyon dolar.

Yine arkada kaldık. Lanet olsun!

Helen King, Sandy Weill'in gazetedeki fotoğrafına bakarak dudaklarını ısırdı.

O sırada masasının üzerindeki telefon çaldı.

"Drexler"

"Hi, Helen. How are you doing (Nasılsın)?" Tanıdık ses, uluslararası finans dergisi IFR'nin (International Financing Review) Tokyo'da görevli kadın muhabiriydi. Bu tür muhabirler her zaman finans kuruluşlarına telefon ederek market hakkında bilgi toplar, haber haline getirirlerdi. Haftalık yayınlanan IFR yıllık aboneliği 2390 poundluk pahalı bir dergiydi. IFR dışında da farklı uluslararası finans dergileri bulunduğundan flaş haber yakalamak için kıyasıya rekabet içerisindeydiler.

"Oo, Barbara. Bildiğin gibi değil."

"Kolay gelsin. Hemen konuya gireyim. Tomita Otomotiv'in Türkiye'deki şirketinin 150 milyon dolar parayı sendikasyon kredisi olarak bulacağı duyumunu aldım. Sen bu konuda bir şey biliyor musun?"

"Ne dedin?" Helen King soğukkanlılığını kaybetmişti. "Baksana Barbara. O haberi nereden duydun?"

"Fukoku Bankası'nın yapılandırılmış finansman bölümündeki bir Japon'dan."

"Şu meseleyi bir anlatsana. Bir de haber yapmak için bekle lütfen. Haberi çıkarsa herkes bir anda üstüne atlayıverir, esprisi kalmaz. Bu iyiliğinin karşılığını mutlaka öderim. Bizim bundan sonra girişeceğimiz işleri mutlaka önce sana bildiririm."

O gün, Londra saatiyle öğlen sıralarında, Tatsuhana'nın ofisine Helen King'den telefon geldi. Tokyo'da akşamın sekiziydi.

"Merhaba Co! Uzun zaman oldu görüşmeyeli. Herşey yolunda mı?"

"Eh işte" diye yanıtlarken, Tatsuhana tedbiri elden bırakmadı. Helen King sırnaşarak konuşuyorsa mutlaka altından birşey çıkardı.

"Aslında bir ricam olacaktı."

Baklayı çıkardı işte.

"Tomita Otomotiv Türk'le ilgili bir konu..."

Helen King, Tatsuhana'ya durumu anlatmaya başladı.

Tatsuhana yaklaşık yirmi dakika kısa sözcüklerle onaylayarak, ahizeden gelen Doğu Sahili şivesi Amerikan İngilizcesine kulak verdi."

"Tamam, ne demek istediğini anladım. Biraz düşünmemize izin verir misin? Öncelikle marketin şu anki durumuna bakarak bu işe girip giremeyeceğimizi, girebileceksek ne fiyatla girebileceğimizi düşünelim. Bugün içerisinde e-posta ile yanıtlarım... Bir de inceleme bölümü ile senin konuşacağını varsayıyorum, yanlışlık yok değil mi?"

"Evet, elbette."

"Bir de rakibimiz neresi?"

"Şu an sadece Fukoku Bankası."

"Ne!? Fukoku Bankası mı?"Tatsuhana'nın gözleri parlamıştı.

Ağızlarının payını verme zamanı!

Ahizeyi yerine koyunca, Tatsuhana işlem salonundaki masasında dikkatle İngiltere dedikodu gazetesi "Sun"ı okuyan Hildreth'e seslendi.

"Jack. İlginç bir haber mi var yoksa?"

"Eh, Monica ile Clinton konusu. Bu haliyle, başkan da ifade vermek zorunda kalacak. Amerikan şirketinde çalıştığımıza göre, ilginç tabî."

"Danışmak istediğim bir şey var birlikte yemek yiyelim mi?"

Belki de Cuma günü olduğundan, Drexler'in çalışanlar yemekhanesinde rahat bir hava hakimdi.

Bölümüne göre Cuma günleri kıyafet serbestisi tanınıyordu ve o yüzden günlük kıyafetleriyle dolaşan çok sayıda çalışan vardı. Yüklü bir para harcanarak yapılan yemekhanede et, makarna, Çin yemekleri, vejetaryan menüsü, balık, meyve ve tatlı gibi bol çeşitli yemek bankoları bulunuyordu ve otellerin açık büfesi ayarındaydı.

Hildreth ve Tatsuhana balık ve patates bankosunda sıraya girdiler.

İngiltere'de İsa'nın çarmıha gerildiği Cuma günleri cana kıymaktan kaçınma amaçlı olarak hayvan eti yememe adeti vardır ve çoğu şirketin personel lokalindeki menülerde balık ve patates bulunur. Balık ve patates, fırında bifteğin ardından İngiltere'nin en yaygın yemek türüdür. Charles Dickens'ın 1839 yılında yazdığı "Oliver Twist" eserinde de geçer. Kızartılmış beyaz etli balık yanında iri dilimlenmiş patates ile birlikte servis edilir. Balık türü olarak pisibalığı, dilbalığı gibi türler kullanılır ama en popüler olanı cod ve onun ardından da birdock gelir. Bu iki balık da Atlas Okyanusu'nda yaşayan mersinbalığı türleridir. Besin değeri yüksek olan bu balıklar I. Dünya Savaşı'nda İngiliz askerlerinin ana yemeği olarak kullanılmıştır. 1930'lu yıllarda savaşa hazırlanan savunma kuvvetleri kampında da balık ve patates dağıtılan çadırlar kurulmuştu.

Tatsuhana ve Hildreth'in tabaklarına, beyaz giysiler içerisindeki İngiliz aşçı yağı iyice emmiş kağıda sarılı sıcak cod koydu.

Tatsuhana ve Hildreth pencere kenarındaki sakin bir masayı seçerek oturdular.

İki adam balık ve patates yemeğine tuz ekerek, bolca sirke döktüler. Buram buram kızartma kokusuna sirkenin kokusu karışınca iştah kabartıyordu. Bu İngiliz mutfağının ortodoks yemek alışkanlığıydı. Gazete kağıdına sarılarak servis edildiğinde kreması daha da güzel olurdu ama günümüzde sağlık nedenleriyle hukuken yasaklanmıştı.

"Avesta Engineering'in durum tespiti hafta başında değil mi?" diye sordu Hildreth, kızartma kokusunu içine çekerek.

"Evet. Herhalde bir günde biter... Bu arada, az önce Helen King'den telefon geldi." dedi Tatsuhana kızartılmış balığı çatal ve bıçakla keserken. Balığın beyaz etinden buğu yükseliyordu.

"Yine uçuk bir şeyler söylemiştir." Hildreth kızarmış Fransız ekmeğini iri eliyle yakalayarak ağzına tıkıştırdı.

"Tomita Otomotiv Türk beş yıl vadeli 150 milyon dolar sermaye bulma düşüncesindeymiş."

"Tomita Otomotiv Türk... İyi bir isim" Hildreth gözlerini kırpıştırdı. "Fakat Türkiye'de beş yıl uzun bir süre."

"Tüm rakamı üstlenebilir miyiz sence?"

"Orası fiyatına göre değişir. Türk hükümetinin avro bonolarının güncel marketteki değeri düzeyinde bir para öderlerse alabiliriz herhalde."

"Şu an 450 civarında mı?"

Son zamanlarda Türkiye'nin avro bonolarının kâr dönüşü, Amerikan bonolarının kârı artı 450 baz puan (% 4.5) civarında dengedeydi.

"O civarda olsa gerek... Fakat piyasa o kadar rahat çalışmamıza izin vermese gerek. Rakip neresi?"Chess ya da Deutsche Bank çıkacak olursa kanın kanla yıkandığı bir savaş haline gelir."

"Şu an sadece sadece Fukoku Bankası galiba. Tokyo'da bu işin söylentisi dolaştığına göre, belki bir iki Japon bankası daha ortaya çıkabilir."

"Fukoku Bankası? Orasıysa kolay iş." Hildreth bir anda sırıtmaya başladı. "Fakat bir an önce neticelendirmek lazım. Konunun markette yayılmaya başlaması an meselesi."

"Helen de bunun farkında. Benim Türkiye'ye gidip görüşmemi istedi."

"Ne! Avrupa Kredi Sendikasyon bölümünün ortak sorumlu müdürüne 'görüşmeye git' dedi ha! Bu ne cüret! Öyle bir iş için kendisi gitse ya!"

"Helen şu an hamileliğinin sekizinci ayında ve uçağa binemiyormuş."

"Doğru, öyleydi. Tam da zamanında…"

"Helen King her zaman böyle eziyetli işler getirir. Eğer sıradan biri olsa ben de hiç düşünmeden reddederdim ama kadın John Heinemann'la çok yakın."

Tatsuhana'nın sözleri üzerine Hildreth'in yüzü sıkıntılı bir hal aldı ve bakışları uzaklara takıldı.

İki üç masa ilerilerinde Amerikan çalışanlar balık ve patateslerini ketçap dökerek yiyorlardı. Hildreth'in yüz ifadesi iyice sıkıntılı bir hal aldı.

"150 milyon dolar ha…" Hildreth konsantrasyonunu toplayarak marketi okumaya başladı. "Son zamanlarda markete düşen Türkiye'ye yönelik sendikasyon kredileri hep kısa vadeli değil mi?"

"Öyle. Nisan'da Finans Bank 50 milyon dolar, Körfez Bankası 50 milyon dolar, Mayıs'ta Dışbank 40 milyon dolar. Hepsi bir yıl vadeli."

Ne zaman, ne tür bir işin, hangi şartlarla markete çıktığı, hangi koşullarla sözleşmenin oluşturulduğu, Tatsuhana'nın hafızasında net rakamlarıyla kayıtlı olurdu. İşte bu da, bir sendikasyon müdüründen beklenen en önemli özellikti.

"Öyleyse orta ve uzun vadeli işler konusunda market nispeten temiz demektir…"

"Orta ve uzun vadeli iş olarak JP Morgan ve Bankers Trust'un şu an giriştiği cep telefon şebekesi şirketi Turkcell işi var. O işte de şu sıralarda sendikasyon bitmiştir, Tomita Otomotiv ile çakışmaz."

"Market iştahı ne durumda?"

"Türkiye'deki tüm bankaların finans hacmi oldukça sıkışık ama Almanya, İtalya, Hollanda bankaları girebilir herhalde. Yüksek kazanç peşindeki Ortadoğu bankaları da göz dikmiş durumdalar. Bir de Avusturyalılar da düşük rakamlarda ama bol sayıda iş yapıyorlar."

"Bir de Japon bankaları."

"Evet. Tipler devlet sermayesi girişi ile bir nebze kendilerine geldiler. Üstelik finans denetleme kurumu borçları kontrol altına alma politikası doğrultusunda Japon şirketlerine finans sağlamaları için baskı yapıyor. Böylesi bir Japon şirketinin işi olması durumunda incelemeden geçmesi kolay olur."

"Tomita Otomotiv Türk markete pek çıkmayan bir borçlu değil mi?"

"İsmi iyi ama pencerenin arkasındaki soğuk güzel. Bu ölçüde büyük bir rakamla ortaya çıkması, önümüzdeki en az beş yıl içerisinde söz konusu olmaz herhalde."

"Bu seferki vekalet akdini alacak olursak diğer bankaları da Tomita ile iş yapmaktan atmış oluruz yani..."

"Türkiye'deki orta-uzun vadeli bir iş için 150 milyon dolar oldukça büyük bir rakam. Bunu bir kez yapacak olursak market bir yıl kadar saman bile yiyemez hale gelir. Yapacaksak, elimizi çabuk tutmalıyız."

"Fiyat nasıl?"

"Ön inceleme yapmadan net bir şey söyleyemem ama herhalde Libor artı 375 ila 425 civarında neticelenir."

"Eh, öyle elbette. Her neyse bir an önce ön incelemeye geçelim. Bu arada..." Hildreth aniden aklına gelmiş gibi konuştu. "Tomita Otomotiv Türk, 150 milyon dolar gibi büyük bir parayı nereye kullanacak?"

"Evet, işin orası..." Tatsuhana bir an duraksadı. "İran'da İran hükümeti ile ortaklaşa otomobil fabrikası kurmak için gerekli bir sermayeymiş."

"Ne, İran mı dedin!" Hildreth'in gözleri faltaşı gibi açıldı. "Bu Amerikan ceza kanununa takılır!"

"Helen New York'taki inceleme bölümünü ikna edecekmiş. Tomita Otomotiv Türk yakın gelecekte ihracata güç vererek döviz gelirini artırmayı planlıyormuş, gelirleri ve finansını tek para birimi üzerinde sabitlemek için ülke içindeki bankalardan Türk lirası üzerinden aldığı kredileri bu şimdiki işlem ile dolara çevirecekmiş, gibi bir şeyler anlattı. Üstelik Clinton hükümeti de İran'a karşı tavrını yumuşattığına göre ileride ambargonun kalkma olasılığı da var."

"Evet. Fakat durum ters bir tarafa hareketlenirse biz de Helen'le birlikte kodesi boylarız."

"Jack" dedi Tatsuhana, Hildreth'in gözlerine bakarak. "Yatırım bankasında çalışınca sık sık böyle sınırlarda dolaşmak zorunda kalınır değil mi? İşler iyi giderse zengin olursun, hata yaparsan da bir suçlu durumuna düşersin, yanlış mı? Burada biraz güçlü olalım."

"Co. Aslında..." Hildreth'in sesi boğuklaştı. "Bu seneyi tamamlayınca emekli olmak niyetindeyim."

"Ne!?"

Hildreth tek taraflı olarak konuşmaya başladı.

"Co. Senin de bildiğin gibi, ben artık 51 yaşındayım. Finans semtinde çalışma sürem 25 yılı geçti. Eh, artık yoruldum elbette. Özellikle bir Amerikan yatırım bankasında olunca. Bizim şirketin erken emeklilik sistemi var ve şu an bırakacak olursam yüklü bir emeklilik ikramiyesi alırım. Benim on yıl kadar önce Devon'da bir çiftlik evi satın aldığımı biliyorsun değil mi? Orada karımla birlikte sakin bir hayat sürmek istiyorum."

Devon, İngiltere batısında derin ormanlarla çevrili bir vadide kurulu taşra şehriydi. İngilizler arasında tatil beldesi olarak en popüler yerlerden biriydi. Hildreth oradan satın aldığı binası 300 yıllık saz çatılı eski çiftlik evinde hafta sonları kitap okuyor, bahçesine bakıyordu.

"Öyle mi?... Seni özleyeceğim."

"Emekli olacağım dediysem de işi tamamen bırakacak değilim. Finans danışmanı olarak haftada iki üç gün çalışmak niyetindeyim. Merkezim Devon olacak. Mümkün olursa İngiltere'de sadece iklimin iyi olduğu yaz dönemlerinde kalıp, onun dışında yılda birkaç ay Güney İspanya ve Avustralya'da kalmayı düşünüyorum. Bir sonraki yıl, eşimle birlikte Japonya'da da iki üç ay kalmayı düşünüyorum."

"Jack, senin Londra dışında çalışmışlığın olmuş muydu?"

"Hayır. Londra'da çalışırken birçok ülkeye gittim ama uzun süreli kalmadım... Öğrenciliğimde Amerika'da bulunmuştum ama Amerika'da çalışmayı düşünemedim. Rekabetin öylesine güçlü olduğu bir yerde nefesim daralıyor. Amerikan iş dünyası kültürü normal değil... Bu arada, Co. Japonya'ya dönmeyecek misin?"

"Japonya'da çalışmak çok aptalca geliyor."

"Bu, Japonya'daki eski iş dünyası kültürü ve toplum içerisindeki hiyerarşinin strese neden olması yüzünden mi?"

"Basitçe söyleyecek olursak öyle."

Hildreth'in yüz ifadesinden aynı duyguları paylaştığı okunuyordu.

"Eskiye oranla daha iyi ama Avrupa'daki örgütlenme tarzında da hala benzeri taraflar var. Hiyerarşi varlığını koruyor ve örgütlenmeye göre nasıl bir aileden geldiği gibi şeylere bakılarak kişiler hakkında hüküm veriliyor. Sorumluluk gerektiren bir pozisyona gelmek çok zaman alıyor.... Burası söz konusu olursa, Amerikan örgütlenme tarzı adil ve mantıklı. Hangi ülkeden geldiğin, hangi ırktan olduğun, beyaz mısın yoksa siyah mısın, yaşın kaç, erkek mi yoksa kadın mı olduğun hiç önemli değil. Kendi posizyonun da başarılı olup olmadığın önemli. Olay sadece bu. İşin özü böyle."

"Fakat, Amerikan şirketinde çalışmak gerçekten stresi artırıyor. Sürekli para kazanmayı düşünmek zorunda bırakılıyorsun."

"Gerçekten de öyle. Her yıl, her yıl, geliri bir önceki yıla oranla % 25 artırman isteniyor. Bunu yapamazsan bölümündeki eleman sayısı azaltılıyor ya da bölüm olduğu gibi kapatılıyor. İşletme kurulu rakamlardan başka bir şeye bakmıyor. Herşey rakam, rakam, rakam! Bölümlerin herbirine özgü koşullar göz önüne alınmıyor. İşletme dediğin bu mudur?" dedi Hildreth, heyecanlı bir se tonuyla.

"Aynen öyle."

"Söz gelişi, 94'te bizim M&A bölümü durgundu ve sendikasyon kredisi işlem sayısı azaldı diye kredi sendikasyon bölümü çalışan sayısı küt diye azaltılmıştı ya, hatırlarsın. Ancak, 95 yılına gelindiğinde M&A işleri aniden düzelince kredi işlemleri de birbiri ardına geldi. Bu kez, o kadar işi yapmaya eleman yetmedi. Cumartesi günleri bile işe gidip, gece yarılarına kadar çalışsak da yetişemedik. Elimizi uzattığımızda rahatça alabileceğimiz işler gözümüzün önünden akıp gitti. Bizim işletme kurulu strateji diye bir boktan..." diyecek olduysa da Hildreth bir an aklına gelmiş gibi "Yok, yok. Küresel stratejileri var. Bu gerçekten var. Ancak, herbir bölümün ele alınışı son derece üstünkörü."

"Tamamen Amerikan tarzı."

"Aynen öyle. Tamamen Amerikan tarzı.... Ben de Amerikan iş dünyası kültüründen nefret ettiğim halde, iyi çalıştım yirmi yılı aşkın süre."

Hildreth'in bakışları aniden uzaklara bakıyormuş gibi değişiverdi.

"Az önce konuştuğumuz konu vardı ya, az sonra finiş ipinin göğüsleneceği bir anda tehlikeli şeyler de yapmak istenir" dedikten sonra, kendini yüreklendirir gibi bir ifade takınarak "Olsun, bir şekilde yapalım. Ben de Drexler'den maaş aldığım sürece menkul satışı komisyoncusu sayılırım."

4.

"So. *Sound of Silence*'i dinledin mi hiç?" diye sordu Jorgensen.

"Eh, elbette. Ünlü bir şarkıdır, dinlemişliğim var. Simon and Garfunkel şarkısı değil miydi?" diye yanıtladı Tatsuhana.

"Hayır, gerçek *Sound of Silence* (Sessizliğin Sesi)"

"Gerçek *sound of silence*......Fakat zaten ses olmadığından *silence*(sessizlik) denmez mi? Sessizliğin sesi var mıdır?"

"Elbette vardır." Jorgensen kendinden emin bir ses tonuyla konuşmuştu. Yanındaki İsveçli müdür başıyla onayladı.

Yemek salonunun devamındaki kütüphane benzeri salona karanlık ve sessizlik hükmediyordu.

Işıklandırma sadece masanın üzerindeki mumlardı. Duvarları süsleyen balık pulu desenli devasa bir bitki gibi duran köşe ve kitaplıktaki raflarda sıralı deri ciltli eski kitaplar karanlığın içinde bile seçilebiliyordu. Hildreth diğer üçünün görüşmelerini dinlerken sessizce scotch viskisini yudumluyordu. Diğerleri konyak ve yerel damıtılmış içkilerden içerken, gururlu İngiliz Hildreth inatla scotch viskisini içmeye devam ediyordu.

İsveç başkenti Stockholm'den kuzeye 150 kilometre mesafedeki doğası zengin Avesta şehri.

O akşam dört adam şehir dışında derin bir ormanla çevrelenmiş bir oteldeydiler.

O gün, Tatsuhana ve Hildreth Avesta Engineering şirketinin Avesta şehrinde bulunan merkezini ziyaret etmişlerdi. German Technology şirketi tarafından gerçekleştirilen satın alım girişimi başarılı olmuş, sendikasyon kredisi olarak biraraya getirilen sermayenin çekilmesi için gerekli durum tespiti (ilgili dökümanlar üzerinde inceleme) için. Durum tespiti, normalde bir başkan yardımcısı ve bir asistanı tarafından gerçekleştirilirdi. Fakat bu sefer M&A ile ilgili şirket finansmanları ve hisse senetleri bölümlerini de ilgilendiren büyük çaplı bir girişimdi. Ayrıca, satın alınan şirketin varlıklarının ipotek altına alınacağı (Leveraged Buy Out: bütün hisselerini satın almak) bir yöntem olduğundan, şirket varlıkları ve bunlarla ilgili haklarla ilgili belgelerin de incelenmesi gerekiyordu. Tatsuhana ve Hildreth titizlenmek istemişlerdi.

Gündüz ziyaret ettikleri Avesta Engineering Şirketi'nin bürosu tipik bir Kuzey Avrupa işyeriydi ve herbir çalışanın bağımsız bir odası vardı. Masrafı düşük düz ağaç duvarlarla ayrılmış geniş odalar normalde doğal ışık girecek şekilde planlanmıştı. Odalara ve hole konulan bitkiler ofise doğal bir hava katıyordu. Çalışanlar kendi odalarını resimler, ailelerinin fotoğrafları ve yolculuklarda satın aldıkları hediyelik eşyalarla süslemişlerdi.

"Kuzey Avrupalılarda yaşam alanını planlama dehası hayret verici" demişti Hildreth, kıskançlık dolu bir ses tonuyla. "İngiltere'deki ofisler de fena değil ama bu tiplerin anlayışıyla kıyaslanamaz."

Tatsuhana, bir zamanlar çalıştığı Fukoku Bankası'nın Japonya'daki şubelerini aklına getirmişti. Çalışma salonunda dar masalar balık istifi sıralanmış olur, kocaman kocaman adamlar omuz omuza sıkışır, dakikada bir telefon çalar, şube müdürü bölmenin üzerinden şeflere bağırır, veznelerdeki kadın çalışanlar içlerindeki ağlama isteğini bastırarak "çabuk olsana!" diyip duran müşterilere zoraki gülümsemelerini sürdürürlerdi. Bu Kuzey Avrupa ofisine baktığında Japonya'nın dünyadaki ikinci ekonomik dev olarak nitelendirilmesine anlam vermekte güçlük çekiyordu.

Gün boyu uğraşıp da nihayet işleri bittiğinde iki adam Morgan Drexler'in Stockholm ofisi müdürü Lage Jorgensen ve onun idaresindeki bir müdürün davetiyle yemeğe çıkmışlardı. Dalgalı altın sarısı saçlarıyla Jorgensen 36 yaşın verdiği azimle dolu bir adamdı ve bu seferki satın alım oyununda büyük rol oynamıştı. Emri altındaki müdür işe koyu yeşil şişe dibi gibi gözlükleriyle, uzun boylu çam yarması gibi elli yaşlarında bir adamdı.

Akşam yedi için masa ayrılmıştı ama arabayı süren çam yarması yolu kaybedivermişti. Araba bir tepeyi aşmış, ormanın içinden geçmiş, dağ yolundan inmiş ve muhteşem bir doğa manzarası içerisinde ilerlemeye devam ediyordu. Derin ormanın bitişiğindeki bataklık alanda uzaklarda birkaç yabani hayvan görülebiliyordu. Bolca göl bulunan bölgede göllerin kıyısında çiftlik evleri sıralanmıştı. Çiftliklerin yakınında mayolu yaşlılar gölü izleyerek sigara içiyorlar, genç kadınlar atları kaşağılıyorlardı.

"Muhteşem bir çevre! İngiltere'deki taşra bölgeleri burayla karşılaştırılamaz bile!" dedi, duygularına yenik düşen Hildreth.

"Lage, buralarda bir çiftlik evi kaç para eder?"

"Bina alanı 60-70 metrekare ve açık arazisi 3000 metrekare olan bir yer yaklaşık 200.000 kronu bulur."

"200.000 kron dediğin..." Hildreth hesaplamaya başlamıştı. "Ohhoo, alt tarafı 15.000 pound yahu!

"Bir de gölde eğlenmek için motorlu bir kayık 50.000 kron. Ivır zıvıra harcayacağın parayı da hesaplarsan 20.000 poundu geçmez. O yüzden birçok İsveçlinin çiftlik evi vardır. Ben de yaz döneminde çoğunlukla hafta sonlarında kendi çiftlik evime giderim."

"Japonya'da hayal edilemeyecek bir yaşam" dedi Tatsuhana, şaşkınlıkla. "Ücretli çalışanların maaş geliri Japonya'da çok yüksektir ama iş yaşamı olsun, ev yaşamı olsun dağlar kadar fark vardır herhalde."

"Amerika ve Almanya, Fransa, İngiltere gibi ülkeler çılgınca dünya üzerinde hegemonya kurma yarışına girmişken, bu ülkedeki insanlar durumu soğukkanlılıkla izleyerek, dünyanın kuzey ucunda sakin ve dolu dolu bir yaşam sürüyorlar. Kuzey Avrupa insanları belki de en akıllıca olanı yapıyor."

Araba bir saatten uzun bir süredir yoldaydı.

Sonunda, çam yarması cep telefonunu çıkarttı. Restorana telefon edip yolu soracağa benziyordu. Sesi dışarıya veren türdeki telefondan, restoranın sahibesinin sesi duyuldu ve İsveççe yolu tarif etmeye başladı. Bir süre sonra sahibenin konuşması bir şeyleri madde madde açıklıyormuş gibi bir havaya büründü. Arada sırada Jorgensen ve çam yarması soru soruyorlardı.

"Aperatif olarak marine edilmiş sardalya ve füme geyik eti varmış ama hangisini tercih edersiniz?" diye sordu Jorgensen, arka koltuğa dönerek.

Şu işe bak! Mönüyü arabada seçmek zorunda kaldık. Yoğun bir iş günü geçiren Tatsuhana'nın yüzünde sıkıntılı bir ifade belirmişti. Onun bu halini gören Hildreth "Co! Böylesine bir manzara içerisinde mönü seçebiliyor olmak dünyadaki en büyük zevk olmalı."

Araba, karşı yönden tek bir aracın bile gelmediği o muhteşem doğa içerisinde ilerliyordu.

Mönüyü açıklayan restoran sahibesinin hoparlörden gelen sesi sakin bir tonda devam ediyordu. Sesine bakılırsa zarif bir kadın olmalıydı. Arabanın camının ardında akşam güneşi yemyeşil ormanı ve gölü altın sarısına boyamaya başlamıştı.

Dünyadaki en büyük zevk... Belki de doğrudur...

Nihayet ulaştıkları restoran alçak bir tepenin üzerinde ormanla çevrelenmiş bir oteldi.

Eskiden soyluların yaşadığı bir konakmış. Götürüldükleri restoranın terasından hafif bir eğimle aşağı doğru inen koru ve göl görülüyordu.

Yemek sonrasında kahve ve konyak ikramının yapıldığı kitaplıklı salonda çıt çıkmıyordu. Arada sırada hafifçe yanan mumların kokusu duyuluyordu.

"*Sound of Silence* (sessizliğin sesi)? Öyle bir şey bu dünyada gerçekten var mı?"

"Elbette var" diye yanıtladı Jorgensen. "Böyle göle yakın bir sayfiye yerinde, geceleyin sakince yatağınıza uzandığınızda tüm sesler kaybolur ve *Sound of Silence* duyulmaya başlar."

"Nasıl bir ses?" diye sordu Tatsuhana, konyağını yudumlarken.

"Duyabilirsen, şok edici bir sestir."

"Evet, öyle. O ses şok eder insanı" dedi yanlarında oturan müdür.

"Somut olarak nasıl bir ses?"

"Somut olarak..." diye konuşmaya başlayan Jorgensen yavaşça konyağını yudumladı. "Yeryüzünün altında devasa bir akıntı varmış gibi, vuu vuuu diye bir ses."

"Aynen öyle. Tam öyle bir ses" dedi yanlarındaki müdür tekrar.

"Pekiyi de neyin sesi?"

"Herhalde... Kendi vücudumuzda dolaşan kanın sesini duyuyoruz" dedi, yanlarındaki müdür.

"Dolaşan kanın sesi ..."

Bir yandan sözcüğün anlamını düşünen Tatsuhana elinde konyağıyla koltuktan kalktı.

"Biraz yukarıdaki terastan çevreyi izleyeceğim."

Tatsuhana kitaplıklı salondan yukarıdaki terasa çıkılan dar ahşap merdivenlerden yavaş yavaş çıkmaya başladı. Diğer üç adam Tatsuhana'nın sözlerini yavaşça olurlayarak koltuklarında konuşmaya devam ettiler.

Teras kitaplıklı salondan üç kat daha yukarıdaydı.

Ahşap iç mekan lambaların yumuşak turuncu renkleriyle dolmuştu.

Tatsuhana cam kenarına yaklaştı. Cam pencerenin öte tarafında kalın ağaçların oluşturduğu karanlık sık orman ve göl uzanıyordu. Gölün yüzeyinin ilerisinde dağın silüeti yansımıştı ve daha ötede de güneşten kalan son kızıllıklar kaybolmak üzereydi. Dağın silüetinin hemen yukarısı koyu mavi bir karanlıkla örtülmüştü.

Avesta şirketinin durum tespiti sorunsuzca tamamlanmış, çekecekleri beş milyon dolarlık komisyon da kesinleşmişti. Ticaret bankaları ile yatırım bankalarının kıyasıya çarpıştığı sendikasyon kredisi dünyasında kar oranı da pek fazla değildi, beş milyon dolar komisyon getirecek işler de pek fazla değildi.

Böylelikle bu seneki bütçe de adama döndü...

Tatsuhana yüreğinde delik açılmış gibi bir boşluk duygusuna kapıldı.

İşlemlerle uğraşırken ve gelir hedefi uğraşı içerisinde boğulurken, savaş alanındaki askerler gibi gerilim ve korkuya kapılınır ve çevredeki hiçbir şey görülmez olur. Bundan kurtulunca, rahatlıkla birlikte aniden bir boşluğa düşmüşlük duygusu bastırır.

Öyle anlarda, Tatsuhana hep bir kadının aydınlık gülümsemesini anımsardı.

Tatsuhana, Fukoku Bankası'nın Londra şubesinden Morgan Drexler'e transfer olduğu sıralarda iki yıl kadar süreyle bir kadınla birlikte yaşamıştı.

"O kadar içersen vücuduna zararı olur" demişti neşeli bir ses, bir kış akşamı finans semtindeki publardan birinde tek başına kadehleri ardı ardına yuvarlayan Tatsuhana'ya. O Miçiko'ydu. Kadın yaşıtı arkadaşlarıyla birlikte puba eğlenmeye gelmişti. Yirmili yaşlarının ortalarındaydı ama kapşonlu paltosuyla ancak yirmisindeymiş gibi duruyordu. Saçlarını Japon tarzı kısacık kestirmişti.

"Japon bankaları aptallarla dolu, insanın stresi artıyor, içki içmeyince de geçmiyor" demişti sarhoşlayan Tatsuhana, kendi kendine konuşur gibi. "Turist olarak mı geldiniz?"

"Hayır. Finans semtindeki Japan Clinic'de çalışıyorum."

Japan Clinic, Japonların gittiği küçük bir poliklinikti.

"Hemşire misin?..."

Miçiko ile karşılaşması böyle olmuştu. Sonunda Miçiko Tatsuhana'nın evinde yaşamaya başlamıştı.

Miçiko'nun hiç akrabası yoktu. Sıkıntılı ve yoksul bir çocukluğu olmuştu. Belki de o yüzden, neşeli gülümsemesinde arada sırada başkaları tarafından yaralanmaktan korkusunun gölgesi belirirdi. Kaderin rüzgarına kapılarak, kendini İngiltere gibi yabancı bir ülkede bulmuş, tek başına yaşıyordu ama belki de yüreğinin derinliklerinde kendine destek olacak birini arıyordu. İşte öyle bir anda Tatsuhana ile karşılaşmıştı.

Miçiko herşeye olursa olsun önem verirdi. Tatsuhana'nın iç çamaşırları ve kendi çorapları eskidiğinde mutfağı silmek için bez yapardı. Tatsuhana'nın getirdiği öğlen yemeğinden kalan şeker, tuz ve biber gibi malzemeleri ziyan etmez, yemeklerde kullanırdı. Minnacık kalan sabunları bile atmaz, sonuna kadar kullanırdı. Pek para da harcamazdı, en büyük eğlencesi bahçedeki çiçeklere ve tek kedisine bakmaktı. Arkadaşları iki üç yaşıtından ibaretti. Çamurun içinde öylesine açmış beyaz bir çiçek gibiydi.

Miçiko Tatsuhana'nın annesi gibi sakin ve nazik bir kadındı. Miçiko ile birlikteyken, Tatsuhana menkul satışı komisyonculuğu zırhını çıkarabiliyordu. Koto semti şubesinde çalışırken, şube müdür yardımcısı Tatsuhana'ya nüfus kaydının kopyasını göstererek "köklü bir aileden gelmiyorsun" demişti. Miçiko da öyleydi. Japon toplumunda varolabilecek bir yer bulamama ve İngiltere'de kendilerine yer arama konusunda da örtüşüyorlardı. Miçiko için de Tatsuhana ilk aşık olduğu erkekti, güvenebilecek bir baba, bir ağabey gibiydi. Kendi önünde zırhını soyunup, güçsüz yanlarının ortaya çıkmasına aldırmayan Tatsuhana'nın doğal halini de seviyordu.

Fakat evlenmediler. Uluslararası finans işinde sık sık uçakla ülke dışına gitmek zorunda kalan, kader tanrısının keyfine göre ne zaman canından olacağı belli olmayan Tatsuhana rahat olmak istiyordu. Miçiko aslında içten içe Tatsuhana ile evlenmek istiyordu ama bunu asla dile getirmemişti.

Tatsuhana, Fukoku Bankası'ndan ayrılıp, Londra'daki lojmandan ayrılmak zorunda kaldığı sıralarda baharın son günleri yaşanıyordu. Serinliğin hala hissedildiği güneşli günlerde birlikte Londra'da dolaşarak yaşayacakları evi aramışlardı. Thames Nehri'nin güneyinde Black Hills adlı sakin semtte bir apartman dairesi bularak oraya taşınmışlardı.

Fakat Tatsuhana Morgan Drexler'e geçtikten bir yıl sonra ayrılık kapılarını çalmıştı.

"Artık yüzünü bile görmek istemiyorum! Çık git!"

Bütçe hedefini tutturamaması durumunda işsiz kalma korkusuyla Tatsuhana'nın psikolojik olarak anormal hali günlerce devam etmişti. Bir gün küçük bir şey için Miçiko'ya bağırmıştı. Gözleri dolu dolu olan Miçiko defalarca ciddi olup olmadığını sormuştu. Tatsuhana çılgına dönmüş gibi gözlerle

"Elbette ciddiyim!" diye tekrarlamıştı. O gün, Miçiko eşyalarını bavuluna doldurarak apartman dairesinden başı önünde çıkıp gitmişti. Zaten, Miçiko'nun o çok sevdiği kedisi de birkaç gün önce ölmüştü.

O günden beri yedi yıl geçmişti.

Tatsuhana hergün ezilmek korkusuyla yaşadığı mücadele kazanının içerisinde, Miçiko'ya arkasından bakarken yaşadığı yürek sızısını unutup gitmişti. Üç yıl önce başkan yardımcılığından yönetici müdürlüğe yükselmişti. Yaşamı boyunca çalışmasına gerek kalmayacak kadar para kazanmış, işsiz kalma korkusu da kaybolmuştu. Fakat, Tatsuhana bir daha Miçiko ile karşılaşmamıştı. Küçük bir apartman dairesi tutan Miçiko, hala Londra'daki poliklinikte çalışıyordu. Her yıl Noel günlerinde Miçiko'dan kartpostal geliyordu. Bu, Miçiko'nun hala Tatsuhana'yı aklından çıkarmadığının, tekrar birlikte yaşayacakları günleri beklediğinin mesajı idi. Tatsuhana henüz bir kez bile yanıtlamamıştı.

"Haydi, artık geri dönelim mi?"

Terasa ne zaman çıktıysa, Jorgensen anılara dalıp giden Tatsuhana'nın arkasından seslendi. Saat gece onu geçmişti.

Dört adam otelden çıkıp arabaya bindiler. Araba ayışığıyla aydınlanan patikada ilerlemeye başladı. Yolun iki kıyısını kaplayan ormanı, sazlığı, gölü tekrar gördüler.

"Burada biraz inip, hava alıp da gidelim" dedi Jorgensen, araba gölün kıyısından geçerken. "Belki *sound of silence*'i de duyarız.

Yolun kıyısında durup, dört adam arabadan indiler. Ürpertici serinliğin saf bir dokunuşu vardı.

Gözlerinin önünde kadim bir sessizlik uzanıyordu.

Japonya'da asla görülemeyecek, siyah mürekkeple boyanmış gibi duran göl. Yüzeyi hafif hafif dalgalanıyordu. Arkalarında sık orman. Gölü çevreleyen ormanın ağaçları gölün karanlık yüzeyine olduğu gibi yansıyordu. Göğün tam ortasındaki hilal, yerleşim yerlerinde görülemeyecek bir parlaklıktaydı. Uzaklarda karşı kıyıdaki dağların silüeti ayışığının aydınlığında karanlık gölgeler gibi yükseliyordu. İnsan elinden çıkma tek bir şey bile yoktu. Hafiften böcek sesleri duyuluyordu.

Mahşeri andıran bir manzara gözlerinin önündeydi.

ÜÇÜNCÜ BÖLÜM

Rekabet Alımı

1.

Aşağıda yay gibi sivri uçlu yüksek kahverengi dağlar gözalabildiğince uzanıyordu. Zirvelerini yaz ortasında olmalarına rağmen beyaz buzullar kaplamıştı.

Londra Heathrow Havalimanı'ndan sabah 7:45'te havalanan 564 sayılı British Airways uçağında hafif bir uykuya dalan Getty Brothers'ın M&A bölümü başkanı Douglas Walker o hırçın manzarayı görünce bir an havada yollarını kaybedip Sibirya hava sahasına girdikleri sanrısına kapıldı. Önceki akşam New York'ta JFK (John F. Kennedy) Havaalanı'ndan yola çıkmış, Heathrow'da sabah uçağına aktarma yapmıştı. Yorulduğundan olacak, uçak havalandıktan hemen sonra uyumaya başlamıştı.

Alp Dağları olmalı...

İçinden bu düşünce geçerken saati bir saat ileri alarak İngiltere saatinden Avrupa saatine göre ayarladı. Dağların arasında ince uzun yeşil düzlükler sıralanmıştı, Tirol köyleri uzaklardan hayal meyal seçilebiliyordu.

Aynı uçakta Getty Brothers'ın iki M&A başkan yardımcısı, iki genç asistan, araştırma bölümünde hisse senetleri uzmanlığı yapan analisti daha vardı. Genç asistanlar yol yorgunluğunu hiç belli etmeksizin parmaklarını dizüstü bilgisayarlarında gezdirmeye devam ediyordu, şirket ele geçirme amaçlı hisse satın alımı (TOB: *take-over bid*) planının hazırlanmasında ya da şirketin değerinin hesaplanmasında hata söz konusu olamazdı.

Uçak Alp Sıradağları'nı aşınca aşağıda aniden devasa bir düzlük ortaya çıkıverdi.

İtalya'nın önemli tarım ve hayvancılık bölgesi, verimli büyük Lombardia Ovası... Yerden yükselen buharla hafifçe sislenmiş, nerede bittiği belli olmuyordu. Yer yer Ortaçağ tipi eski şehirler görülüyordu. Şehirlerin merkezinde yükselen kiliselerin koca çan kulelerini diğer binalar sarmalamıştı. Binaların çatıları kırmızı kiremit kaplıydı ve sanki şehirler tek renge boyanmıştı.

Denizin derinliklerinin mavisine boyanmış Rollsroyce motorlu kanatlar yavaşça dönerek, uçak İtalya saatiyle öğleden önce 10:35'te Milano Renate Havalimanı'na indi. Güneşin yakıcı ışınları. Bunaltıcı sıcak. Akdeniz hemen az ilerilerindeydi. Terminal binasının önünde taksiye binen altı adamın yanından güneş gözlüklü bir genç İtalyan kadın dik duruşuyla yürüyerek geçti. Tek parça elbiseli, buğday tenli siyah saçlı kadın güneş ışıkları altında ışıltılar saçıyor gibiydi.

"Dün bir Japon muhabir, BMJ'nin (Beneditti Mondino and Janus yatırım bankası) büyük ölçekli bir finans kuruluşunu satın almayı düşündüğü dedikodusunu duydum, diyerek yanıma geldi. Diyelim bu satın alımda başarılı oldunuz, çalışma kültürü böylesine farklı bir yerde rahat olabilecek misiniz, diye soruyordu. Kim ha?! Kim sızdırdı bu planı?!" diye gürledi, Paolo Beneditti. BMJ yönetim kurulu başkanı ve Ceo'sunun İtalyanlara özgü bir hırçınlığı vardı. Masanın ortasındaki koltukta tüm haşmetiyle oturuyordu.

Beneditt'nin önünde yirmi kadar elemanı boyunlarını bükmüş oturuyorlardı. Erkeklerin arasına şık takım elbisesiyle bir kadın da karışmıştı. Satın alımlarda medya ilişkilerinden sorumlu New York reklam ajansının kadın müdürü.

O gün Milano'daki Plaza Republica (Cumhuriyet Meydanı) 21 numaradaki Palace Otel toplantı salonunda BMJ'nin rekabet alımlarında danışmanlık yapan beş ekip biraraya gelmişti. Getti Brothers'tan altı kişi. John McGloughlin idaresindeki Acquisition Corp'dan üç kişi. Michael Yip başkanlığında US Atlantic Bank'tan dört kişi. Reklam ajansından iki kişi. Son olarak da hukuki danışman olarak New York'taki büyük bir hukuk bürosunda şirket alımları konusunda uzman olarak çalışan üç avukat. Avukatların üçü de rekabet alımlarında saldırıya geçen tarafın danışmanlığı konusunda uzmandı. Onların yadımcılığını yapan iki genç stajyer avukat da toplantıya dahil edilmişlerdi. Bu iki genç şu son bir ay boyunca insanın sınırlarını aşan koşullarda çalıştırılmışlardı, yorgunluktan ölmek üzereydiler. O hukuk bürosunda gece mesaisine kalan elemanlara değiştirmeleri için gömlek veriliyordu ve bu iki gencin üç yıl boyunca hiç gömlek satın almaları gerekmemişti.

Beneditti tekrar hiddetli gözlerle salondakileri süzdü.

"O muhabire herşeyi yalanladım. Fakat, sizlerin gereken titizliği göstermemeniz sorun yaratır. Sadece dedikodu çıkmasıyla bile aracı simsarların harekete geçeceğini, "hedef"in hisse senedi değerinin artacağını ve rekabet alımı gibi bir şeyin söz konusu olmayacağını en iyi bu konunun uzmanı olan sizlerin bilmesi lazım."

Aracı simsarlar (aracı alım-satım işlemcileri), satın alım açıklaması yapılır yapılmaz hisse senetlerinin değerinin yükseleceğini hesaplayarak, satın alımın hedefi olma ihtimali olan şirketlerin hisse senetlerini toplamaya başlayan borsacılara denir. 80'li yıllarda Ivan Boesky adlı, daha sonra köstebeklik suçuyla tutuklanan bir adam bu alanda etkin olmuştu. Wall Street'te en başarılı aracı simsar "süper alım-satım işlemcisi" Robert Rubin'dir. Rubin ünlü yatırım bankası Goldman Sachs'ta on yıl boyunca aracı simsarlık bölümünü yönetmiş, banka içerisinde sürekli M&A bölümünün ardından en yüksek karı elde etmeyi başarmıştı. Daha sonra Goldman'da eşzamanlı yönetim kurulu başkanlığı yaptıktan sonra 1995 yılında Clinton hükümetinin Maliye Bakanlığı'na getirilmişti. FRB (Federal Reserve Board; Amerika Federal Rezerv Kurulu) başkanı ile birlikte Amerika B.D.'nin tarihindeki en güçlü ekonomik canlılığı yaşamasını sağlamışlardı.

"Şirket ele geçirme amaçlı hisse satın alımı TOB (takeover bid) açıklamasının yapılacağı ana kadar bu işi son derece gizli olarak yürütmemiz lazım. O yüzden bu toplantıyı da gözlerden uzak olsun diye New York'ta değil Milano'da düzenledim."

Milano, Beneditti ailesinin memleketiydi ve Paolo Beneditti'nin kendisi de her yıl tatilini bu şehirde geçirmeyi adet edinmişti.

"Anlaşıldı. Son derece titizlenerek hazırlıkları ilerletiriz" dedi Walker garip bir yüz ifadesiyle. Beneditti başıyla onayladı.

"İlan hazırlığı?" diye sordu Walker.

"Hazır. BMJ'nin önerdiği satın alım rakamının 'hedef'in hissedarları için avantaj olduğu ve 'hedef' işletmeci takımının hissedarlara BMJ'nin teklifini kabul etme şansını tanımaları gerektiği, gibi bir içeriği var. Artı, çalışanlara yönelik olarak da BMJ'nin şimdiye kadar yükselen piyasalar gibi yüksek faizli alanlarda yoğunlaşarak çalışan bir yatırım bankası olduğundan 'hedef'in çalışma alanları ile örtüşen alanların az olduğunu, işten çıkarmaların minimum düzeyde kalacağını açıklayacağız" diye yanıtladı, reklam ajansından gelen kadın.

"FRB onayı ne alemde?"

"New York Eyaleti Bankacılık Müdürlüğü ile konuşuldu. Bankacılık Müdürlüğü onayladıktan sonra FRB sorun çıkartmayacaktır. Satın alım teklifinin açıklanmasından sonra bir aylık süreyi hisse senetlerinin halka açık olarak satın alımı süresi olarak onay almayı düşünüyoruz" dedi, avukatlardan biri.

"Bankacılık Müdürlüğü medyaya fısıldamaz değil mi?" Beneditti keskin bakışlarını avukata yöneltti.

"Kesinlikle söz konusu olmayacağını söylemek güç, ama sorun çıkacağını sanmam. Memurların sır saklama görevleri olduğu konusunda dikkatlerini çektim."

Beneditti başıyla onayladı. Haşin bir yüz ifadesiyle oturduğu yereden kalkıp, pencereye yaklaştı. Dışarıdaki akşam manzarasını izleyerek düşüncelerini toparlıyordu.

Pencerenin ardında taş döşeli yol iki yanında sıralanan binalar görülüyordu. Çoğu taş yapılardı. Milano bir zamanlar Batı Roma İmparatorluğu'na başkentlik yapmıştı. Günümüzde ise İtalya'nın moda ve finans merkezi olan şehirde eski ve yeninin kaynaştığı kendine özgü bir hava hakimdi. Kaldırımda turuncu renkli umumi telefonlarda şehir halkından birisi üstüste para atarak telefonu sert hareketlerle tuşluyordu. Sorunsuz şekilde telefonu bağlanırsa kendini talihli saymak İtalyan tarzıydı. Taş döşeli yolun iki kıyısında sıralı toza bulanmış ağaçlar güçlü güneş ışınları altında kalmıştı. Sıcak ve kurak iklim içerisinde dirayetle yaşamını sürdürüyor olması İtalyanların karakteri ile uyuşuyordu.

" 'Hedef'in hisse senedi değeri ne durumda?" Beneditti bakışlarını salona çevirdi.

"Şu sıralar dengesini koruyor. 'Hedef' hisselerinin toplam piyasa değeri tam dört milyar dolar" diye yanıtladı, Getty Brothers hisse senedi analisti.

"Okey, herşey yolunda öyleyse. Aniden fiyat yükselecek olursa, satın alım rakamı da fırlar, sermaye bulma planımız rayından çıkar."

"Sorun olmayacaktır. Aniden fiyatın fırlaması için neden yok."

"Fiyatlar bu düzeyde seyrederse, teklif fiyatı şu anki hisse değerinin %20-30 üzerinde olur. Elbette marketin şirket ele geçirme amaçlı hisse satın alımı TOB açıklamasının hemen öncesindeki durumuna da bağlı" dedi Walker.

"%20-30 artış? Havadan vermemiz gereken rakam çok yüksek. %10 civarında bir rakamla kapatamaz mıyız?" Beneditti'nin yüzü buruk bir hal aldı.

"Mr. Beneditti. Ortalama bir rakamla ancak ortalama sayıda hisse toplayabiliriz. Yatırımcıların gözünün rengini değiştirerek atlamasını sağlayacak bir rakamı en baştan teklif etmek zorundayız. 'Hedef'in hisse senedi değerinin şu anda fiyatının en alt seviyede olduğu düşüncesindeyiz. Yatırımcılar, çok az bir kar marjıyla kalacaklarını düşünüp biraz daha beklemeye kalkışabilirler. Hepsi, genel iştaha göre hareketlerini belirlerler çünkü."

"Cık cık. Siz menkul satışı komisyoncuları işlem gerçekleşsin de nasıl olursa olsun diyorsunuz. İşlem tamamlanınca siz bavul dolusu komisyonunuzu kapar sonrasına karışmazsınız ama ben borç ödemek zorundayım."

"Mr. Beneditti.Yatağa atacağımız kadına yemeğini "Giannino" da yedirelim. Düzenlemeler için yatırım yaptığımız para boşa gider" dedi, McGloughlin.

Giannino 1899 yılında kurulmuş Toscana Bölgesi yemekleriyle dünyaca ünlü Milano'nun tek köklü restoranıydı. Ölçülerinin sınırlarına çıkmamaya özen gösteren Michael Yip bir an yüzünü buruşturduysa da espri Beneditti'nin hoşuna gitmişti.

"Haha, zaten Giannino o işe yarar... Okey, satın alım fiyatı üzerinde biraz daha konuştuktan sonra kararımızı verelim."

"Şu anki sermaye bulma planında, hisse senedi değerinin ne kadarını karşılayabiliyoruz?"

"Şu anki standartların %160'ına kadar rahatça karşılarız" diye yanıtladı, Michael Yip.

"Gerekirse Körfez'den de biraz daha sermaye çekebiliriz. Rus parası da var ama pek öyle sorunlu parayı kullanmayalım" dedi McGloughlin.

"Rus parasına hiç girmeyelim" dedi Beneditti, kararlı bir ifadeyle.

"Her halükarda şirket ele geçirme amaçlı hisse satın alımı TOB %100'e ulaşmaz. O yüzden sendikasyon kredisi olarak bulacağımız iki milyar dolarla büyük kısmını karşılarız. Bize gereken '%50 artı bir hisse' ne de olsa."

"Şu an piyasada topladığımız ne kadar?" diye sordu Beneditti.

"%16'dan biraz fazla. Çeşitli yatırım fonu ve paravan şirketleri kullanarak, isimleri yayarak topladığımız için, karşı taraf henüz farkında değil."

"Şirket ele geçirme amaçlı hisse satın alımı TOB açıklaması sonrasındaki aşamalar tamam mı?"

"Kuşkusuz, 'hedef'in işletme kanadı satın alımı reddedecektir, o yüzden elimizdeki hisselere dayanarak genel hissedarlar toplantısı yapılmasını talep edeceğiz. Orada 'hedef'in hissedarlarına satış kararı vermelerini önereceğiz. Sonra da BMJ'nin sermaye artırım planı açıklanacak. Sağlanacak miktar toplam 500 milyon dolar ve yarısı değişken pay öncelikli tahvil ve geri kalan yarısı ise sabit pay öncelikli tahvil çıkartılacak."

"Yeni hisse senedi çıkarmak için genel hissedarlar toplantısı kararı gerekmiyor mu?"

"Olağan genel hissedarlar toplantısı davetiyeleri bastırıldı bile. Şirket ele geçirme amaçlı hisse satın alımı TOB açıklanınca hemen göndereceğiz. Açıklama zamanı da bugünden sekiz hafta sonra."

"Sendikasyon kredisini üstlenen bankalardan resmi katılım mektupları toplandı mı? Ticaret bankalarındaki tiplerde tam işin yapılacağı anda kuyruk kıstırma huyu vardır" diye sordu Beneditti.

"On bankanın tamamından aldık. İtalyan bankaları sallanarak iş gördüklerinden biraz eziyetli oldu gerçi. Bankalar artık kaçamaz. İçiniz rahat olsun" diye yanıtladı Yip. İtalyan bankalarının sallanarak iş gördükleri ifadesi karşısında Beneditti'nin yüzü biraz asıldı. Ancak Yip'in ifadesinde alaylı bir hava yoktu.

"Sendikasyon *launch*'ı ne zaman?"

"*As soon as possible upon the announcement of the TOB* (şirket ele geçirme amaçlı hisse satın alımı TOB'un açıklanması sonrasında en kısa zamanda). Bilgilendirme notası hemen hemen hazır. Hisse senetlerinin satın alım rakamını ekler eklemez gönderebiliriz."

"Kredi fiyatı ne kadar?" diye sordu, Beneditti.

"Minimum katılım değeri 1 milyar dolar ve katılım komisyonu %1.5 baz, faiz, Libor artı %2 civarında tutmayı düşünüyoruz."

Herkesin bakışları Beneditti'nin yüzüne dönmüştü. Burada Beneditti fiyatın yüksek olduğunu söyleyecek olursa ortalık yeniden hararetlenecekti.

Fakat Beneditti asık suratlı haliyle başını salladı. Herkes rahatlamıştı.

2.

Uçisaiwai Semti Teikoku Oteli'nin pırıl pırıl parlatılmış ana girişi önünde pahalı takım elbiseler içinde enerji dolu kadınlı erkekli altı yabancı alıcı bekliyordu. Sanki sadece onların durduğu yerde Tokyo değil de Wall Street rüzgarı esiyormuş gibiydi.

Boyları 1.90 civarında üç adam bir aradaydı.

Biri otuz beş yaşlarında şişmanca bir adam. Vücut ağırlığı 110 kiloyu buluyor olmalıydı. Yatırım bankasında çalışma baskısını yiyip içerek atlatıyordu herhalde. Saçları beyaza yakın altın sarısıydı, belki de ataları Kuzey Avrupa ya da Almanya kökenliydi. Bir diğer uzun boylu adamın saçları ve kaşları kömür karasıydı, görünüş itibariyle Fransa kökenli olmalıydı. Kırk yaşlarındaydı. Tefecilerinki gibi camları gümüşi yeşil küçük bir gözlük takmıştı. Koyu renk takım elbisesinin altındaki omuzları genişti, bacaklarının kalınlığı otuz santim kadar vardı. Üçüncüsü ise beyaz saçlarını tamamen geriye doğru taramış, elli yaşlarında bir beyazdı. Sanki o ortamlara çok alışkınmış gibi, ceketini çıkartmış tek omzuna atmıştı. Yakası ve kolağızları beyaz mavi renkli gömleğinin kocaman altın düğmeleri vardı. Göğsüne beyaz iplikle isminin baş harfleri işlenmişti. Kendine güvenli, sarsılmaz duruşuyla, başına bir de kovboy şapkası geçirilse rahatlıkla vahşi batı filmlerinde oynayabilirdi.

Üç iri adamın yanında esmer tenli, Hintli olduğu belli bir adam daha vardı. En verimli çağında, rakamlardan anlayan başkan yardımcıları gibi, her projenin ayrıntı rakamlarını aklında tutabilen manyaklar gibi bir tipi vardı. Ufak tefek, zayıf Meksika kökenli kadın koyu renk takım elbise giymiş, inci kolye takmıştı. Şirkete gireli henüz bir iki yıl olmuş bir asistan olmalıydı. Bir diğer asistan görünümlü kadınsa, herhalde İrlanda kökenliydi. Kelebek kanatları gibi muntazam şekilli koyu gözleri vardı.

Grup tam olarak Amerikan halkının modeli idi. İlk bakışta ortak noktaları yokmuş gibi görünen bu altı kişiyi birbirine bağlayan iki ortak nokta vardı. Para kazanma hırsı ve Amerikan İngilizcesi. Gruptakilerin çevrelerine aldırmaksızın konuştukları Amerikan İngilizcesi, Wall Street değer yargılarının dünyanın her yerinde geçerli olduğu gibi zorbaca cahillik ve kibirin bir yansıması gibiydi. Onlar için Japonlar da Çinliler de, Kamboçyalılar da tamamen Asyalı sarı ırktı ve parayla ezebilecekleri varlıklardan başka bir anlam ifade etmiyordu. Wall Street'e özgü para ve güç mantığı dışında hiçbir şeyi asla kabul etmeyen kibirli kartal topluluğu. Asistan kadınlar diğer dördünden ayrılacak olsalar, anında Tokyo sokaklarında kaybolacak kadar yeteneksiz Amerikalılardı ama topluluklarına döner dönmez gözleri parlar, duruşları dikleşir ve mağrur kartallar haline gelirlerdi.

O gün, Morgan Drexler'in New York'taki merkezinden gelen altı kişi önce Tokyo şubesine uğramış, orada aynı bankanın Honkong ve Londra'dan gelen beş elemanıyla birleşerek Tomita Otomotiv'in Tokyo'daki merkezine gitmişlerdi. Amaçları, Tomita Otomotiv Türk'e 150 milyon dolar sermaye sağlanması konusunda sunum yapmaktı.

Tomita Otomotiv merkezinin yirminci katındaki büyük toplantı salonu.

Uzun masanın bir tarafında, rahatlıkla ayının kıçını bile dişleyebilecek karakterdeki on bir menkul satışı komisyoncusu sıralanmıştı. Masanın karşı tarafında oturan mali işler sorumlu müdürü ve onun emrinde çalışan Tomita Otomotiv kurmayları zaten en baştan itibaren havaya girmişlerdi.

"Bu 150 milyon dolarlık işi, Morgan Drexler tüm rakamı üslenerek, son derece cazip bir fiyatla finans sağlayabilir."

"Ooo...!"

Hewlett Packard marka siyah çok işlevli hesap makinesini elinin altında tutan Hint asıllı başkan yardımcısı aniden hop diye lafı ortaya atınca Tomita Otomotiv tarafı dalgalanmış, sunumun perdesi de kapanmıştı.

"Ne dersin? Süper değil mi? İşte, Morgan Drexler bu! Üç gün önceki sunumu senin de görmeni isterdim" dedi, Tokyo iş gezisinden dönen Nonomiya, lüks renkli baskı sunum kitapçığını Dişli'ye verirken.

Asya ve Avrupa'yı birleştiren uluslararası şehir İstanbul.

Tomita Otomotiv Türk mali bölümü, şehrin Avrupa yakasının merkezi olan Taksim Meydanı'na yakın bir binanın sekizinci katındaydı. Odanın penceresinden iki yana tamamen yayılan Boğaz manzarası görülebiliyordu. Büyük yük gemileri ve tankerler yavaşça gidip geliyor, uzakta, şehrin karşıdaki Asya tarafı gümüşi renklere boyanmış deniz üzerinde kara bir silüet gibi yükseliyordu.

Nonomiya Japonya merkezde bölüm şefliği yapıyordu ama yurtdışı görevi olarak atandığı Tomita Otomotiv Türk'de sorumlu müdür olarak işletme ve maliye bölümlerini idare ediyordu. Dişli kırklı yaşlarında bir Türk'tü. US Atlantic Bankası'nın İstanbul şubesinde uzun yıllar çalıştıktan sonra, üç yıl önce Tomita Otomotiv Türk'ün mali işler bölümüne transfer olmuştu. Uluslararası finans işlerinde yirmi yıllık tecrübesi olan usta bir isimdi.

Dişli kitapçığın sayfalarını hızla çevirerek gözden geçirirken kaşlarını çattı.

"Mr. Nonomiya. Burada Morgan Drexler otomotivle ilgili işlerinin bir listesi var ama..."

Dişli'nin açtığı sayfada Alman otomotiv üreticisi tarafından İngiliz otomotiv üreticisinin satın alımı danışmanlığı, Japon otomotiv üreticisinin Amerika'daki fabrikaya daveti, Fransız otomotiv üreticisinin yeni hisse senedi çıkarması, Meksikalı otomotiv şirketinin yerel menkul kıymetler piyasasına girişi gibi, Drexler'in el attığı işlemlerin listesi vardı.

"Evet, harikulade bir liste. Şu üç yıl içerisinde 100 milyon dolar üzerindeki yirmiye yakın projeye el atmışlar."

"Fakat bunların çoğunluğu şirket alımı ve hisse senedi ile ilgili işler. Bizim 150 milyon dolarlık finansımızla hiç alakası yok."

Nonomiya bir anda yüzünü buruşturuverdi.

"Şu an bize lazım olan, Türkiye'de kullanabileceğimiz kredi ve bonoların üstlenme satış gücü olmalı" dedi, Dişli devam ederek.

"...."

"Drexler gerçekten de son zamanlarda Türk Hava Yolları'nın bir milyar dolarlık büyük ölçekli kredisinde vekalet akdi aldı. Fakat bunun dışında Türkiye'yle ilgili göze çarpan bir başarısı yok. Alman ve Fransız bankaları çok daha fazla işlem gerçekleştirmişler."

"Fakat o sunumun en sonunda yazan Drexler sorumluları listesine baksana! Üç genel müdürün birden bu işlemle ilgileneceğini yazıyor işte! Bizim merkezdeki sunuma da New York, Honkong ve Londra gibi üç ayrı merkezden bono ve kredi sendikasyon bölümlerinin kurmayları geldi. Bu işe oldukça önem veriyorlar."

"Biz vekalet akdini verdiğimiz anda, bir daha genel müdürlerin bir daha ortada görünmemesi onların her zamanki çalışma tarzıdır. İşlemi gerçekten yürütenler daha alt kademelerdeki tipler olur. Üstelik bu işlem neden onların New York ve Honkong merkezleri ile ilgili olsun ki!? Türkiye'yle ilgili kredi ve bonolar Londra piyasasında satışa sunulur. Karşı tarafın hiçbir şey bilmediğini düşündükleri anda, dünyanın her tarafından adamlarını göndererek ekip hazırlayıp abartılı sunumlar yapmak onların her zamanki taktiğidir... Hem de bu bankalar toplantısı da neyin nesi? Üstelik 100.000 dolar masrafı olacağı yazılı."

"Neden olacak!? New York, Honkong, Londra'daki birinci sınıf bir otele bankacı ve yatırımcıları davet edip, Tomita Otomotiv Türk'le ilgili geniş çaplı bir bilgilendirme toplantısı yapılacak işte... Avro pazarında, kredi bağlanırken ya da bono çıkartılırken normalde böyle bilgilendirme toplantıları yapılmaz mı?"

Dişli bıkkın bir yüz ifadesi takınmıştı.

"O tür banka toplantıları Avro ile ilk kez sermaye sağlayan borçlular ya da büyük ölçekli ve karmaşık finans konuları, söz gelişi şirket alımı projelerinde yapılır. Tomita Otomotiv Türk hali hazırda Avro pazarında çok iyi bilinen bir isim olduğundan, bankalar toplantısı gereksiz. Son zamanlardaki başarılarımızı ve İran projemizle ilgili bilgilerin yer aldığı 30 sayfa kadarlık bir bilgilendirme dosyası hazırlamak yeterli olur. Kısacası, Drexler'deki tipler bizi malzeme olarak kullanıp kendi reklamlarını yapmak istiyorlar."

"....." Nonomiya asık bir suratla dinliyordu.

"Üstelik, Drexler henüz hiç bir teklif göndermedi. Geçen hafta, Helen King olduğunu söyleyen bir kadın 'kısa süre içerisinde süper bir teklif göndereceğiz, başka bankalara vekalet akdi verecek olursanız hiç de iyi olmaz, haberiniz olsun' diye açık açık tehdit savurdu. Öte yandan, kağıt üzerinde aklı başında teklif gönderen hali hazırda üç banka var. Özellikle Fukoku Bankası, teklifinde 150 milyon doların 120 milyon dolarını doğrudan üstleniyor ve faizi de çok çok iyi."

"Hımm. Kredi yolsuzluklarıyla çalkalanan Japon bankalarına güvenip de eğer sermaye sağlanmasında başarısız olursak genel merkeze nasıl açıklarız!?"

"Fukoku'nun teklifi British Charterd, Credit Generale ve Gulf Banking Coorperation olmak üzere üç banka ortaklaşa üstlenmek şeklinde. Sadece Fukoku Bankası'na bağlı kalacak değiliz. Onlarla bu hafta tekrar görüşeceğiz, bizim için avantajlı olacak daha fazla koşul getirebiliriz. Bu 150 milyon dolarlık finansla ilgili olarak en geç önümüzdeki hafta genel merkezin karar vermesi lazım. Tarihleme olarak da..."

"Anlaşıldı! Yeter artık!" dedi Nonomiya, bağırarak. "Her neyse, şirket merkezindeki kurmaylar Drexler'in bizi çeşitli konularda aydınlatarak daha iyi bir finansman işleminin gerçekleştirilmesi yönünde direktif verdiler."

"Drexler bizi çeşitli konularda aydınlatsın mı!?" Dişli çileden çıkmıştı. "....Amerikan yatırım bankası tarafından aydınlatılmak dediğin, sanki hırsıza evin kapısının kilitlenme şeklini öğretmek gibi olmaz mı!?"

"Şirket merkezindeki kurmayların direktiflerini görmezden gelemeyiz!" diye bağırdı Nonomiya, sinirli bir sesle. İki adamın arasında bir an sessizlik hakim oldu.

"Ne demek istediğini anlıyorum ama bugünlük bu kadar."

Nonomiya, Dişli'nin söz söylemesini beklemeksizin yerinden kalktı.

"Haa, bir de...." dedi Nonomiya sanki içinden hiç gelmiyormuş gibi boğuk bir sesle, elini kapının koluna attığında. "Fukoku Bankası ile şartlar konusunda titiz davran. Ne olur, ne olmaz."

Dişli ve Nonomiya ile tartıştıktan iki gün sonra, İmanişi Tetsuo sabahın erken saatlerinde Heathrow Havalimanı'ndaki İngiliz Havayolları bekleme salonunda salatalık turşusunu kemiriyordu. Beyni yarı yarıya uyuyordu. Ağustos olmasına rağmen, sabahın erken saatlerinde havaalanı serindi. İngiltere bir kuzey ülkesiydi.

Dizlerinin üstüne bu seferki iş gezisinin amacı olan Türk tekstil firmasıyla ilgili dökümanları açmıştı.

Yıllar önce, o şirkete yönelik olarak Dünya Bankası'nın özel sektör finans bölümü olan IFC (uluslararası finans kurumu) on milyon dolarlık ortak bir finansman sağlamış, Fukoku Bankası merkez şubesi de iki milyon dolarla katılmıştı. IFC finansmanla ilgili araştırma konusunda titizlenmekle ünlüydü ve ülkelerin dış borçları temelinde risklendirme yaparken, risk çerçevesinden hariç işlere girme gibi bir avantajı da vardı. Ancak son zamanlarda o tekstil şirketinin işleri tahminlerin tersine durgunlaşmış, sonunda borçlarını ödemekte zora düşmüş, paniğe kapılan merkez şube İmanişi'den acilen incelemeye gitmesini istemişti. Tomita Otomotiv Türk ile finans görüşmelerinin en can alıcı yerinde iş gezisine çıkmak son derece sıkıntı vericiydi ama küçük bir bölümün müdür yardımcısı olarak her işe koşuşturup halletmek zorundaydı. Tomita Otomotiv Türk ile telefonla görüşmeye ve Ege sahillerindeki Kuşadası adlı şehirde bulunan o şirketi ziyaret etmeye karar vermişti.

İmanişi'nin bindiği İngiliz Havayolları 676 sefer sayılı uçağı, öngörüldüğü gibi sabah sekizi biraz geçe Heathrow Havalimanı'ndan havalandı. Nihayet Türkiye saatiyle öğlen biri biraz geçe Bulgaristan hava sahasından çıkarak Karadeniz havasahasına girdi. Bereket saçan su yaz ışıltılarıyla parlıyordu. 40 dakika sonra, Boeing 757 tipi uçak İstanbul Atatürk Havalimanı'na indi. Havalimanında, gövdesi beyaz kuyruğu ve kanatları kırmızı renklerle bezenmiş zarif Türk Hava Yolları uçakları arasında kuyruğu ve kanatları yeşil renklendirilmiş Suudi Arabistan Hava Yolları, Kanatları ve kuyruğunda altın sarısı atmacaların kanat açtığı Gulf Air, beyaz gövdeye kırmızı renklerle şirket adı yazılı Cezayir hava yolları sıralanmıştı, Ortadoğu'nun kapısına kadar gelindiği anlaşılıyordu.

İmanişi taksiyle hemen yakındaki iç hatlar terminaline geçti.

Saatine baktı, İzmir uçağının kalkmasına bir hayli zaman vardı.

Zaman geçirmek için ne yapabileceğini düşünerek çevresine bakarken terminal binası önünde müşteri bekleyen avcı şapkası takmış yaşlı ayakkabı boyacısını gördü. Yürüyerek yanına yaklaşıp, sandığın önündeki küçük tabureye oturdu. Yaşlı adam sessizce selamlayarak İmanişi'nin sağ ayakkabısından boyaya başladı.

O an beş metre kadar uzaktaki havaalanı binasının ana kapısından Japon olduğu anlaşılan bir adam çıktı. Sağ elinde evrak çantasıyla, üzerine şık bir takım elbise giymişti. İmanişi'nin ilgisini çekip de dikkatlice bakınca Suminoe Bankası'ndan Tagava olduğunu anladı. İmanişi'nin farkına varmamış gibiydi. Tagava terminalin önünde sıralı sarı taksilerden birine binerken gideceği yeri söyledi.

"Cumhuriyet Caddesi'ne lütfen."

İmanişi bir anda irkiliverdi. Tomita Otomotiv Türk'ün merkezi o caddedeydi.

Bu tip de o işin peşinde herhalde. Tam işinin adamı, hiçbir şeyi kaçırmıyor.

Tagava'nın bindiği taksinin uzaklaşmasına bakarken, İmanişi sakin olmaya çalıştı.

İç hatlar havalimanı yaz ortasında turizm sezonu olmasına rağmen bomboştu.

Çünkü turistler sabah ve akşamları bir yerden ötekine hareket eder, gündüz saatlerinde de gezerler.

Tuvalete girdi, lavabo ve çevresini su kaplamıştı.

İşte yine Türkiye'deyim...

İslamiyette günde beş kez namaz kılınması zorunludur. Namaz öncesinde eller, ağız içi, burun, yüz, baş ve ayaklar belirli bir sırayla arındırılır. İnsanlar bu arındırma (abdest) sırasında su kullandıkları için Türkiye'deki umumi tuvaletler hep böyle su içinde kalır.

Türk Hava Yolları'nın Airbus A310 uçağı öğleden sonra saat dördü biraz geçe İzmir'e doğru havalandı.

Türkiye'nin üçüncü büyük kenti İzmir, Ege sahilinde manzaralarıyla ünlü bir turizm bölgesidir ve İstanbul'dan uçuş bir saat kadar sürer. İzmir'e ulaştığında bir taksi çevirerek, kavaklıkları, meyva bahçelerini, tarlaları izleyerek bir saatlik bir yolculuktan sonra nihayet son durağı Kuşadası'na ulaştı. Güneş çoktan batmıştı.

Ertesi gün öğleden önce, İmanişi borçlarını ödemekte sıkıntıya düşen tekstil şirketini ziyaret etti.

Tekstil şirketinin patronu 50 yaşlarında şişman bir adamdı. Belki de mali sorunları halletmek için koşuşturup durduğundan, pek keyifli değildi. Hiç İngilizce konuşamadığı için tercüman aracılığıyla görüşme başladı. O gün Fukoku Bankası'na yönelik olarak güncel durum açıklaması yapılması, ertesi gün ise alacaklı bankaların da dahil olacağı bir toplantı düzenlenmesi planlanmıştı. Görüşme başladıktan yirmi dakika kadar sonra, İmanişi '*bu iş böyle olmayacak*' diye düşünmeye başladı. Patronun kendisi güncel durum, özellikle mali ilişkilerle ilgili bilgileri tam olarak kavrayabilmiş değildi. Bu haliyle, alacaklı banka olarak gerekli bilgileri edinmesi mümkün değildi. İmanişi uygun bir anı kollayarak, mali verileri hazırlamalarını rica etti.

Mali verilerin öğleden sonra 1:30'da hazır olacağını söylemeleri üzerine, İmanişi biraz erkenden öğlen yemeğine çıktı.

Yakındaki bir restoranda basit Türk yemekleri yiyerek tekstil şirketine döndü. Saatini kontrol ettiğinde henüz 12:30

olduğunu gördü. Çaresiz danışmanın önündeki bir koltuğa oturarak zaman öldürmeye başladı.

"Arzu ederseniz halı örme atölyesini gösterebilirim" dedi bir ses, çantasındaki dökümanları okurken. Öğleden önce tercümanlık yapan genç yanında duruyordu. Mütevazi beyaz polo tişört ve kot pantolonuyla, yapmacıksız bir gülümsemesi vardı.

"Yakınımızda büyük bir halı atölyesi var, arada sırada turistler de gezmeye gelir."

Halı atölyesi tekstil şirketinin hemen yakınında, havadar, bina içinde mi yoksa dışında mı olduğu farkedilmeyecek kadar geniş bir binaydı.

Yaşları 15 ila 25 arasında elli kadar genç kız, dikine çekilmiş iplerle kaplı basit dokuma tezgahlarının önüne oturmuş, halı dokuyorlar, kağıt üzerine halı desenleri çiziyorlardı.

Türkiye İran'la birlikte, muhteşem halıların dokunduğu bir ülkedir.

İpek halılar dokumanın inceliğine de bağlı olarak, bir metrekaresi 150 bin ila 700 bin yen arasında fiyata satılır. İmanişi de önceden 200 bin yen harcayarak mavi tonlarında küçük bir halı almıştı. O halı şimdi, güzel renkleriyle Londra'daki evinin oturma odasına farklılık katıyordu.

"Halılarda yün ve ipek dokuma olmak üzere iki tür vardır. Dört metrekare kadar yün bir halının dokunması altı ayı alır" dedi, genç tercüman.

"Peki şuradaki ne kadar zamanda dokunmuş?" diye sordu, yirmi metrekare kadar büyüklüğündeki halıyı işaret ederek.

"O ince dokunmuş bir ipek halı olduğuna göre... Bir tanesini dokumak on yılı bulur herhalde."

"On yıl..." İmanişi bir an zamanın yüceliği karşısında küçüldüğünü hissetti.

Kızların hepsi bir örnek rengarenk şalvarlar ve çalışırken rahat edebilecekleri kıyafetler giymişlerdi. Dokuma tezgahının önüne oturmuş, arada sırada model kağıdındaki desenleri kontrol ederek, sessizce işlerini yapıyorlardı. O kendilerini işlerine vermiş hallerinde görüntülerinde çetin bir hava vardı. Henüz yanakları çocuksu şişkinliğini koruyan kızlarla, onların dokudukları halıların karmaşık geometrik desenlerinin muhteşemliği arasındaki karşıtlık öylesine güçlüydü ki, İmanişi inanılması güç bir görüntü ile karşı karşıya olduğu hissine kapılmıştı. Gözleri yoracak bir iş olduğundan herhalde, gözleri bozulmuş, gözlük takan kızlar çoktu. Hiç konuşmadan suskunca işlerini yapmaları çok hoştu.

Eziyetli değil mi acaba? Aileleri fakir olduğu için zorla mı çalıştırılıyorlar yoksa? Kendi özel hayatları yok mu?

İmanişi izledikçe endişeli düşüncelere kapılmıştı.

Fakat bir süre sonra mola zamanı başlayınca, kızlar şeftali yiyerek, arkadaşları ve yanlarına gelen küçük kardeşleriyle konuşmaya daldılar. O sıradan genç kızlar gibi tasasız hallerini görünce İmanişi rahatlamıştı.

"Böylesine zahmetli bir işi bütün ömürleri boyunca yapacak olmaları ne yazık!" dedi İmanişi, hayıflanarak.

"Yaşlanınca parmaklar kalınlaşıyor ve halı dokuyamaz hale geliyorlar" dedi genç tercüman. "O yüzden, bu işi sadece gençken yapabiliyorlar."

Tercümanın bu sözleri üzerine, İmanişi daha önce Kapadokya'da gezdiği halı atölyesindeki çalışanların da yirmili yaşların altında genç kızlar olduğunu anımsadı.

"Bu kızlar kendi evlilikleri için bir yatırım olsun diye halı dokuyorlar" dedi genç adam gülümseyerek.

Kendi evindeki halıyı da böylesi masum bir genç kızın rüzgârı memleket kokan, engin Türkiye topraklarının bir yerinde uzun sürede dokuduğunu, sonra da uzun bir mesafe katederek Londra'ya kadar geldiğini düşününce, İmanişi için mesafe ve zamanın anlamı bir kaosa dönüştü.

Tekstil şirketindeki toplantı düşündüğünden çok daha fazla zaman aldı.

Toplantı bitince, İmanişi telaşla bir taksiye atlayarak oteline koşturdu. Toz kaldırarak taşra yollarında ilerleyen takside klima bulunmadığından otele döndüğünde her yanı tere batmıştı.

Odasına girip saate baktığında, Dişli'ye telefon etmek için söz verdiği saati on beş dakika geçirdiğini gördü.

İmanişi duş almaktan vazgeçti, klimayı en güçlü ayarına getirerek üstündekileri çıkarıp attı. Tek bir kilotla kaldığında, aceleyle çantasından Tomita Otomotiv Türk kredisiyle ilgili dökümanları çıkartarak yatağın üzerine yaydı. Daha önce ön teklifi kabul edilmişti. Ancak, en az dört üstlenici banka olması ve en az katılım rakamının 10 milyon dolar olması koşulu getirilmişti. Bu şart doğrultusunda vekalet akdi kovalaması ve ortak finans grubunu düzenlemesi gerekiyordu.

Dişli ile görüşmesine hazırlık olarak, İmanişi taktiğini planladı.

Bu görüşmede üstlenilecek rakam ve fiyat (faiz ve komisyon toplamı) en önemli nokta olacaktı. Diğer kredilerde ipotek ve geri ödeme koşulları ile piyasaya açılma zamanlamasının önem taşıdığı da olurdu ama bu işin alınmasında sadece üstlenilecek rakam ve fiyat anahtar rolü oynayacaktı.

150 milyon dolar için finans grubunun oluşturulmasında, Fukoku Bankası tüm rakam için kredi açacak değildi.

Fukoku Bankası'nın açacağı kredi sadece nihayi katılım rakamı olan 10 milyon dolardı. Hali hazırda işi kabul eden üstlenici bankalar British Charterd, Credit Generale, Gulf Banking Corp'un her biri de 10 milyon dolarlık kredi açacaklar ve geri kalan 110 milyon dolarlık kredinin tamamı avro piyasasında satışa sunulacaktı. Şu anki avro piyasasında Tomita Otomotiv Türk gibi bir isimle ipoteksiz ve beş yıllık süre koşuluyla, ne fiyatla ne miktarda bir satışın mümkün olacağını, yani piyasanın kapasitesini tartmak gerekiyordu. Kısacası "piyasa nabzını tutmakta" güçlü olmak gerekiyordu.

"Piyasanın nabzını tutmak" için öncelikle katılması muhtemel bankalara telefon edip, onların katılım iştahını yoklamak gerekir. Bu aşamaya '*sounding*' denir. '*Sounding*' aşamasında, borçlunun kim olacağı, bu tarafın ne düşündüğü gibi bilgiler karşı tarafa verilmez, sadece karşı tarafın iştahının ne durumda olduğuna bakmak gerekir. Çünkü, bu tarafın taktiği eğer rakip bankalar tarafından öğrenilirse hiç de iyi olmaz. Elbette, Tomita Otomotiv Türk'ün teklif alma olasılığı bulunan bankalara telefon edilmez.

'*Sounding*'in bir diğer zorluğu, karşı bankadaki işletme ve araştırma sorumlularının tepkilerinin farklılığıdır. Aynı banka içinde oldukları halde işletme kanadı atılgan, araştırma kanadı ise sönük tepkiler verir. Dolayısıyla, karşı tarafın söyledikleri analiz edilirken bu noktaya dikkat edilmezse, karar aşamasında yanıltıcı olabilir. Konuşulan kişinin banka içerisindeki yetkisinin ne düzeyde olduğu da önemli bir noktadır. Bazen, bankaya gireli bir yıl bile olmamış, sağından solundan habersiz biri çıkıp gelişigüzel konuşabilir ama böyleleri hiçbir işe yaramaz.

İmanişi, bu seferki '*sounding*'i Takahaşi ile işbölümü yaparak gerçekleştirmişti.

Farklı görüşler ortaya atılmıştı. "Herşey dahil Libor artı 475 isteriz." "400 olsa yeter" "Borçlu kredi dışında dış ticaret finansı için de bize gelecekse katılmayı düşünürüz" "Türkiye limitimiz dolu, daha fazlasına giremeyiz" "Merkez şube araştırma bölümü Japonların başı çekmesi konusunda tedirgin, şu anda bir Japon şirketinin işini araştırma bölümüne götürebilecek bir hava yok" "Son zamanlarda Türkiye kotamızı artırmıştık, belki girebiliriz" "Kendi kendini garantileyecek bir iş değilse olmaz" "Büyük üstlenici statüsünde katılabileceksek, olumlu düşünebiliriz" "Yakın zamanda merkez şubeden teftişe gelecekler, ön teklif hazırlayacak zamanımız yok."

Yaklaşık seksen bankaya tek tek telefon etmek zahmetli bir işti ve tamı tamına üç gün almıştı. Fakat böylelikle piyasanın eğilimleri net olarak anlaşılmıştı. Bu '*sounding*' ile paralel olarak, son üç yıllık sürede Türkiye'ye yönelik sendikasyon fiyatları ve piyasanın tepkilerini IFR dergilerini didik didik ederek gözden geçirmişlerdi.

İmanişi bu süreçten çıkan sonuçlara dayanarak edindiği düşüncelerini toparlayarak not alıyordu.

Fışkıran teriyle parlayan sağ eliyle not sayfalarını çeviriyordu.

Piyasada Türkiye'nin dış borçlarının artışı karşısında temkinli davranılıyor, güçlü bir direnç var. İşin niteliğine göre, çölde kum satmaya çalışmak gibi bir durumla karşılaşılabilir. Özellikle sık sık piyasaya müdahale eden Türk Maliye Bakanlığı'nın öne sürdüğü koşullar pek sevilmiyor. Genel olarak Türkiye'ye yönelik bir finans oluşturmak kolay değil.

Öte yandan, iyi isimlere karşı talep güçlü. Bu Haziran'da İtalya Ticaret Bankası gibi üç bankanın üstlenici olarak Demirbank için oluşturduğu 50 milyon dolarlık kredi de hedeflenen rakamı aşmıştı (over-subscription). Demirbank'tan çok daha iyi bir isim olan Tomita Otomotiv Türk için de, bu noktada ümit beslenebilir.

Bu yıl piyasaya çıkan Türkiye'ye yönelik krediler kısa vadeli (bir yıldan kısa süreli) ağırlıktaydı ve orta-uzun vadeli işler konusunda piyasa nispeten temiz. Şu anda sadece cep telefonu şirketi Turkcell'in üç yıl vadeli kredisi piyasaya çıktı. Ancak, City Bank ve Chess Manhattan Bank'ın İzmir'le

Çeşme'yi birleştiren otoban yol inşaatı sermayesi 75 milyon dolar ve beş yıl vadeli krediyi gizlice ayarladıkları dedikoduları var. Bunlar dışında da ortaya aniden orta-uzun vadeli işler çıkabileceğine göre, tedbirli olmakta fayda var.

Fiyatta, Turkcell'in imzaladığı Libor artı 390 rakamı sınır olur. Bu iş beş yıl vadeli olacağına göre fiyat Turkcell'inkinden biraz daha yüksek tutulabilir. 500 olsa rahatlıkla satılabilir ama o fiyatla kolay kolay vekalet akdi alınmaz. Öte yandan, alt sınır ucu ucuna 400 olur herhalde. 390'a çekmek akıl dışı olacaktır. Mümkün olursa 450 üzerinde bir rakamla vekalet akdi alınması rahatlık sağlar. Eğer, çok düşük fiyatla vekalet akdi kovalamak zorunda kalınırsa, komisyonu faizden yüksek tutmak gerek. Katılımcı bankalarda her yıl peyderpeyi alınan faizden ziyade, hemen imza sonrasında tek ödemeyle alınan komisyonu yeğlemek eğilimi güçlüdür.

Alman ve Fransız bankaları orta-uzun vadeli işler konusunda bir hayli isteklidir. Öte yandan, İngiltere kökenli bankaların çoğu bir yılı aşmayacak sürelerle iş yapmayı kural haline getirmişlerdir. Bir zamanlar Türkiye'deki kredi işlerinin büyük bölümünü kapan Kore, Honkong gibi Japonya dışında kalan Asyalılar, geçen yılın yazından beri Asya'daki ekonomik kriz sonucunda çökmek üzereler. Katılım davetiyesi gönderilse bile olduğu gibi çöpe atarlar.

İtalyan ve Ortadoğu finans kuruluşları da hedef alınabilir. Türkiye'nin yüksek faizli (ve yüksek riskli) işlerine talepleri güçlü. Bir de Hollanda ve Almanya'da bulunan Türk kökenli bankalar. Ayrıca Tomita Otomotiv adı söz konusu olduğuna göre Japon bankaları da elbette göz önünde tutulmalı.

Düşük fiyatla vekalet akdi almak zorunda kalınırsa, *launch* öncesinde bir iki bankayı daha üstlenici bankalar arasına dahil etmeyi düşünmek gerek. Dişli Fukoku grubu dışında iki gruptan daha teklif geldiğini söylemişti. Vekalet akdini aldıktan sonra, kaybeden gruplardaki bankalara, üstlenici banka gibi yüksek statü önerilerek yaklaşılırsa, üzerine atlayacak bankalar da olur. Eninde sonunda, vekalet akdi fiyatına bağlı bir durum.

Tomita Otomotiv Türk bu iş sonrasında, herhalde üç yıl süreyle piyasaya çıkmaz. Bu seferki kredi Tomita Otomotiv Türk ile güçlü bağlar kurabilmek için zor bulunur bir fırsat. Bu, finans grubu oluşturulurken, satış politikasının önemli bir noktası olur.

Fiyatı aşırı düşürüp, bir ihtimal finans grubu oluşturmakta güçlük çekilirse, ikincil (kredi senetleri) piyasada satışa çıkmaktan başka çare yok. O durumda üstlenicilik komisyonunun tamamını feda etmek gerekeceğinden, bu açıdan da faizden fedakârlık etmek pahasına da olsa komisyonu yüksek tutmak gerek.

Dişli, bir bankadan gelen teklifin 150 milyon doların tamamını üstlenmek üzere, fiyatın avukatlık ücretleri gibi giderler dahil Libor artı 375 olduğunu telefonda söylemişti ama bu doğru mu? Konuşmaya bunun doğru olup olmadığını öğrenerek başlayalım. Önce duruma bakıp, ertesi günkü ikinci görüşmede mi üstüne gitsem? Yoksa, en baştan minimum fiyatı çekip tek hamleyle Tomita Otomotiv Türk'üno an kararını vermesini mi sağlasam? Her halükarda, konuşmanın gelişimine göre karar vermekten başka yol yok.

Türkiye'ye bu gelişi öncesinde, İmanişi diğer üç üstlenici banka ile Tomita Otomotiv Türk ile yapacağı görüşmelerin stratejisini belirlemek üzere fikir alışverişinde bulunmuştu.

O esnada üstlenici bankaların ortak endişesi üstlenecekleri rakamdı.

İmanişi ile Takahaşi'nin yaptığı '*sounding*' sonuçlarına dayanarak, ne rakamla piyasaya açabileceklerini, dört banka titizce analiz etmişlerdi ama sonuçta ucu ucuna 50 milyon dolar, işlem havaya girecek olursa 70-80 milyon dolar olacağı sonucuna varmışlardı. Düşündükleri gibi Türkiye'yle iş yapma konusunda piyasanın tavrı bir hayli soğuktu. Bunda, Türkiye'nin dış borçlarının çokluğu da söz konusu olduğu gibi, son zamanlarda Rusya'daki durumun belirsizliği de rol oynuyordu.

Rusya'da finans piyasası çılgınca artmaktaydı. Haziran sonuna doğru hisse senedi, bono ve para biriminin üçlenmesi önerisi ortaya atılmıştı. Rusya Merkez Bankası resmi birleşik faizi %60'tan %80'e çıkararak, döviz piyasasında ruble satın almak yoluyla ülke para birimine destek çıkmıştı. Fakat bunun temelinde mali açıklar ve ülke borçları sorunu yatıyordu. Moody's, Fitch IBCA, Standard & Poor's gibi uluslararası kredi değerlendirme kuruluşlarının üçü de son zamanlarda Rusya'nın kredi notunu BB'den B'ye düşürmüştü. Yatırıma uygunluk BBB üzerindeki kredi notu olduğundan, Rusya zaten kredi (junk) içerisinde alt sıralarda yer alıyordu. Uluslararası finans piyasasında sürekli borç alan Rusya'nın durumu bundan daha kötüleşecek olursa finans piyasasının tamamını kötü yönde etkilemesi kaçınılmazdı ve özellikle, Rusya ile komşu Türkiye konusunda endişeler söz konusuydu.

İmanişi de Rusya ile ilgili endişelerin farkındaydı ama '*sounding*' sonucuna ve uluslararası finans piyasasının durumunu düşününce, 70 milyon dolara kadar piyasadan toplanabileceğini sanıyordu.

Fukoku Bankası dahil dört üstlenici banka, kendilerinin 10 milyon dolardan fazlasını vermeyeceklerini söylüyorlardı ama olasılıkla bu rakamın %25 üzerine, 12.5 milyon dolara kadar çıkmayı göze almış olmalıydılar. İşin burası, aynı kayığa binildiği halde eldekilerin hepsini ortaya dökmemek gibidir. Banka başına 12.5 milyon dolar çıkarsa, dört üstlenici bankadan çıkacak toplam rakam 50 milyon dolar. Piyasadan toplanacak 70 milyon dolarla birlikte 120 milyon dolar. Buraya kadar sorunsuz ilerler. Fakat daha sonraki 150 milyon dolara kadar olan kısım tam bir muamma. İnsanın baktığında bile tam olarak göremediği karanlık, derin bir uçurum gibi. Mümkün olsa, o uçuruma dalmadan 120 milyon dolarda kalmalı.

Sonuçta görüşme stratejisi olarak 150 milyon doların tamamını (full underwrite) değil, 120 milyon doları üstlenerek, geri kalanı için en iyi çabayı göstermek şeklinde vekalet akdi alınması kararına varmışlardı. Şöyle ki, üstlenici dört banka 120 milyon dolara kadar para toplamaya söz vermekte, geri kalan 30 milyon dolarla ilgili olarak sendikasyon işleminin yolunda gitmemesi durumunda sorumluluk almamaktaydı.

İmanişi, notlarına en baştan göz atıp hafızasını tazeleyince yatağın yanındaki telefonun ahizesini kaldırdı. Rehberindeki numarayı kontrol ederek, Tomita Otomotiv Türk'den Dişli'nin direkt hattını tuşladı. Dişli hemen çıktı.

"Mr. İmanişi? Oh, sonunda görüşebildik! 30 dakika öncesinden beri otelinize birkaç kez telefon ettim ama odanızda olmayınca çok endişelendim."

Oo, Dişli bizimle çalışmayı gerçekten istiyor.

Fukoku Bankası grubunun teklifi geçen gün Dişli'ye faksla gönderilmişti. Üstlenme rakamı 120 milyon dolar ve fiyatı herşey dahil Libor artı 475 baz puanı (%4.75) idi.

İmanişi, otele dönüşünün gecikmesinden dolayı özür diledikten sonra, önce '*sounding*' sonuçları dahil olmak üzere avro piyasasının güncel durumunu anlattı. Buna dayanarak üstlenme rakamı ve fiyatı belirlediklerini söyledi.

İmanişi'nin açıklamasını dinledikten sonra Dişli doğrudan konuya girdi.

"Mr. İmanişi. Aslında Fransız Bank International de Paris'ten üstlenme rakamı 150 milyon dolar ve herşey dahil Libor artı 375 teklifi aldık."

Daha işin başında karşıma çıkan Bank International de Paris...

Küçük bir Fransa bankasıydı. Büyük hissedarı olan yönetim kurulu başkanı Türkiye'de devletle iş yapan bir işadamı ydı. Türkiye'yle derin ilişkileri vardı ve olmadık işlerin altından çıkardı.

Eğer gerçekten böyle bir teklif gelmişse pek fazla efelenemeyiz...

İmanişi neredeyse vazgeçmek üzereydi.

"Mr. Dişli. Bunun iyi bir teklif olduğunu düşünüyorum. Eğer bu gerçekten tam rakamı üstlenerek yapılmış bir teklifse, hiç düşünmeden kabul edin" dedi, danışmanlık yaparcasına. "Ancak, bana göre piyasanın şu anki durumu itibariyle Libor artı 375 gibi bir fiyatla 150 milyon dolarlık finansı oluşturmak pek mümkün değil. Dolayısıyla, tencerenin kapağı açıldığında Bank Internacional de Paris'in 'biz bu işi yapamıyoruz' diye ağlamaya başlama ihtimali var. O durumda üstlenme sorumluluklarından kaçamamaları için, vekalet akdi verme aşamasında işi sağlama bağlayarak üstlenmelerini sağlamanız lazım."

"Hmm..." telefonun karşı tarafında Dişli düşünmeye başlamıştı.

Bu sesi duyduğu anda, İmanişi Bank Internacional de Paris'in ne ölçüde ciddi olduğu konusunda Dişli'nin de endişeli olduğunun kokusunu almıştı. O teklifte bir eksiklik olmalıydı.

Sadece Türkiye'yle sınırlı olmaksızın, borçlanacak taraf her zaman doğruyu söyleyeceği anlamına gelmez. Uçuk bir yalan atmaları durumunda elbette anlaşılır ama doğdukları andan itibaren 'herşey için pazarlık' kültürü içerisinde yetişen Türkler bu konuda çok ustadır.

"Mr. Dişli. Bank Internacional de Paris bildiğiniz gibi, küçük bir bankadır. Sendikasyon yolunda gitmezlerse, kendi başlarına bu finansı sağlayacak kadar sermayeleri var mı? Tek bir banka başına düşen finansman rakamı açısından da Fransız makamlarının yönetmeliklerine takılmazlar mı?"

".....”

"Nihayetinde 150 milyon dolar gibi, Türkiye'ye yönelik devasa rakamları olan bir krediyi tek bir bankanın üstlenmesine bırakmanın riskli olacağı düşüncesindeyim. Bir yıllık kısa vadeli bir iş olsa haydi neyse ama özellikle finansmanın oluşturulması zor olan orta-uzun vadeli işlerde çok daha riskli. Geçenlerde yapılan Turkcell kredisi de Bankers Trust gibi üç banka birlikte üstlenici oldular. Şu oluşturulmakta olduğu söylentileri bulunan İzmir-Çeşme arası otoban yolu finansmanını da Citibank ve Chess'in ortaklaşa üstleneceklerini duydum."

Dişli US Atlantic Bankası'nda sendikasyon kredisi konusunda çalışma deneyimine sahipti. Bu açıklamaları çok iyi anlıyor olmalıydı.

"Mr. İmanişi. Gerçekten de dört bankanın birlikte üstlenmesi açısından Fukoku Bankası'nın teklifi çok cazip. Ancak üstlenilecek rakamın 120 milyon dolar olması yetmiyor. Üstelik fiyat da yüksek."

"Tomita Otomotiv Türk kadar güçlü bir şirket söz konusu olduğunda, sendikasyondan ayrı olarak *bilaterel* yoluyla 30 milyon dolar kadar bir parayı bulması çok kolay değil mi?"

Bilateral, finans grubu oluşturmaksızın, tek bir banka ile finansman sözleşmesi yaparak sermaye sağlama yöntemidir.

"Üstelik, Tomita Otomotiv Türk'ün avro pazarındaki imajı açısından da 150 milyon dolarla piyasaya çıkıp sendikasyonda başarısız olarak, üstlenici bankanın tüm rakamı vermesinden ziyade, 120 milyon dolar gibi kesinliği olan bir rakamla piyasaya çıkıp, 10 hatta 20 milyon dolar üstlenme rakamını aşarak (over-subscription) bulursanız, piyasada 'Tomita Otomotiv Türk itibarlı bir şirket' imajını edinebilirsiniz, bu da sizin yararınıza olur. Hem bu, şirketinizin daha sonraki sermaye sağlama işlemleri açısından da bir artı olur."

"Bu noktada hemfikiriz ama Mr. İmanişi, gerçekten piyasanın şu anki koşullarında 150 milyon doların zor olduğunu mu düşünüyorsunuz?"

"Hmm..." bu kez İmanişi mırıldandı. "Elbette fiyata da bağlı bir durum gerçi... Söz gelişi şirketiniz Libor artı 500 ödeyecek olursa finansman rahatlıkla oluşturulur herhalde."

"500 rakamı bizim düşündüğümüzün çok üzerinde" dedi Dişli, serzenişte bulunur gibi.

"Öyledir elbette. Şirketiniz gibi iyi bir ismin bankaları rahatlatacak kadar geniş davranmayacağının bilincindeyiz." Şakayla karışık konuşunca, telefonun karşı tarafında Dişli güldü.

"Tam rakam üstlenilmediği ve fiyat da düşürülmediği sürece, dürüstçe söylemek gerekirse Tokyo merkeze kabul ettiremeyeceğimiz kanısındayım."

"Fiyat hakkında beklentiniz nedir?"

"Mümkün olduğunca Turkcell'inkine yakın bir rakam."

Turkcell kredisinin fiyatı Libor artı 390 olduğuna göre, oraya kadar inmek imkânsız. Dişli de bunun farkında olmalıydı ama karşılıklı olarak ellerindeki kozları göremediklerinden geniş tutulmuş rakamlardan başka bir şey ortaya atılmamıştı.

Sonuçta o gün, İmanişi fiyatı herşey dahil 465'e kadar çekti ama üstlenilecek rakamı 120 milyon dolarda bıraktı.

Dişli ile telefon görüşmesi sona erdikten sonra, ahizeyi yerine koyunca İmanişi derin bir nefes aldı.

Telefonda görüşürken not almak için kullandığı not kağıtlarını ve tükenmez kalemi yatağın üzerine fırlatıp, banyoya yöneldi. Nihayet duş alabilecekti.

Duşunu aldıktan sora İmanişi üzerine serbest kıyafetler giyerek, cüzdanını alıp odasından çıktı.

Dışarıda güneş batmak üzereydi. İmanişi bir taksi çevirerek Kuşadası'ndaki sahil lokantalarından birine gitti. Ege Denizi'nden gelen rüzgarın serinlettiği terastaki masasına oturarak yerel Efes birası sipariş etti. Dişli ile yarında görüşmesi gerekiyordu ama bir şekilde ilk günkü görüşmeyi sorunsuz tamamlamıştı. Görüşmenin ilk aşamalarında can alıcı karşıtlıklardan uzak durup, bir sonraki görüşmeye bağlanacak şekilde olumlu bir havada bitirmek en önemli noktadır. İçi rahatlamış olarak içtiği soğuk bira her zamankinden çok daha nefisti. Meze olarak midye dolması dedikleri, içine pirinç karışımı bir şeyler koydukları midyelerden söyledi. Ana yemek olarak, Adana kebap ve domates kebabı istedi. Adana Kebap etin yağını iyice salmış halde servis edilen ince uzun ızgara köftelerdi. Domates kebap ise domates dilimlerinin ve et parçalarının sırayla şişe geçirilerek ızgara edilmiş haliydi.

Yemeğini bitirip otele döndükten sonra, İmanişi tekstil şirketiyle yaptığı görüşmenin notlarını rapor haline getirip, ertesi sabah Dişli ile yapacağı görüşmenin stratejisini düşünerek uykuya daldı.

Ertesi sabah, İmanişi saat dokuzda Dişli'ye telefon etti.

"Good Morning, Mr. Dişli! How are you this morning?"

Selamlaşma faslı biter bitmez Dişli doğrudan konuya girdi.

"Mr. İmanişi. Üstlenme rakamı 150 milyon dolar, fiyat libor artı 400. Bizim istediğimiz bu."

"Tam rakamı üstlenerek Libor artı 400..." diye mırıldandı İmanişi.

Görüşmenin ikinci gününde karşılıklı olarak bir gece düşündükten sonra, karşı taraftan ne istendiği net olarak ortaya konulur ama İmanişi henüz oraya girecek kadar hazır değildi.

"Biz dört üstlenici banka olarak oldukça detaylı bir piyasa araştırması yaptık. Ona dayanarak 120 milyon dolar rakamına ulaştık ve..."

"Hayır, hayır. Fukoku, British Charterd, Credit Generale ve Gulf Banking Corp. Hepsi de çok iyi bankalar. Bu dört banka birarada olduğu müddetçe mutlaka satılır."

"Hayır. Piyasa koşulları o kadar rahat değil."

"Hiç de öyle değil. Sen bu işi yapabilirsin. Fukoku bu işi yapabilir. Kesinlikle altından kalkar!"

Bu işin neresi sen yapabilirsin be!?

İmanişi'nin içinden haykırmak geçti.

İmanişi ve Dişli, ondan sonra öyle olmaz böyle olur gibi, bir süreit beni çek kendini pazarlığını sürdürdüler.

Sendikasyon kredisiyle ilgili görüşmelerde, borçlanacak tarafla olan diyalog gibi sınırlı bir bilgi kaynağından, diğer bankaların nasıl bir teklif verdiğini ve borçlanacak tarafın ana banka seçiminde hangi noktaları önemsediğini mümkün olduğunca çıkarsayıp, buna göre teklifin içeriğini yavaş yavaş yumuşatmak gerekir. İmanişi sağdan soldan konuşup, tartışma açısını değiştirerek, yerine göre anlamsız sorular sorarak ve karşısındakinin tepkilerini analiz ederek Dişli'nin gerçek niyetinin ne olduğunu ölçüyordu. Dişli de Fukoku Bankası'nın nereye kadar gerileyeceğini kulağının ve yüreğinin algılama gücüyle olabildiğince tartmaktaydı.

Bir süre konuştuktan sonra, İmanişi Dişli'nin en başta söylediği "tüm rakam üstlenilerek, Libor artı 400" konusunda oldukça ciddi olduğunu anladı.

Tüm rakamı üstlenerek Libor artı 400... Eğer gerçekten bu koşullarla üstlenirsek ne olur acaba?

İmanişi ciddi ciddi düşünmeye başlamışken, Dişli konuyu değiştirdi.

"Üstlenme rakamında rahatsızlığınız varsa, bir diğer banka olarak, Morgan Drexler'i dahil etmeye ne dersiniz? Drexler'le biz konuşuruz."

Aniden ortaya atılan bu rakip isim karşısında İmanişi bir an şaşkınlığa düştü.

Sonra da hemen o an siddetle karşı çıktı.

"Üstlenici banka grubuna kısa vadeli kar yapmayı temel prensip edinmiş bir Amerikan bankasını sokacak olursak, mutlaka grup içerisinde de çözülmeler olur. Sadece Fukoku Bankası değil, diğer üç banka da bir Amerikan bankasını dahil etmeyi aklına bile getirmez. Üstelik, Mr. Dişli siz de biliyor olmalısınız, Morgan Drexler yüksek rakamlı işlerde bile tek başına olmadığı sürece iş almaz."

Morgan Drexler üstlenme komisyonunu tamamen kendisi alıp, üstelik kendi keyfine göre sendikasyon kuramadığı müddetçe, gurur duyduğu ismini hiç bir işte kullandırtmazdı.

"Siz şimdi söylediniz de gerçekten de öyle." Dişli kolayca kabullendi. "Onların ortaklaşa bir iş aldıklarını hiç duymadım."

"Mr. Dişli. Kusura bakmayın ama benim bundan sonra şu bildiğiniz tekstil firması işi için çıkmam gerekiyor. Konuşmamıza bugün öğleden sonra devam edelim olur mu?"

Dişli kabul etti.

İmanişi ahizeyi yerine koyarken Morgan Drexler'in devasa gölgesi üzerine çökmüştü bile.

Gün içerisinde tekstil şirketinin toplantısına katıldığı anda bile, İmanişi'nin aklı Tomita Otomotiv Türk işiyle doluydu.

Eğer gerçekten herşey dahil Libor artı 400'le almak zorunda kalırsak ne olur acaba? Başarabilir miyiz, yoksa çuvallar mıyız? Başaramazsak ne yaparız?... Piyasanın 'sounding' sırasındaki tepkisi o kadar da kötü değildi. Belki de sorunsuzca hallederiz... Fakat Türkiye'de bir iş için orta-uzun vadeli kredi verecek yer pek fazla değil. Fiyatlandırmada hata yaparsak sonuçlarını tahmin etmek bile çok güç... Hem, acaba Morgan Drexler nasıl bir teklif verdi? Ben burada vargücümle düşünsem bile, sonucunda onların muazzam üstlenme kapasiteleri karşısında nasıl ayakta dururum? Sonuç baştan belli değil mi?... Yok, öyle olsa Dişli de bizimle ciddi ciddi görüşmez. Burada afallayacak bir durum yok... Fakat 150 milyon doları tamamen üstlenmek zorunda kalırsak...

Libor artı 400'le 150 milyon doların tüm sorumluluğunun altına girmek gerçekten korkutucuydu.

Sendikasyon başarısız olursa, yurtdışı araştırma bölümü, herhalde bir, iki yıl üstlenme izni vermezdi. Bir kez hata yapınca, hemen bir ceza gelirdi. Bu nokta Amerikan bankalarının tarzı ile farklıydı. Sendikasyonda başarısız olunsa bile piyasaya karşı iş yapmanın normal bir kuralı olduğunu herkes anlıyordu. Satılamayan kredi, önce kendi bankaları tarafından kabullenilir, daha sonra ikincil (spot) piyasada satılır, zararın telafi edilmesine çalışılarak, nihayi rakamın bir şekilde sıfıra yaklaştırılmasına çalışılırdı. Sonra, o esnada başka krediler ardı ardına üstlenilerek, oralardan da işin kapatılmasına çalışılırdı.

Akşam üzeri saat dörtte tekstil şirketindeki toplantı sona erdi.

İmanişi otele dönerek, tekrar Dişli'yle görüşmeye başladı.

Öğlenden önceki gibi taktik savaşına devam ederek kafasının içerisinde fiyat ve sendikasyon stratejisini jigsaw puzzle gibi, başdöndürücü hızla bir bozdu bir tamamladı.

Nereye kadar girebilirim acaba? O noktada risk ve geri dönüşü nasıl olur? Nasıl satılır? İkna edici olur mu?

Telefonda Dişli'yle kumarını sürdürürken, kendi içindeki soru-yanıt trafiği de devam ediyordu.

Yüzünü göremediği biriyle kumar oynuyordu. Konuşma esnasındaki kısa duraksamalar, nefes alış verişi, sesin yükselip alçalması, seçilen sözcükler arasındaki küçük nüanslarla karşı tarafın psikolojisini tahmin edip, kendi elindeki kartlarla karşılaştırarak, olası atak planını düşünerek, uygun zamanı bekleyerek kartlarını oynuyordu. İmanişi'nin kafasının içinde kartlar müthiş bir hızla yer değiştiriyordu.

Bir saat kadar konuşmuşlardı ki, Dişli "Mr. İmanişi. Ben de uzun uzadıya görüşmeyi sürdürebilecek durumda değilim. Bugün içerisinde Fukoku Banka Grubu'nun en iyi üstlenme şartlarını bildiriniz. Ona göre, önümüzdeki hafta şirket merkezi ile görüşeceğim" dedi, son noktayı koyarmış gibi bir ses tonuyla.

İmanişi, Dişli'nin ciddi olduğunu hissetti.

"Anladım, diğer bankalara da danışmak istiyorum. Daha sonra tekrar arasam olur mu?"

"Olur. Herhalde bugün artık konuşacağımız bir şey yok. Düzeltilmiş teklifinizi yarın sabaha kadar bize fakslayabilir misiniz?"

"Tamam... Son olarak bir şey sorabilir miyim?" derken, İmanişi seslice yutkundu. "Sizin için önemli olan üstlenilecek rakam mı, yoksa fiyat mı?" Son bir ümitle sormuştu. Nefesini tutarak Dişli'nin tepkisini bekledi.

"İyi bir soru." Telefonun karşı tarafında gülümsediğini hissedebiliyordu. "Bunun yanıtı, üstlenme rakamı" dedi Dişli, net bir ses tonuyla. "Tam rakamın üstlenilmesi en önemli önkoşulumuz."

Yanıtında, ancak uzun süre finans dünyasında bulunmuş bir kişinin anlayacağı bir anlam yüklüydü, fiyat konusunda geri adım atmaya hazır olduklarını İmanişi'nin anlamasını sağlamıştı.

Dişli ile telefon görüşmesi bitince, İmanişi ahizeyi yeniden kaldırdı.

British Charterd Bank'ın kredi-sendikasyon bölümü başkanı Mike Harland'ın telefon numarasını tuşladı. Kol saatine şöyle bir göz attı, öğleden sonra beşi henüz geçmişti. Zaman farkı iki saat olduğuna göre, Londra'da saat öğleden sonra üçü biraz geçmişti.

"Tam rakamı üstlenme şartı ha..." İmanişi'nin anlattıklarını dinledikten sonra Harland mırıldandı. Sendikasyon kredisi dünyasında yirmi yıla yakın deneyimi olan adamın bile ayakları birbirine dolaşmıştı.

"Fiyat konusunda geri adım atacaklarını sanıyorum. Dişli herhalde 410-425 arasında bir şey düşünüyor."

"Bugün içerisinde karar vermemiz mi gerekiyor?"

"Borçlanacak taraf, bu hafta içerisinde yerel mercî olarak karara varıp, önümüzdeki hafta başında şirket merkezinin onayına sunmayı planlıyor."

"Öyle mi? Bugün Çarşamba olduğuna göre, bugün son demeleri pek de geç değil... Kafamdakileri toparlamak istiyorum, otuz dakika sonra tekrar arayabilir misin?"

"Tamam, olur. Yanıtınızı bekliyorum."

British Charterd Bank, 1850'lerde Büyük Britanya İmparatorluğu'nun sömürgeleri ile yapılan finans işleri için zamanın kraliçesi Victoria'nın fermanı (charter) ile kurulmuş köklü bir bankaydı. Güney Afrika altını, Bombay pamuğu, Kalküta çayı, Birma pirinci, Cava şekeri, Sumatra tütünü, Manila keteni ve Japon ipeği gibi malların ticaretinde finansman sağlamıştı. 1950'lerden 1960'lara kadar olan dönemde İngiltere sömürgelerinin çoğunu kaybedince, işleri bir an bozulmuştu ama daha sonra Asya, Ortadoğu ve Afrika işlerinde güçlü bir banka haline gelerek kendini toparlamıştı. Finans semtinin geleneklerini ve profesyonelliğini bünyesinde barındıran, yaygın olarak saygı duyulan bir bankaydı.

Eğer onlar olumlu yaklaşmazlarsa, diğer üstlenici bankalar da peşimize takılmazlar...

İmanişi, bir anlamda ümidini British Charterd Bank'ın yapacağı hamleye bağlamıştı.

Harland'ın yanıtını beklerken, İmanişi Paris'teki Credit Generale ve Bahreyn'deki Gulf Banking Coorp'a telefon ederek fikirlerini sordu. Her iki banka da endişelenerek de olsa Fukoku ve British Charterd üstlenecekse, aynı koşullarda üstlenmeyi kabul ettiklerini söyleyerek, kararı iki bankaya bıraktılar.

Tam otuz dakika sonra Harland'dan telefon geldi.

"Araştırma bölümü ile de görüştüm, biz tam rakamı üstlenecek şekilde Libor artı 410'la üstlenmeye hazırız. Ancak, Fukoku Bankası'nın bu düzeyden rahatsız olmaması önkoşuluyla." Harland bıçak saplar gibi net konuşmuştu.

"Eğer, 410'la alacak olursak satabilir miyiz dersin?" diye sordu İmanişi.

"Bunu bilemem. Bilemem, dışında verebileceğim bir yanıtım yok. Bu koşullar altında bizim kararımız, Fukoku yapıyorsa üstlenelim. Aksi takdirde, şu anki koşullarda kalırız." Harland ciddiyetle yanıtladıktan sonra ses tonu samimi bir hal aldı. "Mr.İmanişi. Sendikasyon kredisi üstlenmek her zaman böyle olur. Satılacağından emin olabildikten sonra herkes üstlenmek ister. Anında verilmesi gereken kararların hayır mı, yoksa şer mi olacağını yalnız tanrı bilir."

120 milyon dolardan ötesi tanrıya kalmıştı.

"Fukoku Bankası'nın, Türkiye'ye sendikasyon kredisi çıkartma deneyimi var ve Tomita Otomotiv Türk ile görüşmeleri en başından beri siz yaptınız Mr. İmanişi. Kaderimizi senin kararına bağlıyoruz."

İmanişi omuzlarına ağır bir sorumluluğun yüklendiğini acıyla hissetti.

150 milyon dolar gibi muazzam bir paranın ne olacağı şu an, kendi kararına bağlıydı.

Harland ile telefon görüşmesi bitince, İmanişi otel odasındaki ışıklı masanın önüne oturarak dökümanlarını masaya yaydı.

150 milyon dolar, tam rakam üstlenilecek, Libor artı 410 ila 425... Acaba satılır mı? 410 olursa üstlenme komisyonu...

Şu iki gün boyunca durmadan düşündüğü sorunları yeniden düşünüyordu.

Midesi büzüşmüştü, akşam yemeği yiyecek hali yoktu. Otelin oda servisine kahve söyledi. Midede delik açacak kadar sert kahveyi içerken, o ana kadarki görüşme sürecini ve piyasayı nasıl okuduğunu tekrar anımsayarak, kendi kendine tekrarladığı soru-yanıt zincirini sürdürdü.

Morgan Drexler'i silkelemek için gereken fiyat ne acaba?

Pencerenin dışındaki gökyüzü zamanın ilerlemesiyle kızıla, mavi ve laciverte dönüşüp, nihayet kararmıştı. Pencere kıyısından gökyüzüne baktığında, yıldızların her an aşağı yağacakmış gibi gökyüzünü kapladığını gördü.

Türkiye'nin Akdeniz kıyılarında gökyüzü hala ne kadar berrak!...

Saatin akrebi gece ona yaklaştığı sıralarda, İmanişi otelin faks kağıdını masanın üstüne çıkardı.

"Tam rakam üstlenilecek, üstlenme komisyonu 410 (baz puan), faiz Libor artı 375. Diğer şartlar aynı. Resmi teklifi Londra'ya dönünce göndereceğim, bu koşullara göre değerlendirmenizi yapınız. Bu bizim nihayî teklifimiz."

Kredi beş yıl vadeliydi ama finansmanın sağlanmasından 2.5 yıl geçtikten sonra altı aylık eşit dilimler halinde geri ödeme başlayacağından, reel süre 3.5 yıl, finansman bakiyesine göre hesaplanan finansman komisyonunun gerçek etkisi yıllık toplam 40 bazlı. Faizle birlikte düşünüldüğünde herşey dahil Libor artı 415 bazlı (%4.15) bir teklif.

Metni tekrar gözden geçirerek, sonunda kararını kesinleştirerek imzaladı.

Ertesi sabah, İmanişi saat dörtte kalktı. Londra'da henüz gece yarısı ikiydi.

Vücudu tamamen tere batmıştı. Faksı gönderdikten sonra da kendi kararının yerinde olup olmadığını gece boyunca rüyayla karışık, aklından çıkaramamıştı.

Otelde hesabı kapattıktan sonra, gece boyunca müşteri bekleyen taksilerden birine bindi. Sabahın karanlık saatlerinde, taşra yolunda bir saat kadar arabanın içinde sallandıktan sonra, İzmir'den sabah altıda kalkan İstanbul uçağına bindi.

İstanbul'a ulaştığında gün artık iyice ağarmıştı.

İstanbul havalimanına, kurtuluş savaşının kahramanı Atatürk'ün adı verilerek, Atatürk Havalimanı olarak adlandırılmıştı. New York'taki JFK (John F. Kennedy) Havalimanı da bir büyük devlet adamının adını almıştır ama Türk insanının Atatürk'e olan duyguları ile Kennedy gibi devlet adamlarını karşılaştırmak gereksiz olur.

'Bozkurt' Mustafa Kemal Atatürk.

Günümüz Yunanistan Selanik doğumlu çekirdekten yetişme asker. Ölümü sonrasında bile Türkiye'nin ruhunun vazgeçilmez unsurudur. Birinci Dünya Savaşı sonrasında Türkiye, İngiltere, Fransa, İtalya ve Yunanistan gibi Batı ülkeleri tarafından parçalanma tehlikesi ile karşı karşıya kaldığında cesaretle ayağa kalkarak, zirve savaşı olarak bilinen 'Sakarya Meydan Muharebesi'nde düşmanın yarısı kadar bir güçle Yunan ordusunu yenmişti. Ülkesinin bağımsızlığını korumuş bir kahramandı. Türkiye Cumhuriyeti'nin ilk cumhurbaşkanı olmuş, laiklik, Batı usulü kanun düzenlemeleri, tarım ve sanayinin geliştirilmesi, Arap harflerinin kaldırılması, kadınların siyasete katılması gibi köklü çağdaşlaşma hareketlerini hayata geçirerek Türkiye'nin çağdaş bir ülke olmasını sağlamıştı. Başkent Ankara'nın her tarafının görülebildiği bir tepede bulunan Anıtkabir'de, bu eşi bulunmaz önderin öldüğü 10 Kasım 1938'de kadınıyla, erkeğiyle, çocuğuyla, yaşlısıyla herkesin göz yaşlarına boğulduğu, tüm cadde ve sokakların, evlerin ayyıldızlı bayraklarla süslendiği bir fotoğraf vardır. Atatürk'ün öldüğü 10 Kasım tarihlerinde 9:05'te tüm ulaşım araçları durur, tüm Türkiye topraklarında iki dakika saygı duruşunda bulunulur.

Terminalin gidiş lobisinin bir duvarında hilalli yıldız ve Atatürk kabartması vardı. Altına da Atatürk'ün sağlığında söylediği "*YURTTA SULH, CİHANDA SULH*" sözleri yazılıydı. Mağrur yüzüyle Atatürk dudaklarını birleştirmiş, farklı ırklardan insanların dolaştığı lobideki karmaşayı keskin bakışlarla izliyordu.

Büyük bavullarıyla Ruslar, rengarenk peçeler takmış Orta Asya halk giysili kadınlar, kısa pantolonla dolaşan Kuzey Avrupalılar, beyaz bol elbiseleriyle Araplar, İngiliz işadamları, kara çarşafları içinde İranlı kadınlar, sırt çantasını yüklenmiş Japon turistler. Burası Doğu ile Batı'nın buluşma noktası.

İmanişi, İstanbul'dan 08:05'te havalanacak olan 675 sefer sayılı Biritish Airways uçağının koltuğuna oturduğu anda, uykusuzluğunu telafi etmek istercesine, hemen uykuya dalıverdi.

3.

Boğaz'ın karanlık sularına karşı kıyının gümüşî ışıkları vuruyor, ışıldayarak salınıyordu.

Su yüzeyindeki yansımalardan Boğaz'da düşündüğünden daha hızlı bir akıntı olduğunu anladı.

Güneş iyice batmış, karşı kıyıdaki camilerin kubbeleri ve minareleri karanlık silüetler haline dönüşmüştü. Gökyüzünde yıldızlar göz kırpmaya başlamıştı.

Hemen önündeki Haliç, 22 Nisan 1453'te bir önceki gece dağı aşırarak taşınan yetmişten fazla Osmanlı gemisinin sabahın ilk ışıklarıyla yelkenlerini açarak ortaya çıktığı yerdi. Bu sarsıcı olayla Doğu Roma İmparatorluğu'nun savunma hatları yıkılmış, imparatorluk başkenti Konstantinople düşmüştü.

Tatsuhana karanlık Haliç'e bakarken sigarasını yaktı.

Paris'ten Orient Ekspresi ile gelen Avrupalı soylular ve üst tabakadan insanların konaklaması için, şu an kaldığı Pera Palas Oteli yüzyıldan daha uzun bir süre önce Mayıs 1891'de açılmıştı. Daha sonra otel, İran Şahı, İngiltere kralı VIII. Edward, Yugoslav Tito, Kemal Atatürk başta olmak üzere dünya ülkelerinin devlet başkanlarını, Jacklyn Kennedy, aktris Greta Garbo, Alman kadın casus Mata Hari, dahi kemancı Menuin gibi seçkin konukları ağırlamıştı. Agatha Christie'nin "Orient Ekspres Cinayeti" romanını yazdığı yer de otelin bu 411 nolu odasıydı. Odaların arasındaki holün duvarları, kahverengi, siyah ve turuncu mermerlerin karışımıyla Endülüs tarzında dekore edilmiş, duvarlarda Mısır tarzı işlemelerle bezenmiş ahşap pencereler açılmıştı. Aşınmış mermer zeminde uzun yıllar serili kalmış ipek Türk halıları, tavanda Osmanlı tarzı avizeler, gıcırdayarak çıkıp inen asansör. Her yanıyla antika olan iç dekorasyon zamanın derin izlerini taşıyordu.

Odanın ışıklı masasının üzerinde yarın Tomita Otomotiv Türk'e sunulacak Morgan Drexler teklifi duruyordu.

Tatsuhana o gün, sabah sekizi biraz geçe, İstanbul'a gelmek üzere British Airways 676 sefer sayılı uçağıyla Londra'dan ayrılmıştı. Uçak, İmanişi'nin bindiği British Airways 675 sefer sayılı uçağıyla Almanya semalarında karşılaşmıştı.

Business Class koltuğunda şampanya içerken, Tatsuhana Helen King'in gönderdiği Tomita Otomotiv Türk'e verilecek teklife göz atmaya başladı. Kredi olarak değil mal varlıklarının ipotek edilmesi şeklinde, kısaca ABS (asset-backed securities) olarak adlandırılan yöntemle 150 milyon dolar finansman sağlanması üzerine kurulu bir teklifti.

Merkez şubenin onayı olmadan bir dolarlık bir iş bile alamayan Japon bankalarının etkisiz sistemi ile farklı olarak, Amerikan yatırım bankalarında borçlunun iki büyük kredi derecelendirme kuruluşu S&P (Standard&Poor's) ve Moody's'in herhangi birinden yatırıma uygunluk, yani BBB üzerinde bir not almış olması durumunda yerel şubelerin kararıyla reel olarak sınırsız rakamları üstlenilebilirdi. Yatırıma uygun olmayan borçlular konusunda, borçlunun bulunduğu bölgenin iş alma kurulu karar verirdi. Kurul üyeleri şirketler finansman bölümünde borçlu ile görüşmelerden sorumlu kişi dışında, gerçekte finansmanın üstlenilmesinden ve satışından sorumlu sendikasyon ve satış bölümleri, işletme bölümü, mali idare bölümü, hukuk müşavirliği bölümü, piyasa risk yönetim bölümü, araştırma bölümü gibi bölümlerden temsilciler katılarak oluşturulur, günü gününe işin alınıp alınmayacağı kararlaştırılırdı.

Tomita Otomotiv Türk, Türkiye'de bir tüzel kuruluş olduğuna göre, kredi derecelendirme şirketinin ülke tavanı, yani tüm şirketlerin o ülkenin devleti için belirlenen kredi derecesini aşamaması kuralına dayanarak, Türk hükümetinin kredi derecesi B'den öteye geçemezdi. Dolayısıyla normal koşullarda yatırıma uygun değildi ve Londra iş alma kurulunda görüşülmesi gerekirdi. O durumda araştırma ve hukuk müşavirliği bölümlerinin temsilcileri finansman amacını irdelerler, İran'da yatırım amaçlı olduğu anlaşılırsa da kesinlikle onaylanmazdı.

Bundan kaçınmak için Helen King ABS yöntemine başvurmayı düşünmüştü.

Tomita Otomotiv Türk ürettiği otomobilleri Avrupa ve Ortadoğu'ya ihraç etmekte ve muaazm ihracat geliri elde etmekteydi. Bunun güvence olarak gösterilmesi yoluyla ülke tavanını aşan bir kredi derecesi kazanılacak ve iş alma kuruluna götürülmeyecekti. BBB kredi derecesi elde edilirse finansman fiyatı da Libor artı 200 baz ölçüsünde olacak ve krediden bir kat daha ucuz olacaktı. ABS konusunda, Morgan Drexler başta olmak üzere Batılı yatırım bankalarının tekeli söz konusuydu. Japon bankaları kendi bankalarının kredi bonolarını hisse senedi haline getirmekten öteye geçememişlerdi. Helen King'in fikri gerçekten olası olursa Morgan Drexler'in kazanması kesindi.

Fakat gerçekten o kadar kolay mı?

Teklif dosyasının sayfalarını karıştırırken Tatsuhana birkaç gün önce tele-toplantıda kendi fikrini böbürlenerek anlatan Helen King'i anımsadı.

"Tomita Otomotiv Türk'ün Dişli adlı mali bölüm müdürüyle konuşurken bu fikir aklıma geldi. Bu yöntemle fiyat da ucuz, iş alma kuruluna da girmez. Bir taşla iki kuş. Hahhahha." Helen King tamamen kendine güven sarhoşluğu içerisindeydi.

"Tomita Otomotiv Türk'le bu teklifin anahatlarını görüştün mü?" diye sormuştu Hildreth.

"Henüz konuşmadım. Vekalet akdi belirlenmeden hemen önce karşı tarafa dayatıp bir çırpıda hallederiz. Kesinlikle sevinçten çılgına dönerek vekalet akdi verirler."

"Hey, Dişli daha önce US Atlantic Bank'ta çalışmış, uluslararası finans konusunda veteran bir adamdır."

"Eh, nihayetinde Türkiye şubesi değil mi? ABS diye bir şeyi duymamıştır bile. Gereksiz şeylere takılmayın da bir an önce bunu Tomita Otomotiv Türk'e götürün. Sizin bölümün sorumluluğunda değil mi?"

Sabit faizli (fixed income) ABS işlemleri kredi bölümünün sorumluluğundaydı ama LIBOR bazlı kredi sağlanması arzusunda olan Tomita Otomotiv Türk'e yapılacak ABS, FRN (floating-rate note; değişken faizli kredi) idi ve kredisendikasyon bölümünün sorumluluk alanına giriyordu. Çünkü, değişken faizli kredi alıcılarının çoğu, krediyi sağlayan tarafla aynı şekilde bankalar olurdu. Tatsuhana ve Hildreth'in aklına yatmamıştı ama şirket içerisinde Tomita Otomotiv Grubu ile ilişkilerin geliştirilmesi Tokyo şubesinin yetkisine giriyordu. Tokyo şubesinin stratejisine uymak zorundaydılar.

"ABS ile gerçekten sorun olmaz değil mi? Hem de böylesine ucu ucuna bir zamanlamayla" diye mırıldandı Tatsuhana, tele-toplantı için kullanılan telefonu kapatırken.

"Bak Co, gitmene bir şey demem ama dikkatli ol. Helen King Tokyo'ya atanmadan önce New York'tan dışında hiç çalışmamış, 'uçsuz bucaksız Amerika'nın bir taşralısı'. Dünyanın merkezinin Wall Street, geri kalanının da barbarların ülkesi olduğunu sanıyor. Onun her dediğine güvenirsen, başına kötü şeyler gelebilir" dedi Hildreth, telefonun durduğu masadan kalkarken.

"Biliyorum. Fakat bu işteki üstlenme komisyonu iki milyon dolar. Herşey yolunda giderse üç milyon doların üzerine de çıkabilir. Az çok sorun çıkmasını göze aldım."

Üstelik Fukoku Bankası'nı yerin dibine sokmak için mükemmel bir fırsat.

Tatsuhana'nın gözleri avına bakan bir yırtıcının gözleri gibi çakmak çakmaktı.

Tatsuhana'nın bindiği British Airways uçağı Macaristan hava sahasından geçerken şiddetli rüzgâr yüzünden şiddetle sarsılmaya başladı. Kadın yolcular çığlık atıp, yaşlı bir Türk Müslümanlara özgü tesbihini elinde sımsıkı tutarak dua etmeye başladı.

Hah. Şu kadar sarsılmayla korkmayın hemen. Bu uçak en yeni model Boeing 757. Üstelik yaptığı kazaların sayısı çok az olan Biritish Airways. Hem de, sizin yanınızda talihi güçlü bir adam var: ben!. Bu uçağın düşmesine imkân yok!.

Tatsuhana emniyet kemerini yeniden taktı. Londra'da uluslararası finans dünyasına gireli on iki yıl olmuştu. 1988 yılında İskoçya Lockabee'de meydana gelen Pannam uçağının yere çakıldığı kazada Citibank'tan bir tanıdığı öldüğü gibi, Hollanda ING Bankası'nın Vietnam'da görevli elemanları gibi çok sayıda uluslararası finans çalışanı uçak kazalarında yaşamını yitirmişti. Tatsuhana binden fazla kez uluslararası hatlarda yolculuk yapmıştı. Ensesinden soğuk terlerin boşalmasına neden olan anlar hiç de az değildi. İki kez acil iniş deneyimi de olmuştu. Dört yıl önce Afrika'da bindiği küçük bir uçak inişte arızalanmıştı ama talih eseri irtifa pek fazla olmadığından ve düştükleri yer de iniş pistinin hemen önündeki sazlık olunca, tek bir sıyrık bile almadan kurtulmuştu.

O an nasıl hayatta kaldığımı bilemiyorum. Bir daha asla öyle eski ve küçük bir uçağa binmem.

Şampanya bardağını hafifçe eğerek, acı bir gülümseme takındı.

Yaklaşık bir saat sonra, uçak sorunsuzca İstanbul Atatürk Havalimanı'na indi.

Tatsuhana evrak çantasını ve takım elbiselerini koyduğu bavulu iki elinde taşıyarak pasaport kontrol yerine yöneldi.

Türkiye'ye girişte Japonlar vizeden muaftı.

Tatsuhana'nın göğüs cebinden çıkarttığı tek boynuzlu at (unicorn) ve arslanın İngiliz kraliyet ailesi Windsorların armasını iki yandan desteklediği motifin altın renginde bezendiği, gül kurusu kırmızısı İngiliz pasaportuydu. İngilizler 10 pound ödeyerek vize almak zorundaydı. 10 yıl kadar önce Türklerin İngiltere'ye girişlerinde haksız işlemlere tabi tutulmasına karşı bir misillemeymiş.

Ortadoğu ülkeleri olsa bunun tam tersi olurdu. Japonlardan vize istenir ama İngilizler vizeden muaf.

Tatsuhana dilini şaklattı. Lacivert ya da kırmızı kaplı pasaportlarıyla Japon turistlerin pervasızca pasaport kontrol kuyruğunda sıralanışına bakarak, vize başvuru kontuvarına doğru ilerledi.

"Mr. Tatsuhana."

Teklifi okumayı tamamlayan Tomita Otomotiv Türk mali işler bölümü müdürü Dişli'nin suratı asılmıştı.

"Buyrun?" diye yanıtladı Tatsuhana, kötü bir şeyler olacakmış gibi bir hisle.

"Bu söz konusu olamaz."

"Ne dediniz!?"

"Tomita Otomotiv Türk ABS çıkaramaz."

"Neden!?" Tatsuhana içindeki panik duygusunu soğunkanlılıkla bastırdı.

"Şirketimizin Türkiye ve ülke dışındaki bankalardan aldığı krediler var."

"Bunu biliyorum ama..." dediği anda farkına vardı.

Hapı yuttuk!

Tatsuhana'nın yüzünde beliren değişikliği gören Dişli "Farkına varmış olmalısınız. Hali hazırdaki kredi sözleşmelerimizin tamamında menfi rehin maddesi var" dedi.

Menfi rehin maddesi, krediyi veren tarafın oluru alınmadan, borçlunun kendi malvarlığını güvence olarak göstermesini yasaklayan maddelerdir. İhracat geliri senetleri de buna dahildir ve ABS güvencesi olarak gösterilmesi bu maddeye takılır.

"Biz de önceden ABS üzerinde düşünmüştük. Fakat menfi rehin maddesine takılması yüzünden vazgeçtik."

Bu olmadı işte, hem de hiç olmadı!

Tatsuhana paniğe kapılmamak için kendini zor tutuyordu.

"Fakat söz gelişi ABS çıkartarak, bununla şu anki kredi borçlarınızı temizlerseniz sorun kalmaz." Büyük bir çabayla soğukkanlı görünmeye çalışıyordu.

"Onu da düşündük. Fakat çok sayıda bankayla gerçekten iyi ilişkiler yürütüyoruz. Bankalar açısından da sadece finansman konuları değil, ihracat ve ülke dışı hisse senetleri gibi farklı alanlarda iş yapabildikleri Tomita Otomotiv Türk iyi bir müşteri. Şu anki *bilateral* kredilerin fiyatı ABS'den çok daha ucuz."

Hiç tahmin etmediği bu yanıt karşısında Tatsuhana söyleyecek söz bulamamıştı.

"Mr. Tatsuhana. Bugün artık Cuma. Gelecek hafta başında 150 milyon dolarlık finansmanı hangi bankadan isteyeceğimizi merkezimizin onayına sunmamız gerekiyor. Maalesef bu kez, Drexler için müddet doldu."

"Biraz durun!" dedi Tatsuhana, can havliyle. "Bugün henüz sabah 10'u yeni geçti. Akşama kadar vakit var. O ana kadar bekler misiniz? Bir şekilde hallederiz!"

"Akşama kadar, eh…"

"Siz yine de bekleyin! Mutlaka kredi teklifini getiririm!"

Devasa yatırım bankasının yönetici müdürlüğü gururunu ayaklar altına alarak Dişli'den ricada bulunduktan sonra, Tatsuhana taksiye atladı.

Taksi, İstanbul'un ana trafik hatlarından biri olan Cumhuriyet Caddesi'nde ilerliyordu. Otobüs ve otomobillerin boşluk bırakmayacak şekilde kaplayarak aktıkları geniş bir caddeydi. Ara refüjdeki ağaçların yaprakları tozla kaplanmıştı. Fakat, Tatsuhana dışarıdaki görüntüye bakacak durumda değildi.

Sinirle cep telefonunun panelindeki rakamları tuşlayıp, Tokyo'daki Helen King'e ulaştı.

"Oo, Co! Nasıl gitti? Dişli sorun çı..."

"Seni aptal !" Tatsuhana'nın kızgın sesi yankılandı. Helen King anında sustu.

"Neresi ABS!? Şu an süren kredilerin menfi rehin maddesi durumunu sormadan o şapşalca teklifi nasıl hazırlarsın!? Şirketler finansman bölümü müdürü duysa küplere biner!"

"Hayır ama ben konuştuğumda Dişli gerçekten ..." Helen King paniğe kapılarak, aklına gelen her şeyi yalan da olsa bahane etmeye başladı.

"Kes artık!"

Helen King tekrar sessizleşti.

"Herneyse ABS ile olacak iş değil! Bu durumda kredi yoluna gitmekten başka çare yok."

"Krediye gireceğiz diyorsun da yetişir mi? Bugün son gün değil miydi?"

"Öyle. Bugün son gün!"

Salak kadın! Sen aptalca işlere kalktın diye başıma bunlar geliyor!

"Her neyse, kredinin üstlenilmesi için Londra kurulunun onayı lazım."

"150 milyon dolarlık bir rakamı sen kendi yetkin dahilinde çıkaramaz mısın? Tam yetkili iki müdürden biri değil misin?" dedi Helen King arsızca.

"Aptal! Rakam sorunu değil. Bu sermaye aslında..." diye konuşmaya başlamıştı ki, Tatsuhana bir an konuşmanın kayıt edildiğini anımsadı. Yatırım bankalarında telefon görüşmelerinin tamamını kayıt etme sistemi vardır.

"Helen, kusura bakma ama buradaki telefon pek iyi çalışmıyor. Cep telefon numaranı verir misin? Sana hemen dönerim."

Cep telefonları görüşmelerinin kayıt edilmesi söz konusu değildi. Helen King hemen cep telefonuna çıktı. Tatsuhana ahizeye doğru bağırmaya başladı.

"Helen, bana ne garezin var da böyle boktan bir işi kendi yetkimle almamı söylüyorsun!? Para İran'daki fabrika inşaatı için kullanılacak! Eğer anlaşılacak olursa benim kellem uçar!"

"....."

"Her neyse, acilen kurul toplanma talebi yazarak e-posta ile üyelerin tamamına gönder. Yoksa zamanında yetişmez."

"Ama Londra şubesi şirketler finansman bölümü müdürü annesinin cenaze töreni için dünden beri Boston'da."

"Ne!?"

"Off, ne yapsak!? Bu halde kurulu toplamak imkânsız."

"Dur biraz! Hemen panik olma!... Bak, beni iyi dinle. Ne yaparsan yap, o tipi bul. Annesinin cenazesiymiş, dedesinin boşanma duruşması varmış farketmez. Londra'daki sekreteri nerede olduğunu biliyordur. Bir şekilde yakalayıp kurulu topla. İki milyon doların üzerinde komisyon söz konusu. Adamı yakala! Ne yap, ne et, yakala!"

Tatsuhana gürlüyordu.

Helen King'den gelen telefon üzerine Londra'daki şirketler finansman bölümü çomak sokulmuş arı kovanına döndü.

Kurul Londra saati ile öğleden sonra ikide toplanacaktı.

O saate kadar kurul üyelerinin tamamını yakalamak gerekiyordu. Şirketler finansman bölümü sekreterleri canla başla üyelerin peşine düştüler.

Şirket dışında toplantısı olan üyelere acilen toplantılarını iptal etmeleri söylendi; Karayiplerdeki sayfiye evinde tatilde bulunan üyeye yat gezisi iptal ettirilip Londra saati ile 13:30'da telefonun başında olması emredildi; Batı Afrika'da müşteri ile toplantı halindeki üyeden cep telefonunun sürekli açık tutması istendi. Şirket finansman bölümü müdür Boston'daki banliyöden mezarlığa giden cenaze arabası içerisinden toplantıya katılacaktı. İçlerinden hiçbiri itiraz etmemişti. Amerikan yatırım bankalarında iş alınırken, para kazanmak yaşamın en önemli sorunu olurdu. 1 milyon doları aşan yıllık gelire, insanların gözlerinden uzak çekilen sıkıntılar ve ailelerinin gözyaşlarının bedeli de dahildi. Yatırım bankasında bedel biçilemeyecek hiçbir şey yoktu.

Londra saati ile 12:00'ı henüz geçmişti. Helen King Tokyo şubesinin finans bölümü çalışanlarının tümünü seferber ederek hazırlattığı üstlenme talep belgesi e-posta ile üyelerin tamamına ulaştırıldı.

Londra saati ile 13:30. Londra şirketler finansman bölümü sekreteri British Telecom ürünü bumerang şekilli tele-toplantı telefonunda dünyanın çeşitli yerlerinde bekleyen üyelerin numaralarını tek tek tuşlamaya başladı. Bu telefon kullanıldığında tüm üyeler sanki bir masanın etrafındaymış gibi konuşulabilir. İstanbul'da saat 15:30, Amerika doğu sahilinde öğleden önce 10:30, Tokyo'da ise 21:30. Tokyo'da şirketler finansman bölümü çalışanlarının büyük kısmı ofiste hazır bekliyordu.

"Kapatmadan bekleyiniz." Herkese ulaştığında sekreter aynı cümleyi tekrarlıyordu.

Londra saati ile 14:00'ı biraz geçmişti ki, son kişi "Hi! This is Paul from treasury. I'm on the line (Merhaba! Ben mali işlerden Paul. Hattayım)" dediğinde tüm üyeler bağlanmış oldu.

İlk olarak Tokyo'da bulunan Helen King işle ilgili açıklamayı yapmaya başladı.

Çoktan sakinleşmiş, çiçek sularmış gibi bir rahatlıkla net olarak açıklamasını sürdürüyordu. Ancak, sermayenin kullanımı kısmını, Türk lirası bazlı kredinin maliyetinin yüksek olması nedeniyle Amerikan doları bazlı sendikasyon kredisine başvurulduğu şeklinde geçiştirdi.

Ardından, İstanbul'da bulunan Tatsuhana ile Londra'daki Hildreth, sendikasyon kredisi piyasası ile ilgili yorumlarını dile getirip, fiyatla ilgili olarak Avrupa Kredi sendikasyon bölümünün sorumluluğu altında tam rakamı üstlenmeyi önerdiler.

Daha sonra konuşan Londra araştırma bölümü müdürü oldu. Her zaman, öyle olmaz, böyle olmaz diye işi yokuşa süren sinsi ve ayrıntılara takılan Amerikalı bir adamdı.

"Türkiye ile ilgili endişelerimiz olmadığını söyleyemem ama..." Tatsuhana Pera Palas Oteli'nin odasında ahizeyi kulağına yapıştırmış yutkunuyordu. "150 milyon dolar,

Türkiye'de bir iş için normal bir üstlenme rakamı ve sorun olmasa gerek." Bunu duyduğu anda rahatlamıştı. "Ancak, satış konusunda titizlenmenizi rica ediyorum. Altı ay içerisinde şirketimizin konumunu 10 milyon doların altına çekin."

"Tamam, anlaşıldı. Satabileceğimiz rakamla işi alırız" diye yanıtladı Hildreth.

O an, telefonun öte tarafından porselen bir şeylerin tıkırdama sesi Tatsuhana'nın kulağına ulaştı. Kulak verdiğinde kadın sekreterin "Coffe, or tea? (Kahve ya da çay?)" diye soruşunu duydu. Herhalde Londra'da tele-toplantıya katılanlar içecek servisi yapılıyordu.

"Give me tea please! (Bana çay, lütfen!)"

Boston banliyösünde ilerleyen cenaze arabasındaki şirketler finansman bölümü müdürünün espriyi patlatması üzerine toplantıya katılanlar arasında bir dalgalanma oldu.

Daha sonra bazı sorular çıktıysa da Tomita Otomotiv Türk gibi iyi bir şirketin borçlanması söz konusu olduğundan, tartışma Türkiye devletinin riski üzerinde yoğunlaştı. Sermayenin nereye kullanılacağını soran kimse olmadı. Herkesin, acilen çağırıldıkları toplantıyı bir an önce bitirmek istemesi büyük şanstı.

30 dakika sonra kurul tam rakamın üstlenilmesini onayladı.

Telefonu kapatan Tatsuhana, aceleyle dizüstü bilgisayarında teklifi hazırlamaya başladı.

Dizüstü bilgisayarında şablonlar olduğundan, sadece yirmi dakika içerisinde teklifi hazırlamayı başardı. Tatsuhana, dizüstü bilgisayarını telefona bağlayarak, teklifi Dişli'nin numarasına faksladı.

"Mr. Dişli, şimdi size kredi teklifimizi gönderdim. Hemen çıkıp yanınıza geliyorum." Durumu telefonla Dişli'ye bildirir bildirmez, yanıtını beklemeden otel odasından dışarı fırladı.

Amma da yoğun bir gün be! Lanet olsun!

Otelin merdivenlerinden uçarcasına inerken Tatsuhana söyleniyordu.

Türkiye saatiyle 16:30'da Tatsuhana, Tomita Otomotiv Türk ofisinde Nonomiya ve Dişli'nin karşısındaydı. Tomita Otomotiv merkezinde bölüm şefi olan ve Tomita Otomotiv Türk'ün işletme ve mali işler sorumluluğunu yürüten Nonomiya'ya, Tokyo'daki Helen King görüşmeye mutlaka katılması için ricada bulunmuştu. İki adamın elinde Tatsuhana'nın gönderdiği yeni teklifin çıktısı vardı.

"Cuma gününün bu geç saatinde kusura bakmayınız. Az önce gönderdiğim teklifte olduğu gibi, Morgan Drexler 150 milyon doları tam rakam olmak üzere Libor artı 425 baz ile üstlenecek."

"Bay Tatsuhana. Bu fiyatınızda faiz rakamı olarak Libor artı 325'i anlayabiliyorum ama üstlenme komisyonu olarak 350 puan aşırı yüksek" dedi Dişli.

Sendikasyon gücü olan Amerikan bankaları, tamamını katılımcı bankalara verdiği faizi olabildiğince düşük tutar, kendilerinin tamamını götürecekleri üstlenme komisyonunu olabildiğince yüksek tutarlar. US Atlantic Bank kökenli Dişli, Drexler'in en az 200 baz puanlık (%2) komisyon şeridi çekme niyetinde olduğunu çıkarsamıştı. 150 milyon doların %2'si reel olarak üç milyon dolar eder.

"Katılımcı bankalar faizden ziyade, imza sonrasında hemen ellerine geçecek komisyona bakarlar. Komisyonu yüksek tutarak finans grubunun oluşturulmasını garanti altına almak bizim stratejimizdir."

İşte tam bir Amerikan yatırım bankası. Surat derileri kalın olur, utanma nedir bilmezler.

Dişli'nin yüzünde aşağılayıcı bir ifade belirmişti.

"Bay Tatsuhana, teklifiniz için çok teşekkür ederiz ama dürüstçe söylemek gerekirse fiyat hala diğer bankalardan biraz yüksek." dedi Nonomiya, Japonca. Japonca anlamayan Dişli, aniden konuşmanın dışında bırakılınca suratını astı.

"Hmm..." Tatsuhana da Japonca yanıtladı. "Diğer bankalardan yüksek ha?... Şu diğer bankaların fiyatı ne acaba? Eğer söylerseniz daha düşük bir rakama çekebiliriz belki" dedi utanmadan.

"Öyle mi!? Eh, Fukoku Bankası'nın fiyatı..." Nonomiya parmağını diliyle ıslatarak not sayfalarını çevirmeye başladı. İki adamın Japonca konuşmaları içerisinde geçen tek tük İngilizce sözcüklere ve Nonomiya'nın hareketlerine bakarak Dişli paniğe kapıldı.

"Bay Nonomiya, Fukoku Bankası'nın fiyatını söylemek niyetinde misiniz yoksa !?"

"Öyle ama?"

"Orada biraz durun! Bu gibi görüşmelerde diğer bankaların fiyatını söylemek kurallara aykırıdır."

"Neden? Öyle bir yasa mı var yoksa? Açıklarsak daha ucuz bir fiyat verebileceklerini Mr. Tatsuhana söylediğine göre, bizim için daha avantajlı değil mi?"

"Sorun o değil! Söz konusu olan avantaj, dezavantaj değil! Bu yapmaya çalıştığınız bu alemde kabul edilemez bir şey!" Canla başla açıklamaya çalışıyordu ama Nonomiya anlayacak gibi değildi.

"İşte ben de bunun nedenini soruyorum!" Nonomiya sinirlenmeye başlamıştı.

İki adamın bu halini Tatsuhana içten içe gülerek izliyordu.

Bu Nonomiya denen adam uluslararası finans konusunda hiçbir şey bilmiyor. Buraya gelmeden önce Japonya'da bir yerlerdeki fabrikada vardiya şefliği falan yapmıştır herhalde. Şu işe bak!

"Böyle bir şey yapmanız Fukoku Bankası için haksızlık olur" dedi Dişli.

"Bu bir iş. İş dünyasında karşılıklı olarak isteklerin açıklanması ve kendin için biraz bile avantajlı bir ortam sağlamak kurallardan biri değil midir?"

"Yapılabilecek şeyler ve yapılmayacak şeyler vardır. Bizim bir bankadan aldığımız teklifin içeriğini başka bir bankaya söyleyerek, biraz bile kendimiz için avantajlı bir teklif almaya çalışan borçlu olduğumuz gibi kötü bir imaj oluşacak olursa, artık hiçbir banka bizi adam yerine koymaz."

"Hmm. Bu durumu bilen sadece Morgan Drexler. Bu konuyu Morgan Drexler'in diğer bankalara sızdırması söz konusu olmaz. Değil mi Bay Tatsuhana?"

"Elbette" diye yanıtladı Tatsuhana sıkılmadan. Dişli'nin yüzü iğrenç bir böceği ısırmış gibi bir hal almıştı.

"Bay Tatsuhana, Fukoku Bankası'nın fiyatı...." diye konuşmaya başladı Nonomiya. Dişli'nin yüzünde bıkkın bir ifade belirmişti. Yerel çalışanlardan birinin Japonya merkezden gönderilen biriyle zıtlaşmasının da sınırı vardı. "Üstlenme komisyonu 140 baz puan, faiz Libor artı 375 puan."

"Haa, tamam. Yani herşey dahil Libor artı 415" dedi Tatsuhana, yalanırmış gibi bakışlarla. Gözleri, nihayet avının sırtına atlamak üzere olan bir yırtıcının sevinciyle dolup taşıyor gibiydi. Hemen sonraki an, piyasa koşullarını aklından geçirip, Drexler'in elde edeceği kârı anlık olarak hesapladı.

"Anlaşıldı. O zaman bizim teklifimizi üstlenme komisyonu 367.5, faizi Libor artı 300 yapalım. Böylelikle herşey dahil 405 olur."

"Oo, buna müteşekkir kalırız. Öyle yapalım. Merkeze açıklaması da kolay olur." Nonomiya, merkezin işletme politikası paralelinde bir iş yaparak tatmin olmuş gibi bir yüz ifadesi takınmıştı.

Dişli, üstlenme komisyonu yüksek Drexler teklifinin, reel değerler kullanılarak analiz edildiğinde halen Fukoku Bankası'nın teklifinden daha pahalı olduğunu düşündüyse de Nonomiya ile tartışma isteğini kaybetmişti.

"Öyleyse, Bay Nonomiya, az sonra otelden yeni fiyatlı teklifimizi fakslarım. İşbirliğiniz için teşekkürler."

"Tamam, oldu. Vekalet akdini önümüzdeki haftanın ilk yarısında vermiş oluruz."

Tatsuhana oturduğu yerden kalkınca Nonomiya'yı yerlere kadar eğilerek selamlayıp, Dişli'ye "Birlikte çalışmak zevkli olacak" diyerek sağ elini uzattı. Dişli, korkutucu bir yüz ifadesiyle Tatsuhana'nın elini sıktı.

Otel odasına döndüğünde, Tatsuhana dizüstü bilgisayarını açtı.

"Üstlenme komisyonu 367.5, faiz Libor artı 300'le Tomita Otomotiv Türk işi bitmiştir. Resmi vekalet akdini alışımız önümüzdeki haftanın ilk günleri. Lütfen borçluya gönderilecek resmi teklifi hazırlatın ve launch hazırlıklarını başlatın." Hildreth ve Helen King' göndereceği kısa e-postayı dizüstü bilgisayarına bağladığı telefon hattı üzerinden yolladı.

Gönderme işlemi tamamlanınca, Tatsuhana dizüstü bilgisayarını kapattı. Cep telefonunu kapatıp, dizüstü bilgisayarının fişini de çekti. Kapının dış koluna 'rahatsız etmeyin' yazılı uyarıyı astı. Yorulmuştu. Artık, kimseyle konuşmak istemiyordu.

Çantasından cin şişesini çıkarıp, otelin bardağına boca etti.

Bir dikişte yarısını içince, nihayet kendini iyi hissetmeye başladı. Her ne kadar alıştıysa da karşılıklı gidip gelen sözcüklerin her birinde yapılacak işin kaderinin bağlı olduğu görüşmeler gerilmesine neden oluyordu. Komisyonun iki, üç milyon dolar olduğu bir işte bu gerilim daha da artıyordu.

Ölümcül bir hastalığın verdiği gibi anormal bir baskı. Morgan Drexler'e geçtikten sonra Tatsuhana'nın içki miktarı ani bir artış göstermiş, içkiye dayanıklılığı artmıştı. İçkinin gün geçtikçe vücudunu erittiğini anlıyordu ama bırakamıyordu.

Cinle ıslanan dudaklarını sol elinin sırtıyla silerek, bardağını tekrar doldurdu.

Gözlerinin önündeki Boğaz manzarası gecenin karanlığına gömülmeye başladı Karşı kıyıdaki camiler ve evler karanlık silüetler haline geliyordu. Gökyüzü aşağıdan yukarıya doğru, mor, kırmızı, pembe, sarı, uçuk yeşil ve mavi tonlarına bürünmüştü, en yukarısını derin denizler gibi bir lacivert kaplamıştı.

Günbatımını izlerken, ne zaman olduğun anlayamadan içi bir yalnızlık duygusuyla dolmuştu. Aşırı gerildiği anlardan sonra hep böyle olurdu. Kurumuş yüreği kurtuluşu arardı. Bunu içkiyle uyuşturmaktan başka, Tatsuhana'nın bildiği bir çare yoktu.

Cin bardağını sağa sola yatırarak, ajandasını öylesine kurcalarken, küçük bir kağıt parçası düşüverdi.

Bu kağıt parçası da neyin nesi?

Yerden alıp, sarhoşlukla dönmeye başlayan gözleriyle kağıda baktı.

Tatsuhana'nın tüm malvarlığının yazılı olduğu bir kağıttı. Yurtdışı iş gezileri yoğun bir işte çalıştığından, başına bir şey gelecek olursa diye Miçiko'ya yazmıştı.

Bilinçaltında Miçiko ile birlikte geçirdiği günler canlanmaya başladı.

Beslediği kedi öldüğünde, bahçenin bir köşesine gömüp, mavi çiçekler bırakarak uzun uzun avuç içlerini birleştirerek rüzgâra karşı duruşu...

"Bugün çok iyi birşey oldu!" Sevinç içerisinde eve dönen Miçiko'nun yüzü... "Piyango mu vurdu?" diye sormuştu Tatsuhana. "Öyle bir şey değil. Çok daha iyi bir şey... Arkadaşımın bebeğini görmeye gittim. Bebek erkekti. Gerçekten çok şirindi."

"Co. Her zaman güçlü görünmeye çalışıyorsun ama aslında nazik, kırılgan bir insansın."

Bir süre sonra, Tatsuhana düşüncelere daldığının farkına varıp şaşırdı.

Bana ne oluyor böyle!? Lanet olsun! Bu kağıt parçası da neyin nesi? Talihim güçlüdür!

Miçiko'nun yüzünü kovalamaya çalışır gibi kağıt parçasını yırtıp, cini kafasına dikti.

Ruh halini değiştirmek için çantasından puro çıkarttı. Kokusuna baktıktan sonra yakıp, dumanını üflemeye başladı. İçki ve puro yüzünden bilinci bulanıklaşmaya başlamıştı. Bardağına yeniden cin doldurup kafasına dikti. İçkiye gereksinimi olan vücudu değil, zihniydi.

Tatsuhana, tüm vücudu alkolle uyuşup, bilincini yitirene kadar içmeye devam etti.

Ertesi sabah saat altıda kalktığında boğazı dili damağına yapışacak kadar kurumuştu. Masanın üzerinde boş cin şişeşi yuvarlanmış, puro izmaritleri tepecik oluşturmuştu.

Tatsuhana hafif başağrısına aldırmadan, otel hesabını kapatıp bir taksi çevirerek havalimanına yöneldi.

Sabah 08:05 British Airways 675 sayılı uçağının Business Clas koltuğuna oturup, hostesten gazete istedi.

Gazeteyi açtığı anda, Tatsuhana'nın başağrısı uçup gidiverdi.

"*BMJ announces TOB for Morgan Drexler* (BMJ, Morgan Drexler'e karşı şirket ele geçirme amaçlı hisse satın alımına girişeceğini açıkladı)"

O karayılan leşi gibi uğursuz harfler Tatsuhana'nın gözüne ilişivermişti.

4.

Uçak Londra Heathrow Havalimanı'na inip, Tatsuhana cep telefonunun açış düğmesine bastığı anda çağrı zili çaldı. Tatsuhana, varış lobisine kadar olan dar koridorda yürürken telefonu kulağına yaklaştırdı.

"Co!" Arayan Hildreth'ti.

"Tam bir felaket! Gazeteyi okumuşsundur."

"Elbette. Şimdi neredesin?"

"Heathrow Havalimanı'nın dördüncü terminalinde."

"New York'ta acil durum değerlendirme toplantısı yapılacak. 10:30'da kalkan BA 001 sayılı concorde'da yer ayırttık. Hemen uçağa atla."

"Tamam."

Telefonu kapatıp başını kaldırdığında, burnunun ucunda "BA675, Mr.Tatsuhana" yazılı plaka tutan yer hizmetleri görevlisi adamı gördü. Kendisini tanıtınca, adam nazik hareketlerle Tatsuhana'nın eşyalarını aldı, önüne geçerek dördüncü terminaldeki concorde biniş kapısına kadar eşlik etti.

Dar concorde'a girdiğinde, Hildreth çoktan gelip kül rengi deri kaplı koltuğa oturmuştu bile. Tatsuhana'yı görünce yüzünde bir rahatlama ifadesi belirdi.

"Zamanında yetiştin. Aktarma yapacak zaman kısaydı diye endişelenmiştim."

"Bu uçuş saat kaçta New York'a ulaşıyor?"

"Sabah 9:20'de JFK'ye iniyor."

Kolundaki saat Londra saati ile öğleden önce 10:30'u gösteriyordu. New York ve Londra arasında beş saatlik bir zaman dilimi farkı vardır ama Atlantik Okyanusu'nu üç saatte geçen concorde yerel saatle yola çıktığı saatten daha erken bir saatte hedefine ulaşır.

"Öyleyse saatleri biraz geri alacağız... Amerikan şirketleri, maaş ve diğer ödemeler konusunda dünyada en iyi durumdadır ama elemanlarını ölesiye çalıştırma konusunda da üstlerine yoktur. Bir de bu *concorde*. Hatta e-posta, cep telefonuna sesli mesaj... Modern teknolojinin gelişmesi sayesinde iyice köleler haline geldik. İnsan, vücudu kendinin mi değil mi anlayamaz hale geliyor."

"Chaplin'in 'Modern Zamanlar'da kehanette bulunduğu makinaların insanları kullanacağı zaman 60 yıl gecikmeli olarak geldi. Bu lanet olası makinaların tamamını fırlatıp atıp Devon'daki taşra evine taşınmayı istememi anlayabiliyor musun?"

Hildreth'in sözleri karşısında, Tatsuhana'nın yüzünde buruk bir gülümse belirdi.

"Fakat bu Beneditti denen herif, akla hayale gelmeyecek bir hamle yaptı. Ligin zirvesindeki Drexler'i o zayıf haliyle alt etmeye kalkmasının mantığını anlayabilmek mümkün değil."

"Günümüzdeki M&A'da artık mantık arama. Sadece bir para oyunu. Yatırımcılar ve ticaret bankaları para kazandıktan sonra şirketlerin geleceğinin ne olacağına hiç bakmazlar. Onun için de onların gözünün önünde en kalın havucu sallandıran oyunu kazanır. Beneditti'nin teklifi de tam öyle kalın bir havuç."

"Öyleyse, sağlam bir mücadele ortaya koymazsak, kellemiz uçacak demektir."

Kısa bir süre sonra concorde havalandı.

Hız yapabilsin diye dart oku şeklinde yapılan uçağın içi dardı. 100 kişilik sabit yolcu sayısı jumbo-jetlerin ancak dörte biriydi. Koridorun iki yanında ikişer kişilik olarak yerleştirilen koltuklar jumbo-jetlerin business-class koltuklarından daha dardı. Uçağın ön tarafındaki duvar kısmında dijital hız göstergesi sayesinde hızın gittikçe arttığı anlaşılıyordu. Oldukça yüksek bir hız ve dik açıyla havalanıyordu ama uçağın içerisinde pek hissedilmiyordu. Az sonra uçağın saatteki hızı

1600 kilometreye ulaştı ve ses hızı duvarını kolaylıkla aştı. Göstergedeki hız 2000 kilometreye yaklaşıyordu.

"İnsan ses hızının iki katıyla yirmi bin metre yükseklikten uçuyor... Bu tanrıyı bile umursamayan bir icat" dedi Hildreth, şaka olduğu bile anlaşılmayan bir ses tonuyla.

Lüks uçuş yemekleri dağıtılmaya başladı. Hosteslerin verdiği şarap listesinde yüksek kalite Fransız şarapları diziliydi. Yemek bitince, şık bir kutuya konmuş uçuş hatırası olarak deriden yapılma isimlikler yolcuların her birine dağıtıldı. Gezmek isteyen yolcular dönüşümlü olarak kokpite girerek, uçuş hatırası renkli kağıtların üzerine kaptan pilotun imzasını alıyorlardı. Erken kalkmış olan Tatsuhana ve Hildreth hafif bir uykuya daldılar.

"Wall Street'e kadar lütfen."

Planlandığı saatte New York JFK (John F. Kennedy) Havalimanı'na inen concorde'dan inip, ülkeye giriş işlemlerini tamamlayan Tatsuhana ve Hildreth terminal binasından çıkınca taksi şöförüne gidecekleri yeri söylediler.

Hafiften kirlenmiş devasa bir kutu görünümündeki Ford marka büyük taksi.

Siyah naylon kaplı koltukların üzerinde şikayet ya da kayıp eşya bildirmek için taksi numarasının yazılı olduğu kartlar atılmıştı. Yolcuların dokunmaları ve sökülmüş etiketlerin iziyle kirlenmiş kalınca sert plastik yolcu koltuğuyla şöför koltuğunu ayırıyordu. Şöför bir Arap'tı, koyu sakallarıyla bir teröristi andırıyordu.

Japonya ve Avrupa'da görmeye alışmadıkları büyük arabaların akışına dalıp, iki yanlarında kararmış kiremit binalar ve terkedilip çamları paramparça olmuş fabrikalara bakarak, geniş ve çukurlarla dolu yolda yirmi dakika kadar ilerlediler. Nihayet, Manhattan'ın gökdelenleri göründü. Önce gözlerine ilişen Hollywood filmlerinde King Kong'un tırmandığı şehir merkezi 33. adada yükselen 102 katlı Empire State binası oldu. Sol taraflarında Dünya Ticaret Merkezi'nin dört köşe ikiz kuleleri görünüyordu. Taksi 1883 yılında inşa edilen Brooklyn asma köprüsünden geçip, Manhattan Adası'na ulaştı.

Wall Street, Manhattan Adası'nın güney ucunda yer alır.

Doğu ucu New York Körfezi'nin yukarı kısmına akan East Nehri'yle buluşur. Kahverengi bulanık akan nehir yazın sabah güneşi ile parlıyor, üzerinde av peşinde dolaşan beyaz martı sürüsü uçuşuyordu. İskele yakınlarında yelkenliler, sahil güvenlik botları, kılavuzlar, feribot gibi farklı türden deniz araçları demir atmıştı. Yakındaki Fulton Caddesi'nde balık pazarı vardır, çevresine çiğ balık kokusu saçıyordu. Ünlü yatırım bankası Goldman Sachs'ın efsane adamı, büyük hissedarı Sydney Weinberg'in on yaşlarında gazete satısı olarak çalıştığı Manhatta Adası ile Brooklyn arasında gidip gelen feribotların limanı da bu yakınlardaydı.

East nehri'ni arkanıza alarak baktığınızda günümüz kapitalizminin kalesi yükselmektedir. Wall Street uzunluğu 300 metre kadar olan dar bir caddedir. Kurşuni renkteki devasa binalar birbirini desteklercesine her iki yanda yükselmektedir. Citibank, Charles Schwab başta olmak üzere, devasa finans kuruluşları iki tarafta sıralanmıştır, Nassau Caddesi ile kavuştuğu köşede New York Borsası bulunur. Kartal sembollü Barkley's Bank, kirden kararmış Bank of New York'un taş binası, ortaklığın gizemli peçesine sarınmış köklü yatırım bankası Brown Brothers'in antika görünümlü kiremit duvarlı binası. Normalde caddenin çeşitli yerlerinde yıldız motifli bayraklar salınır ve semti canlı mavi ve kırmızı renklerle bezerler ama Cumartesi günleri Wall Street'te ölüm sessizliği hakimdir. Çok az insan geçer, beyaz saçlarını uzatmış dilenciler çöp kutularını karıştırır.

Dilenciler dışında caddede yürüyenler tatil günlerinde de çalışan menkul satışı komisyoncularıdır. Yaşları otuzların ortalarında genç insanlar çoğunluktadır. Yönetici müdür olma sevdasıyla tatil günlerini feda etmektedirler. Uzun ya da kısa pantolon, polo tişört gibi rahat giysiler içerisindedirler ama gümüş rengi çerçeveli gözlükleri ve muntazaman yapıştırılmış saçlarıyla, bir bakışta iş dünyası insanları oldukları anlaşılır. Yüzlerinde ortak bir gerilim, tedirginlik vardır. Menkul satışı komisyoncularının bunlardan kurtuldukları anlar, imza törenleri ya da büyük bir iş bağladıktan sonraki birkaç saattir. Sonunda coşku geride iz bırakmaksızın kaybolur, tekrar endişe ve tedirginliğe gömülürler. Bu emekli olacakları güne kadar devam eder.

Morgan Drexler'in New York'taki ana binası Wall Street'in merkezinde, 66. adaya tepeden bakarcasına yükselen 50 katlı bir binadır. Zeminden beş kat yüksekliğe kadar Yunan Parthenon Tapınağı gibi mermer sütunların sıralandığı göz kamaştırıcı bir binadır ama onun üzerinde bol pencereli post-modern bir bina oturtulmuştur. Bu her yanıyla modern teknolojiyle tanrıya kafa tutan Babil Kulesi'ni andırır.

Tatsuhana ve Hildreth ana girişteki altın rengi döner kapıdan girip, enine uzun mermerle yapılmış danışmada kimlik kartlarını gösterdiler. Lacivert takım elbise giymiş iriyarı bir zenci görevli başıyla onaylayınca, iki adam aceleyle danışmanın sol tarafındaki yüksek katlara çıkmak için kullanılan asansöre yöneldiler.

46. katta yöneticilere özel toplantı salonunda Ceo John Heinemann ve diğer sekiz kişilik yönetim kurulunun tamamı ve şirket ele geçirme amaçlı hisse satın alımı TOB stratejisinde ağırlık taşıyan şirketler finansman bölümü, hukuk müşavirliği bölümü başta olmak üzere yaklaşık yirmi kurmay koltuklarına çoktan yerleşmişlerdi. Herkesin yüzünde şaşkınlık,

tedirginlik ve mücadele hırsı karışımı bir ifade vardı. Yurtdışı iş gezilerinden dönen kurmaylar birbiri ardına kapıdan içeri giriyorlardı.

Tatsuhana ve Hildreth salona ulaştıktan az sonra toplantı başladı.

İlk olarak hisse senetleri bölümünün finans kuruluşlarından sorumlu analisti ayağa kalktı. Henüz ancak otuzlarında genç bir adamdı ama Chicago Üniversitesi'nde işletme ve ekonomi alanlarının ikisinde birden doktora yapmış bir dahiydi.

"Beneditti üç yaşındayken İtalyan göçmeni ailesiyle birlikte Amerika'ya gelmiş. Onun davranış kalıplarında sonradan yükselen insanlara özgü, kurumlara karşı şiddetli bir kompleks temel olmaktadır. Bu BMJ'nin işletme yöntemine de yansımaktadır. Söz gelişi..."

Analist Beneditti'nin yaşam öyküsünü anlatıp, Beneditti ile BMJ hakkında yorumlarına başladı. Şavaşa girmeden önce rakibin güçlü ve zayıf yanlarını analiz edip, en etkili mücadele yöntemini kullanmak Morgan Drexler'in tarzıydı. Net ve hiçbir gereksiz yanı olmayan ayrıntılı açıklama bir saatten uzun sürdü.

Analistin açıklaması bitince, yönetim kurulu başkanı John Heinemann söz aldı.

"Satın alma karşısındaki stratejimizin odağı New York'taki şirketler finansman bölümünden Goldburg olacak."

Bu söz üzerine herkes başıyla onayladı.

David Goldburg yakın bir zamanda başka bir yatırım bankasınddan M&A bölümünün başı pozisyonunda Drexler'e transfer olan bir Amerikan yahudisiydi. M&A piyasasının hırçın çocuğu olarak Wall Street'te ün kazanmıştı.

"Goldburg şu an nerede?" diye sordu birisi.

"Skatz&Siegel'da şu an peşinde olduğu işin dökümantasyonu (sözleşme hazırlığı) ile uğraşıyor. Birazdan gelir" diye yanıtladı Heinemann.

Skatz&Siegel şirket satın alımı konusunda uzman bir Wall Street hukuk bürosuydu.

"Ne dediniz!? Kendi şirketi satın alım hamlesi ile karşı karşıya iken hala iş peşinde mi koşuyor? Böyle bir zamanda olacak iş değil!"

"Ne söylesek boş" dedi Heinemann, acı bir gülümsemeyle. "Söz konusu o olduğuna göre, bir yandan dökümantasyonla uğraşırken, bir yandan da BMJ stratejisini düşünüyordur. Bilirsiniz, satın alma manyağıdır.... Haydi, Goldburg gelene kadar, diğer bölümlerin yapılması gerekenler hakkındaki açıklamalarını dinleyelim."

Bu sözler üzerinde hukuk müşavirliği bölümü temsilcisi adam ayağa kalktı.

Normalde neşeli, güleryüzlü genç bir Amerikalıydı ama o bile bugün gergin duruyordu.

"Öncelikle BMJ'nin teklifini reddetmek için yönetim kurulunun toplanması gerekiyor. Onun için, bu Pazartesi New York'da acil yönetim kurulu toplantısı yapılacak."

Masayı çevreleyen adamların gergin bakışları konuşan adamın üzerinde yoğunlaşmıştı.

"Sonra, mümkün olduğunca çabuk hissedarlar genel toplantısı yapmalıyız. Orada Drexler'in tüzüğünü kısmen düzenleyerek, hisse satın alma hakkını şu anki yöneticilerle sınırlı tutar, BMJ'nin sokmaya çalışacağı yeni yöneticilerin satın alma hakkı sahibi olmasını engelleriz."

"Daha sonra yasal taktik olarak, New York Eyaleti Yüksek Mahkemesi'nde iki farklı dava açarız. İlki, Drexler'in teklif için yorumda bulunmasından önce New York Eyaleti Bankacılık Kurulu'nun satın alımı onaylama yönünde harekete geçmiş olması hakkında. İkincisi BMJ'nin satın alım teklifinin yönetim kurulu başkanları Beneditti'nin reel olarak hükmettiği yönetim kurulunda kararlaştırılmış ve BMJ'nin hissedarlar genel toplantısında kara alınmamış olmasını dava ederiz."

"Ayrıca, şirket ele geçirme amaçlı hisse satın alımı TOB'un durdurulması talebinde bulunuruz. Dayanağımız, BMJ'nin kendi sermayesinin küçüklüğü olacaktır. Şöyle ki, satın alımda başarılı bile olsa, yeni bankanın işletilmesi için kendi sermayesinin yetersiz olduğunu vurgular, FRB'nin (Federal Rezerve Bank) şirket ele geçirme amaçlı hisse satın alımı TOB'u onaylama kararının hatalı olduğunu söyleriz."

"Dahası, FRB'ye yönelik girişimlerimizde, Drexler'in danışma kurulu üyesi olan eski New York FRB Başkanı..."

Hukuk müşavirliği bölümü temsilcisinin açıklaması bittiğinde, saat öğle yarısını geçmişti.

Toplantı salonunun kapısı vurulup, sekreterler öğlen yemeği için hamburger, patates cipsi ve içecek getirdiler. Buğular çıkartan bagel ekmekleri tabağa tepelemesine doldurulmuştu. Bagel, maya kullanılmayan Yahudi ekmeğiydi ve insanın kendisini lapa yemiş kadar tok hissetmesini sağlardı. New Yorklu menkul satışı komisyoncuları sabahları bir-iki bagel yer, kahvelerini içer canla başla çalışmaya başlarlar.

"White Knight ne durumda?" dedi birisi, herkes öğlen yemeğiyle meşgul olmaya başlamışken.

"White Knight ile ilgili olarak, şu an İngiltere'nin Lombard Bank yönetim kurulu başkanı ile görüşüyoruz." Yanıtlayan işletme kurulu üyelerinden biriydi. White Knight (Ak Şövalye) rekabet alımına girişen şirkete karşı ortaya çıkarak, güncel yönetici kadrosunu olduğu gibi bırakmak gibi, dostane bir yöntemle satın alan bir diğer şirketi ifade eder. Lombard Bank, Barkley's Bank gibi bankalarla birlikte İngiltere'nin dört büyük ticaret bankasından biriydi.

"Lombard şu son yedi-sekiz yıl içerisinde bireysel ve küçük-orta ölçekli finansman alanında yoğunlaştı ve işleri iyi gidiyor ama yeni yönetim kurulu başkanı Ken Watkins aslında bir menkul satışı komisyoncusu. Tekrar yatırım bankacılığına girme eğilimi var. Ancak, satın alım rakamı çok büyük olduğundan, o ünlü Watkins bile tereddütte."

"Lombard bir şekilde ses verecek mi? O durumda hissedarların dalgalanması da büyük ölçüde durulur kanısındayım" diye sordu Tatsuhana, patates cipsi tabağını kağıt havluyla silerken.

"Henüz resmi bir açıklaması yok ama en azından BBC'ye verdiği röportajda olumlu yorumlarda bulunacak. Resmi açıklamanın yönetim kurulunda değerlendirilmesi gerekiyor. Ayrıca İngiliz bankalarının niyetini de öğrenmemiz gerekiyor" diye yanıtladı John Heinemann.

"Watkins'le satın alım sonrasında Drexler'in idareci kadrosunu değiştirmemesi önkoşuluyla konuşuldu değil mi?" dedi New York hisse senetleri bölüm müdürü, kolasını içerken.

"Elbette. Bizi değiştirecekse, Beyaz Şövalye aramamızın anlamı kalmaz."

Yanıtı hisse senetleri bölümü müdürü başıyla onayladı.

"Onlarda yatırım bankası işletme konusunda bilgi birikimi yok. Bize bırakmaktan başka çareleri yok."

"Bu arada, Watkins'le ne zaman konuşuldu? Ne kadar çabuk! Dün New York'ta BMJ'nin satın alımı açıklaması Londra saatiyle gecenin onunu geçmişti."

"Londra saati ile gece ikiyi biraz geçe telefon ettim. Watkins aslen bizim gibi menkul satışı komisyoncusu. Gece yarısı uyandırılmaya alışıktır" dedi Heinemann, acı bir gülümsemeyle. Sıksık gece yarısı uyandırılmaya alışık katılımcıların yüzlerinde bir gülümse dalgası yayıldı.

"Gazete duyurusu konusuna gelince ..." diyerek basınla ilişkiler bölümü müdürü ayağa kalktı. "FT(Financial Times) ve WSJ (Wall Street Journal)'a ayrıntılı bir açıklama yapılacak. BMJ'nin şirket ele geçirme amaçlı hisse satın alımı TOB planı ve yöneticilik deneyimi açısından bakıldığında yeni bir bankayı idare etmesi olanaksız. Satın alım sermayesi muazzam bir borca dayanacağı için, faiz ödemeleri işletme üzerinde baskı yaratacak, hisse değerlerinin düşmesine yol açacaktır. Bu 1980'li yıllardaki LBO patlaması sırasında çoğu Amerikan şirketinin yaşadığı bir durumdur. Beneditti'nin işletme yöntemini beğenmeyecek, yetenekli elemanların büyük sayılarda başka yerlere transfer olma olasılığı var. Drexler hissedarları BMJ'nin hisse senedi alımı teklifini reddederek, BMJ'nin hissedarları da BMJ'nin bu uçuk planını Beneditti'ye iptal ettirmeleri gerekir. Açıklamanın içeriği böyle."

O sırada kapı sert bir hareketle açılarak şişman bir adam toplantı salonuna girdi.

Tüm bakışlar adama yöneldi. Patates gibi yuvarlak bir surat, darmadağınık saçlar.

Kıyafeti acayipti. Mavi gömlek, kıpkırmızı kravat, lacivert takım elbise, sarı göğüs cebi mendili ve yeşil ayakkabılar.

Bu zevksizlik abidesi adam da kim!

Tatsuhana tam soracaktı ki, Hildreth mırıldandı. "İşte bu Goldburg."

Goldburg yüksek sesle "Geciktiğim için kusura bakmayın. Lütfen devam edin" dedikten sonra, izin istemeye gerek görmeden Hildreth yanındaki kolyuğa oturuverdi. "Çok güzel olmalı" diyerek, hemen elini hamburger tabağına uzattı.

Goldburg dişlerini hamburgere geçirmesiyle birlikte, basınla ilişkiler müdürü açıklamasını sürdürmeye başladı.

Ağzının içerisinde hamburgerini geveleyerek, Goldburg Hildreth ve Tatsuhana'ya toplantının akışı hakkında sorular sormaya başladı. Konuşmaya başlar başlamaz, Tatsuhana bu Yahudi adamın sıradan biri olmadığını anlamıştı. Konuları kavrayışı son derece hızlıydı ve hangi konuya olursa olsun derinlemesine nüfuz edebiliyordu.

Wall Street'te dehşet tipler var! dedi Tatsuhana içinden. *Sanki para kovalayan bir katliam makinası. Böyle bir tiple savaşa girilse ne gibi vahşi yöntemler kullanacağı hiç belli olmaz.*

Goldburg, Tatsuhana'nın içinden geçenlerden habersiz, gözleri parıldayarak sorularına devam ediyordu.

Bir süre sonra sekreterler öğlen yemeğini kaldırmaya başladılar. Hildreth'in önündeki tabağı almak üzerelerken, Goldburg'un eli uzanıp tabakta kalan hamburger ve patates cipsini kartal pençesi gibi yakaladı. Sonra da avını yakayıp gelmiş bir yırtıcı gibi hatır hutur yemeye başladı. Hildreth adamın o görüntüsüne bakarken, sıkılmış bir yüz ifadesi takındı. Goldburg elindekileri yemeyi bitirince kolaya uzanıp, kamış kullanmadan tepesine dikti.

Sonra, basınla ilişkiler bölümü müdürünün açıklaması sona erince sıra Goldburg'a geldi.

"Önce Jewish Dentist (Yahudi Dişçi) taktiğiyle işe başlayalım" dedi Goldburg, az önceki bir vahşi gibi yemek yiyişinden tahmin edilemeyecek ölçüde kendinden emin bakışlarla. Şirketler finansman bölümü kurmayları aynı anda başlarıyla onayladılar.

"Yahudi dişçi de ne demek?" diye sordu M&A terminolojisine yabancı olan Hildreth, Tatsuhana'ya.

"Medya reklamları ağırlıklı savunma taktiği" diye yanıtladı, Hildreth'in sorusunu duyan Goldburg. "Satın alıma girişen tarafın toplumsal zayıflığını ön plana çıkartıp karşı tarfın imajını yıpratmaya çalışarak, hissedarların satın alıma karşı çıkmasını sağlamak. Sözcüğün kökeni, Arap sermayesi barındıran bir şirketin dişçilik aletleri yapan bir şirketi ele geçirmeye çalıştığında başvurulmuş savunma taktiğinden kaynaklanmaktadır."

"Makul. Amerika'da Yahudi dişçiler çoktur, bu başarılı olabilir."

Hildreth'in sözlerini Goldburg başıyla onayladı.

"Sonra *shark repellent.* Tüzük değişikliğine giderek Morgan Drexler'in on beş yöneticisi üçerli beş gruba ayrılarak, her yıl sadece bir gruptan başkası atanamaz hale getirelim. Böylelikle BMJ bizi satın almakta başarılı olsa bile yönetim kurulunda yarıdan fazla sayıya ulaşması için en az üç yıl geçer.

Shark repellent, köpek balığını kovmak anlamındadır. Rekabet alımına girişen tarafı köpek balığı olarak düşünüp, tüzük ya da ek maddelerini değiştirerek köpek balığını uzak tutmak anlamına gelmektedir.

"Bir sonraki aşama *poison pill* (Poison pill; panzehir). Şöyle ki, şu anda basılı her bir hisse senedi için ayrı bir hisse senedi alım imtiyazı dağıtırız. Bu hisse senedi alım imtiyazı, şu andan itibaren Drexler hisselerini çok ucuz fiyatla satın alabilme hakkıdır. Bu etkili olursa hisse senedi sayısı bir kat artar ve BMJ'nin harcaması gereken rakam da iki katına çıkar."

"Bir diğeri de kanuni bir yol değil ama Drexler'in önemli kurmayları BMJ satın alımda başarılı olması durumunda takım halinde başka bir yatırım bankasına geçmek niyetinde olduklarını ilan etsinler. Eskiden beri 'Yatırım bankalarının mal varlığı çalışanları ve telefonlarıdır; giderleri de maaşlar, telefonlar ve iletişim giderleridir' denir. İnsanlar bırakacak olursa şirket olarak malvarlığı değeri sıfıra iner. Yatırım bankası satın almak amacında olan bir muhattap için en çok bu strateji etkili olur."

"Bir diğer konu, BMJ'nin teklif fiyatı 110 dolar civarında olacağına göre, hisse değerlerini mümkün olduğunca yukarı çekip, adamların satın alım harcamalarını yükseltelim. Hisse senetlerinin artması gibi bir haber var mı?"

"Evet. Bu üçüncü çeyrekte Amerika borsası ve Avesta Engineering satın alımında göze batacak kadar bir gelirimiz olacaktır" dedi Heinemann.

"Bu iyi haber. Pazartesi sabahı ilk iş olarak bunu açıklayalım. Kendi şirketimizin hisselerini almaya da Pazartesi gününden itibaren başlayalım. Bu hisse değerlerini yükseltir, BMJ'nin satın alım atağına direnç göstermemizi sağlar. Bir taşla iki kuş vurmuş oluruz."

"Tamam, anlaşıldı" diye onayladı, hisse senetleri bölümü müdürü.

"Son olarak da Packman performansıyla ve sendikasyon kredisi pazarının likiditesini kurutarak yüz yüze mücadeleye girişelim."

Packman performansı, 'tersine satın alım' anlamına gelir. Satın alıma maruz kalan tarafın da rakip taraf için satın alım ilanında bulunarak, Packman adlı atari oyununda olduğu gibi rakibi yutması şeklinde kontratak stratejisidir.

"BMJ'nin ana sermaye sağlama kaynağı üç milyar dolarlık sendikasyon kredisi olacak. Biz başka bir büyük ölçekli sendikasyon kredisi oluşturarak piyasadaki sermaye miktarını kurutup, onların finansman grubunun oluşumunu engelleyeceğiz. Elbette, bizim sendikasyon kredisi ile sağlayacağımız sermaye Packman performansı için kullanacağımız sermaye olacak. Komisyon ve faiz BMJ'nin kredisinden daha dolgun olmalı. BMJ'den daha kalın bir havucu ticaret bankacılarının burnunun ucunda sallamalıyız."

"Topyekûn savaş yani" dedi birisi.

"Öyle. Drexler'in tüm gücüyle topyekün saldırıya geçmesinin korkunçluğunu BMJ'nin yavaş yavaş tatmasını sağlayalım."

Goldburg keyif alıyormuş gibi konuşuyordu. Satın alım atağı karşısında, karşı satın alıma geçme düşüncesinin endişesini taşımıyor gibiydi, o andan itibaren başlayacak savunma savaşından müthiş keyf alıyor gibi gülümsüyordu.

Bir süre sonra genel toplantı sona erdi.

Hildreth ve Tatsuhana alt kattaki şirketler finansman bölümü katına indiler. Sendikasyon kredisi piyasasının likiditesini kurutma stratejisi için bir an önce harekete geçmek istiyorlardı.

Cumartesi olmasına rağmen, çalışanların çoğu yerindeydi.

Satın alım atağı tehdidi altında bulunsalar bile, yatırım bankasının motorları durmaz. Hem de, eğer satın alımın gerçekleşmesi durumunda, işten çıkarma dalgasından kurtulabilmek için biraz olsun performanslarını artırmak isteğindeydiler.

Tatsuhana ve Hildreth boş özel yönetici odalarından birini ödünç aldılar.

"BMJ ile aynı üç milyar dolarla gireceksek, tek bir bankanın üstlenmesi biraz zor" dedi Tatsuhana.

"Evet. Bir yerlerin birlikte üstlenmesini sağlamak daha iyi olur."

"Böylesine devasa bir rakamı tek hamlede üstlenebilecek yerler Citi, Chess..."

"Amerikan bankalarını bir yana bırakalım" Hildreth diyerek Tatsuhana'nın sözünü kesti. "O tiplerin zayıf anımızı görünce ne diyecekleri belli olmaz. Akrebin akrebi sokmasına döner sonra."

"Öyleyse, ABN AMRO, HSBC, Deutsche Bank olabilir... Bir de, Euro French'e ne dersin?"

Euro French Bank, yakınlarda iki Fransız bankasının birleşmesiyle ortaya çıkmış büyük bir bankaydı.

"Evet. Euro French'e söz söyleyecek çıkmaz."

" Kredi sendikasyon bölümündeki tipler birleşme sonrasındaki yapısal değişimde ayakta kalabilmek için kendilerini ispat etmek zorunda olsalar gerek. Hemen üzerine atlarlar."

"Tamam. Hemen telefon edelim."

Euro French Bank'ın kredi sendikasyon bölümü Londra'daydı, başında da Smith adlı bir İngiliz vardı. Hildreth, ayının kıçını dişler gibi bir yüz ifadesiyle telefonun tuşlarına basmaya başladı.

Smith Londra'da evindeydi.

"3 milyar dolar ha..." diye mırıldandı Smith, Hildreth'in konuşması bitince. "Müthiş büyük bir rakam. Fakat..." Kafasındaki düşünceleri toparlıyor gibiydi. "Drexler'in güvenilirlik notu yatırım derecesindeydi değil mi?"

"Elbette! Saçma sapan şeyler sorma. Euro French'le aynı, çifte A!"

"Öyleydi, kusura bakma. Rakam öylesine büyük ki, bir an aklım başımdan gitti. Tamam, sanırım yapabiliriz. Biz ticaret bankası olduğumuzdan, sizin gibi anında resmi onay çıkartamıyoruz ama bir-iki gün içerisinde inceleme onayından geçiririm."

"Sana güvenebilir miyiz?"

"Sorun çıkacağını sanmam."

"Sana borcum olsun. Teşekkürler" diyerek Hildreth telefonu kapatmak üzereydi.

"Ha, biraz bekle!" dedi Smith, sesini yükselterek.

"Madem bu işe girişiyoruz, bir an önce *launch* yapılsın. Ya da IFR ve diğer medyaya Drexler'in yakın zaman içinde sendikasyon kredisi ile pazara çıkacağını duyuralım. Bunu yapmazsak diğer bankaların tamamı BMJ'nin kredi bloğuna katılırlar.

"Anlaşıldı."

Hildreth ahizeyi yerine koyar koymaz, hemen IFR ve Financial Times'ta tanıdığı muhabirlere telefon etti. Olabildiğince büyük bir haber olarak yayınlanmasını rica etmeyi unutmadı.

Daha sonra, Tatsuhana ve Hildreth, telefonlara sarılarak finansman grubuna katılma ihtimali olan etkin bankaların sendikasyon müdürlerine telefon etmeye başladılar. Amaçları, katılması olası bankaları BMJ'nin kredisine katılmadan önce kendi taraflarına çekmekti. Böylesi bir durum için hazırlık olarak, Tatsuhana'nın iletişim listesinde onların ev ve cep telefon numaraları hazır duruyordu. Listeyi New York merkez hattından Londra'daki servera bağlanarak indirmişti. İki adam birbiri ardına bankaların sendikasyon müdürlerini telefona çağırarak, elliye yakın bankaya finansman grubuna katılma çağrısında bulundular. Aynı zamanda, Londra'daki kredi-sendikasyon bölümü çalışanlarına, hemen işlerinin başına geçerek *launch* ve bilgilendirme dosyası hazırlamaları direktifini gönderdiler. İki adam telefon görüşmelerini tamamlayıp, Londra'dan gelen davetiye ve bilgilendirme dosyasını kontrol etmeyi bitirdiklerinde saat gece onu geçmişti. Pencerenin dışarısı zifiri karanlıktı.

"Jack, gidelim mi artık?" dedi Tatsuhana. Uzun süre telefonla konuşmaktan sesi çatallaşmıştı.

"Olur." Hildreth de yorgunluğu yüzüne vurmuş bir haldeydi. "Yarın uçak kaçtaydı?"

"Sabah 8:45'teki concorde."

"Bir şeyler içelim mi? Sabah Atlantik Okyanusu'nun karşı kıyısından gelip, böylesine geç saatlere kadar çalışınca, içki içmeden insan kendini toparlayamıyor."

İki adam ofisten çıkınca Wall Street'te sarı taksilerden birini çevirdiler.

Taksi Manhattan'ın kuzeyine doğru ilerleyip, bir süre sonra Broadway'e girdi. Ekonomik canlılık yaşayan New York, sanki Tokyo'nun 23. semtini kaplayan Ginza ve Kabukiço gibi gece nedir bilinmeyen bir kaleye benziyordu. Taksi semt merkezinden geçerek, kuzeydoğu kısmına girdi. Buralarda konutlar çoğunluktaydı, sakin bir hava hakimdi.

Taksi 63. adadaki taşyapı bir apartmanın önünde durdu. Binanın birinci katı puro-bar haline getirilmişti. Ağır ahşap kapıyı açtıklarında, puronun aromalı kokusu burunlarına doldu. Otuz yaşlarında siyah takım elbise giymiş bir kadın Tatsuhana ve Hildreth'i karşıladı. Kadının arkasındaki cam raflarda envayi tür puro diziliydi. İki adamı, ince bir duman bulutu ile kaplanmış barın iç tarafına doğru götürdü. Gittikleri oda yüksek tavanlı bir salon gibiydi. Duvarlar da deri kaplı koltuklar da yer yer sarı ile tonlandırılmış kahverengiydi. Sigara tütünü rengi. Koltuklardaki adamlar dudaklarını yuvarlatarak büzmüş, gözlerini kısarak purolarını tüttürüyorlardı. New York'ta ofislerde de restoranlarda da sigara içme yasağı olduğundan, bu tür puro-barlar sigara içenlerin buluşma noktasıydı.

Tatsuhana ve Hildreth koltuklara gömülerek mönüden puro ve konyak sipariş ettiler.

Az sonra siparişleri gelince, iki adam purolarını yakıp, konyağı bardaklarına boşalttılar. Konyağın tatlı kokusu ve duman beyin hücrelerine işledi, bilinçleri bulanıklaşmaya başladı.

Burası sanki afyon mağarası gibi. Tatsuhana acıyla gülümseyerek, çakırkeyfliğin tadını çıkarmaya başladı.

O an, Tatsuhana'nın cep telefonu çaldı.

Bu saatte kim acaba?

Tatsuhana kuşkulu hareketlerle cep telefonunu kulağına yaklaştırdı.

"Tatsuhana speaking (Buyrun ben Tatsuhana)"

Telefonun karşı tarfı bir an sessizleşti.

"Moşi moşi…" Tatsuhana'nın mükemmel İngilizcesi karşısında tereddüte düşmüş gibi konuşan bir Japon erkek sesiydi. "Ağabey?"

"Takaşi, sen misin!?" Tatsuhana aklına bile gelmeyen kardeşinin sesi karşısında şaşırmıştı.

"Ne oldu, bu saatte!? Şimdi Japonya'da saat kaç?" Tatsuhana, New York'la Londra arasında beş saat, Londra ile Japonya arasında ise sekiz saat olduğuna göre, Japonya saatinin on üç saat daha ileri olduğunu süratle hesapladı. "Tam öğlen saati mi!?"

"Ağabey, az önce annemizi kaybettik."

"Ne!? Biraz Bekle." Tatsuhana kulağını cep telefonundan ayırdı.

"Jack, kusura bakma. Acil bir telefon." Tatsuhana, Hildreth'ten izin alarak koltuktan kalktı. Büyük adımlarla barın ortasından geçip, kapıyı iterek dışarıya çıktı. Tatsuhana'nın annesi bir yıl kadar önce hastalıktan yatağa düşmüştü, kadına orada devlet memurluğu yapan beş yaş küçük kardeşi Takaşi bakıyordu.

Bardan dışarı çıktı, yolun kenarında sıralı ağaçların yaprakları rüzgâra kapılmış başının üzerinde hışırdıyordu.

Tatsuhana karanlık kaldırımda durup, cep telefonunu tekrar kulağına yapıştırdı. Yaz ortası olmasına rağmen kaldırım betonunun serinliği yavaş yavaş vücudunu sarıyor gibiydi.

"Takaşi, annemizin öldüğü doğru mu!?"

"Evet. Ağabey, şu an neredesin?"

"New York."

"New York... Bir değişiklik yok yani." Kardeşinin sesinde serzeniş tonu vardı. "Annem son nefesini verirken çok rahattı. Sıkıntı çekmeden ölmesi, biraz olsun acımı dindirdi."

"Öyle mi?" dedi Tatsuhana, kaderi hafife alır gibi.

"Cenazesi öbür gün. Ağabey, geleceksin değil mi?"

"Olmaz. Şu an çok kritik bir durumdayız. Sen de biliyor olmalısın, BMJ Morgan Drexler'e karşı rekabet alımına girişiyor."

"O kadar uzak bir dünyayla ilgili haberler, taşra televizyonunda ve gazetelerinde çıkmıyor" dedi kardeşi, tükürür gibi bir ses tonuyla. "Gelmeyecek misin yoksa? Biricik annemizin cenazesi."

"Olmaz, mümkün değil. Bu seferki bir ölüm kalım savaşı. Üstelik benim Japonya'ya gelmem annemi geri getirmez. Japonya'ya bu gelişimde layığıyla mezarını ziyaret ederim."

"Ağabey, sen hep ölüm kalım savaşı içerisindesin! Babamız öldüğünde de bir iş bağlamak üzere olduğunu söyleyerek gelmedin. Hala mezarını bile görmedin yahu!"

Kardeşinin sözleri karşısında Tatsuhana suskunlaştı.

Takaşi, bu sekiz yıl boyunca hergün ölüm kalım savaşı içindeydim, dedi Tatsuhana, kendi kendine. *Menkul satışı komisyoncusunun yaşamı öyle bir şeydir işte... Bizler bu işe başladığımız anda köşeye sıkıştırılmış boksörleriz. Akan kanlarla iki gözümüz birden kapanır, yere düşmek üzere olduğumuz korkusu içerisinde karanlığa yumruğumuzu savurmak zorunda kalan boksörler. İş bağlamaya devam etmezsem ayakta duracak yerim kalmaz, düşer giderim.*

Fakat bunları dile getirse bile kardeşinin anlayamayacağını biliyordu.

"Ağabey, nereye kadar böyle devam edeceksin? Zaten şu anda bile ömür boyu yetecek kadar paran yok mu? Neden bu kadar zorluyorsun kendini!?"

"...Bilmiyorum!" dedi Tatsuhana, göğsünde biriken bunaltıcı düşünceleri kusar gibi. "Sadece, babam ve annem gibi bir yaşamım olmasını istemediğimi çok iyi biliyorum. Onun için de para gerekiyor."

"Cenazeye akrabalar da gelecek."

"Akraba dediğin nedir ki!?" Tatsuhana haykırdı. "Yüzlerini bile görmek istemiyorum! Üniversiteyi bitirip Tokyo'daki bankaya girdiğimde, onların bana ne dediklerini unuttun mu!? Ana babasını yüz üstü bırakıp gidiyor, lanet köpek, demişlerdi! Taşraya dönerek bir yandan öğretmenlik yapıp, bir yandan da tarlada ırgatlık yapmam mı gerekiyordu!? Ne dediklerini bilsinler! Ne yani, taşralı hep taşralı mı kalsın!?"

"....."

"Takaşi, kusura bakma ama cenaze işlerini sen hallet. Yarın senin banka hesabına 10 milyon yen havale ederim. O parayla akrabaların dahayran kalacakları görkemli bir cenaze töreni düzenle, annemize büyük bir mezar yaptır."

"Ağab..." Kardeşinin sözü sona ermeden, Tatsuhana cep telefonunun kapatma tuşuna bastı.

Derin bir nefes alarak içeriye döndü. Çökmüş bir suratla kendini koltuğa attı.

"Co, bir şey mi oldu?" diye sordu Hildreth.

"Hayır, bir şey yok." Tatsuhana soğukkanlı bir ifade takındı. Sonra da sesini yükseltti. "Haydi bakalım, yarından itibaren BMJ Beneditti'nin kanatlarını arkadan bağlıyoruz!"

Tatsuhana bardağında kalan konyağı bir dikişte bitirdi.

Haftanın başladığı Pazartesi günü, Drexler üçüncü çeyrek dönemde gelir beklentisinin kendi tarihinde en yüksek düzey olarak 9 milyara ulaşacağını açıkladı. Londra borsasının açılışı ile aynı anda kendi şirket hisselerini almaya başladı. Hisse senedi değeri önceki hafta kapandığında 83 dolar düzeyinde iken sabit bir hızla yükselerek, New York borsası açıldığı sıralarda 100 dolar duvarını aştı.

"Güzel, herşey yolunda."

Hisse senedi bölümü satış elemanları çabalarının karşılığını aldıklarını hissediyorlardı.

"Komisyoncular da hareketlenmeye başlamışa benziyorlar. Piyasanın tepkisi çok hızlı" dedi hisse senetleri müdürü monitörünün ekranına bakarken, tatmin olmuş bir ifadeyle.

O gün öğleden önce boyunca, Drexler'in hisse senedi bölümü piyasaya çıkan teklifleri birbiri ardına toplayarak kendi şirketlerinin hisselerini satın almayı sürdürdü.

Tam öğlen olmadan önce hisse değeri 110 doları aştı. Yükselmeye devam ediyordu. Hisse senetleri bölümünde bir rahatlama dalgası yayılmıştı. O ana kadar gergin yüz ifadeleriyle telefonlarına yapışan satış elemanları oldukları yerde gerinmeye, çevresindekilerle sohbet etmeye başlamışlardı.

"Ya, biri öğlen yemeğini almaya gitsin" dedi satış elemanlarından biri asistanına.

Genç asistanlar hemen yerlerinden fırlayıp, üstlerinin siparişini alarak getirmek için çıktılar. İki genç, Morgan Drexler'in devasa binasından çıkınca, Wall Street boyunca East Nehri yönünde ilerlediler.

Wall Street'in East Nehri ile buluştuğu ilk blok yanyana sıralanan yolüstü dükkanlarıyla bir açıkhava pazarı görünümündeydi. Ortalığı rahatsız edici bir gürültü kaplamış, insanlar birbirine çarparak ilerliyor, kızaran sosis ve soğanların kokusu ve mavi dumanlar yükseliyordu. Korsan müzik cdleri satan Meksikalılar, geleneksel ağaç oyma işleri satan dövme yaptırmış Afrikalı zenci kadınlar, baharat satan Araplar, kalın el örmesi kazaklar satan Orta Amerikalılar, şişkebap satan Türkler, deniz mahsülleri ve makarna satan Yunanlılar. Kurşuni gökdelenlerin arasındaki bu garip pazarda Amerika'nın modeline benzer bir insan ırkı mozayiği oluşmuştu. İki genç pazarda dolaşarak, üstlerinin sipariş ettikleri yiyecekleri aldılar.

Önlerini göremeyecek kadar çok miktarda hotdog ve közlenmiş mısır, şişkebap gibi yemekleri kucaklayan iki genç ofise döndüklerinde, işlem salonundaki hava tamamen değişmişti.

Herkes gergin bir halde, endişeyle ekranlara bakıyordu.

"Ee, siparişiniz Churrasco (Brezilya tarzı ızgara et) idi değil mi?"

Genç asistan satış elemanlarından biriyle konuşmaya çalıştığı anda azarı işitiverdi.

"Kes sesini be! Şimdi yemek yiyecek zaman değil! Sen ye!"

Hiç beklemediği bu tepki karşısında asistan yüzünü titreterek geri çekildi.

Morgan Drexler'in hisse değerinin yükselişi durmuş, tersine gitgide alçalmaya başlamıştı.

Halihazırda 90 dolar yakınlarına kadar düşmüştü.

"Yahu, ne oluyor böyle?"

"Bilmem. Çok tuhaf!"

Satış elemanlarından bazıları diğer yatırım bankaları ve kuruluş yatırımcılarına sebebini öğrenmek için telefon etmeye başladılar.

"Hey, birileri bizim hisseleri büyük miktarlarda satmaya başladılar!"

"Gerçekten mi!? Kim pekiyi?"

O anda, hisse senetleri bölümü müdürünün masasındaki telefon kulakları sağır edici bir gürültüyle çaldı.

"Hey, hisse değeri neden düşüyor! Az sonra 90 doların altına inecek. Ne oluyor ya! Kim satıyor?" Ceo John Heinemann'dı arayan.

Hisse senetleri bölümünde bir panik yaşanmaya başlamıştı.

O sıralarda BMJ yönetim kurulu başkanı Beneditti şehir merkezindeki gökdelende bulunan İtalya tarzı döşenmiş kendi odasında monitörün ekranını izliyordu.

"Hisse senedi değerleri düşmeye başladı, hıhıhı." Tatmin olmuş bir ifadeyle purosunu tüttürüyordu.

"Drexler'deki tipler bir hayli panik olmuşlardır."

Getty Brothers'dan Walker iğrenç bir gülümseme takınarak onayladı.

"Bugün ne kadarlık hisse hallettiniz?"

"Bugüne kadar topladığımızın % 40 kadarını."

"Oldu. Hisse senedi değeri 90 doların altına indiğinde geri alalım. 90 doların altına düşerse bireysel müşteriler ve kurumsal yatırımcıların panik satışları başlar. Hedge Fund'daki (kısa vadeli ve yüksek riskli yatırım fonları) tipler de altlarına kaçırarak gelişigüzel satmaya başlarlar. Hisse senedi değeri bundan daha fazla artmaz."

"Anlaşıldı efendim."

"Bir de Drexler'in finansal türev ürünler alım satımında büyük zarara girdiği söylentisinin pazarda yayılmasını sağlayın. Böylece herşey tamam."

Beneditti ihtiraslı ışıltılarla dolup taşan gözleriyle ekranı izliyordu.

DÖRDÜNCÜ BÖLÜM

Bulaşıcı Rusya Etkisi

1.

Ağustos'a girildiğinde Londra'da metro yolcuları yarı yarıya azalır.

İmanişi'nin işe gitmek için kullandığı Northern Line (Kuzey Hattı), City Line (Şehir Hattı) ve Bakerloo Line'nin (Bakerloo Hattı) ardından İngiltere'deki en eski hatlardan biridir. Faaliyete geçişi yaklaşık yüz yıl kadar önce: 1904. İngilizler antikalara önem verirler ama bu tren onların bu özelliklerini çok iyi yansıtmaktadır. Vagonların yer döşemeleri ahşap. Kumaş koltuk yüzlerinin mavi ve yeşil renkleri kararmış, yer yer aşınmış, hatta yırtık. Dumanla kararmış dar tünel içerisinde tren gövdesini sağa sola sallayarak sabit olmayan bir hızda ilerliyor.

Klimasız, nemli sıcak vagon içerisinde işlerine giden yolcular turuncu FT (Financial Times) gibi şeyler okuyor. FT normalde olduğunun üçte ikisi kalınlığında ve başka zaman olsa dikkate değmeyecek haberler bile geniş tutulmuş.

Finans semtinde de caddelerdeki insan akışı oldukça yavaşlamış, mağazaların vitrinleri yazlık bayan elbiseleri ile çiçek bahçesi gibi rengarenk bir görünüm almış. Thomas Cook gibi turizm şirketlerinin vitrinlerinde "Atina 7 gün: 169 pound" "Mallorca Adası 14 gün:189 pound" şeklinde, Yunanistan, Türkiye, İspanya, Malta gibi Akdeniz kıyılarındaki tatil belgeleri için paket turlarının ilanları iç içe geçecek şekilde yapıştırılmış, vuran gün ışığıyla parlıyor. Avrupa'da artık her şeyin yavaşladığı tatil dönemi.

Fakat İmanişi bir işi bağlamaya çalışıyordu.

"Bizim kurmaylardan birisi ajanslığı da bize verip veremeyeceğinizi soruyordu ama..." dedi telelefonun karşı tarafındaki Credit Generale'dan Pierre Fountaine, İmanişi'nin nabzını yoklar gibi.

"Pierre, bu mümkün değil. Ajanslığı biz yapacağız." İmanişi net bir ifadeyle kestirip attı.

Fountaine de ya tutarsa diye sormuş olacak hiç üstelemedi.

İmanişi telefonu kapattıktan sonra sol elini ahizenin üzerinde tutarak sağ eliyle kartvizit kutusunda "B" kısmını karıştırmaya başladı.

Bir sonraki British Chartered. Burada elbette satış yöneticisi ile konuşmalı.

British Chartered bankasının kredi-sendikasyon bölümü müdürü Mike Harland'ın kartvizitini bulmaya çalışırken telefon çaldı.

"Merhaba, İmanişi Bey. Tomita Otomotiv Türk işinizi tebrik ederim. Bu sefer yenik düştük." Suminoe Bankası'ndan Tagava idi. Fukoku Bankası'nın vekalet akdini aldığını bir yerlerden duymuş olmalıydı. Her zaman olduğu gibi, antenleri iyi çalışıyordu.

"Teşekkür ederiz."

"Biz de bir şekilde yapmak istiyorduk ama üstlenici banka grubunu oluşturmaya zamanımız olmadı... Yine de British Chartered, Credit Generale ve Gulf Banking Corp gibi iyi isimleri bir araya getirmeyi ancak sen başarırsın."

"Yok, aslında biraz sıkıntılı oldu. İşin içinde Morgan Drexler de vardı çünkü. BMJ'nin TOB atağı olmasa kesin vekalet akdini onlar kapardı."

"Hiç de öyle değil, İmanişi. Bu tamamen senin başarın." Tagava bir anda İmanişi'yi pohpohlamaya başlamıştı. "Bu arada İmanişi Bey..." dedi Tagava, bir solukluk ara bırakarak. "Tomita Otomotiv Türk'ün üstlenici grubunu genişletmeyi düşünmüyor musunuz? Biz merkez şubenin de onayını almış durumdayız, hemen üstleniciler arasına katılabiliriz."

Şimdi anlaşıldı. Tagava bir şekilde üstlenici bankalar grubuna dahil olabilmek için aramış. Tam Suminoe Bankası'na göre, yuvarlansalar da bir şeyler kapmadan doğrulmuyorlar.

"Kusura bakmayın. Bu kez dört üstlenici banka olarak piyasaya çıkıyoruz."

Morgan Drexler ile BMJ'nin ölüm kalım savaşının kıvılcımının parladığı haftanın Çarşamba günü Fukoku Bankası'nın başı çektiği üstlenici banka gurubu Tomita Otomotiv Türk'den 150 milyon dolarlık sendikasyon kredisi için vekalet akdini almıştı. Tomita Otomotiv Türk, BMJ ile çamura bulanmış bir savaş başlatan Drexler'in işleri yerine getirme kapasitesinden endişelenmişti.

İmanişi'den yetki belgesinin verildiği haberini alan şube müdür yardımcısı Sone "Bunu şube müdürüne ben söylerim" dedi. Her zamanki gibi "işin kaymağını götürmek" niyetindeydi. Sonradan Takahaşi'den duyduğu kadarıyla, Sone son derece nazik bir edayla merkezdeki yurtdışı araştırma bölümü, hatta hiç gerekmediği halde personel dairesine varana kadar telefon etmiş "Bu seferki işi almamız sürecindeki desteklerinize minnettarım. Sayenizde, önemli müşterilerimizden biri olan Tomita Otomotiv'i ilgilendiren bir işte yetki belgesi almayı başardık. Rakibimiz Morgan Drexler olunca, bir hayli sıkıntılı anlar yaşadık ama üç büyük bankayı daha yanımıza üstlenici banka olarak alınca..." diye, sanki bütün görüşmeleri kendisi yaparak yetki belgesini almayı başarmış gibi rapor etmişti.

"Amma can sıkıcı yahu! Öylesine kuyruğunu kıstıran bir adam, yetki belgesi alınır alınmaz tavrını değiştiriyor, kendisini satabilmek için yapmadık şey bırakmıyor."

"Her zaman olduğu gibi. Üstünde durmaya gerek yok" diye, İmanişi sinirlenen Takahaşi'yi yatıştırdı.

Sendikasyon kredisinde üstlenici bankalar finansman grubu oluşturulmasında söz sahibi bankalar olurlar. Üstlenici bankalar, finansman sorumlusu bankalar anlamına da gelir.

Yetki belgesinin alınmasının ertesi günü üstlenici banka grubunun görüşmesi neticesinde sendikasyon aşamasında her bir bankanın rolünün ne olacağı ve komisyonun ne şekilde dağılacağı belirlendi.

Roller içerisinde önemli olanlar satış yönetimi ve ajanslıktır. Satış yöneticiliği dünya genelinde katılması olası bankalarla irtibata geçerek kredi satışı, yani finansman grubunun oluşturulması rolüdür, yetenek ve deneyim gerektirir. Bu satış yönetimini defalarca yapamayan bir banka avro piyasasında bağımsız bir oyuncu olarak kabul edilmez.

Bu seferki dört üstlenici banka içerisinde satış yöneticiliği tecrübesi en fazla olan British Chartered bankası idi. Ancak, Türkiye işlerinde şu son iki, üç yıldır İmanişi'nin çabaları sayesinde Fukoku Bankası'da deneyimini artırmıştı. Ayrıca, Credit Generale'den Fountaine banka içerisindeki itibarını düşünmüş olacak ki, mutlaka yapmak istediğini söyleyince, sonuçta satış yönetiminin üç banka tarafından bölüşülerek yapılmasına karar verildi.

Yapılan işi temsil eden varlık olan ajanslığı, üstlenici banka grubunu biraraya getiren Fukoku Bankası doğal olarak üstlendi.

Gulf Banking Coorporation, Ortadoğu bölgesinin koordinatörü oldu.

Bunun dışında bilgilendirme notasının hazırlanması Credit Generale, finans sözleşmelerinin hazırlanmasını (dökümantasyon) Fukoku Bankası, imza töreninin düzenlenmesini ise British Chartered üstlendi.

Komisyon dağılımı ise şöyle belirlendi.

Öncelikle, Tomita Otomotiv Türk'ün altı ayda bir ödeyeceği Libor artı 375 baz puanı (%3.75) faiz dört üstlenici banka da dahil olmak üzere katılan tüm bankalara eşit olarak ödenecekti. Katılım statüsüne göre ayrım söz konusu değildi.

Buna karşılık finans sözleşmesinin imzalanmasından hemen sonra ödenecek komisyon, katılım statüsü ne kadar yüksek olursa o ölçüde fazla olması esasına dayanıyordu.

Bu seferki işte, Tomita Otomotiv Türk'ün ödeyeceği 140 baz puan (%1.4) içerisinden Fukoku Bankası'na ana üstlenici banka komisyonu olarak 10 (%0.1), diğer üstlenici bankalara 40(0.4) ve diğer genel katılımcı bankalara 90(%0.9) baz puanlık dilim dağıtılacaktı. Dolayısıyla, Fukoku Bankası'nın alacağı komisyon, ana üstlenici banka komisyonu olarak 150 bin dolar (150 milyon dolar X %0.1), üstlenme komisyonu olarak 150 bin dolar (37.5 milyon dolar X %0.4) ve katılım komisyonu 90 bin dolar olmak üzere, toplam 390 bin dolar olacaktı. British Chartered gibi, Fukoku Bankası dışında kalan diğer üç üstlenici bankanın herbiri üstlenme komisyonu olarak 150 bin dolar ve katılım komisyonu olarak 90 bin dolar olmak üzere toplam 240 bin dolar alacaktı. Sendikasyon başlatıldıktan sonra sıradan katılımcı olarak katılan bankalar, Fukoku Bankası ya da British Chartered ile aynı miktarda 10 milyon dolar ile katılsalar, yani finans sağlasalar bile alacakları katılım komisyonu 90 bin dolardan öteye geçmeyecekti. Yapılan işlem içerisindeki role göre 390 bin dolar, 240 bin dolar, 90 bin dolar gibi büyük farklılıklar ortaya çıkıyordu.

Bunlara ek olarak, dört üstlenici banka "havuz paylaşımı" adı verilen komisyonu da elde etmiş oluyordu. Bu komisyon şöyle ortaya çıkıyordu. Sıradan katılımcı bankaların tamamına standart 90 baz ödenmiyor, katılım değerlerinin büyüklüğüne göre 90 baz üst limit olmak üzere katılım komisyonu belirleniyordu. Bu seferki işte şöyle belirlenmişti.

Katılım değeri 10 milyon dolar üzeri:	90 baz
7.5 – 10 milyon dolar arası :	80 baz
5 – 7.5 milyon dolar arası:	65 baz
3 – 5 milyon dolar arası:	50 baz
1 – 3 milyon dolar arası:	35 baz

Tüm sıradan katılım bankaları 10 milyon dolar üzeri rakamla katılmayacağına göre, doğal olarak bir miktar komisyon artacaktı. Bu para "havuz" olarak adlandırılıp, dört üstlenici banka arasında eşit olarak "paylaşımı" öngörülmüştü.

İmanişi bu komisyon paylaşımı yönteminde belirgince orta çıkan sendikasyon kredisi işinin karakterini iki anlamda oldukça Anglo-sakson tarzı buluyordu. Öncelikle, bilgi değerlendirme ve hizmetler gibi göze görünmeyen ekonomik değerlere karşı titizlikle adil bir ücretin ödenmesi noktası. Bir diğeri de güçlünün zayıfı ezdiği, büyük balık küçük balığı yer felsefesinin geçerli olmasıydı.

Anglo-sakson ekesi Morgan Drexler ne tür bir iş olursa olsun mutlaka tek başına alır. Sonra da, ana üstlenici banka komisyonu, üstlenicilik komisyonu ve havuz paylaşımından gelecek parayı tamamen kendisi alır. Üstelik, komisyon düzeyi anormal yüksek olur. Eğer BMJ'nin rekabet alımı atağı olmasa ve Tomita Otomotiv Türk'ün vekalet akdi Morgan

Drexler'e gitmiş olsaydı, komisyon olarak %2 yani en az 3 milyon dolar kapatacaktı. Fukoku Bankası'nın alacağı 390 bin dolar rakamı şirin kalıyordu. Piyasayı okuma gücü, muazzam bir satış ordusu ve paraya karşı dinmek bilmeyen bir açlık. İşte bunlar üstlenme riskini göğüsleyerek yüksek rakamlarda komisyon almak şeklindeki gergin iş tarzını ayakta tutuyordu.

Yetki belgesi alındıktan sonra bir an önce avro piyasasına çıkıp, sendikasyonu harekete geçirmek gerekiyordu. Gereksiz zaman kaybı, başka benzer işlerin piyasaya çıkmasına ve piyasanın kapasitesinin daralmasına neden olur. Sermaye vereceklerin sayısının sınırlı olduğu orta-uzun vadeli bir Türkiye işi söz konusu olunca bu risk iyice artar.

Dört üstlenici banka, büyük bir hızla işlemleri ilerlettiler.

British Chartered, göz açıp kapayıncaya kadar katılım davetiyesinin müsveddesini hazırlayıp diğer üstlenici bankaların görüşüne sundu.

Davetiye, sendikasyonun harekete geçirilmesiyle aynı anda tüm dünyadaki bankalara gönderilen tanıtım belgesidir. Kredinin toplam rakamı, finansman para birimi, çekileceği süre, çekilecek minimum miktar, faiz, faiz vadesi, ödeme yöntemi, vade öncesinde ödeme yöntemi, katılım komisyonu, finansman sözleşmesi, temel alınan kanun, üstlenilecek masraflar gibi şartlar dışında, borçlunun profili, katılım için yanıt verme müddeti, satış yöneticisi bankanın iletişim bilgileri gibi şeyler yer alır.

Davetiyeyi alarak ilgi duyan bankalar satış yöneticisi bankadan bilgilendirme notası isterler.

Bilgilendirme notası normalde onlarca sayfa olur ve finansman şartları, borçulunun yapmakta olduğu işler, mali içerik, sermayenin ne için kullanılacağı gibi konular ayrıntılarıyla yazılır. Sermaye kullanımı belirli bir proje için kullanılacaksa, projenin genel tanıtımı, risk değerlendirmesi, tahmini nakit akışı gibi konular da eklenir. Buna Tomita Otomotiv Türk'ün son üç yıllık bilançosu eklenerek, katılması muhtemel bankalara gönderilecekti.

Bilgilendirme notasının hazırlanmasını Credit Generale'den Fountaine üstlenmişti. Alışık olmadığı bir iş olunca, sıkıntılı anlar yaşamıştı ama British Chartered'deki sendikasyon takımı Fountaine'ı ustaca destekliyordu ve iş gecikme söz konusu olmaksızın ilerliyordu.

Kabaca söyleyecek olursak sendikasyonun başarısını %70 oranında fiyat, %20 oranında sendikasyon stratejisi ve %10 oranında da katılması muhtemel bankalara ne ölçüde profesyonel bilginin gönderilebileceği etkiler.

Dört üstlenici banka aralarından su sızmayacak şekilde hazırlıkları sürdürdüler.

"Bay İmanişi! Biraz sıkıcı bir sorun çıktı ortaya..."

Haftanın başlangıcında sendikasyonun harekete geçirilmesinin arifesinde, İmanişi'ye Tomita Otomotiv Türk'deki Dişli'den telefon geldi. O çökkün sesini duyunca İmanişi kötü bir şeyler olacakmış hissine kapıldı.

"Aslında, Türkiye hazinesi bizim sendikasyonu askıya aldı."

"Ne dediniz!?" ister istemez haykırmıştı.

Hazine olarak sözettiği Hazine Müsteşarlığı'nın kısaltılmış şeklidir. Japonya Hazine Bakanlığı'na benzer bir kurumdur ve işlevlerinden biri de dış borçlar idaresidir. Yüksek düzeyli finans bilgisine sahip bir muhattap olarak dünya genelinde bankaların saygı duyduğu ve temkinli yaklaştığı bir kurumdur.

"İyi de sorun neymiş? Özel sektörün borçlanması durumunda, bilgilendirme başvurusu yapıldığında hazine otomatik olarak onaylamıyor muydu?"

"O bu sefer, öyle olmayacağa benziyor. Hazine yakınlarda bir elektrik santrali projesinin sermayesi için sendikasyon kredisi olarak 200 milyon dolar borçlanmayı planlıyor. Bununla ilgili olarak bir Alman bankası ile finansman koşullarını görüşme aşamasında ama bizim Libor artı 415 rakamını banka tarafının görüşmelerde koz olarak kullanılmasını istemiyorlarmış."

"Söyledikleri böyle bir şey mi!?... E, pekiyi bizim ne yapmamızı istiyorlar?"

"Herşey dahil Libor artı 350'ye düşürün diyorlar."

"Buna imkân yok!"

"Ben de imkânsız olduğunu biliyorum. Eh, elbette ne kadar ucuza alırsak bizim için o kadar iyi olur. Fakat, öyle bir fiyatla sendikasyona çıkılamaz herhalde."

"Aynen söylediğin gibi… Hazine ile iyice konuştun mu?"

"Şu iki, üç gündür defalarca konuşma yaptım ama içinden çıkılmaz bir durum."

"Kusura bakmayın ama şimdiye kadar olan görüşme sürecinizi anlatabilir misiniz?"

"Tamam. Biz nihayetinde özel bir şirket olduğumuzdan…"

Dişli'nin açıklaması bitip de ahizeyi yerine koyduğunda, kol saatinin yelkovanı bir turu tamamlamıştı. Dişli'nin en başta söylediği gibi içinden çıkılmaz bir durumdu.

Ne oldu acaba? İmanişi derin derin iç geçirdi.

"İşler bu duruma gelince, Haluk'a danışmaktan başka çare kalmıyor" dedi, yanında oturmuş endişeli gözlerle kendisine bakan Takahaşi'ye dönerek.

"Hazine öyle mi demiş!?"

Bu işi İmanişi'ye haber veren Türk finans simsarı Haluk, İmanişi telefonda durumu anlatınca, başlangıçta haykırmıştı ama elinden geleni yapacağını söylemişti.

Ertesi gün, Haluk'tan telefon geldi.

"Patrona da danışarak, bazı girişimlerde bulundum."

Haluk'un 'patron' dediği, babasının devlet bakanlığı yaptığı sıralarda Türk hükümetinde üst düzey memurlardan biriydi ve siyaset dünyasının arka sahnesinde bağlantıları vardı. Şu an bir devlet işletmesinin yönetim kurulu başkanlığı ile birlikte, bir sonraki milletvekili seçimlerine katılmak için hazırlık yapıyordu.

"Pekiyi bir şeyler olacak mı?"

"Evet. Şimdi söyleyeceklerimi iyi dinle... Önce, çabucak hazinede Yurtdışı Ekonomik İlişkiler Bölümü Müdürü Raif Serbest'e bir faks çek. İçerik olarak, Tomita Otomotiv Türk'ün özel bir girişim olduğunu ve bu şirketin borçlanmasının Türk hükümetinin borçlanmasında bir emsal teşkil etmemesi gerektiğini anlat. Sonra da şu anki avro piyasasının durumunu açıklayarak, Libor artı 415 rakamının piyasanın tavrının göstergesi olduğunu yaz."

"Anlaşıldı, hemen yazarım."

"Ardından, ertesi gün Bay Dişli ile birlikte Ankara'ya gidip Bay Serbest'le görüş. Teferruatı ben ayarlarım."

İmanişi yarı inanıp, yarı şüphelenerek kabul etti. Şu an Haluk'a güvenmekten başka çaresi yoktu.

İngiltere, Fransa, İtalya ve Yunanistan'ı bozguna uğratarak anayurdunun kurtuluşunu sağlayan kahraman Kemal Atatürk'ün 29 Ekim 1923'te Türkiye Cumhuriyeti'nin kuruluşunu ilan ettiği Ankara, Türkiye'nin hemen hemen ortasında, Batı Anadolu platosunda yer alan yeni bir şehirdir.

Buraya kadar gelince, aniden Rusya, İran ve Orta Asya'nın gölgesi daha güçlü hissedilir.

Çarşafla örtünmüş kadınların sayısı çoğalır.

Yaz ortasında olunmasına rağmen el bileklerine kadar gömlek ve altına pantolon olmak üzere iyice örtünmüş kadınların sayısı da az değildir. Kaşlarının arasındaki boşluk neredeyse yok denecek kadar silik erkekler ve kadınlar vardır, bu halleriyle İranlılardan bile çarpıcı yüzlere sahiptirler. İnce uzun dalları göğe bakan kavak ağaçları her yanı kaplamıştır, uzaklardaki İpek Yolu'nun kokusunu taşırlar. Kurşuni kubbeleri ve yüksek minareleriyle camiler şehrin her yanında görülmektedir.

Hazine binası Ankara şehrinin merkezindedir.

İmanişi ve Dişli'nin bindiği sarı taksi, Kemal Atatürk'ün sağ kolu olarak kurtuluş savaşında başarılara imza atan Türkiye'nin ikinci cumhurbaşkanı İsmet İnönü'nün adının verildiği caddeye yönelmişti. Henüz sabahın erken saatleriydi ama güneşin yakıcı ışınları dar taksinin içine doluyordu. Tozlu caddenin iki yanına dikilen çınar ağaçlarının yaprakları tüm yeşilliğiyle salınıyordu. Bu çevre kara kuvvetleri, deniz kuvvetleri ve hava kuvvetlerinin merkez komutanlıkları ve Türkiye elektrik idaresi gibi devlet kurumlarının yoğun olarak bulunduğu, Japonya'daki Kasumigaseki gibi bir yerdir. Çoğu binanın önünde beyaz miğfer ve beyaz eldivenleriyle makineli tüfek taşıyan askerler nöbettedir.

Hazine binası diğer binalardan daha yüksek, krem rengi bir gökdelendi.

"Bay Raif Serbest'le öğlenden önce 10:00 için randevumuz vardı."

Danışmaya geliş nedenlerini söyleyince, İmanişi ve Dişli 15. kattaki toplantı odasına alındılar.

Klimasız odada nemli, bunaltıcı bir sıcak vardı.

Kısa bir süre sonra, Serbest yanında bayan asistanıyla birlikte odaya girdi.

Türkiye hazinesinde dış kredilerden sorumlu iki bölüm vardır. Sermaye piyasası bölümü ve proje finansman bölümü. Sermaye piyasası bölümü sendikasyon kredileri ve bono çıkartmak yoluyla sermaye sağlanmasından sorumludur ve proje finansman bölümü ise, enerji üretimi ve otoban yol yapımı gibi özel projeler için finansman sağlanmasıyla ilgilenir. Serbest, bu iki bölümün başkanlığını aynı anda yürütmekteydi.

Serbest, herhalde yabancı kan taşıyor olmalıydı, gözleri maviye çalan kül rengiydi. O gözlerin renginde, İmanişi Hititler, Makedonyalılar, Romalılar, Osmanlı Türkleri, Ruslar, Tatarlar gibi Küçük Asya'ya doluşan halkların tarihini bir şerit halinde görür gibi oldu. Serbest, İmanişi ile hemen hemen aynı yaşlarda olmalıydı. Haluk'un verdiği bilgilere göre yedi-sekiz yıl önce henüz bir departman şefi bile değildi. Üç yıl önce sermaye piyasası bölümüne başkan olmuş, kısa süre içerisinde de şu anki pozisyonuna yükselmişti. Onun üzerinde sadece iki kişi vardı: müsteşar ve müsteşar yardımcısı. Türkiye'deki personel sistemi Amerikan sistemine benzer, yaş ve statü pek önemli değildir. Türkiye'nin önde gelen özel bankalarından olan Türkiye İş Bankası'nın yönetim kurulu başkan yardımcısı Ersin Özince de İmanişi ile aynı yaştaydı ama gelecek yıl yönetim kurulu başkanlığına getirilmesi bekleniyordu. Tüm ağırlığıyla insanın üzerine çöken kıdem farkı sistemi altında ezilen İmanişi için, başarıları sayesinde günden güne yükselen bu adamları izlemek acı veriyor, kendisini yalnız hissetmesine neden oluyordu.

Selamlaşma faslı bitince, Haluk'un direktifi doğrultusunda, İmanişi önce avro pazarında Türkiye'ye yönelik kredilerle ilgili koşulları ve Tomita Otomotiv Türk'e verilecek kredinin fiyatının neye dayandığını açıkladı.

"Şimdi konuşma sırası bende öyleyse" dedi Serbest, gülümseyerek. İmanişi başını sallayarak onayladı.

"Öyleyse, önce iki soru sormak istiyorum."

İmanişi ve Dişli heyecanlanarak Serbest'in dudaklarından dökülecek sözcükleri beklemeye başladılar.

"... Ceketimi çıkartabilir miyim? Bir de içecek bir şeyler alır mısınız?"

İmanişi ve Dişli farkında olmadan gülümsediler. Toplantı odasındaki gerilim hafiflemişti.

Çok ustaca! İşte, pazarlık ustası hazineciler!

İran'da olduğu gibi küçük cam bardaklara konmuş çaya, Türkiye'de de bolca şeker koyuyorlardı. Yarısını içip, metal tabağın üstüne bıraktıktan sonra, Serbest, hazine tarafının gerekçelerini anlatmaya başladı. Ona göre, hazine dış borçlanmada emsal temsil edecek durumlara çok önem veriyordu. Tomita Otomotiv Türk'ün borçlanması, bir özel şirketin borçlanması bile olsa, finansı sağlayan kuruluşlar açısından Türkiye'ye yönelik güvenilirlik çerçevesini kullanacak olmaları değişmez bir gerçektir. Dolayısıyla, Tomita Otomotiv Türk'ün borçlanma fiyatının mümkün olduğu kadar düşük tutulması Türk hükümeti açısından anlam taşıyordu.

Buna karşılık, İmanişi güncel piyasa koşulları açısından Tomita Otomotiv Türk'ün Libor artı 415 rakamının borçlanıcı açısından son derece avantajlı bir düzeyde olduğunu, bir örnek olarak Türk hükümetinin çıkarttığı avro bazlı bonoların faiz dönüşü dağılımının da 450 civarında olduğunu bir karşı görüş olarak ileri sürdü.

Serbest, hazinenin geçmişte bundan çok daha küçük standartlardaki fiyatlarla projeler için sermaye sağladığını söyleyerek kestirip attı.

İmanişi, Türk hükümetinin proje finansmanlarında yüzeydeki borçlanma maliyetinin düşük olduğunu ama gerçekte projeyi üstlenen ihale sahibinin finans kuruluşlarına ek komisyonlar ödeyerek piyasa düzeyiyle karşılaştırılamayacak karlar sağlayacak şekilde eklerle doldurulduğunu, bunun için gerekli sermayenin baştan itibaren inşaat gideri olarak gösterildiğini, Serbest'in biliyor olması gerektiğini söyledi.

Tartışma, tahmin ettiği gibi çetin bir mücadele ortaya konmaya başlamıştı.

Serbest'in arkasındaki duvarda pastel mavi arka plan önüne resmedilmiş nezih fraklı kıyafetiyle Kemal Atatürk resmi asılmıştı. Pencerenin ardında ise, beyaz bulutların uçuştuğu göğün altında Ankara şehrinin kiremit çatıları uzaklardaki ufuk çizgisine kadar uzanıyordu. Caddedeki gürültü ve rüzgarın sesi kıyıya vuran dalgalar gibi duyuluyordu.

Sonuçta, bir uzlaşma sağlanamadan, toplantı bir saat içerisinde bitti.

"Bu yeterli olacak mı acaba?" diye sordu Dişli, asansörle birinci kata inerlerken.

"Herşey Haluk'un söylediği gibi oldu... Her neyse. Yüz yüze konuşmamız iyi oldu. Serbest'i ikna etmemiz gerekmiyor. Sadece kızdırmamaya özen gösterelim."

"Öyleydi elbette... Şimdi düşünüyorum da Serbest de her zamanki gergin halinden tamamen uzaktı."

Asansör birinci kata ulaşınca, Dişli lavaboya gitmek istediğini söyleyince, İmanişi asansörün yanındaki sütunun ardında beklemeye başladı.

O sırada binanın ana giriş kapısı açılarak birileri içeri girdi.

İmanişi sütunun arkasından göz attığında dört Japon işadamından oluşan bir grup olduklarını görü. Dördü de çakı gibi takım elbise giyinmişlerdi, gözlerinde sahip oldukları bilgi birikimi ve titizliğin parıltıları dolaşıyordu. Dördünün de muazzam uluslararası iş deneyimine sahiplermiş gibi bir görünümü vardı.

Gruptan birini gözü bir yerlerden ısırıyordu.

Bu yüzü bir yerlerde gördüm ama... İmanişi bir an düşündü. *Evet, o! Tomita Otomotiv'in Tahran ofisinde gördüğüm adam. Adı da, İbuki'ydi galiba.*

Dört adam sütunun ardındaki İmanişi'nin farkına varmaksızın asansöre doğru ilerlediler. İmanişi dinlemek istemese bile konuşmalarına kulak verdi.

"Bugünkü görüşme sadece şeklen yapılacak değil mi?" dedi gruptakilerden biri.

"Evet. Bu dönemde Türk hükümetine on yıllık uzun süreli finans sağlayabilecek, bizden başka kimse yoktur. Onlar da bunun yeterince farkındalar" diye yanıtladı, İbuki adlı adam.

"İbuki, sen elbette uluslararası finansman pazarlıklarında çok ustasın. Pekiyi, imza töreni..."

On yıllık süreyle finansman? Uluslararası finansman pazarlıklarında usta?...Öyleyse, İbuki bir finans kuruluşunda mı çalışıyor? İran'da karşılaştığımda 'Bizim alt mühendislik şirketimiz' gibi bir şeyler söylüyordu... Neyin nesi acaba?

İmanişi kafasında dönen sorularla, asansöre binen adamların arkasından bakakaldı.

İmanişi ve Dişli, öğleden sonra erken bir saatte Türk Hava Yolları uçağı ile İstanbul'a doğru yola çıktılar. Nonomiya'yı da aralarına alarak değerlendirme toplantısı yapmak düşüncesindeydiler.

"Hazineden faks geldi" dedi Dişli'nin sekreteri, iki adam Tomita Otomotiv Türk'ün bürosuna ulaştıklarında.

Kadının verdiği faks sayfasının üst kısmında "*Republic of Turkey, Prime Ministry, Undersecretariat of Treasury (Türkiye Cumhuriyeti Başbakanlık Hazine Müsteşarlığı)*" ibaresi vardı.

"Maliye Bakanlığı, Fukoku Bankası liderliğinde oluşturulacak finansmanla Tomita Otomotiv Türk'ün borçlanması koşullarını onaylar. Ancak, finansman grubunun oluşturulmasına başlama tarihinin iki hafta sonra olmasını arzulamaktadır."

İmanişi ve Dişli birbirlerine baktılar.

"Az önce uzlaşamadan ayrılmıştık halbuki... Sanki baştan beri kararlarını vermişler" dedi dişli.

"Haluk acaba ne işler karıştırdı?"

"Sendikasyon başlangıcı için iki hafta bekleyebilecek misiniz?"

"Evet. Şu sıralarda benzeri bir işin çıkması olasılığı yok. O yüzden iki hafta pek önemli bir sorun değil. Elbette, diğer ana bankalarla da görüşmem gerek."

"Pekiyi, iki hafta gibi bir sürenin Hazine için anlamı ne acaba?"

"O arada Alman bankası ile finans şartlarıyla ilgili görüşmeleri sonuçlandırmak niyetinde olsalar gerek. Bizim sendikasyon kredisini oluşturmaya başlayıp, finans şartlarımız herkes tarafından bilinmeden önce."

"Herhalde öyledir... Neyse, böylelikle sorunumuz çözülmüş oldu. Bu akşam yemeğinde kutlayalım, İmanişi Bey konuğum olunuz."

Dişli o akşam İmanişi'yi İstiklal Caddesi'ndeki bir restorana götürdü.

İstiklal Caddesi, İstanbul'un Avrupa yakasında Beyoğlu semtinde bulunan eski bir caddedir. Çevresi Geç Bizans Dönemi'nde Cenevizlilerin yerleşim alanıydı. Günümüzde modayla ilgili şık mağazaların sıralandığı modern bir semt halindedir. Akşam sekiz sıralarında olmasına rağmen Şincuku ve Şibuya'yı aratmayacak kadar insan kalabalığı vardı. Caddenin iki yanında sıralanan mağazaların ışıkları ortalığı gündüz aydınlığına çevirmiş gibiydi. Bir bakışta göze çarpan markalar, Benetton, Levi's, Lacoste gibi yabancı markaların mağazaları. McDonalds ve döner kebap gibi fastfood lokantaları da hiç de az değil. Sinema salonları, müzik marketler, internet kafeler. Batı Avrupa ayarında modern alışveriş semti eski tarz taş döşeli yolu ve caddenin üçte ikisini kaplayan 1900 sıralarında inşa edilmiş Akdeniz tarzı binalar birbirine karışarak egzotik bir hava oluşturmuş. 30 yıl arayla tekrar faaliyete başlayan tramvay çanını çınçın öttürerek geçip gidiyor.

Restoran İstiklal Caddesi'nin derinliklerinde kuyut bir köşedeydi. Duvarlarının çimentoları dökülmüş, duvarı kaplayan sarmaşık kurumuştu. "Rejans" adlı bir Rus yemekleri lokantasıydı. İmanişi ve Dişli kapıdan girince hemen sağ iç taraftaki masaya oturdular.

"Geçmiş olsun!"

Dişli küçük votka bardağını kaldırdı.

"Rahatladık hiç olmazsa." İmanişi de gülümseyerek bardağını kaldırdı.

Bir yudum alır almaz, soğuk şeffaf votkanın beyninin yorgun kıvrımlarında dolaştığını hissetti.

"Ondan sonra Haluk'la konuştunuz mu?" diye sordu Dişli.

"Evet. Bugünkü görüşmenin göstermelik olduğunu söyledi."

"Tören gibi yani."

"Hazine'deki Serbest de bürokratik örgütün dişlilerinden bir parça olmaktan öteye geçmediği için, yukarıdan gelen emirlere karşı koyamaz. Haluk patronunun torpilini kullanarak, Hazine'nin üst düzey yetkilileri üzerine oynamış. Ancak, işin reel olarak yapıldığı düzeyde de daha sonra açıklanabilecek şekilde piyasa koşulları ve fiyatla ilgili olarak Fukoku Bankası'ndan gelen faks ve gerçekten yüz yüze görüşme yapıldığına dair kayıt olması gerekliymiş. Bu işleri, Haluk perde arkasından halletmiş."

"Şimdi anlaşıldı. Gerçekte onun babası bir zamanlar devlet bakanıydı değil mi? Ben de ismini anımsıyorum."

"Yine de her ne kadar torpili olursa olsun, herşeye hükmeden hazinenin üst düzey kurmaylarına öyle kolayca söz geçirilebilir mi?"

"Bilmem. İşin orasını pek kurcalamasak daha iyi olur herhalde."

Bu sözleri sonrasında Dişli getirilen Rus böreği piroşkiyi bıçağıyla kesmeye başladı. Tilki renginde kızartılmış buğular çıkan piroşki, ekmekten ziyade sigara böreğine benziyordu. Bıçakla kesince, içine iyice doldurulan kuzu eti kokusu ortalığı sarıverdi.

"Bu restoran çok eski olmalı" dedi İmanişi, çatalıyla piroşkisini ağzına götürürken.

"Mayıs 1932'de açıldığına göre 66 yıllık bir tarihi var. 1917 yılında Çarlık Rusyası yıkıldığında, birçok Rus mülteci İstanbul'a gelmiş. İşte o tarihi yaşayan Rusların açtığı bir restoran. Atatürk de buraya sık sık gelirmiş.

"Kemal Atatürk? Bu restorana mı?..."

İmanişi restorana göz gezdirdi. Ahşap iç dekorasyon basit bej ve kahverengi renklerden oluşuyordu. Duvarlarda ve tavandaki lambalar da sade görünümlü antikalardı. Masalara bembeyaz örtüler örtülmüştü. Bazı masaların yan tarafındaki duvarlarda sürekli müşterilerin adlarının siyah renklerle yazılı olduğu plakalar çiviyle tutturulmuştu ama bazılarındaki isimler pas yüzünden okunmaz haldeydi. Bir Rusla evlenerek, dul kalan ak saçlı restoran sahibi kadın restoranın iç kısmında oturmuş Fransızca gazetesini okuyordu.

"Bu arada Morgan Drexler ne alemde? Londra'da kıpırdanma var mı?" diye sordu Dişli.

"Savaş başlamış durumda. Bu hafta da BMJ'nin 3 milyar dolarlık sendikasyon kredisini ezmek için Drexler de aynı meblağla piyasaya çıkacakmış."

"3 milyar dolara karşı 3 milyar doların kapışması ha... Kıyamet savaşı gibi. Son zamanlardaki uluslararası finans rayından çıkmış, para oyunu haline gelmiş."

"Aynen öyle. Ama o sayede biz de şirketinizin sendikasyon kredisinin yetki belgesini alabildik. BMJ'nin TOB'u olmasaydı, Drexler alırdı herhalde. Dürüst olmak gerekirse, konumları da gerçek güçleri de bizim kat kat üzerimizde."

"Bay İmanişi" Dişli'nin ses tonu farklılaşmıştı. "Amerikan finans kuruluşları aslında pek güçlü değillerdir. US Atlantic Bankası'nda çalıştığım için çok iyi biliyorum. Onlar da benzeri hataları defalarca kez yapıyorlar. Hem yaptıkları işlerden sık sık zarar ediyorlar, hem de petrol, emlak, Orta ve Güney Amerika, LBO ve onların 1980'leri başarısızlıkların zincirlemesidir. Bu yakınlarda da türev finansal ürünlerde skandallarla çalkalanıyorlar işte. Müşteriye karşı sanki mistik bir güçleri varmış gibi duruyorlar ama derilerini kaldırınca sıradan insanlar oldukları hemen anlaşılır. Para için gözlerini kan bürümüş."

"Evet. Ben de aynı düşüncedeyim. Eğer Japon bankaları Triple A oldukları 1980'lerden itibaren ciddiyetle uluslararası işlere ve yatırım bankacılığı işine el atmış olsalardı, şu sıralarda onlarla aynı düzeyde olurlardı."

"Amerikan yatırım bankalarının tarzı, zayıf birini bulunca sıkıp suyunu çıkartmaya dayanır. Hukuki sorun olmadığı sürece her şeyin mübah olması onların genel geçer kuralıdır ve Japonlarla farklı olarak ahlâk mevhumları yoktur. İşte bu Anglo-Sakson tarzıdır. Amerikan şirketleri ve yatırımcıları da onlar yüzünden çok sıkıntı çekmişlerdir. Güney Kaliforniya Orange Kasabası olayı iyi bir örnektir."

"O olayı çıkartanlar Merrill Lynch'in satış elemanları mıydı?"

"Orange Kasabası mali bürokratının, Inverse Floater adlı ürünü Merrill Lynch'in satış elemanlarından alarak 1.7 milyar dolar zarara yol açtığı olay. Inverse Floater roket bilim insanlarının oldukça yüksek düzey bilgisayar modeli kullanarak tasarladıkları bir ürün ve mikro işlemler kullanılmadığı sürece fiyat çekebilmek çok zor. O maliye bürokratı kendisinin Amerika'nın en büyük yatırımcılarından biri olduğunu söylüyordu ama doğru dürüst bigisayara dokunmamış, lise mezunu 69 yaşında bir ihtiyarın öyle bir şeyi anlayabilmesi mümkün değil."

"Yani, müşteride de aptallık var?"

"Bir aptalı yakaladıklarında kaz gibi yolarlar. Yatırım bankacıları sefil tiplerdir... Tiplerle konuşurken bazen insan derisi kaplanmış bir şeytanla konuştuğum hissine kapılırım. Her an tiplerin ağızlarından buruş kırış bir yaratık eli fırlayacak gibi gelir, tüylerim ürperir."

Ana yemek olan Beef Stroganof gelince, iki adam bolca krema ile pişirilmiş dana etini yemeye başladılar. Biraz tatlı gibiydi.

"Konuyu değiştireceğim ama Japonya'nın şu anki durumu Türkiye'ye çok benziyor herhalde."

"Nasıl yani?"

"Küçük partilerin koalisyonuyla hükümete gelen partiler bir şekilde halk nezdinde popülarite kazanabilmek için resmi projelere girişip duruyorlar. Şu anki Japonya için ekonomik düzelme önemli bir slogan. Bunun sermayesini bulabilmek için hükümet gani gani bono basıyor, devlet borçları şiştikçe şişiyor. Siyasetçiler durumu kurtarmak için, kendi partilerinden başka bir şeyi düşünmüyorlar. Sonuçta o devasa borcun altına giren sıradan halk oluyor."

"Tam söylediğiniz gibi. Tam anlamıyla çözüm pırıltısı bile görülmeyen bir açmaz."

"Türkiye'de de bir zamanlar benzeri dönemler olmuştu. Hayır, şimdi bile benzeri eğilimler var. Fakat, maalesef Türkiye ile Japonya arasında büyük bir fark var."

Büyük fark?... Ne acaba? Konu İmanişi'nin ilgisini çekmişti.

"Kemal Atatürk" dedi Dişli, göğsünü gere gere.

"Bizim yüreğimizdeki Atatürk'ün ülkeyi kurarken yaktığı kutsal ateş ebediyete kadar sönmez. Bunun en önemli dayanağı Türk ordusu. Ordu normalde siyaset sahnesine pek çıkmaz. Ancak, siyasetçiler kokuşup ülke tehlike içerisine girdiğinde mutlaka ayağa kalkar. VI. Mehmet'i deviren Atatürk gibi. 1960 ve 1980'deki ihtilaller bunun en güzel örneğidir. Ülke kendini toparlar toparlamaz da hızla yönetimi halka bırakarak siyaset sahnesinden çekilirler. Bunu nasıl yapabiliyorlar? Çünkü Türk askerleri Atatürk'ün ruhunu miras almışlardır, Türkiye'yi korumak için adil olmak, azimli olmaktan başka amaçları yoktur... Japonya'da da Meici Dönemi'nde güçlü siyasetçiler varmış ama şimdi durum biraz farklı galiba."

Atatürk sözcüğünü her telaffuz edişinde Dişli'nin gözleri parlıyordu. İmanişi bu pırıltıları muhteşem buluyordu.

"Bu arada Bay İmanişi, size iyi bir şey öğreteyim."

"Nedir o iyi şey?"

"Hıhhıhhı" Dişli kötü adam rolü oynar gibi gülmüştü. "... Aslında bu masa Atatürk'ün sık sık oturduğu bir masa."

"Ne, bu masa mı!? Gerçekten mi!?"

"Elbette gerçek" diye onayladı Dişli, abartılı hareketlerle. "O dönemde bu masanın yanındaki pencere caddeye açık tutulurmuş. Pencerenin yanından geçen insanlar, yemeğini yiyen Atatürk'le selamlaşır, tokalaşır, çiçek verirlermiş."

Hiçbir özelliği olmayan, dört kişinin oturabileceği ahşap bir masaydı sadece.

2.

Üstünde "POLICIJA" yazılı beyaz Latviya polis arabası kırmızı lambası yanıp sönerek İmanişi'nin bindiği o büyük iki katlı otobüse eskortluk ediyordu.

Otobüs Latviya ve Litvanya ülke sınırını geçiyordu.

Yolun iki kenarında, sınırla ayrılan yeşil tarlalar göz alabildiğince uzanıyordu. Tarlaların sahibinin hangi ülkenin vatandaşı olduğu, mülkiyet kaydının nasıl yapıldığını, çözümsüz bir soru olarak aklına getirdi İmanişi.

Nihayet Litvanya'nın başkenti Vilnius'a kadar 200 kilometre mesafe kaldığını belirten levha göründü. Latviya polisine ait araç halen eskortluk yapmaya devam ediyordu.

Otobüste İmanişi ile birlikte on beş kişi bulunuyordu. Tek sivil İmanişi'ydi. Elbette tek Doğu Asyalı da. Stockholm'daki Yunanistan Büyükelçiliği'nin tombul ateşesiyle Finlandiya İhracat Güvenlik Müdürlüğü'nün genç elemanı, yaşlı İsveçli diplomatla konuşuyorlardı. Avrupa Birliği Ofisi elemanı orta yaşlarının sonunda gibi duran Hollandalı adam kamburunu çıkartarak sigarasını yaktı. Bunalmış bir yüz ifadesiyle bir nefes çektikten sonra, elinde sigarasıyla sohbet edecek birilerini bulmak ümidiyle otobüsün arka tarafına yöneldi. Dimdik oturan görme özürlü Alman Hazine Bakanlığı memurunun yanına oturunca "Sen neredensin?... Ha, tamam, Almanya'dan" diyerek İngilizce konuşmaya başladı. O arada Brüksel'deki Avrupa Birliği ofisinde ortak bir dostları olduğunu farkederek "Kadın Berlin'e gitmek istiyormuş" diye konuyu değiştirdiler. Avrupa Birliği memuru sıfatına yaraşır bir şekilde, konuşma dilini arada Almanca'ya çevirdiler. Herhalde Fransızca da konuşabiliyorlardı. Latviya otoyolu sarsıntıya neden oluyordu ama Litvanya'ya girdikten sonra yeni yapılmış otobanda otobüs rahatlıkla ilerliyordu.

Otobüs, akşam üzeri Vilnius'a ulaştı.

Üç Baltık ülkesinden biri olan Litvanya'nın başkenti Vilnius, ülkenin güney-doğusunda Belarus sınırına yakın bir yerdeydi. Alman şövalyeleri tarafından 12. yüzyılda kurulan şehir, bir ülkenin başkentinden ziyade sıradan bir Kuzey Avrupa taşra kenti görünümündeydi. Derin ormanlarla çevriliydi, şehrin merkezinden Neris Nehri yavaş yavaş akıyordu. Şehrin görüntüsü ve insanların yüzlerinde rahat bir hava vardı.

İmanişi, Neris Nehri kıyısındaki Lietva Otel'e giriş yaptı.

Eski Sovyetler Birliği zamanındaki devlet turizm şirketi Intourist tarafından işletilen bir oteldi. Binanın kendisi 21 katlı yüksek bir binaydı ama geniş odalarında hemen hemen hiçbir şey yoktu. İmanişi odaya girince bavulunu duvarın kenarına ve evrak çantasını da kilitleyerek çalışma masasının altına koydu. Sonra da üzerine sadece odanın anahtarını alarak birinci kattaki restorana indi.

Akşam yemeğini bitiren İmanişi sadece otuz dakika sonra odasında döndü.

Dökümanları çıkartmak için elini evrak çantasına uzattığında şaşkınlıktan dona kaldı. Çantanın kilidi kırılmıştı. İçini kontrol ettiğinde, cüzdanının olmadığını gördü.

Baltık Ülkeleri Yatırım Destek Toplantısı ertesi sabahVilnius banliyösündeki Vylon Otel'de başladı.

Bağımsızlığını yeni kazanmış bir ülke olarak, kim olursa olsun katılıp, el uzatsın dercesine Fukoku Bankası'nın Londra şubesine de Litvanya Hazine Bakanlığı'ndan davetiye gönderilmişti. Tomita Otomotiv Türk'ün sendikasyon kredisinin başlangıcı iki hafta gecikecek olması yüzünden, İmanişi rahatlıkla toplantıya katılabilmişti.

300 kişi kapasiteli toplantı salonunun geniş pencerelerinden orman ve göl gürünüyordu.

Tam karşıdaki kürsüde Litvanya hükümetinin bürokratları, Dünya Bankası EBRD (Avrupa Kalkınma Bankası) gibi uluslararası kuruluşların kurmayları, konuk konuşmacılar sıralanmışlardı. Toplantı başkanı önceki gün otobüsle birlikte gelen Avrupa Birliği'nin yorgun Hollandalı erkek elemanı idi. Bu tür uluslararası toplantılar pek Ağustos ayında yapılmazdı ama katılımcıların sorunsuzca biraraya getirildiğini, toplantının pürüssüz başlayacağını anlamış olsa gerek yüzünde bir rahatlık ifadesi belirmişti. Toplantı salonunun arka taraflarında fanus gibi ince uzun cam odalarda, kulaklık takmış tercümanlar oturuyorlardı. Katılımcıların koltuklarına 350 sayfadan oluşan Litvanya Hükümeti'nin yatırım planları dağıtılmıştı. Plan kitapçığında, enerji, ulaştırma, çevre, iletişim, sigorta uydusu gibi çeşitli alanlarda bundan sonraki üç yıllık döneme ait hükümet projelerinin ayrıntıları bulunuyordu.

Litvanya başbakanının konuşmasıyla toplantı açıldı.

Başbakan konuşmasını Litvanya dilinde yaptığından, İmanişi kulaklıkları başna geçirdi. Plastik, basit bir malzemeden yapılmıştı ama pürüssüz bir İngilizce ile yapılan çeviriyi rahatlıkla duyabiliyordu.

"Bunu nereden alabilirim?"

Yanına oturan Stockholm'deki Hollanda Büyükelçiliği'nin birinci katibi adam telaşlı bir yüz ifadesiyle İmanişi'ye soruyordu.

"Arkadaki kahve masasının yanında çok sayıda var" dedi İmanişi, parmağıyla masayı gösterek.

Başbakan kendisine ayrılan süreyi fazlasıyla aşarak konuşmasını tamamladığında, Hazine Bakanı kalkarak Litvanya'nın resmi yatırımları için sermaye sağlanması planına ilişkin konuşmasına başladı.

Öğleden önce saat 10:00'u biraz geçerken, Hazine Bakanı'nın konuşması bitti ve on beş dakikalık kahve molası verildi.

"Sabahki yardımınız için çok teşekkür ederim... Litvanya'ya ilk kez mi geliyorsunuz?"

Az önceki Hollandalı diplomattı konuşan.

"Evet. Eski Sovyetler Birliği ülkesi olduğu imajı güçlüydü ama insanları da manzarası da tipik bir Kuzey Avrupa ülkesi. Biraz şaşırdım elbette."

"Bu ülke askeri baskı altında kalınca çaresiz 1940 yılında Sovyetler Birliği'ne katılmış ama aslında ataları Baltlar olan Litvanyalıların ülkesidir. Sovyetler Birliği'nin yıkılmasıyla 1991'de bağımsızlıklarını yeniden kazandılar."

"Bu arada, ülkedeki güvenlik durumu nasıl? Aslında, dün akşam otelde otuz dakika kadar odamdan ayrıldım, o arada hırsız girmiş. Cüzdanımı almışlar, polise ve kredi kartı şirketine bildirmek için gece yarısına kadar uğraştım."

Hollandalı adam acıyan gözlerle bakmaya başlamıştı.

"Bu ülke göründüğünün tam tersine güvenli bir yer değildir. Rus mafyasının etkin olduğu bir yerdir."

"Rus mafyası mı?"

"Evet. Ben de önceki sefer geldiğimde, bavulumu olduğu gibi çaldırdım, diyecek söz bulamadım. Dün akşam senin odana girenler de aynı tipler olmalı. Her katın holünün bitişindeki küçük odalarda kat hizmetçisi yazılı odalar vardır, farkettin mi? Esas işleri, eski Sovyetler Birliği döneminde konaklayan müşterileri gözlemekti. Olasılıkla, oradaki kadının parmağı vardır bu işte."

Hollandalı sıkıntılı bir yüz ifadesi takınarak, kahvesini yudumladı.

İmanişi de kahvesinden bir yudum aldı. Başını öylesine çevirdiğinde, gözünün önünden tanıdık bir sima geçip gitmek üzereydi.

"Tatsuhana!?"

İmanişi'nin sesi üzerine Tatsuhana ondan tarafa döndü.

"Aa, sen de nereden çıktın?"dedi donuk bir ifadeyle.

İmanişi bir an, eskiden birlikte çalıştığı bir arkadaşının 'nereden çıktın?' gibi laubali bir ifade kullanmasına sinirlendiyse de hiç istifini bozmadı.

"Sabahtan beri burada mıydın?"

"Hayır yeni geldim, birazdan konuşma yapacağım."

"Onun için mi geldin?" Toplantı programına göz gezdirince Tatsuhana'nın adını buldu. "İyi gelebilmişsin. Şimdi BMJ'ye karşı savunma savaşına girdiğiniz bir zaman değil mi?"

"Konuşmam bitince öğleden sonraki uçakla Londra'ya döneceğim. Bu konuşma için Litvanya Maliye Bakanlığı'na çok öncesinden söz vermiştim. Uluslararası finans dünyasında yaşıyorsan, bir kez verdiğin sözü mutlaka yerine getirmelisin. Sen de bu kadarını biliyor olmalısın."

İmanişi başıyla onayladı.

"Tomita Otomotiv Türk'ün sendikasyonu ne alemde? Hala başlatmamışsınız. Herhangi bir sorun mu çıktı" diye sordu Tatsuhana.

"Yok, yok. Türkiye hazinesi iki hafta beklememizi istedi. Şimdi, elektrik santrali projesinin finansmanı için bir Alman bankası ile görüşüyorlarmış, onu etkilemesinden çekindiler galiba."

"Demek o yüzden. Hazine öyle diyorsa yapacak bir şey yok. Her neyse başarılar dilerim. Fukoku Bankası'nın yetki belgesi almasına son zamanlarda piyasada pek rastlamıyoruz gerçi. Hıhhıh..."

Tatsuhana dalga geçer gibi bir ses tonuyla konuşuyordu.

"Teşekkürler" diye yanıtladı İmanişi, sükunet içerisinde. "BMJ'nin TOB'u olmasa kesinlikle senin alacağın bir işti."

Bu sözler karşısında Tatsuhana hafife aldığını belirten bir gülümseme takındı.

"İmanişi, henüz o mesele kapanmadı. Bunu aklından çıkartma sakın."

"Mesele kapanmadı mı?... Ne demek istiyorsun?"

İmanişi'nin sorusunu yanıtlamayan Tatsuhana'nın yüzünde hala tuhaf bir tebessüm vardı.

Bu adamın aklından neler geçiyor? Yetki belgesi çoktan verilmiş, iki haftadan kısa bir süre içerisinde sendikasyonu başlayacak bir iş. Bundan sonra geri dönülmesi asla mümkün değil. Basit bir blöf mü acaba? Yoksa...

İmanişi, Tatsuhana'nın o alaylı tebessümüne baktıkça, içini kötü bir şeyler olacakmış hissi kapladı.

Nihayet kahve molası sonra erdi, toplantı yeniden başladı.

Tatsuhana, öğleden önce seksiyonunun son konuşmacısı olarak kürsüdeydi. 'Devlet Yatırımları ve Avrupa Sermaye Piyasası' başlıklı konuşmasına başladı.

Tatsuhana'nın İngilizcesini duyan İmanişi hayran kalmıştı. Fukoku Bankası Marunouçi Şubesi'ndeki haline bakarak tahmin bile edilemeyecek kadar mükemmel, anadili gibi konuşulan bir İngilizce. Yurt dışında doğup büyümüş Japonlardan biri olsa neyse ama Japonya'da doğup büyüyen bir insanın doğal bir süreç içerisinde edinebileceği yetiyi kat kat aşmıştı.

Gizli gizli çok çalışmış olmalı. Herhalde, sadece İngilizce değil, birçok badire atlatmış, engel aşmış olmalı. Bunlara katlanacak kadar mı Japonya'dan kurtulmak istiyordu acaba?

Fukoku Bankası ve Japonya'yı elinin tersiyle bir kenara iten adam, arada sırada keskin bakışlarını dinleyiciler üzerinde gezdirerek konuşmasını sürdürüyordu. Onun bu haline baktıkça İmanişi sözcüklerle açıklayamayacağı bir yalnızlık duygusuna kapıldı.

Nihayet Tatsuhana'nın konuşması bitince toplantının öğleden önce seksiyonu sona erdi. İmanişi kalkıp, öğlen yemeğine gitmek üzere çıkışa yöneldi. Tatsuhana salondan çıkmak üzereydi.

"Tatsuhana. Çok iyi bir konuşmaydı. İngilizceni de çok ilerletmişsin" dedi İmanişi, arkasından.

"Teşekkürler" dedi Tatsuhana, İmanişi'ye omzunun üstünden bakarak.

"Bu arada..." İmanişi, Tatsuhana'ya yetiştiğinde bir an anımsayıvermişti. "Türk Hava Yolları'nın 1 milyar dolarlık sendikasyonu bitti mi? 7 jumbo uçak finansmanı için yetki belgesini bu bahar başında almıştınız değil mi?" diye sordu, yürümeye devam ederken.

"Haa, şu mesele." Tatsuhana'nın gözlerinde bir an tedirginlik belirir gibi oldu. "O işte herşey yolunda. Sendikasyonu için de şartlar oluştu. Gelecek ay dökümantasyonu (finans sözleşmelerinin hazırlanması) var... Uçak finansmanı biraz zaman alıyor."

"Geçenlerde dedikodu olarak duydum ama o işte başlangıçta Amerikan doları üzerinden finansman yapılacakken, son anda Türk Lirasına çevrilmiş. Türk Hava Yolları'nın taşımacılık gelirinin oldukça büyük bir kısmı Türk lirası üzerinden olduğu için, Morgan Drexler de önümüzdeki günlerde Türk lirasının Amerikan doları karşısında zayıflayacağı görüşünde olunca, Türk Hava Yolları tarafı da lira ile borçlanmanın daha avantajlı olacağına hükmetmiş."

"Sen bütün bunları kimden duydun!?" Tatsuhana'nın sesi aniden yükselmişti.

İmanişi, bu ani öfke karşısında bir an bocaladı.

"Eh, yok, İstanbul'daki bir borsa simsarından duydum... Neden sordun?"

"Demek öyle..." Tatsuhana yapmacık bir soğukkanlılık takındı. Yüzü hafiften kızarmıştı. "Kusura bakma ama benim uçağa yetişmek için acele etmem gerekiyor. Görüşürüz."

İmanişi'ye bakmadan konuşmuştu. Sonra da otelin ana girişinin önünde bekleyen taksiye yöneldi. Lüks takım elbisesinin sırtını dimdik tutarak hızlı adımlarla yürüyen Tatsuhana'nın bu görüntüsünü İmanişi şüpheli bakışlarla izledi.

İmanişi Litvanya'dan Londra'ya dönüşünün ertesi günü Tomita Otomotiv Türk'ün kredi satışını idare edecek üç ana banka arasında sendikasyon listesi değiş-tokuş edildi.

Sendikasyon listesinde yapılacak işe katılması için davet edilecek bankalar ülkelerine göre alfabetik sıra ile listelenir. İmanişi'nin kullandığı Fukoku Bankası listesi ABC International Bank, Abudabi Ticaret Bankası African Continental Bank'tan başlayıp, Yapı Kredi Bankası, Zivnostenska Bankası ile biten uzunca bir listeydi. Avro piyasasında sendikasyon kredilerine katılan bankaların sayısı iki-üç bin civarındadır. Bunlardan Türkiye'ye yönelik işlere katılanlar ise 800 civarındadır. Kredi satışını idare edecek üç bankanın, satışı mükemmel şartlarda gerçekleştirmesi için, bu 800 bankanın tamamına gerekli girişimleri yapmak konusunda anlaştılar.

Bu görüş doğrultusunda, öncelikle sendikasyon listesi düzenlendi.

Bu kredi satış idarecisi bankanın hangi bankaları davet edeceğine ilişkin düzenlemeydi ve bu işte Credit Generale Fransa, Belçika, Lüksemburg, İtalya, İspanya ile Portekiz dışında Ortadoğu bankalarını; British Chartered İngiltere, Almanya, Avusturya, Hollanda, İsveç ve Danimarka gibi ülkelerin bankalarını; Fukoku Bankası ise Japonya, Asya, Amerika bankalarıyla iletişimi üstlendi. Bu aşamada, söz gelişi bir Fransız bankasının İngiltere'deki bir şubesiyle Credit Generale'nin mi, yoksa British Chartered'in mi iletişime geçeceği gibi ayrıntılar somut olarak belirleniyordu.

Bu aşamanın ardından, düzenlenen sendikasyon listeleri üstlenici bankaların tamamına ve borçlanan tarafa dağıtılarak görüş istenir. Bu, borçlanan tarafın herhangi bir nedenden ötürü krediye katılmasını istemediği bir banka olursa listeden çıkartmak, tersine katılması olası bankalar gözden kaçıp listeye alınmamışsa eklemek için tüm ilgililerin birlikte kontrol etmesi için yapılır. Bu sefer, gönderilen sendikasyon listesine ek olarak Gulf Banking Cooperation'un sendikasyon bölümü müdürü Said al Diffrawi "Şu bankaları da ekleyin" diyerek,

Dubai ve Abudabi'de yeni kurulan bankalar ağırlıklı olmak üzere yaklaşık yirmi bankanın adını ve iletişim bilgilerini göndermişti.

"Diffrawi Bey de bu sefer bir hayli istekli" dedi Takahaşi, gönderilen listeye bakarak.

"Evet. Bu seferki fiyat çok çetin. Çok çaba harcamamız gerekecek" diye yanıtladı İmanişi, bir yandan da eklenen bankaların iletişim bilgilerini Fukoku Bankası'nın sendikasyon listesine ekleyen sekreteri Yvonne'ye bakarak.

Gezici lunapark...

İş sonrasında evine dönmek için bindiği taksinin koltuğuna, Tatsuna yorgun vücuduyla yığılıp kalmıştı.

Batmak üzere olan yaz güneşi, arabanın dışındaki manzarayı kızıla boyamıştı. BMJ'ye karşı savunma savaşı Tatsuhana Litvanya'dan döndüğünden beri her geçen gün şiddetleniyordu.

O gün öylesine arabanın penceresinden dışarı bakan Tatsuhana, Hampstead'da evinin yakınındaki meydana gezici lunaparkın kurulduğunun farkına vardı. Akşam manzarası içerisinde gezici lunaparkın rengarenk lambaları yanıp sönerek çocukları davet ediyordu.

Miçiko ile Colindale İstasyonu yakınlarındaki gezici lunaparka gittiğimiz kaç sene önceydi?... Tatsuhana'nın bilinçaltında eski anıları canlanmaya başlamıştı.

Gezici lunaparklar herzaman mantar gibi ortaya çıkıverirler.

Gecenin karanlığında onlarca tır tarafından getirilerek kurulur.

Miçiko ile birlikte yaşadığı sıralarda birlikte gittikleri gezici lunapark da birgün mantar gibi ortaya çıkıvermişti. Yeri, Londra merkezinden yirmi dakika kadar kuzeyde kalan metro istasyonunun hemen yakınındaydı. Bir pazar günü öğleden sonrasıydı.

Tokyo'daki Yoyogi Parkı'nın yarısı kadar bir çayır düzlüğün ortasında, elli kadar irili ufaklı pavyon bir köy haline gelmişti. Viking gemisi şeklinde bir gondol. Pembe, kırmızı, mavi gibi göz alıcı renklere boyanmış basit görünümlü Sindrella'nın masal ülkesi. Siyah elbise giymiş iskelet halindeki azrailin kocaman bir orak salladığı korku evi. Atış oyunları. Fil şeklindeki bir araç havada süzülüyor, biniş yerinde çıplak göğsüne madalyon sallandırmış kot pantolonlu bir genç, anne ve kızının bindiği koltuğun emniyet kemerini takıyordu. Elektrikle hareket eden lokomotife beyzbol şapkası takmış ağabey ve kardeşi yanyana oturmuşlardı. Havayla şişirilmiş, yüksekliği yedi-sekiz metreye ulaşan kocaman naylondan yapılmış kaydırak. Oyun merkezindeki makinelerden gelen sesler cümbüşe dönüşmüş.

Gezici lunaparkın çevresinde onlarca tır ve kamp arabası park halindeydi.

Kamp arabalarının yanında yemek yapmak için kullanılan tüpler konulmuş, sağda solda çamaşırlar asılmıştı. Gezici lunaparkta çalışanlar yıl boyu bu şekilde gezerek yaşarlar.

Gezici lunaparkı gördüğünde Miçiko çığlık atmıştı.

"Bak! Şuraya bak! Çocukluğumda da vardı bunlardan. Böyle şeyler hiç değişmiyor."

Parmağıyla işaret ettiği yere bakınca, kırmızı, sarı ve turuncu renklere boyanmış kahve fincanı şekilli uçan koltukların yuvarlak zemin üzerinde uçuştuğunu görmüştü.

Binilecek oyuncakların hepsi bir sefer için bir pound idi.

Miçiko cüzdanını elinde sımsıkı tutarak, birbiri ardına oyuncaklara binmişti. O neşeli hali, lunaparka gitmek istese bile gidemediği çocukluğunun acısını çıkartır gibiydi.

Miçiko'nun en çok hoşuna giden oyuncak atlı karınca olmuştu.

Tokyo Disneyland'daki ile elbette karşılaştırılamayacak, yer yer boyası dökülmüş eski püskü bir atlı karınca. Tavanın üzerindeki çatıda onlarca İngiltere bayrağı rüzgarla salınıyordu. Miçiko rengarenk boyalı atın üzerine oturup, gümüş rengi çubuklara tutunmuş, yavaşça yukarı aşağı hareket ederek dönmeye başlamıştı. Tatsuhana'nın önünden geçerken mutlaka el sallıyordu. O masum neşeli halini, o ucuz şeyin neresinin eğlenceli olduğuna bir anlam veremeyerek izlemişti Tatsuhana.

Miçiko'yu izlerken, Tatsuhana ilkokula girmeden önce, anne ve babasının yoktan var ettikleri parayla trene binerek iki saat uzaklıktaki büyük şehrin lunaparkına gittikleri yaz gününü anımsamıştı. Artık anılarının derinliklerinde bir yerinde kalan bir gündü ama o gün yaşadığı sakin mutluluğun sıcaklığı bugün bile göğsüne ulaşıyordu.

Arada sırada rüzgara karışarak pişirilen hotdog kokusu geliyordu. Hotdog barakasına baktığında ay desenli önlük takmış bir siyahi genç kızın ızgaranın üstündeki sosisleri çevirdiğini görmüştü. Barakada naylon torbalara konulmuş, Japonya'dakilerle tamamen aynı pembe pamuk şekerler *candy-floss* adıyla satılıyordu.

Gezici lunaparkın makinaları kırmızı, mavi ve sarı renklerde lambalarını yakın söndürerek, eğlenceli müzikleriyle çocukları çağırır.

Miçiko bıkmaksızın atlı karıncaya binmeye devam etmişti.

Nihayet güneş yatıklaşmış, atlı karıncanın üstündeki Miçiko'nun gölgesi uzamıştı. Akşam güneşi altında herşey turuncuya boyanmış, yaşam ilahileri söylemeye başlamıştı. Çevredeki korunun içinden geçerek gezici lunaparka ulaşan rüzgar daha fazla işlemeye başlamıştı. Yuvalarına dönen kuş sürüleri atlı karıncanın çatısının üstünden uzaklaşmış, korunun içinde kaybolmuştu.

Miçiko'nun bindiği atlı karınca durmaksızın dönüyordu.

3.

"Rusya, küçük bir kayığa binen yedi adamın kayığa yükledikleri altın için kavga etmelerine benzer. Adamların tüm dikkati altında yoğunlaştığı için, bindikleri kayığın şelaleye doğru sürüklendiğinin farkında değillerdir." (George Soros, 1997)

17 Ağustos 1998 Pazartesi günü, o Rusya kayığı tepetaklak şelaleye yuvarlanınca bir kabusun perdesi de açılmış oldu.

"Ne dedin! Kirilenko moratoryum mu (borç ödemelerinin durdurulması) ilan etti? Bu kötü bir şaka olmalı! Yeltsin daha üç gün önce rublenin değerini düşürmeyiz, hükümetimizin borçlarını mutlaka ödeyeceğiz dememiş miydi ha?" Beti benzi atan simsar ahizeye bağırıyordu.

İşlem odasının tamamında bir gürültü hakimdi.

Simsarların önündeki telefonların panellerinin tamamında kırmızı ışıklar yanıp sönüyordu. Müşterilerden ve komisyoncular fiyat öğrenmek istiyorlardı.

"Steve, televizyona bak! Şimdi Kirilenko'nun açıklamasını bir kez daha verecekler... Kirilenko da üç ay önce başbakan olmuştu, zavallı adam. Böylelikle kesin kellesi uçar!" dedi, karşı taraftaki Rus ekonomist.

"Lanet olsun!" Simsar yanıt bile vermeksizin telefonu kapatarak, ahizeyi fırlatıp attı. Uzun gümüş rengi kabloya bağlı ahize havada uçarak gürültüyle yere çarptı. Böyle hırçın simsarlar için özel mi yapılmıştı bilinmez, ahize kırılmamıştı.

"Hey, Steve! AIS Sigorta yirmi kalem GKO (Rusya'nın ruble bazlı kısa vadeli devlet tahvilleri) satmak istediğini söylüyor. Fiyat ver!" İşlem masasının karşı tarafındaki satış elemanıydı bağıran.

"Burada da GM Capital otuz kalem!" diye bağırdı, bir başka adam.

"Biraz bekleyin!" Steve adlı simsar çığlık attı. "Rusya'nın moratoryum içeriğini anlamadan nasıl fiyat verelim, ha!"

"Steve! Ağlamanın zamanı değil. Biż piyasaya makyaj atmazsak kim yapacak ha! Ne olursa olsun, bir fiyat ver haydi!"

"Steve! Bende de Ohio Emeklilik Fonu otuz kalem satmak istiyor! Çabuk fiyat çıkart!" Kadın satış elemanından tiz bir ses yükseldi.

"Siparişleri bekletin! Hemen fiyat çıkartıyorum."

"Olmaz! Çok önemli bir müşterimiz, hemen fiyat ver!"

İşlem salonundaki monitörlerin ekranında, kolu yeni indirilmiş bir slot makinesi gibi başdöndürücü bir hızla hisse senedi fiyatları değişiyordu. Mavi ve yeşil grafiklerden oluşan ekranlar on dakika kadar öncesinden beri kaydırak gibi başaşağı gitmeye başlamıştı.

"Gerizekalı! O, beş dakika önceki fiyat! Piyasada böyle durumlarda fiyatlar saniye hesabıyla değişir! Beş dakika önceki fiyatla nasıl iş yaparız!?"

Her iki elinde de ahize tutan Latin Amerikalı hisse senedi simsarı kıpkırmızı olmuş yüzüyle bağırıyordu.

"Ama az önce 49 değil miydi!? Nasıl olur da beş dakika içerisinde 3 pound birden düşer!?" Genç satış asistanı da canını dişine takmış gibi görünüyordu.

"Rusya'daki şok dalgası yeni yükselen piyasaların tamamına vurmaya başladı! Düşünsenize! Rus kağıtlarına para yatıracak türden müşteriler, elbette Orta ve Güney Amerika kağıtlarına da para yatırıyor. Kayıplarını minimumda tutmak için hepsi bir anda satışa başladılar! Şu ekrana bak çömez!"

Simsarın önündeki ekranda sadece Rusya değil, Meksika, Brezilya, Arjantin, Venezüela, Filipinler, Bulgaristan gibi, tüm yeni yükselen piyasaların mallarının ani düşüşünü göstermekteydi. 'Çömez' lafını yiyen genç adam dudaklarını ısırarak, fiyat vermek için satış masasına döndü.

"Hey, şimdi konuştuğun iş bitince, Brezilya'nın C Bonosu için on adet, alış fiyatı ver!" diye bağırdı satış elemanı.

"Hedge Fundlardan (kısa vadeli yüksek riskli yatırım fonu) Delaware Capital'ın satışı!"

"Tamam, tamam. Biraz bekle, lanet olsun!" Latin Amerikalı hisse senedi simsarı komisyon ekranına neredeyse yumruk atarak fiyatı arıyordu.

"Peşisıra, Arjantin Global hisselerinden yüz adet birden!" bu kez başka bir satış elemanıydı bağıran. "Quantum Fonu satışı!"

Çevrelerindeki gürültüden telefondaki konuşmaları pek iyi duyamayan simsarlardan bazıları iki kulaklarına ahizeleri yapıştırmış halde masalarının altına dalmış, hamburger artıkları ve okunmuş eski porno dergilerin üzerine çökmüş alışveriş yapıyorlardı. İşlem salonunun sütununa monte edilmiş büyük televizyonun ekranında CNN'in kadın muhabiri Rusya'daki finans krizinin haberini veriyordu.

"İşte ben de o Popov'un nereye gittiğini soruyorum!"

Repo masasındaki Rus simsar, neredeyse kafasından buharlar çıkararak ahizeye Rusça bağırıyordu. Telefonun karşı tarafında Moskova'daki bir Rus özel bankası vardı. Repo, geri satın alım şartı ile iki hafta ila bir aylık süreyle, karşı tarafın elindeki hisse senedini geçici olarak alıp sermaye sağlama işlemidir. Bu adam Rus bankasıyla repo işi yaparak büyük kazançlar elde etmişti ama Rusya'nın moratoryum ilanı sonrasında satın almış olduğu Rus hisse senetlerinin değeri tepetaklak olmuştu. Teminat tamamlama çağrısı ile ek güvence talep ediyordu ama yetkili kişileri yerinde bulamıyor olacak ki, görüşme yapamadığı telefonlar devam ediyordu. Şansı yaver gidip de ek güvence alabilse bile, bunun büyük kısmı Brezilya'daki Brady bond (A.B.D. garantili bonolar) ve Arjantin'deki Brady bond için hemen değeri düşecek, yine teminat tamamlama çağrısı yapmak durumunda kalacaktı. Piyasa spiral şeklinde düşerken herşey kötüye giderdi.

"Of, şimdi kellem uçtu işte!" Simsarlardan biri yüzünü havaya çevirerek haykırdı. Adam 50 milyon dolar parayı Rus GKO kağıtlarına bağlamıştı. Şimdi o kağıtlar gerçekten kağıttan başka bir şey ifade etmez hale gelmek üzereydi. "... Tutup da devlet bonolarını bile ödemeyecekleri aklımın ucundan bile geçmemişti..." dedi adam, inlercesine bir sesle.

"Hey, Dicks! Ağıt yakacak kadar zamanın varsa, biraz olsun zararı kapatmaya çalış." Arka taraftan bağıran, hisse senetleri bölümünün yönetici müdürü idi.

"Müşteri de satmak istiyor biz de. Müşterinin satmak istediğini biz almak zorundayız. Ne yapacağız şimdi?..." Dicks dedikleri adam başını öne eğerek ellerinin arasına aldı.

"Dırdır edeceğine piyasa makyajına uğraş!" Aynı kızgın ses tekrar duyuldu. "Kendi elindekilerden ettiğin zararı, aracılık işlemleriyle biraz olsun kapat! Ben US High-yield'e (Amerikan yüksek kazançlı yatırım fonları) bir bakacağım. Lanet olsun! O taraf da iyice çökmüş!" Yönetici müdür iri cüssesiyle salınarak hızlı adımlarla işlem salonunu katetti.

"Hey, şu anki durumumuzu hesaplayın!" diye bağırdı simsarlardan biri, kendi tuttuğu not tomarını emrindeki adamlardan birine verirken. "Yapmaya zamanım yok!" Sızlanarak bağırdıktan sonra kırmızı ışıkları yanıp sönen telefon paneline el attı. Sekiz aramayı birden beklemeye almıştı.

"Rusya'nın risk içeriğini bilen kimse yok mu!? Hisse senetlerinin fiyat tespitini yapamıyorum!" Panik halindeki kadın simsarlardan biri yerinden kalkarak çevresine bağırmaya başlamıştı.

İşlem salonunun tamamını kaplayan sızlanma sesleri, bir homurtu gibi duyuluyordu. Simsarlar müşterilerden gelen satış taleplerini reddedemezler. Şu an ardarda gelen satış siparişleriyle tamamen kum torbasına dönmüşlerdi. Hepsi son derece üzüntü içerisinde olsalar da canla başla fiyatları çıkartıp, kendi durumlarını kontrol ediyor, satışlara devam ediyorlardı.

Aniden işlem salonunun kapısı gürültüyle açıldı.

Başka bir katta bulunan yatırım bankacılığı bölümünün başkan vekili içeriye daldı. Neredeyse morarmış yüzüyle, yüksek kazançlı yatırım bonoları satışı sorumlusunun masasına hızla yaklaştı.

"Hey! Şimdi uğraştığımız İngiliz Leicester Communications'un MBO'da (Management Buy Out) bir sorunu yok değil mi!? Müşteriler çok endişeliler."

"Avrupa yüksek kazançlı yatırım fonları da tamamen çöktü" dedi yüksek kazançlı yatırım bonoları sorumlusu, boğazlanırmış gibi bir yüz ifadesiyle. "Yaa, o işe girmiş bulunduk artık. Kaçmamız mümkün değil. 70 milyon poundu olduğu gibi deftere geçirmekten başka çare yok."

"Bir şekilde satmak mümkün olmaz mı?"

"Yüksek kazançlı yatırım bonolarının likiditesi yoktur ki! İşler bu hale gelince yatırımcılar hep birlikte kaçarlar, satmak mümkün olmaz."

"Dönem sonu kredi notunu etkiler yani..." Yatırım bankacılığı bölümü elemanının yüzünde karanlık bir ifade vardı.

"Eh,işte. Bu işlemden zararımız 40 milyon pound olur" dedi yüksek kazançlı yatırım fonları sorumlusu, neredeyse mazoşist olduğunu düşündürtecek bir ifadeyle.

Londra, New York, Honkong, Tokyo, Singapur... Dünya genelinde yatırım bankalarının işlem salonlarını panik havası kaplamıştı.

"Müthiş bir olay!.." dedi, İmanişi ile birlikte Reuters ekranını izleyen Takahaşi, iç geçirircesine.

"News 2000" sayfası tüm dünyadan gelen piyasa karmaşası haberlerini saniyesi saniyesine veriyordu. Bir dakika içerisinde yirmi ila otuz yeni haber giriliyordu. Yeni başlıklar en üstte verildikçe, simsiyah harflerle kaplı tüm ekranın kademe kademe aşağıya doğru kayışı, yeryüzünü tamamen istila eden karıncaların uygun adım yürümesi gibi tuhaf bir duygu uyandırıyordu.

"Ruble'nin paritesi hedef piyasa alanı içerisinde alt limitini 1 dolar = 9.5 rubleye kadar indirdi. Bu senenin sonuna kadar vadesi dolacak olan GKO gibi kısa vadeli devlet bonolarına ödeme yapılmayacak, yenileri ile değiştirilecek. Repo ve dış borsa alışverişleri dahil olmak üzere özel sektöre olan borçlar için 90 günlük moratoryum ha!.." dedi, ekrandan yüzünü kaldıran İmanişi.

"Az önce işlem odasında duydum ama ruble tarihindeki en büyük düşüşü yaşıyormuş. Rus hükümeti canla başla devreye girmeye çalışmış ama iki-üç hafta süre içerisinde hedef piyasa alanı tamamen terkedilecekmiş ve 1 dolar=30 ruble düzeyine kadar inmesine şüphe yokmuş."

"Belki de rublede devalüasyona gidilir demiştim ama ülke borçlarını ödememe yoluna gidileceği hiç aklıma gelmemişti..." İmanişi'nin ses tonu son derece ciddiydi.

"Hisse senetleri piyasasına kadar etkisi oldu, tüm Avrupa düşüş yaşıyor."

"Fakat yine de, Kirilenko da korkunç bir tercih yaptı. Tüm dünya birbirine girdi. Başka çaresi yoktu belki de..." İmanişi başını yana doğru eğdi.

"Oligarşi gruplarının işi" dedi, yan taraflarından gelen bir ses.

"Oo, Bay Vakabayaşi!" Ekonomist Vakabayaşi yanlarında duruyordu. "Oligarşi grupları dediğin Rusya'da yeni ortaya çıkan sermaye sahipleri miydi?"

"Evet öyle. Kremlin ve arka dünya ile derinden bağlı devletle iş yapan tüccarlar. Havayolu şirketi Aeroflot ve Sibneft'i yöneten Boris Bresizky; Sidanco Petrol ve dünyanın en büyük metal dışı hammadde üretim şirketi Norilsk Nickel'i yöneten Vladimir Potanin; Rusya'nın en büyük petrol şirketi LUK Oil yönetim kurulu başkanı Vagit Alekperov; Most-bank yönetim kurulu başkanı Vladimir Gusinskii ve Rusya'nın en büyük gaz şirketi Gasprom yönetim kurulu başkanı Lem Rem Viakhirev. İşte böyle tipler. 96'daki devlet başkanlığı seçimlerinde elbirliği ederek, sermaye ve medya güçlerini kullanarak Yeltsin'in yeniden seçilmesini sağladılar. Şu an artık, Rusya tamamen avuçlarının içinde. Devlet varlığını gönüllerince yağmalıyorlar."

"Onların işi derken?..."

"Son zamanlarda IMF ve Dünya Bankası'nın finansman koşullarına uyarak Rus şirketlerine yönelik vergi uygulaması ve yolsuzlukların üzerinde gidilmesi güçlendirildi ve oligarşi grupları tedirgin olmaya başladılar. Bunun üzerine rubleye göz diktiler. Rublenin değeri düşürülecek olursa döviz girdisi olan petrol, gaz, havayolu gibi ellerinin altında bulunan şirketler büyük çıkar sağlamış olur. Buna ek olarak moratoryum gerçekleştirilecek olursa, dış borçlar için hükümetin emri dolayısıyla ödeyemeyeceklerini söylemeleri yeterli olur... Sekiz gün önce bu tipler Fransa'nın güneyinde Nice'de biraraya gelerek bu senaryoyu hazırlayıp, Yeltsin'e dayatmışlar."

"Sekiz gün önce Nice'de mi? Vakabayaşi Bey, bu bilgiyi nereden edindiniz?" Takahaşi'nin gözleri faltaşı gibi açılmıştı.

"Geçenlerde sizin tanıştırdığınız Haluk adlı Türk simsardan öğrendim. Türkiye Rusya ile sınır komşusu ve Rusya'ya açılan çok sayıda Türk şirketi var. O yüzden bir şeyler biliyor olabilir diye telefon etmiştim."

"Demek öyle... Haluk'ta bir şey yoktur umarım. İstanbul borsası da Rusya'daki krizin etkisiyle tepetaklak olmuş."

"Yok, Haluk bu bilgi sayesinde hisseleri elden çıkartarak muazzam bir kazanç elde etmiş."

"Hmm…eh, herhalde…" İmanişi ve Takahaşi mırıldandılar. "Fakat durum bu kadar kötüleşince oligarşi grubunun kendisi de büyük ölçüde zarar görür…Bu arada Tomita Otomotiv Türk'ün sendikasyonu ne durumda? İşler bu hale gelince sendikasyon kredisi piyasası da allak bullak olmuştur."

"Aynen söylediğiniz gibi. Özellikle Rusya'ya yakın Doğu Avrupa ve Türkiye işlerine etkisi ciddi boyutlarda. Tomita Otomotiv Türk işi de diğer üstlenici bankalara da bağlı ama bir süre duruma bakmamız gerekecek."

Üç adam sıkıntılı gözlerle birbirlerine bakarlarken sekreter Yvonne bir faks getirdi.

"İmanişi Bey, hemen geldi işte!" dedi, faksa göz atan Takahaşi.

"Müfettiş Şimamura değil mi?... *Bu Rusya'daki krizin Türkiye'ye etkisi hakkında acilen rapor hazırlayın. Duruma göre, Tomita Otomotiv Türk'e açılacak sendikasyon kredisinin üstlenilmesi onayı iptal edilecektir.*"

Takahaşi başıyla onayladı.

"Tamam öyleyse, şu işe bir el atalım." İmanişi iç geçirir gibi bir sesle konuşuyordu. "Ancak, bu konuyu normalde yurtdışı teftiş bölümünün kavramış olması gerekir. Yoksa nasıl teftiş yaparlar?… Japon bankacılarında pek profesyonellik idrakı yoktur."

"Türkiye'deki Japonya Büyükelçiliği'nden başlayalım mı?" diye sordu Takahaşi teyid eder gibi.

"Evet. Orada Türkiye konusunda bilgili bir konsolos var. Ardından Citibank'ın İstanbul şubesinde hisse senedi uzmanı Karakaş adlı, makro ekonomi konusunda da bilgili bir adam var, ona da telefon edelim. Takahaşi sen bir de…"

İmanişi sözünü tamamlayamadan Credit Generale'deki Fountaine'den telefon geldi.

"Şu Tomita Otomotiv Türk meselesi var ya." Fountaine kestirmeden konuya girdi. "37.5 milyon dolarını üstleniyoruz ama bundan sonraki sendikasyon kredisi piyasasında Türkiye işlerine kötü bir etkinin ortaya çıkmaması koşulunu getiriyoruz."

Teftiş bölümü uyardı herhalde... Pierre, kaçma böyle!

"Anlaşıldı. Benim de olanaksız bir sendikasyona girmeye niyetim yok. O şartınızı kabul ediyorum."

İmanişi hızla yanıtlayarak telefonu kapattı.

Sonra da hemen British Chartered Bank'taki Mike Harland'a telefon etti.

"Bir nebze tahmin etmiştim." Harland sakindi. "O kadar riski hasaplayarak fiyatı belirlemiştik."

"İki-üç hafta kadar sendikasyona başlamasak iyi olacak gibi. Ne dersin?"

"Evet. Hazır elimize geçmiş bir yetki belgesi var, bir şekilde hayata geçirmek isterim ama piyasa çok dalgalı. Bay Dişli de uluslararası finans konularını iyi bilir, anlayış gösterecektir."

"Umarım piyasa bundan daha fazla kötülemez, biz de yetki belgesini geri çevirmek zorunda kalmayız."

"Benim arzum da öyle. Ancak, burada iş tanrıya kalmış."

"Tomita Otomotiv Türk de inşaat giderleri için ödeme yapma planı oluşturmuştur. Çok fazla uzatamayız. Bizim de bir an önce karar vermemiz gerek."

Harland ile görüşmesi bitince, İmanişi Dişli ve Gulf Banking Coorperation'daki Diffrawi'ye telefon ederek, sendikasyon başlangıcının ertelenmesi konusunda olurlarını aldı.

"Bu arada..." dedi, telefon görüşmelerini tamamlayan İmanişi, Takahaşi'ye dönerek. "İşlemler odasındaki müdür yardımcısı Tsuçiya ne alemde? Türk lirası pozisyonu bir hayli yüksekti."

"Az önce benimle aynı dönemden bir satış elemanıyla konuştum da bir parça kayıp olmuş. Ancak, Türk lirası paritesi tahminlerinin üzerinde dengede kaldığı için, kayıp minimum değerlerde kalmış."

"Demek öyle. Eh, felaket içerisinde biraz olsun sevinç olmuş." İmanişi soğukkanlı bir yüz ifadesine sahipti. "Fakat işlem odası bu dönemde bir hayli sıkıntılı gibi. Tsuçiya Bey de biraz olsun zararı kapatmaya çalışyor olmalı."

"Evet. Son zamanlarda işlem odasına her gidişimde, oradakiler diken üzerindelermiş gibi geliyor."

"Bizim kaybımız ne kadar ulaşır?" diye soruyordu telefonun ahizesine, metal çerçevelerinin arkasındaki deneyim dolu gözleriyle masasının üzerindeki monitörün ekranını izleyen Morgan Drexler CEO'su John Heinemann. 48. kattaki yönetim kurulu başkanı odasının tabanı yumuşak halıyla kaplanmıştı, maun masa ve duvarlar görkemli kahverengi ışıltılar saçıyordu. Heinemann'ın kocaman çalışma masasının arkasında eski model bir lokomotifin büyükçe bir maketi duruyordu. Kuzey-Güney Savaşı sonrasında Amerika'nın demiryolu yatırımlarına finansman sağlayarak hızla gelişen Morgan Drexler'in şanlı tarihinin sembolüydü. Kitap rafında, Heinemann'ın oğlunun oltayla yakaladığı kocaman kılıç balığı ile birlikte çektirdiği fotoğraf gibi aile fotoğraflarıyla doluydu. Diğer taraftaki duvar ise *thombstone*larla dolup taşmıştı. Top Left statüsünde hep Morgan Drexler vardı.

"Biraz bekleyin lütfen." Telefonun karşı tarafında risk yönetimi bölümü müdürü bilgisayarının ekranını açıyor olmalıydı. "...yaklaşık olarak 400 milyon dolar civarında.

"400 milyon dolar ha! Üçüncü dönem gelir beklentimiz 900 milyon dolar olduğuna göre, rahatlıkla kapatabiliriz.... Kaybın nedeni Amerikan yüksek kazançlı yatırım fonları mı pekiyi?"

"Evet öyle. LBO, MBO ile bağlantılı üstlenmelerimiz ağırlıklı. Büyük şans eseri şirketimiz Rusya'ya hemen hemen hiç el atmamış. Orta ve Güney Amerika hisselerini de şu son bir ay içerisinde elden çıkartmıştık. Zarar bir tarafa, neredeyse kar ettik."

"Demek öyle, iyi olmuş." Heinemann hisse senetleri bölümü müdürünün geleceği görme yeteneği karşısında tatmin olmuştu.

Telefon görüşmesi bittikten sonra, Heinemann hisse senetleri bölümünün finans kuruluşlarından sorumlu analistini iç hat telefonuna çağırdı.

"Anlaşılacağı üzere, Rusya ile iş yapanlardan kaybı büyük olan BMJ (Beneditti Mondino&Janus) ve ardından CSFB (Credit Suisse First Boston)" dedi analist.

"BMJ'nin kaybı ne kadar?"

"Hıhhıhhıh. Muazzam bir rakam." Genç analist sevinmişe benziyordu. "Henüz GKO'ların akıbetini bilemiyoruz ama en iyimser rakamla 1.5 milyar dolar kaybı olur."

"Bu rakamı neye dayandırıyorsun?"

"Şu an, GKO'lara yatırılan paranın, doğru dürüst geri gelen kısmının esas miktarın %10-20'si olduğu söyleniyor. Üstüne üstlük, rublenin değerinin düşürülmesi bir ek zarar doğuracağından, adamların GKO yatırımlarını %95'i kağıt parçasından başka anlam ifade etmeyecektir. Hem de adamların Rusya ile Orta ve Güney Amerika bono ve hisse senetleri pozisyonlarının bakiyesini tahmin edersek, güncel piyasa değeri düzeltmiştir. Türev finansal ürünler hakkında ikinci çeyrek dönemin bilançosunu temel alıyorlar."

Sakince "Anlaşıldı. Teşekkür ederim" diyen Heinemann telefonu kapattı.

"John, Philip'ten telefon var" dedi, sekreteri.

Philip Freedman yatırım bankacılığı bölümü müdürüydü.

"Tamam, bağlayın."

"Ben Philip... BMJ meselesini ne yapalım?" Yatırım bankacılığı bölümü müdürü, alay eder gibi sormuştu. Morgan Drexler ile BMJ arasındaki savaş, Morgan Drexler'in BMJ'ye yönelik tersine satın alım ilanı, bir hafta önce herbirinin 3 milyar dolarlık sendikasyon için piyasaya çıkmaları ve karşılıklı olarak tek bir geri adım bile atmadıkları bir çarpışma haline gelmişti. "Beneditti moruğu, bu Rusya krizi sonrasında bizimle mücadele etmek şöyle dursun, en ufak yanlış adımıyla iflas eder. Bir dizi satın alıma direnme planımızı askıya almamız sorun olmayacaktır."

"Ben de şimdi tam o konuyu düşünüyordum. Sonucu baştan söyleyeyim, direnme planlarımız sürüyor."

"Sürdürecek miyiz?" diye sordu yatırım bankacılığı bölüm müdürü, hiç aklına getirmezmiş gibi bir ses tonuyla.

"Düşmanın nefesi kesilene kadar namluyu dayamakta fayda var. Hele de karşımızdaki Paolo Beneditti iken. Hem de..."

"Hem de?"

"Evet. Rusya krizi ile bir anlık sendelese de iki-üç yıl sonra gibi uzağa bakacak olursak, yükselen piyasalar nasıl olsa kendilerini toparlayacaklardır. Fakat biz bu sektörde eskiden beri zayıfız. O günlere hazırlık olarak BMJ'yi almayı gerçekten düşünüyorum. En düşük fiyatla alıp, ayağa kaldırmak... Sandy Weill tarzı."

"Hmm, demek bu nedenle" dedi yatırım bankacılığı müdürü, mırıldanarak. "Anlaşıldı. İlgili birimlerin başlarına gerekli direktifleri veririm."

Yatırım bankacılığı bölüm müdürü ile telefon görüşmesini tamamlayınca, Heinemann masasının üzerindeki monitör ekranın klavyesini tıkırdatarak Amerikan borsası sayfasını açtı. Finans kuruluşları hisseleri bir hayli düşmüştü. Bir süre ekrana bakarak düşüncelere dalan Heinemann, tekrar finans kuruluşlarından sorumlu analiste iç hat telefonuyla ulaştı.

"Finans kuruluşlarının hisseleri çok düşmüş."

"Evet. Bu seferki patırtıda, sadece BMJ değil, her bankanın ciddi kayıplara uğradığı tahmin ediliyor."

"Ne kadar kayıp söz konusu?"

"Henüz tahminden öteye geçmez ama CSFB'nin kaybı 1 milyar doları aşar. Bunun dışında JP Morgan 500 milyon dolar ile 1 milyar dolar arasında; Merrill Lynch 300 milyon dolar; Bankers Trust 350 milyon dolar; Bank of America 220 milyon dolar; Salomon Brothers 60 milyon dolar; Lehman Brothers 60 milyon dolar; Societe Generale 430 milyon dolar; Deutsche Bank 500 milyon dolar; Dresner 570 milyon dolar ve Barkeleys 550 milyon dolar civarında olur. Öte yandan Hedge Fundlar da (kısa vadeli yüksek riskli yatırım fonları) büyük zararda. En büyük zarar, sanırım George Soros'un 2 milyar dolarlık kaybı."

"2 milyar dolar ha... Soros her zamanki gibi sahnede."

"Adamın grubundaki fonların ölçeği 21.6 milyar dolar, o yüzden bu ölçüdeki bir kayıpla sarsılmaz. Yılbaşından bu yana cirosundan bu seferki kaybını çıkartsak bile mutlaka artıdadır. Kaygı verici olan diğeri: Hedge Fund."

"Ne düzeyde?"

"Rusya yatırımları ağırlıklı olan High Risk Oportunities Hub Fonu, Hermitage Fonu, Brunswick Capital Management gibileri gırtlaklarına kadar gömülmüş olmalı. Morgan Stanley Yükselen Marketler Fonu, Putnam Yükselen Marketler Fonu gibi yükselen piyasalarda yatırıma ağırlık veren fonlar da ciddi zararlara uğramış olmalılar."

"Herhalde bununla sınırlı kalmaz."

"Evet. Bulaşıcı Rusya etkisinin yükselen piyasaları ve yüksek kazançlı yatırım fonu piyasalarını aşarak, dünyanın finans sisteminin tamamına yayılması olasılığı var. Bu nokta, şu andan itibaren en fazla titizlenmemiz gereken nokta." Analistin sesi endişe yüklüydü.

Analist ile telefon görüşmesi bitince, Heinemann yerinden kalkarak pencere kenarına yaklaştı.

"Bulaşıcı Rusya etkisi ha..."

Yönetim kurulu başkanı odasının penceresinden, yazın güçlü ışınlarını yansıtarak gümüş pırıltıları saçan New York Körfezi'nin yukarı kısmı ve meşalesini kaldıran Özgürlük Tanrıçası heykeli görülüyordu.

"Bay İbuki, inşaat işlerinde sorun yok değil mi?" diye sordu, Fransa'nın büyük petrol şirketinden gelen adam, tedirgin bir yüz ifadesiyle. "İşin yapılacağı yerin yakınları da bir hayli karışmış."

"No problem, what so ever (Hiçbir sorun yok)" İbuki dediği adamın yanıtı kendine güven doluydu. Kaliteli dikilmiş takım elbisesinin göğüs cebindeki mendil canlı yeşil ışıltılar saçıyor, gülümseyen yüzü çok rahat olduğu hissini veriyordu.

Finans semti Liverpool Street İstasyonu yakınlarında bir yer. Göğe yükselen on iki katlı bina, EBRD'nin (European Bank for Reconstruction & Development) Londra merkezi. Bu uluslararası finans kuruluşu, Fransız dahi Jacques Attali'nin önceki devlet başkanı Mitterand'a önermesiyle, Avrupa ve eski Sovyetler Birliği nüfuz alanını bağlamak amacıyla 1991 yılında kurulmuştu. Geçen yıl (1997) sonunda üye ülke sayısı 60, çalışanlarının sayısı ise 804'e ulaşmıştı. En büyük sermayeyi sağlayan ülke Amerika'ydı ve Japonya, İngiltere, Almanya ve Fransa ile birlikte ikincil sermaye sağlayan ülke olarak 1.703 ECU sermaye sağlama başvurusunda bulunmuştu. İtalyan mermerinden yapılma giriş salonu. Uzun asansörün cephesi boyunca insanoğlunun erdemini tasvir eden duvar resmi. Bolca cam kullanarak yapılan modern bürolar.

O EBRD'nin toplantı salonunda farklı milletlerden 30 kadar adam biraraya gelmişti. Rusya'da toplam 2 milyar dolarlık devasa bir petrol sahası geliştirme projesine el atan Japon, Amerikan, İngiliz ve Fransız şirketlerinin temsilcileri ve proje için kurulan dört uluslu ortaklık şirketinin Moskova merkezi çalışanları. Bir de bankacılar ve avukatlar. Rusya'nın moratoryum ilanından sonra iki gün geçmişti. Akşam saatlerinde başlayan toplantının amacı, finans krizinin etkilerini tartarak, projeye zararını minimum düzeyde tutmaktı.

"İnşaat için gerekli elektriğin sağlanmasında sorun yok değil mi?" diye sordu, yine Fransız petrol şirketinden gelen adam.

"Moskova'daki büromuz yetkilileri Rusya'daki en büyük elektrik şirketi ile anlaştılar, binde bir aksilik çıkması durumunda başka bir hidroelektrik santralinden elektrik sağlanacak" diye yanıtladı İbuki, düşünme boşluğu bile bırakmadan. "Elektrik üretim kapasitesi 2300 megawat, inşaat için haydi haydi yeter."

"2300 megawat!... Elbette yeter." Fransızın gözleri faltaşı gibi açılmıştı. "Yine de oldukça çabuk hareket ediyorsunuz. Öylesine bürokrasinin ağırlıkta olduğu bir ülkede."

"Zirvedekilere ulaşabildiğiniz sürece, günümüz Rusya'sında herşey hızlı ilerler" dedi İbuki, sırıtarak. "Karar mekanizması her zaman böyle işler" dedi ve başparmağını işaret parmağına sürttü.

Masayı çevreleyenler arasında bir gülümseme dalgası yayıldı.

"Bu arada, Aleks. EBRD kredisinin serbest bırakılışı son zamanlarda gecikiyormuş, sorun nedir?" Projenin finansman danışmanlığını yapan Amerikan yatırım bankacısı, Moskova'daki ortaklık şirketinin mali müdürlüğünü yürüten İngilize sormuştu.

Cevap yoktu.

Herkesin kuşkulu bakışları masanın bir köşesine yoğunlaştı. Maliye müdürü uyuyakalmıştı. İbuki kol saatine şöyle bir göz attı. Londra saati ile akşam 10 olmuştu. Moskova saati ileyse geceyarısı 1 idi. İş gezisinin yorgunluğu kendini göstermeye başlamış olmalıydı. Uyuyakalması çok doğaldı.

"Hey, Aleks, kalk haydi!" diye bağırdı, yatırım bankacısı. Masanın etrafında bir kahkaha dalgası dolaştı.

"Ne, ha, evet... kusura bakmayın." Mali işler müdürü isteksizce gözlerini ovuşturdu. "EBRD kredisinin serbest bırakılması sözleşmemiz çerçevesinde inşaatın ilerleme durumuna bağlı olarak salıverme bildirisi gönderiyoruz ama son zamanlarda Rusya'daki durum ya da gerekli belgeler gibi bir çok şey söz konusu ediliyor ve hemen çekmek mümkün olmuyor."

Sözlerini bitirdikten sonra, bakışlarını EBRD'nin doğal kaynaklar takımından gelen Hollandalı bankacıya çevirdi. Hollandalının bakışlarında kararsızlık hakimdi.

"Aslında bizim teftiş bölümü bu seferki kriz de söz konusu olunca, Rusya konusunda bir hayli diken üzerinde..."

"Ne demek diken üzerindeler?" Amerikan aksanlı, öfke dolu bir ses gürleyiverdi. Kolları ve boynu kalın, her haliyle bir petrol zengini olduğu belli olan Teksas petrol şirketinden gelen adamdı. "İnşaat giderleri için gerekli para aksarsa, önümüzdeki yıl sonuna kadar tamamlamayı planladığımız yeni saha açma projesi rotasını şaşırır, ertesi yıl petrol üretimine geçme planımız da suya yatar. Bu durumda sadece faiz üzerinden bile kaybımız büyük olur! Pekiyi bu EBRD projeye katıldı mı, katılmadı mı? Durum nedir?" Öfkesinin şiddeti karşısında Hollandalı bankacı iyice sinmişti.

"Şu an normal bir teftiş gerçekleştirilse bile pek işe yaramaz." İbuki yan taraftan yardımcı olmaya çalışır gibi konuşuyordu. "EBRD de bu seferki Rusya krizinde hatırı sayılır bir zarara girer. Teftiş bölümündekiler kendi kellelerinin endişesi içerisindeler... Baskı yapmamız gereken kişi EBRD Başkan Yardımcısı Amerikalı Peter McMahon." Masayı çevreleyen herkesin bakışları bir anda İbuki'nin üzerinde yoğunlaştı. "Bildiğiniz üzere McMahon, GF Capital'den gelen atılgan bir işadamı. Onun hoşuna gidecek şekilde bizim üstlendiğimiz EPC'nin (Engineering & Procurement Contract: Tasarım&İnşaat Sözleşmesi) bir kısmına ikincil muhatap olarak bir Amerikan inşaat şirketini ekleyelim."

"İyi bir çözüm. Böylelikle başkan yardımcısının tepeden inme direktifiyle, kredinin serbest bırakılması pürüzsüz ilerler. İyi fikir."

"Başkan yardımcısı için EDRD'nin Japonya yönetim kurulu üzerinden de girişimlerde bulunalım. Şirketimizin merkezinden elamanlar bu hafta Londra'da Japonya temsilci yönetim kurulu üyesi ile buluşacaklar. Amerika ile yakınlığı olan bir Japon hükümeti temsilcisi rica ederse başkan yardımcısı da gözardı edemez" diye ekledi, İbuki.

"Her zamanki gibi, Bay İbuki! Çok hızlısınız." İngiliz petrol şirketinden gelen adam etkilendiğini belli eden bir ses tonuyla konuşmuştu.

"Bir de, geçen seferki toplantıda sorun haline gelen fazladan masraf 80 milyon dolar meselesi..." dedi İbuki. İnşaatta tahmin edilmeyen bir artı masraf çıkmıştı ama bu masrafın ne şekilde kapatılacağı belli değildi ve projeye katılan şirketler için bir sorun haline gelmişti. "Japonya Ulaştırma ve Sanayi Bakanlığı dış ticaret güvencesi verecek ve Japonya Dış Ticaret Bankası tarafından karşılanacak."

"Ooo...!" Masanın çevresinde bir uğultu koptu.

"Fakat Japon hükümeti de bu şartlar altında Rusya'ya para yatırmaya iyi cesaret etmiş. İnanılmaz!" dedi adamlardan biri, mırıldanırcasına bir sesle.

"Bu Nisan ayında önceki Japonya Başbakanı Haşimoto, Şizuoka İli'ndeki Kavana'da Yeltsin ile görüşerek Japonya'nın kuzey bölgeleri sorununu görüştüklerini biliyorsunuz." İbuki bakışlarını masanın etrafında gezdirdi. "O vesileyle Japonya'nın sınır çizgisinin belirlenme esasları önerildi. Buna karşılık Rusya tarafının yanıtı, Başbakan Obuçi'nin Kasım ayında Rusya'ya yapılacak resmi ziyaret sırasında verilecek. Rusya'dan mümkün olduğunca iyi bir yanıt alabilmek için Japon hükümeti Başbakan Obuçi'nin Rusya ziyareti sırasında elinde hediye olarak bir şeylerle gitmek istiyor."

"O hediye de, bu proje için verilecek güvence yani" dedi, Amerikan yatırım bankacısı.

İbuki başını sallayarak onayladı. "Bu proje ile üretilecek ham petrolün büyük kısmı Japonya'ya ihraç edilecek. Ulaştırma ve Sanayi Bakanlığı açısından da hammadde arzı söz konusu olduğundan itibar kaynağı olacaktır. Üstelik, saf Rusya riski olarak değil, Rusya'daki bir projenin hayata geçirilmesi riskini aldıkları şeklinde açıklama yapabilecek olmaları da bakanlık içerisinde daha rahat kabul görüyor. Bakanlığın güvencesi olduktan sonra Dış Ticaret Bankası'nın da sesi çıkmaz. Rus hükümeti açısından da ihracat başladıktan sonra kâr payı almak gibi bir avantajı var... Ulaştırma ve Sanayi, Hazine, Dış Ticaret Bankası, Dışişleri Bakanlığı'ndaki prosedürleri halletmek bir hayli zamanımızı aldı elbette."

"Excellent (Mükemmel)!" Amerikan petrolcüden bir ıslık sesi geldi.

"Müthiş bir şey..." dedi Amerikan yatırım bankacısı, yanında oturan Fransız ticaret bankacısına. "Bu İbuki gibi tipler olduğu için Japonya'da yatırım bankacılığı gelişmedi. Esasen yatırım bankalarının yapması gereken işlerin tamamını bu tipler yapıyor."

"Öyle" diyerek başıyla onayladı, şık ceketli Fransız bankacı. "Aynen öyle. Tiplerin siyasi gücünün nerelere ulaştığını kestirmek imkansız. Böylesine devasa bir projeyi bile neredeyse İbuki ve bu tipin şirketi tek başına yürütüyor gibi."

İki adam masanın ortalarında bir yerde başrol oyuncusu gibi oturan Japona hayranlık ve korkuyla bakıyorlardı.

"Bu proje için şu anki durum itibariyle sermaye sağlanması sorunu ortadan kalkmıştır" dedi İbuki, ilan edercesine bir ses tonuyla. "Ancak, önceki gün patlak veren Rusya krizi ile başlayan bulaşıcı Rusya etkisinin, dünya finans sisteminin tamamına yayılma tehlikesi var. Dolayısıyla, bundan sonra da tedbiri elden bırakmamalıyız."

Masayı çevreleyen adamlar hep birlikte başlarını sallayarak onayladılar.

Bir ay sonra bu endişelerin yersiz olmadığı anlaşıldı.

Kriz dalgasının vurduğu nüfuzlu bir Hedge Fund'un astronomik rakamlardaki türev finansal ürünler pozisyonu dünya finans sistemini çökmenin eşiğine getirerek, Wall Street'te bir ürperti dalgası yayılmasına neden oldu.

Long Term Capital Management (LTCM).

Tahvil işlemlerinin zirvesinde bulunan Salomon Brothers'da "*Master of Universe* (Evrenin Hakimi)" diye lakap takılan efsanevi simsar John Meriwether'in 1990'lar başında kurduğu, Nobel Ödülü sahibi iki ekonomist ve Salomon Brothers'ın yıldız oyuncularını işlem takımında bir araya getiren Hedge Fund dünyasının elit topluluğu. Bilgisayarla hesaplanan karmaşık finans modelini devreye sokarak her yıl yüksek gelirler elde ediyorlardı. Özellikle 1995 ve 96'da önce %42.8 sonra da %40.8 gibi muazzam geri dönüş rakamlarına ulaşmışlardı. En düşük yatırım rakamı 10 milyon dolar, yatırım sonrasında üç yıl boyunca sözleşme fesih yasağı gibi zorlu katılım koşullarına rağmen, yanabcı ülkelerin hükümetleri, yatırım bankaları, kurumsal yatırımcılar hep birlikte sermayelerini bu "rüya takım"ın ellerine teslim etmişlerdi.

Fakat "Bulaşıcı Rusya Etkisi"nin yayılmasıyla birlikte LTCM an be an uçuruma doğru sürüklendi. "Kredi Yatak İşlemcisi" LTCM elbette bu alana çok fazla para bağlamıştı.

Kredi notu yüksek Alman devlet bonoları ve Amerikan tahvillerini satarak, kredi notu çok daha düşük İtalya ve Yunanistan gibi ülkelerin devlet bonolarını ve Amerikan mortgage bonolarını satın alıyorlardı. Alman devlet bonoları ve Amerikan tahvillerinin fiyatına karşılık İtalya ve Yunanistan devlet bonolarının ve Amerikan mortgage bonolarının fiyatı yaklaşacak olursa, yani kredi yatağı daralırsa LTCM gelirini artıracak, aksi durumda ise zarara uğrayacaktı. Başlangıçta bu kumar yolunda gitmişti. Rusya'daki krizin hemen öncesine kadar bono piyasası yükseliyordu ve kredi notu düşük bonolar bile peynir ekmek gibi satılıyordu. Ayrıca, 1999 yılı için planlanan Avrupa Para Birimi birliği öncesinde İtalya ve Yunanistan devlet bono değerleri Alman devlet bonolarının değerine yaklaşmıştı. Ancak, 17 Ağustos'ta meydana gelen Rusya Krizi ile yatırımcılar elbirliği etmiş gibi kredi notu düşük bonoları satarak, sermayelerini kredi notu yüksek bonolara yönlendirdiler. O yüzden kredi yatağı tarjik bir şekilde açıldı ve LTCM'nin kaybı çığ gibi büyüdü.

2 Eylül'de Meriwether yatırımcılara mektup yazarak, yatırdıkları 4 milyar doların Ağustos boyunca bir ayda 2.3 milyar dolara indiğini bildirdi.

Durum daha da kötüleşiyordu.

LTCM yatırımcılardan topladığı 4 milyar doları ipotek ederek, borçlanma ve finansal türev ürünlerle yaptığı işlemlerle malvarlığı ölçeğini 125 milyar dolara kadar şişirmiş, kredi yatağı işlemleri başta olmak üzere neredeyse kumara aktarmıştı. Finansal türev ürünlere, yatırım yaptığı bono türlerini ipotek olarak göstermişti ama bono değerleri düşmeye başlayınca ek ipotek isteğiyle karşı karşıya kalmıştı. Bunu karşılayabilmek için elindekileri zararına satmaktan başka çare kalmamıştı. Zararına satış yoluna giderse bu satış baskısını güçlendirecek ve bonoların değerini daha da düşürecek, tekrar ek ipotek isteği gelecekti. LTCM bu kısır döngü çamurunun içine iyice batmıştı.

Bu açmazdan kurtulabilmek için LTCM, JP Morgan ve Goldman Sachs'a yeni yatırımcılar araması talebinde bulunmuştu. Başlangıçta, Wall Street'teki çoğu yatırımcı LTCM'ye yapılacak yeni bir yatırıma ilgi gösterdi. Fakat, gün geçtikçe finans piyasası kötüleşip, çoğu finans kuruluşunun zarar açıklamaları yaptığı ortam içerisinde, nihayi olarak hiç kimse yatırım kararı almamıştı.

Öte yandan, LTCM'nin finans işlemlerinin takas (clearing) bankası olan Bear Sterns 500 milyon dolarlık ek ipotek talebinde bulunmuştu.

LTCM günden güne sermayesini kurutmaya başlamıştı.

Wall Street tamamının ilgisi LTCM'nin üzerinde yoğunlaşmıştı. New York Eyaleti'nin merkez bankası olan New York Federal Reserve Bank, durumun hiç de kolay olmayan bir yöne doğru ilerlediğinin kokusu çıkmaya başlamıştı.

20 Eylül, Pazar.

New York Federal Reserve Bank'ın yürütücü başkan yardımcısı (Executive Vice President) Peter Fisher, Federal Reserve Bank çalışanları, JP Morgan ve Goldman Sachs ilgilileriyle birlikte New York'un kuzeyinde Connecticut Eyaleti Greenwich'te bulunan LTCM merkezini ziyaret etti. İşin mali içyüzünü teftiş etmek niyetindeydi.

LTCM'nin işlem kayıtlarına baktığında Fisher'in beti benzi attı.

Dünyanın finans sistemini olduğu gibi havaya uçuracak güçte bir saatli bomba gözlerinin önündeydi.

Menkul kıymetli finansal türev ürünler (equity derivative), toplam getirilerin takası (total return swap) endeksli vade opsiyonları (index option), şirket alımlarıyla ilgili finansal türev ürünler gibi işlemlerin toplam hacmi 1 trilyon dolar gibi astronomik bir rakama ulaşmıştı. Eğer, LTCM bu türev ürünler işlemlerini yerine getiremeyecek duruma düşerse, bu bir şok dalgası şeklinde dünya finans sistemine yayılacak, tüm piyasaları ve finans düzenini çökertecekti.

İlgililerin tümü, artık bir meteorun tam tepelerine inecek şekilde yaklaştığının farkına varmışlardı.

Ertesi 21 Eylül günü Yahudilerin kutlama günü olduğundan tatildi ama Federal Reserve Bank, JP Morgan, Goldman Sachs ve Merrill Lynch, çözüm stratejisi arayışı içerisinde görüşmelerini sürdürdüler. O akşam, İsviçre'nin en büyük bankası UBS'nin bir ekibi LTCM'nin mali durumunu incelemek üzere Greenwich'e geldiler. UBS bankası LTCM'ye 950 milyon İsviçre frangı gibi devasa bir yatırım yapmıştı.

Zaman gitgide daralıyordu.

22 Eylül, Salı.

O günün sabahı JP Morgan, Goldman Sachs, Merrill Lynch ve UBS kurmayları, Wall Street'in burnunun ucundaki Liberty Caddesi 33 numarada bulunan New York Federal Reserv Bank'ı ziyaret ettiler. Durumun çözümü için eyleme geçilmişti.

Sermaye kıtlığıyla boğuşan LTCM el sürmeyeceğine söz verdiği 500 milyon dolarlık kredi hattına el atarak, işbirliği yaptığı yatırım bankası olan Chess Manhattan Bank gibi yerlerden sermaye çekti. Bu noktada, LTCM'nin Ağustos sonunda 2.3 milyar dolar olan sermayesi sıfıra son derece yaklaşmıştı. Çektiği paralar da, sanki kızgın taşa su serper gibi, buhar olup uçuyordu. LTCM'nin artık ek ipotek istemlerine dayanacak gücü kalmamıştı.

Piyasa LTCM konusunda tedirgindi, finans kuruluşları hisselerinin çoğu satılmıştı. Özellikle yatırım bankalarının hisselerinin değeri düşüşe geçmişti. Bear Sterns "Risk o kadar yüksek ki, artık LTCM'nin ekonomik işlerini yapabilmemiz mümkün değil!" diye haykırıyordu.

"Artık zaman kalmadı!" Herkesin içinden geçen cümle buydu.

Yatırım bankalarının işlem ekipleri kriz tedirginliği içerisinde kurtarma stratejisi planı hazırlamaya başladılar. Bu çalışma ile paralel olarak Goldman Sachs'ın yatırım bankacılığı bölümü, canla başla LTCM'yi kurtarabilecek bir büyük yatırımcı arıyordu. AIG Sigorta'dan Moris Greenburg, İsviçre'den Zürih Grubu ve George Soros ile görüşmeler sürdürülüyordu.

Akşam 19:00. New York Federal Reserve'den Fischer, Merrill Lynch yönetim kurulu başkanı Herbert Allison odağında ortaya çıkartılan kurtarma stratejisi planı üzerinde düşünmeye başlamıştı.

Akşam 20:30 Chess Manhattan Bankası gibi on üç finans kuruluşu Federal Reserve'ye davet edildi. Plan açıklanıyordu.

Sert tartışmalar yaşandı. Kendi bankasının çıkarını koruma egosu ve kurtarma operasyonu planı üzerinde anlaşılmazsa finans sisteminin çökmesi endişesi arasında yaşanan ikilem.

Tartışmalar geceyarısına kadar devam etti.

Ertesi gün, 23 Eylül 1998 Çarşamba, sabah 9:30.

Artık finale yaklaşılıyordu.

Bulaşıcı Rusya etkisi ve kötü huylu finansal türev ürünlerce lanetlenen yeryüzünü yokolmanın eşiğinden kurtarmak için Wall Street'in ekeleri New York Federal Reserve Bank onuncu katındaki yönetim kurulu toplantı odasında bir araya geldiler.

Travellers Grubu Başkanı Sanford Weill, Merrill Lynch Başkanı David Komansky, Goldman Sachs Eşgüdümlü Başkanı John Corzine, Morgan Stanley Başkanı Philip Purcell, JP Morgan Başkanı Douglas Warner, CSFB Başkanı Allen Wheat, Bankers Trust Başkanı Frank Newman, Salomon Smith

Barney Eşgüdümlü Başkanı Deryck Maughan, Bear Sterns Başkanı Jimmy Cayne. Parlak yıldızların geçit töreni gibiydi.

Öğleden önce boyunca plan bir süreliğine rafa kaldırıldı. Aranan büyük yatırımcı ortaya çıkmıştı.

"Omaha Kâhini" Warren Buffett.

Yaşı atmış sekiz, işi: yatırımcı. 1956 yılında memleketi Nebraska Eyaleti Ohama'da arkadaşları ve ailesinden para toplayarak kendi işini kuran Buffett, bundan on beş yıl sonra işletmede sıkıntıya düşen tekstil şirketi Berkshire Hathaway'in işletme yetkisini eline geçirmişti. Mali durumu, işletme temelleri ve işletmecilerin kapasitesini nesnel olarak analiz edip şirketin gerçek gücünü keşfederek, uzun süreli bir bakış açısıyla hisse senetlerinin ele geçirilmesi şeklinde adil ve yasal bir eylemdi. Walt Disney, General Foods, Coca Cola, Gilette, Washington Post gibi yerlere yaptığı yatırımlarla parlak başarılar elde etmiş, Berkshire Hathaway'in hisse senedi değerleri otuz yıl boyunca yıllık ortalama % 27 gibi muhteşem bir artışı sürdürmeyi başarmıştı. 1991 yılında Amerikan devlet bonoları ihalesi skandalı sonrasında Meriwether ve takımına el çektirilip, Salomon Brothers işletme krizi ile karşı karşıya kalınca, büyük hissedar olması dolayısıyla geçici yönetim kurulu başkanı olarak yeniden ayağa kalkışın tüm zahmetini üstlenen Buffett olmuştu ve aynı şirketi 1997 yılında Sandford Weill'in yönettiği Travellers Grubuna devreden de Buffett idi. Bireysel malvarlığı 29.4 milyar dolar. Bill Gates'in ardından Amerika'nın ikinci zengin adamı.

Öğleden önce 11:00.

Buffett, Berkshire Hathaway'in 3 milyar dolar, AIG Sigorta'nın 700 milyon dolar, Goldman Sachs'ın 300 milyon dolar ek yatırım yapması önkoşuluyla, LTCM'yi satın almayı önerdi. Satın alma rakamını 250 milyon dolar olarak belirlemişti.

Önerinin geçerlilik süresi 90 dakikaydı. Kabul edilecek ya da reddedilecekti.

Toplantı, bir süreliğine arada kesilerek, Meriwether satın alım önerisini değerlendirmeye başladı.

Öğleden sonra 13:00.

Toplantı yeniden başlatıldı. Meriwether, Buffett'in önerisini reddetti.

LTCM'nin satışı konusu Meriwether'in tek başına karar verebileceği bir şey değildi ve yatırımcıların onayını alması gerekiyordu. 90 dakikalık bir süre çok kısaydı.

Endişe iyice artmıştı.

Nihayet kurtarma operasyonu planı üzerindeki tartışmala başladı. Uzlaşma sağlanamazsa dünyanın çöküşü hazırlanmış olacaktı.

Salona sinirlilik hakimdi.

Saatli bombanın ibresi an be an ilerlerken, finans imparatorluğunun egemenleri tartışmaya devam ediyordu. Bankaların yük rakamı ne olacak? Bu durumun ortaya çıkmasına neden olan Meriwether ve diğer işletme kurmayları LTCM'de kalmalı mı?...

Göz açıp kapayıncaya kadar beş saat geçivermişti.

Akşam 18:00.

Şeritli yıldızlı Amerikan bayrağının dalgalandığı New York Federal Bank binasının gri taş duvarlarında akşam yavaş yavaş kendini hissetirmeye başlamıştı. Uzaklardaki Dünya Ticaret Merkezi'nin ikiz kulelerinin ardındaki gökyüzü kokteyl gibi dalga dalga kırmızı ve mavimtrak renklere ayrılmış, Manhattan binalarında ışıklar yanmaya başlamıştı.

Uzlaşma sağlandı!

On beş bankanın başkanları 3.75 milyar doları LTCM'ye yatırmak konusunda uzlaşmışlardı.

Dünya piyasaları kasırgaya yakalanmanın hemen öncesinde kurtulmuştu.

“Piyasaya denge getirecek en mantıklı hareketti.” Ertesi gün, Sandy Weill CNBC’nin röportajında durumu böyle yorumluyordu.

Sekiz gün sonra, İsviçre’nin en büyük bankası olan UBS’nin başkanı Mathis Cabiallavetta’nın kellesi uçuverdi.

İtalya’da, LTCM’ye 250 milyon dolar yatırım yapan Merkez Bankası Başkanı Antonio Faggio’nun istifasını isteyen sesler yükselmeye başladı.

Merrill Lynch yıldırım hızıyla işten çıkarmalara başladı. Hisse senetleri bölümü ağırlıklı olmak üzere 3400 kişinin işten çıkarılacağını açıkladılar. Diğer yatırım bankaları da buna ayak uydurdular.

BEŞİNCİ BÖLÜM

Sözüm Senettir

1.

Londra'nın eski evlerinin bulunduğu mahalle finans semtinden Thames nehrine kadar neredeyse kuş bakışı görülebiliyordu.

Takvimde Ekim ayının yaprağı açılmış, şehirdeki ağaçlar sarı ve kızıla boyanmıştı. Birinci Dünya Savaşı öncesinden beri manzarası hiç değişmeyen, kararmış kiremit duvarlarıyla işçi sınıfının evleri. İse boyanmış bacalar yükseliyor, her geçen an soğuyan rüzgar bacaların arasında dolaşıyordu. Büyük kadın yıldız Audrey Hepburn'un çiçek satıcısı Eliza'yı oynadığı "My Fair Lady" filmine sahne olan Covent Garden Meydanı pek uzakta değildi, şimdi bile halkın enerjisiyle doluydu.

Bakışlar kaldırılınca, serap gibi duran devasa bir gölge uzaklarda göğe yükseliyor.

Thames Nehri'nin ötesinde yeni gelişen yerleşim alanı Dockland'da yükselen devasa ticaret binası Canada Square Tower. Burada Bear Sterns ve Morgan Drexler'in ofisleri bulunur, Credit Suisse First Boston'nun Avrupa merkezi ve Morgan Stanley'in ofisleri ise hemen yanındaki Cabot Meydanı'ndaki gökdelen binadadır. Amerikan yatırım bankaları Dockland'ın gökdelen binalarından namluyu hedefe doğrulturcasına finans semtini gözlemektedirler.

15. kattaki toplantı odasının havasını yorgunluk ve gerilim kaplamıştı.

Büyük oval masayı çevreleyen insanların görüntüsü İmanişi'nin yorgun retinasında dağılıp gidiyordu.

Tam karşısında oturan Credit Generale'den Pierre Fountaine. Bir şekilde üstlenme sorumluluğundan kaçabilmek için, Fransız avukatlarla birlikte canla başla teleks kayıtlarını karıştırıyorlardı. Yanında ise, Gulf Banking Coorperation'dan Muhammed El-Hassainen. Yanındakilerle Arapça bir şeyler fısıldaşıyordu.

İmanişi çoktan düşünmekten yorulmuş, artık bıkkın bir ruh hali içerisinde

"Baylar..."

O ana kadar kollarını kavuşturarak, havada sabit bir noktaya bakarak suskun kalan Mike Harland konuşmaya katıldı. British Chartered Banka kredi-sendikasyon bölümü müdürü.

Toplantı salonundaki bakışlar bir anda üzerinde yoğunlaştı.

Uluslararası finans dünyasının veteran ismi sakince ayağa kalktı.

Londra uluslararası hukuk bürosu Allen&Mckenzie toplantı odası.

Tomita Otomotiv Türk için söz verilen 150 milyon dolarlık sendikasyon kredisinin ne olacağı hakkında, dört ana üstlenici banka olan Fukoku Bankası, British Chartered Bank, Credit

Generale, Gulf Banking Coorperation temsilcileri uzun bir süredir tartışmayı sürdürüyorlardı.

Bulaşıcı Rus Etkisi ile uluslararası finans krizinde Avro piyasası kendisini bir kasırganın ortasında buluvermişti.

En fazla etkilenenler kredi derecesi düşük borçlulardı. Dolayısıyla Rusya'ya coğrafi yakınlığı bulunan Doğu Avrupa ve Türkiye işlerine piyasada son derece temkinli davranılıyordu. Cıtibank gibi üç bankanın birlikte ana banka olarak düzenleyerek piyasaya açtığı Türkiye Zirai Donatım Kurumu'nun 100 milyon dolarlık kredisi Eylül ortalarında piyasa koşulları yüzünden kolayca iptal edilivermişti. LBO gibi yüksek getirili *junk-bondlar* da (kazancı ve riski yüksek tahviller) Ağustos'un ikinci yarısından itibaren bıçakla kesmiş gibi durulmuştu. Ortadoğu'da Katar'ın Devlet Petrol Şirketi'ne yapılacak 850 milyon dolarlık kredi de piyasadan çekilmiş, ana banka Barkleys ile borçlu arasından yeniden görüşülmeye başlanmıştı. "Bulaşıcı etki"nin zararları kredi derecesi yüksek borçlulara kadar ulaşmış, Norveç BN Bank'a açılacak 150 milyon dolarlık kredinin oluşturulma girişimi başarısızlıkla sonuçlanmıştı. Piyasaya katılan bankaların çoğu "Bu yıl boyunca bekleyelim ve görelim" diye, yeni yıla kadar yeni işlere asla katılmayacaklarını beyan ediyorlardı.

Şu an Tomita Otomotiv Türk kredisinin sendikasyonuna başlanması, kızgın dalgaların açığa sürüklediği bir denize kayıkla çıkmak gibi olacaktı. Kredi oluşturulurken yaşanacak başarısızlık durumunda, 150 milyon dolar içerisinde yetersiz kalan kısmı dört üstlenici banka finanse etmek zorunda kalacaktı. Durumun daha da kötüleşmesi ve Türkiye'nin döviz ödemelerini durdurması söz konusu olursa, devasa ölçülerdeki yatırım yanacaktı.

"Şu an Türkiye'ye yönelik bir sendikasyon kredisini piyasaya açmak intihar girişimi gibi olur!"

Fukoku Bankası Londra Şubesi'nde, merkez şube bürokrasisi içinden çıkan ve kendisini her şeyden üstün tutan müdür yardımcısı Sone çığlıklar atmaya başlamıştı. Yurtdışı Teftiş Bölümü Müdürü Tagame ile Londra Şubesi arasında atlama taşı haline gelen Müfettiş Şimamura Türkiye'yle ilgili bilgileri derleyerek hergün rapor hazırlamaları doğrultusunda müthiş bir baskı kurmuştu. Öte yandan, Tomita Otomotiv ile yapılan işlerin ana üssü durumundaki Tokyo Üçüncü İşletme Bölümü'nden "Tomita Otomotiv'in ana bankası konumunu ele geçirmek için, ne olursa olsun bu işi gerçekleştirin!" şeklinde, piyasa koşullarını görmezden gelen bir istek söz konusuydu. Tomita Otomotiv'in Avrupa üssü ile kambiyo işlemlerini yapan işlemler bölümündeki Tsuçiya da 'Bir şekilde halledilemez mi?" diye, sorup duruyordu. İmanişi de bir şekilde bu işin yapılmasını istiyordu ama güncel piyasa koşullarında kuyruk kıvırmaktan başka bir çare yoktu. Diğer ana üstlenici bankalar da aşağı yukarı aynı durumdaydı.

Öte yandan, İran fabrikasının kuruluşunu emin adımlarla ilerleten Tomita Otomotiv Türk, yıl içerisinde finansman sözleşmesini imzalamak istediğini söylüyordu. Sürecin işleme planı hesaplanırsa, en geç Ekim başında kredinin piyasaya açılmış olması gerekiyordu.

Artık zaman tükenmişti.

"Bence bu bir piyasa değişimi!" dedi, teleks kayıtlarından başını kaldıran Credit Generale'in sendikasyon müdürü Pierre Fountaine. Gözleri iyice kısılmıştı. Normalde şık görünümlü dalgalı saçları yorgunluktan canlılığını kaybetmişti.

Sendikasyon kredisi teklif mektubunun sonunda, normalde "This proposal is subject to there being no unforeseen circumstances which will adversely affect the international financial markets prior to the signing date." (Bu teklif, imza töreni öncesinde uluslararası finans piyasasında kötü etkisi olacak, önceden kestirilemeyen bir durumun ortaya çıkmamış olması önkoşuluna göre düzenlenmiştir)" şeklinde şerh düşülür. Böylesi bir durumun ortaya çıkması "piyasa değişimi" olarak adlandırılır ve üstlenici bankaların üstlenme sorumluluğu ortadan kalkmış olur.

"Şu anki durumun gerçekten de 'piyasa değişimi' olduğu düşüncesindeyim" diye yanıtladı İmanişi, kasvetli bir ses tonuyla. "Ancak, yetki belgesi dediğimiz, böylesine kolayca geri verilebilecek bir şey olmasa gerek! Tomita Otomotiv Türk'ün sermaye bulma planını da alt üst eder."

"Kural, kural değil midir!" Fountaine'in sesi hırçınlaşmıştı.

"Ancak, yetki belgesinin geri verilmesi Tomita Otomotiv Grubu ile yaptığımız işleri kötü etkiler. Hatta, belki artık kapısından bile giremeyiz."

Fukoku Bankası'nın Tomita Otomotiv'le sıkı ilişkiler içinde olmasına rağmen, pek alâkası olmayan Credit Generale bu tek iş konusundaki zararından endişelenerek tavrını belirlemişti. Bu durumda, borçluya karşı duruş farkına göre ana üstlenici bankalar arasında çıkar çatışmaları ortaya çıkar.

"Pekiyi, Fukoku Bankası olarak finansman grubunun oluşturulmasında kendinize güveniyor musunuz? Bu şartlar altında başarılı olacağınıza inanıyor musunuz!?"

"Eh, bu konu…" İmanişi yanıtlamakta güçlük çekiyordu.

"Bay Hassainen. Gulf Banking Coorp'un düşüncesi nedir?" Fountaine, oklarının ucunu Hassainen'e yöneltti.

"Bu şartlar altında bile, nihayi olarak 10 milyon dolarla hallolacaksa biz yatırımda bulunabiliriz."

Alnı secde etmekten kararmış dinibütün Müslüman, Gulf Banking Coorperation'un Londra Şubesi şirketler finansman bölümü müdürü Muhammed El-Hassainen'in gözlerinde sıkıntılı bakışlar dolaşıyordu. "Fakat daha fazlası için hiç kusura bakmayın. Bir derece emin olamadığımız müddetçe, piyasaya açılmaktan uzak durmaktan başka çaremiz yok."

"Bu şartlar altında satış yapabileceğinden kim emin olabilir ki!?" Fountaine çenesini ileri doğru iterek tehditkâr bakışlarını İmanişi'ye yöneltti. "Türk Zirai Donatım Kurumu'nun işi bile piyasadan kolayca süpürülüp atılıverdi."

Saatlerce süren çetin tartışmalar sonunda, toplantıdaki hava işin iptaline doğru yönelmeye başlamıştı.

Ara sıra iç geçirmeler duyulan toplantı salonunu, sıkıntılı bir sessizlik ve çaresizlik havası kaplamıştı.

"Baylar!"

British Chartered Bank kredi-sendikasyon bölümü müdürü Mike Harland ayağa kalkınca, salon tekrar sessizliğe gömüldü. Kemerli burnu, uzunca suratı ve titizlenerek ayırdığı saçları. Yüzünün hali, bankacı olarak, bir çalışan olarak hiç çekinmeden ilerlediği yoldaki ciddiyetini ve işine bağlılığını yansıtıyordu. Gergin çenesinin etrafı, her türlü güçlüğe yılmadan bıkmadan göğüs geren İngiliz John Bull ruhu hissediliyordu.

Harland, sakin gözlerle masayı çevreleyen bankacılara baktı. Bir şeyleri karara bağlamış olmanın verdiği gerginlik tüm vücudunu kaplamış, toplantı salonundakilere de ulaşıyor gibiydi.

Salon su serpilmiş gibi sessizleşmişti.

" 'Sözüm senettir' deyişini bilir misiniz?"

O an, herkes sopa yutmuş gibi oturuşunu dikleştirdi.

Londra finans semtinde, uluslararası finans dünyasına adımını atmasına izin verilen herkesin ilk duyduğu sözdür.

My word is my bond (Sözüm senettir).

Laf bir kez ağızdan çıkınca, canla başla o lafın gereği yapılmalıdır.

Sözlü olarak verilen taahhütlerin yıldırım hızıyla ilerlediği uluslararası finans işlerinin profesyonelliğini yansıtan bir sözdür. Finans semtinin çekirdeğini oluşturan Londra Borsası'nın armasında bu söz "Dictum Meum Pactum" şeklinde Latince olarak yazılıdır.

"Gerçekten de Rusya Salgını Türkiye'ye kadar ulaşabilir ve yatırdığımız para da yanabilir. Fakat, British Chartered Bank bu işten çekilmeyi asla aklına getirmez!" dedi Harland, kararlı bir ses tonuyla. "Bizim şu an karşı karşıya olduğumuz en büyük sorun, basitçe sendikasyonun yolunda gidip gitmeyeceği, yatırımımızın yanıp yanmayacağı değil. Bizim şu an korumak zorunda olduğumuz şey..." Harland sanki bir soru soruyormuş gibi bir an aralık bıraktı. "...itibarımızdır."

Masayı çevreleyenlerin tamamı gözlerini iyice açmış, Harland'ı süzüyordu.

"British Chartered Bank, kraliçe hazretlerinin finans kuruluşu olarak bir-buçuk asır boyunca binbir çabayla ortaya çıkarttığı itibar. Ben şimdiye kadar bu semtte, bunu korumanın bana verilen en önemli sorumluluk olduğuna inanarak çalıştım. Sizin için de aynı şey söz konusu olsa gerek!" Bazıları başlarını sallayarak onayladılar. "Burası gözü para hırsıyla körleşmiş insanların dolaştığı Wall Street değil. Gururlu uluslararası Londra finans semti. Bu semtte bir kez ağızdan çıkan söz yerküreden daha ağırdır. Bu finans semtinde yaşayan bizlerin korumak zorunda olduğu en önemli cephe olmalıdır."

Harland bir nefes alarak salondakilere baktı.

"Gelecekte British Chartered Bank çok büyük zarara uğrayacak olsa, işletmeciler ve hissedarlar bu zarardan beni sorumlu tutacak ve bireysel olarak herşeyimi kaybedecek olsam bile bu işin iptalini düşünmüyorum. Çünkü..."

Masayı çevreleyenler yutkunarak konuşmanın devamını beklediler.

"Sözüm senettir!"

Sanki Harland'ın tüm vücudundan alevler yükseliyordu.

Zarlar atılmıştı.

Toplantıdan üç gün sonra Tomita Otomotiv Türk için açılacak 150 milyon dolarlık sendikasyon kredisi fırtınalar içerisindeki Avro piyasası denizine açıldı. Londra saatiyle öğleden önce 9:00, Avrupa kıta saati ile öğleden önce 10:00'da aracı bankalar Fukoku, British Chartered ve Credit Generale'nin herbiri 250-300 adet katılım davetiyesini göndermeye başladı.

"Nihayet piyasaya açabildik" dedi, yüzünü heyecan dolu bir ifade bürüyen Takahaşi, bir an bile dinlenmeksizin katılım davetiyelerini basmaya devam eden bilgisayarın ekranına bakarken.

"Evet. Kaç kez yaparsam yapayım, sendikasyon için piyasaya çıkarken heyecanlanıyorum. Bu kez, sanırım sıkıntılı bir mücadelemiz olacak ama yine de şu an yerine hiçbir şeyi koyamayacak kadar sevinçliyim. Uluslararası finans işi yapan biri için gerçekten sevindirici bir an." İmanişi de heyecanlı bir yüz ifadesiyle yanıtladı.

Fukoku Bankası'nda dışarı ile e-posta iletişimine izin verilmediği için davetiyeler faks ile gönderiliyordu. Daha önce, teker teker elle fakstan geçirmek gerekiyordu ama Tahaşi bilgisayar yetenekleri sayesinde bilgisayardan doğrudan faks gönderebilecek bir program yazdığı için, iş bir hayli rahatlamıştı.

Bir saat bile geçmemişti ki, Reuters ekranında haberi verilmeye başladı. "Tomita Otomotiv Türk'ün 150 milyon dolarlık sendikasyon kredisi bugün piyasaya açıldı. Ajanslığı Fukoku Bankası, üstleniciliği Fukoku Bankası, British Chartered, Credit Generale ve Gulf Banking Coorperation yapıyor. Finansman şartları..." Birçok sıkıntı sonrasında, üzerine titrediği işin haber haline gelerek tüm dünyaya yayılmaya başlamasını ilk kez tecrübe eden Takahaşi'nin gözleri parlıyordu.

Takahaşi. Böylece sen de uluslararası finans dünyasına girmiş oldun.

İmanişi, Takahaşi'nin bu hali karşısında göslerini kısmıştı. Gözleri piyasaya çıkma hazırlığı yüzünden yaşadığı uykusuzluk nedeniyle kızarmıştı.

"Haydi bakalım, esas iş şimdi başlıyor. Bilgilendirme notası talepleri gelir, hemen gönderebilecek hale getirmek için öğleden önce hazırlıkları tamamlayalım. Önce, Yvonne ile iş paylaşımı yaparak Türkiye'nin ülke riski raporunu 30 fasikül hazırlar mısınız?"

Bu seferki sendikasyonda, uluslararası finans krizi sonrasında Türkiye'nin risk değerlendirmesinin ne şekilde olacağı en önemli noktaydı. Ana bankalar, mümkün olduğunca fazla bankanın, mümkün olduğunca fazla parayla katılmasını sağlamak için, normalde kullanılan bilgilendirme notası ile birlikte Türkiye'ye ilişkin özel bir rapor hazırlamışlardı. Ağırlıklı olarak Gulf Banking Coorperation ekonomistlerinin hazırladıkları rapor, Türkiye'deki siyasi ve ekonomik durumun analizi ile en yeni istatistik rakamlarını veriyordu.

"Türkiye ve Rusya aynı mı?" Özel raporun başındaki özette bu soru yer alıyordu.

"Türkiye ile Rusya arasında gerçekten birçok ortak nokta bulunmaktadır. İki ülke de Avrupa'daki yükselen piyasalar arasında hatırı sayılır bir ekonomik ölçeğe sahiptir. Benzeri kredi derecelendirme notlarına sahiptirler, hisse senedi dolaşım piyasasındaki *eurobond* (hükümet ya da şirketlerin, kendi ülkeleri dışında kaynak sağlamak amacıyla, yabancı para cinsinden ihraç ettikleri, genelde uzun vadeli bonolar) faiz dönüşleri de pek farklı değildir. Dengesiz siyasi yönetim ve mali açıklar iki ülkenin ortak sorunlarıdır. Bankacılık sistemlerinin döviz piyasası değişimlerinden etkilenmesi açısından da benzerlik gösterirler."

Raporun devamında iki ülkenin farklılıkları belirtilmişti.

"Ancak, Türkiye ve Rusya'ya aynı gözle bakılmamalıdır. Bu şu nedenlere dayanır. 1.Rusya'nın ihracatının yarısı petrol ve gaz olduğu için şu andaki petrol fiyatları düşüşü nedeniyle, bu ülke halihazırda 3.5 milyar dolarlık gelir kaybına uğramıştır. Bunun aksine Türkiye, saf petrol ithal eden ülkedir. Petrol fiyatlarındaki düşüşün Türkiye'ye artı etki yaparak, yıllık 900 milyon ila 1 milyar dolar arasında döviz tasarrufu sağlaması beklenmektedir. 2. Rus rublesi Amerikan doları ile sabit kur sistemi üzerinden parite oranları belirlendiği için, geçen yılki Asya rezerv krizinde Asya ülkelerinin para birimleriyle aynı şekilde, ülke dışında spekülasyonlara maruz kaldı. Öte yandan Türk lirası tamamen serbest kur sistemine tabi olduğundan spekülasyonlardan etkilenmez. 3. Rusya devlet borçlarının alacaklılarının üçte biri yabancılardır ve tüm devlet borçlarının % 20'si dış borçlara bağlıdır. Buna karşılık Türkiye devlet borçlarının alacaklılarının yaklaşık % 10'u yabancıdır. Yine, dış borçlarda uzun ve orta vadeli olanların oranı %75'tir ve dengeli bir ödeme yapısına sahipir. 4. Rusya sürekli dış borçların ertelenmesini talep etmekle birlikte, Türkiye 1980 yılından sonra dış borç ertelemesinde bulunmamıştır. 5. Rusya'da toplanan vergi Gayri Sarfi Milli Hasıla'nın % 10'unu geçmez ama Türkiye'de mali yönetim konusunda reformlar yapılmaktadır ve bu yılın ilk yarısında GSMH'nın % 20'si büyüklüğünde bir vergi geliri elde edilmiştir. 6. Rusya bankacılık sisteminde döviz cinsinden mevduatlar, ruble üzerinden mevduatların iki katıdır ve bankacılık sistemi dengeden uzaktır. Türkiye'de döviz cinsi mevduatlar ve Türk lirası mevduatlar aynı rakamlardadır. Yine döviz rezervi Rusya'da 13.5 milyar dolar, Türkiye'de ise 26 milyar dolardır."

Raporda daha sonraki bölümlerinde meydana gelen dünya ölçeğindeki krizin Türkiye'ye etkisi üzerinde rakamsal tahminler yürütülerek, Türkiye ekonomi yapısının Rusya ile farklı olduğu, bu seferki krizle başa çıkmasının son derece olası olduğu sonucuna varılıyordu.

Gerçekten de uzun zamandır Türkiye'yi izliyor olmaları sayesinde raporun inandırıcılığı var. Türkiye'yi az çok bilen birisi okursa, ikna olacağı bir rapor... Acaba, piyasa da aynı gözle bakacak mı?

İmanişi dua edermiş gibi duygular içerisinde raporu okuyordu.

"Oo, Takahaşi! Uzun zaman oldu beraber oturmayalı, bir şeyler içmeye gidelim mi?"

O gün ofisten ayrılırken, Takahaşi asansörde tesadüfen karşılaştığı Fukoku Araştırma'dan Vakabayaşi'den bu şekilde davet aldı.

İki adam yan yana Cheapside Caddesi'nde doğuya doğru yürüdüler.

Bank İstasyonu önünde sola dönerek Old Jewry Sokağı'na girdiler. Sokağın köşesindeki binanın bir kıyısında gözlerden uzak küçük bir giriş vardı ve içeride tam karşıda birbirlerinin omuzlarından destek alarak şahlanmış aslan ve attan oluşan arma asılmıştı. Armanın arkaplanında mavi zemin üzerine çapraz haç şeklindeki İskoç bayrağı, Aziz Andrew Haçı salınıyordu. Girişin yanında tuğla duvarda oval şekilli süs panosu gömülmüş, bankanın adı belirtilmişti: The British Linen Bank. 1746 yılında kurulmuş köklü bir ticaret bankası. Adından da anlaşılacağı üzere İskoçya'da üretilen keten ürünlerinin ihracat finansmanı işlevini yerine getirmekteydi. Şu an bu işlevi sona ermiş, finans semtinin bir köşesinde uzun tarihinin perdesini kapatacağı günü sakin sakin bekliyordu.

Turuncu sokak lambalarıyla aydınlanan loş Old Jewry Sokağı bir zamanların Yahudi sokağıydı. İki adam sokaktan geçerek sur gibi yükselen England Bank binasını sağ taraflarına alarak Coleman Caddesi'ne girdiler. Burası 19. yüzyılda koyun alım-satımının yapıldığı bir yerdi. Şimdi ise yabancı ülkelerin finans kuruluşları sıralanmıştı. Merkezi Ürdün başkenti Amman'da bulunan çokuluslu bir banka olan ve Arap sermayesinin koruyucusu Arab Bank. Geçen ayki birleşme sonrasında Dresdner Bank'ı geçerek Almanya'da ikinci sıraya yükselen Bayerischer Hypo Vereins Bank. Reformist Lucio Rondelli'nin başkanlığı ve McKinsey'den gelen Alessandro Profumo'nun yönetici müdürlüğü altında başarıdan başarıya koşan İtalyan Credito Italiano. Singapur'un dört büyük bankasından biri olan Çin kökenlilerin bankası Overseas Union Bank.

Credito Italiano'nun önünden sola dönerek üç metre kadar genişliği olan sokağa girdiklerinde iki binanın arasındaki boşlukta tabelası sallandırılmış pubu gördüler. Adı "The Old Doctor Butler's Head (Yaşlı Doktor Butler'ın Başı)" idi. Tabelada rengarenk şapka takmış, sırtına siyah bir palto atmış beyaz sakallı bir adam resmedilmişti.

Ağaç kapıyı araladıklarında içerinin gürültüsü bir yumruk gibi suratlarına çarptı.

İngiliz publarında içkileri ayakta içmek normal bir şeydir. Takım elbiseli, işlerinden dönen İngilizler sigara dumanı içerisinde tek ellerinde bira bardakları yükses sesle sohbet ediyorlardı. Vakabayaşi ve Takahaşi İngilizlerden oluşan cangılın arasından geçerek bar bankosuna ulaştıklarında ikişer pound ödeyerek kocaman bardaklara konmuş bir pintlik (568 cc) biralarını aldılar. Yabancıların "at sidiği" diye alay ettikleri ılık lager türü biraydı.

Sağ ellerinde bira bardakları, sol ellerinde de evrak çantalarını taşıyan iki adam, tekrar İngilizlerin cangılını yararak rahat konuşabilecekleri bir yere geçtiler.

"Önce, Tomita Otomotiv Türk için piyasaya çıkışınızı kutlayalım!" Vakabayaşi bardağını kaldırdı.

"Teşekkür ederiz. Sayenizde, Vakabayaşi Bey."

Takahaşi öğrenci olarak bulunduğu dönemle birlikte ikibuçuk yıl, Vakabayaşi ise iki yıl boyunca İngiltere'de yaşadıklarından "*at sidiği*"nin tadına alışıktılar. Artık neredeyse yaşamlarının bir parçası olmuştu.

"Oh, harika! Tam İngiltere'ye özgü bir tat!"

"Arada sırada Japonya'ya dönünce nedendir bilmem, bu lager birasını canım çekiyor. Belki de insan, elde olmayanı isteyecek şekilde yapılmıştır."

Hoşnut ifadelere bürünen iki adam gurk gurk biralarını içerek bardaklarını yarıya kadar boşalttılar.

"Her zamanki gibi tıklım tıklım" dedi Takahaşi, çevreye göz gezdirerek. Pubdaki tüm masalar doluydu.

"İngilizler eski olan herşeyi severler" dedi Vakabayaşi, yaramaz çocuk gibi bakarak.

Pub ahşap bir bina içerisindeydi. Kararmış duvarları ve sütunlarına kat kat vernik sürülmüş olduğu anlaşılıyordu. Ahşap döşeme yürüdükçe gıcırtılar çıkartıyordu. Girişin üstünde kalan siyah duvara beyaz boya ile pubun 1610 yılında açıldığını, 1666 yılında Londra'yı tamamen yakan büyük yangın sonrasında restore edildiği yazıyordu. Ahşap çerçeveli pencerelere yerleştirilen renkli camların kirinden de geçen yılların ağırlığı hissediliyordu. Slot makinası bile pubun uzun tarihi ve havası altında ezilmiş kalmış, duvar tarafında bir köşede rengarenk lambaları cılızca yanıp sönüyordu.

"Bu arada..." dedi Vakabayaşi, ciddi bir yüz ifadesiyle. "Bu seferki sendikasyon çok zor olacak. Japonya cephesine pek ümit beslememek lazım."

"Japon bankaları yeni yatırımlara girişmek şöyle dursun, yılsonu finansmanı endişesiyle, hepsi yüksek 'Japan Premium'u ödeyerek yıl sonu sermayesini sağlamak için koşuşturuyorlar."

Japon bankalarının tedirginliği had safhadaydı.

Finans Rejenerasyonu Kanunu'nu temel alarak, bu ay içerisinde Nippon Çoki Şinyo Ginko'nun (Japonya Uzun Süreli Kredi Bankası) iflası kararlaştırılarak, devletleştirilmesi bekleniyordu. Halihazırda Sumitomo Şintaku Bankası ile birleşme görüşmeleri kesilmişti. Büyük bankalar kredi notlarını yükseltme endişesiyle birlikte, hayatta kalabilmek için yabancı sermaye ile işbirliği arayışı içerisindeydiler. Geçen Eylül ayı sonunda Daiiçi Kangin Bankası JP Morgan ile mevduat yatırımları alanında işbirliğine gideceklerini açıklamışlardı. Daiva Bankası'nın yakın bir gelecekte tüm yurtdışı şubelerini kapatarak, sermaye yeterliliği standartlarının daha gevşek olduğu ülke içi işlerde yoğunlaşması bekleniyordu. Çoğu Japon bankası yeni bir uluslararası kredi işine katılabilmekten çok daha ağır sorunlarla boğuşuyordu.

"Fakat yapmaya karar verip piyasaya da açtıktan sonra geri dönemeyiz. Tedirgin olacak kadar zamanımız varsa, bunu bir banka ile daha görüşmek için harcamaktan başka çaremiz yok."

"Evet. Doğrusu da o zaten... Yine de böyle bir dönemde Türkiye'ye yönelik bir kredinin önerisi nasıl kabul edilmiş, hayret!" dedi Vakabayaşi, yaşadığı şaşkınlık belli olacak şekilde.

"Türkiye riski hakkında oldukça ayrıntılı açıklamalarda bulununca Müfettiş Şimamura da sonunda ikna oldu. Ancak, yurtdışı teftiş bölümü müdürü Tagame'den geçirmek çok zor olmuş."

Vakabayaşi başıyla onayladı.

"Takahaşi, hem sen, hem de İmanişi çok zor bir dönemde Londra'dasınız" dedi, kelimeler ağzından kendiliğinden dökülüyormuş gibi.

"Çok zor bir dönem mi? Öyle mi düşünüyorsunuz?"

"Balon ekonomisi çökünce bozuk krediler dağ gibi yığıldı değil mi? Öyle zor bir dönemde olmamıza rağmen, başkanımız, yönetici müdürümüz ve altındakiler sorumluluk almak şöyle dursun, kıçlarının üzerine oturmuş kendi yerlerine geçirecekleri günah keçilerini arıyorlar." Buruk bir yüz ifadesiyle, Vakabayaşi birasını yudumladı. " Yurtdışı teftiş bölümünün başına geçen Tagame'nin ilk aklına gelen şey de bir günah keçisi bulmak oldu. Öyle yapmasaydı, yukarıdakiler onun yeterince sert olmadığını söyleyebilirlerdi. Bunun üzerine o, aynı devreden rakibi Hayaşi'nin müdürlüğünü yaptığı Londra Şubesi'ne göz dikti. New York Şubesi Müdürü şirket işleyişinde kendisinden daha yüksek statüdeydi ve Honkong Şube müdürü kıdem olarak kendinden aşağıda olmasına rağmen yönetici müdürümüzün altın çocuğuydu. Her ikisini de karşısına alamazdı. Sonuçta, Londra Şubesi'ni gücü yettiğince hırpalayarak yukarıdakilerin beğenisini kazanmaya karar verdi. Onun elinde 'sermaye daraltma' gibi bir koz da var zaten."

Kötü kredilerin geri ödenmesi yükü altında ezilen Japon bankaları, BIS'in (Bank for International Settlements: Uluslararası Ödemeler Bankası) sermaye yeterliliği standartlarından geçebilmek için sermaye daraltma çılgınlığı içerisindeydiler. Japonya içerisinde bu durum 'ödünç verme' fenomeni olarak küçük ve orta ölçekli şirketleri vurmuştu.

"Sayesinde, Londra Şubesi'nde hem İngiliz şirketleri bölümü hem de projeler bölümü tir tir titriyor, yeni hiçbir iş yapamıyor. Tagame'nin aşırı sert davranması yüzünden son zamanlarda Hayaşi de bıkmış gibi durmuyor mu?"

"Evet, gerçekten de. Yüzünde sürekli 'Artık ne olursa olsun' dercesine bir ifade var."

"Öte yandan Tagame, tasarladığı gibi, yönetim kurulu üyeliğine yükseltildi. Geçenlerde bir iş için Japonya'ya döndüğümde Tagame ile karşılaştım. O zaman bana 'Vakabayaşi.

Fukoku Bankasında yükselmenin sırrının ne olduğunu biliyor musun?' diye sordu, bilgiç bilgiç."

"Yükselmenin sırrı!? Neymiş o sır?" dedi Takahaşi, ilgiyle.

"Kendinden öncekini reddetmekmiş."

"Kendinden öncekini reddetmek? Haa..." Takahaşi'nin ağzı açık kalmıştı. "Pekiyi siz ne dediniz?"

"Ha, öyle mi, ben öyle şeyler yapamam, dedim. Tagame yüzünü buruşturdu gerçi." Vakabayaşi'nin yüzünü acı bir gülümseme kapladı. "Sadece Tagame'yle kalsa iyi, bizim başkanla yönetici müdür bile hizip çekişmesi içerisindeler. Bakış açıları çok dar. John Reed ve Sandy Weill'in tırnağı kadar olabilseler keşke."

Citicorp ve Travellers Grubu'nun birleşimiyle doğan dünyanın en büyük finans kuruluşu "Citi Grubu" önceki 8 Ekim günü resmi olarak faaliyetlerine başlamıştı. "*Durağan*" Reed ve "*etkin*" Weill. Karşıt karakterleri olan iki adam mükemmelce işletmede görev paylaşımı yapmışlar, dünyanın en güçlü finans imparatorluğunun yola çıkmasını sağlamışlardı.

"Herşey bir yana, son zamanlarda merkez şube allak bullak. Mevduatları düşür ama gelirleri artır, diyorlar. Bu nasıl mümkün olabilir ki? Üstelik, Nisan'dan itibaren şirket sistemine geçildi ya, ortalık iyice birbirine girdi."

Fukoku Bankası'nda bu yılın Nisan ayından itibaren piyasa ve uluslararası şirketi, toptancı şirketi, aracı perakendeci şirketi olmak üzere üç üs sistemine geçilmişti. Herbir şirkete sermaye taksimi yapılarak, herbirinin bağımsız ciro hesabı, verimlilik hesabı yapılarak, sermaye piyasası ve uluslararası işlemler sektörü, büyük şirketlerle işlemler, küçük ve orta ölçekli şirketlerle işlemler ve bireysel işlemlerde verimliliğin artırılması amaçlanıyordu.

"Şirketleşme sistemi sayesinde, Tomita Otomotiv Türk işinde sıkıntı kaynağı bir değil üç olmuştu" dedi Takahaşi, bıkkın bir yüz ifadesiyle.

"Aa, bunu ilk kez duyuyorum."

"Bu Mayıs ayında yardımınız sayesinde Tomita Otomotiv Türk'e yönelik kredi teklifini binbir zahmetle geçirmiştik ya, ondan sonra Tomita Otomotiv'den sorumlu oldukları için Tokyo Üçüncü İşletme Bölümü'ne rapor ettik. Londra Şubesi uluslararası finans bölümü piyasa ve uluslararası işlemler şirketi, onlar ise toptancı şirketi oldukları için. Bunun üzerine durup dururken, böyle bir şeyi hiç duymadık, diye şikayet ettiler."

"Aa, çok şaşırdım." Vakabayaşi, sanki açık kalan ağzı hiç kapanmayacakmış gibi bir ifade takınmıştı. "Öyleyse, siz Tokyo'da ne halt ediyordunuz, demek geliyor insanın içinden. İstemeseler bile, Tomita Otomotiv'le ilişkilerinden sorumlu mercî iseler, doğal olarak kendilerine bağlı şirketlerin sermaye ihtiyaçlarını da bilmek zorundalar. Kendilerinin yapmaları gereken işi yapmayıp, başka yerlere şikayet ederek hiçbir şey olmamış gibi yapmak, tam da sabit faiz dönemi bankacılarının davranış kalıbı!"

"Rusya kriziyle sendikasyon işi zora girince, bu kez de o an 'Ne yaparsanız yapın halledin!' demeye başladılar işte!"

"Tutarsızlık işte! Başka hiçbir şey değil."

"Yine de uluslararası finans bölümünün verdiği zarar küçüktü. Japon şirketlerine bakan bölüm tamamen şirket sistemiyle dönüyor ya!"

"Yoksa oradan da mı bir şeyler çıktı?"

"Yurtdışı şubelerinin Japon şirketleriyle işlemler bölümü piyasa ve uluslararası işlemler şirketine bağlı değil mi? Ancak, yurtdışında üsleri bulunan Japon şirketlerinin çoğu Japonya'da büyük şirketler olduğu için, işlemlerin sorumluluğu toptancı şirkete bağlı. O yüzden yeni işlerin tamamında toptancı şirketin görüşünü almak gerekiyor. Ancak, toptancı şirketi ödüç verilecek sermayenin daraltılmasından başka bir şey düşünmediği için çok iyi bir olmadığı müddetçe yapılmasına izin vermiyor. Piyasa ve uluslararası işlemler şirketi bir şekilde işlem hacmini artırmak istese bile farklı bir şirket olan toptancı şirketi çoğunlukla buruşturup atıyor."

"Piyasa ve uluslararası işlemler ile toptan satışlar şirketleri arasında politika uyumu yapılmıyor mu?

"Şaşırtıcı olabilir ama hiçbir şey yapmıyorlar. Adı var cismi yok."

"Demek öyle... İnsanın çalışası gelmez ya!" Vakabayaşi yüzünü yukarıya çevirdi.

"Yurtdışı şubelerinin Japon şirketleri bölümü çalışanlarının tamamı sinir harbi içerisindeler."

Takahaşi suratını asarak bardağında kalan "*at sidiği*"ni bir dikişte bitirdi.

"Birer bardak daha içer miyiz?" dedi Vakabayaşi, evsahipliği yapıyormuş gibi.

İki adam bar bankosuna geçerek, ikinci biralarını sipariş ettiler. Barmen, Avrupa içkili mekânlarına özgü iri desenli pompadan bira basmaya başladı.

"Günümüz artık 'dijital finans' dönemi" dedi Vakabayaşi, gözlerini bardağa dolan altın sarısı lagerden ayırmadan.

"Dijital finans... Söylemek bile biraz tuhaf geliyor." Takahaşi'nin yüzünden ikna olduğu anlaşılıyordu. "Banknot ve bozuk paralar yerine, 0 ve 1 rakamlarının sıralanmasıyla oluşan dijital sinyallerin para olarak dolaştığı dönem geldi artık, desenize."

"Takahaşi, egg'in ne olduğunu biliyor musun?"

"Bildiğimiz yumurta olmasa gerek...Prudential Sigorta'nın başlattığı Net-Banking değil mi?"

"Evet. Ödevini çok iyi yapıyorsun!"

İngiltere'nin en büyük sigorta şirketi Prudential, bu 11 Ekim'den itibaren "Egg" adını verdikleri bir marka ile internet aracılığıyla bireysel finans hizmetini başlatmıştı. Sağladıkları hizmetler tasarruf hesapları, konut kredisi ve tüketici kredisi olmak üzere üç tür. Hedef kitleleri finans kuruluşlarına karşı sadakati düşük, faiz standartlarına hassas tepki gösteren, internet kullanmaya alışkın genç kuşak. Büro yerine internetin kullanılması sayesinde, fiyat ucuzlayarak yüksek tasarruf faizi, düşük kredi faizi sağlanabilecek. Bu hedef mükemmel bir şekilde tutturulmuştu. İşlemler başlatıldıktan hemen sonra, anasayfaya giriş sayısı günlük 250.000'e ulaşmış, sel gibi mevduat akmaya başlamıştı. Toplam mevduat hacminin bir yıl sonra 500 milyon pounda çıkması bekleniyordu.

"İngiltere'de Prudential dışında da Tesco ve Sainsbury gibi büyük süpermarketler sağlam müşteri temelleri, marka güçleri ve halihazırdaki mağazalarını kullanarak neredeyse bankaların iki katı yüksekliğindeki karlarını silah olarak kullanıp finans dünyasına giriyorlar."

"Gerçekten de oturduğum yerin yakınındaki Sainsbury'nin girişinde mevduat ve kredi ile ilgili broşürler dizili oluyor."

"Bu internet bankacılığı şimdi Japonya'da da başlamak üzere. Bu Şubat'ta, C-Itoh Şirketi 135 milyar Japon yeni gibi muazzam bir yatırımla Familymart'ı satın aldı ama neden, biliyor musun?...Adamlar, marketleri kullanarak bireylere yönelik bilgi satışı ve finans hizmeti yapmayı planlıyorlar. Familymart'ın kaç marketi olduğunu biliyor musun? 5.000'i geçiyor. Tokyo Bankası'nın toplam şube sayısı, olsun olsun 400. Bir basamak rakam farkı var. Üstelik, bu marketler 24 saat açık. Öyle bir yerde 'Egg' misali internet bankacılığı yapıldığını düşünsene. Bankalar açısından dehşet verici bir rakip ortaya çıkıyor."

"Hmm... Gerçekten de öyle." Takahaşi yaklaşan tehlikenin ilk kez farkına vardığından söyleyecek söz bulamadı.

"Sadece C-Itoh değil. Ito Yokado ve Sony gibi yerler de internet bankacılığına doğru emin adımlarla hazırlıklarını ilerletiyorlar. Seven-Eleven ve Denny's bir arada düşünülürse Ito Yokado'nun dükkan sayısı 9.000'i aşıyor. Sony ise bireyler üstünde sahip olduğu dünya çapındaki marka gücünü ve üye sayısı 8 milyonu geçen 'so-net' adlı internet servisine dayanıyor. Üstelik, piyasadaki bankalarla farklı olarak, bozuk nitelikli varlıkları sıfır." Vakabayaşi soluklanma boşluğu vermek için birasından bir yudum aldı. "Sadece internet bankacılığı değil, şu son dört-beş yıldaki bildirişim tekniklerinin gelişimi de çok müthiş. Yabancı sermaye kökenli finans kuruluşları ve Japon şirketlerindeki tiplerin, iş gezilerinde mutlaka dizüstü bilgisayarlarını yanlarında götürüp, yaptıkları işin muhatapları dünyanın neresinde olursa olsun işlerini aynı anda yürüttükleri bir devirdeyiz. IT devrimi gözümüzün önünde cereyan ediyor."

"O açıdan bakarsak tam anlamıyla 'Dijital Finans' devri"

"Ancak, bizim bankada hala dışarı ile e-posta ile iletişim bile söz konusu değil. Sadece biz değil, çoğu Japon bankası öyle... E-posta ile sınırlı olmaksızın, Japon bankalarında durdukça, gözlerimizin önünde yabancı bankalar ve şirketlerin, non-bank oluşumların yeni alanlara cesaretle dalmasını parmağımızı emerek izliyoruz sadece." Vakabayaşi'nin yüzünde bir şeylere içerliyormuş gibi bir ifade belirdi. "Ben de şimdiye kadar, acilen tedbir alarak internet bankacılığı ve genel mali hizmetlere el atmazsak tutunamayacağımızı birçok kez önerdim. Her seferinde şube müdür yardımcısı Sone ve merkez şubedeki tipler ne dediler biliyor musun?"

"Yaklaşık olarak tahmin edebiliyorum ama..."

"Bırak o tür işleri yabancı sermaye yapsın. Biz sistem olarak uygun değiliz. Bu işe el atarsak ne faydası olur bilemiyoruz... Adamlar sadece niçin yapamayacaklarını söylüyorlar."

Vakabayaşi derin bir nefes aldı. "Şansım yaver gitse de onlardan geçebilsem, bu sefer merkez şubenin şefleri, bölüm müdürleri ve yardımcıları, personel müdürü, işletme müdürü, yönetici müdür, başkan yardımcısı ve başkan şeklinde, hiyerarşi aşamalarından geçmek lazım. Bu süreç içerisinde bir yerlerde ya ezilirsin, ya da artık yapmaya isteğin kalmaz." Sıkıntılı bir yüz ifadesiyle konuşuyordu.

"Vakabayaşi Bey, biralarımız geldi."

Bu kez Takahaşi ev sahibi gibi konuşmuştu, bar bankosundan iki bardağı aldı. Bardakların yüzeyinden halen deterjan kokusu geliyordu. Vakabayaşi bardaklardan birini alır almaz kafasına dikti.

"Tipler, kendilerinin şu anki pozisyonlarında eksi puan almamayı, davranışlarının mutlak prensibi olarak akıllarına yerleştirmişler. Dijital finans çağı başladığı halde, bankanın işletmecileri ve merkez şube bürokratları hala analog finans çağında yaşıyorlar. Analogdan ziyade anakronik (zamanın gerisinde kalmış) demek daha doğru olur...Şakası bile olamaz."

"Bu arada Vakabayaşi Bey. Konuyu değiştirmiş olacağım ama..." dedi Takahaşi. "BIS kriterlerinin Amerika'nın bir komplosu olduğu şeklindeki yorumları son zamanlarda sık sık duyuyorum. Siz ne düşünüyorsunuz.?"

BIS kriterleri banka işletmeciliğinin sağlıklı bir şekilde ilerletilebilmesi için Ekim 1990'da başlatılan sermaye yeterliliği oranlama kriterleridir. Uluslararası çalışan bankalar BIS'in belirlediği ölçüm standartlarına uygun olarak sermayesinin risk ağırlıklı aktiflere oranını % 8 alt limitinde tutmak zorundadır. Zaten, Japon bankalarının 'sermaye-risk ağırlıklı aktifler oranı' düşüktü. Bir de balon ekonomisi çöküp de verimsiz malvarlığı artınca bu kriterlerin etkisiyle bunalmaya başlamışlardı. Günümüzde Japon bankalarının çöküşüne davetiye çıkaran en önemli etkenin BIS kriterleri olduğu söylenmektedir.

"Takahaşi. Sen de Amerika'nın komplosu olduğunu mu düşünüyorsun?"

"Yok, dürüst söylemek gerekirse tam olarak idrak edebilmiş değilim. Medya ve ekonomi eleştirmenleri komplo, komplo diyip duruyorlar gerçi... Yanlış mı?" Takahaşi sorgulayıcı gözlerle Vakabayaşi'ye baktı.

"Amerikan komplosu, Yahudi sermayesinin komplosu, Wasp (Beyaz Anglo-Sakson Protestan) komplosu... Birçok şey söyleniyor." Vakabayişi'nin yüzünde buruk bir gülümseme belirdi. "Bu tür tartışmaların tamamen safsata olduğu kanısındayım" diyerek kestirip attı.

"Yani, sizin düşünceniz bu."

"Evet. Neden dersen, BIS kriterleri üzerinde tartışmaların başladığı 86-87 yıllarında Japonya balon ekonomisinin tam ortasındaydı ve finans teknikleri bir yana, Japon bankaları dünyayı silip süpürdüler. Amerikan şirketleri ve emlakçıları da Japon bankalarının finansmanını arkalarına alan Japon şirketleri müthiş bir hızla toparladılar. Batılıların gözüyle bakacak olursak, Japonlar onlarla tamamen farklı kurallarla, yani düşük öz sermaye ile çok fazla açılabiliyorlardı ve bir önlem almak gerektiğini düşünmekten öteye gitmemiş olsa gerek. Daha fazlası olduğunu hiç sanmıyorum."

"Öyle olmalı elbette. Bir de Yahudi sermayesinin komplosu demek, öylesine aptalca ki dinleyenin bile utanmasına neden olur."

"Bozgunun özünde Japon Hazine Bakanlığı ve banka işletmecilerinin aptallığı yatar. Bu adamların kendilerini garantiye alma ve günü kurtarma şeklindeki memur zihniyetiyle çalışmaları, uzun süreli ve dünya genelini göz önüne alarak strateji belirlemek şeklindeki atak Anglo-Sakson tarzı ile başedemedi. İşin özü budur."

Takahaşi başıyla onaylayarak birasını yudumladı.

"Fakat bu Amerika gerçekten agresif bir kapitalist ülke yahu!" dedi Vakabayaşi, bir türlü aklından atamadığı bir şeymiş gibi.

"Lafı geçmişken, Vakabayaşi Bey, siz Londra'ya gelmeden önce New York'ta kalmıştınız değil mi?"

"Evet. O sıralarda on yaşında olan kızımı oradaki bir devlet ilköğretim okuluna gönderiyordum. Bir seferinde 'Neden çevrendeki arkadaşlarını kendinden daha önce düşünmüyorsun?' diye uyardığımda 'Babacığım, sen öğretmenimizle farklı şeyler söylüyorsun. Öğretmenimiz başkalarından önce kendimizi düşünmemizi öğretiyor' diye karşı çıkmıştı. O an gerçekten diyecek söz bulamamıştım."

"Aa, öyle mi eğitim veriyorlar!" Takahaşi'nin gözleri faltaşı gibi açılmıştı.

"Üstelik o ülkedeki ilkokullarda hisse senedi yatırımının ne şekilde yapılacağı öğretiliyor."

"Yapmayın yahu!? Böyle bir şeyi ilkokulda mı öğretiyorlar!?"

"Evet. Her haliyle kapitalizmin kalesi Amerika, demiştim kendi kendime. Elbette, simulasyon yalnızca. İlk başta elindeki sermayeyi belirliyorsun. Buna göre havadan alışlar yapıyorsun ve sonunda ne kadar kar ettiğini hesaplıyorsun. Elbette, finans kuruluşlarına ödeyeceğin komisyonun ne kadar olacağını, verginin ne kadar tutacağını da bilanço hesabına dahil editorsun. Haa, açığa satış (short selling: sahip olunmayan menkul kıymetin ödünç alınmak suretiyle satılması) gibi şeyler de yapıyorlar."

"A, açığa satış mı?... İlkokul öğrencisi mi?" Takahaşi neredeyse küçük dilini yutacaktı. "Pekiyi, kızınız kazanıyor muydu?"

"Ya, evet..." Vakabayaşi gülmesini zor bastırıyor gibiydi. "Müthiş kazanmıştı! Önce IBM hisseleri aldı. Değeri arttığı anda mükemmel bir şekilde elinden çıkarttı. Eline geçen parayla ne aldı dersin?"

"Nereden bileyim?..."

"Bu sefer de İngiliz hisse senetlerine göz dikip, Jarvis hisselerini aldı."

"Jarvis... normalde akla gelecek bir isim değil." Takahaşi yutkundu.

Jarvis, normalde insanların pek duyduğu bir isim değildir ama demiryolu hattı destek hizmetlerinde uzmanlaşmış İngiliz şirketidir. İngiltere'nin yaşlanan demiryolu hatlarının acilen modernleştirilmesi gerekiyordu ve Jarvis bu talep sayesinde ani bir gelişim göstermişti. Hisse senedi değeri son iki yıl içerisinde 30 katına fırlamıştı.

"O sıralarda eve döndüğümde, kızımı oturma odasındaki koltuğa oturmuş, dikkatle IBM ya da Morgan Stanley gibi şirketlerin yıllık faaliyet raporlarını okurken bulurdum. Eh, herhalde üst tarafı ilkokul öğrencisi. Karşılaştırmalı borç-alacak hesap tablolarını anlayamaz diyerek, okuduklarını anlayıp anlamadığını sormuştum. 'Mali dökümanları pek anlayamıyorum ama yatırım yaptığım şirketin neler yaptığını bilmek istiyorum' cevabını vermişti."

"İşte şimdi, diyecek söz kalmadı!"

"Gerçekten de, müthiş bir şeydi. Kızımın aldığı notlara gizlice bakıp, yatırım yapmış olsaydım zengin olurdum herhalde."

İki adam gözgöze gelerek kahkahalarla güldüler.

"Bu arada..." Vakabayaşi'nin yüzündeki ifade ciddileşmişti. "Son zamanlarda İmanişi ne alemde?"

"Neyi kastediyorsunuz?"

"İşte... Sanırım, o bankadan ayrılacak" dedi Vakabayaşi, sesini kısarak.

"Nee!... Öyle bir durum mu var!?"

"Geçenlerde üstü kapalı olarak mırıldandı bir şeyler. Henüz somut olarak nereye geçeceğine karar vermemiş ama en azından, Fukoku Bankası'nda çalışmaya devam etmek konusunda sıkıntılı olduğu ortadaydı."

"İmanişi Bey, yükselmelerde sorun yaşamamıştı, böyle bir şeyi aklından geçirdiğini hiç sanmazdım..."

"Banka böyle ne idi idüğü belirsiz bir hale gelirse, herkes aklına getirir."

Takahaşi'nin yüzü sıkıntılı bir hal almıştı. "Evet gerçekten de. Dürüst olmak gerekirse ben de sık sık istifa etmeyi düşünüyorum."

"Japon bankalarının İmanişi ve senin gibi işin yapıldığı yerde kan ter içinde çalışan elemanlarına karşı tavrı çok kötü. Müdür yardımcısı Sone gibi aptal adamların elinde oyuncak olduktan sonra, canla başla çalışıp yüz milyonlarca yen gelir sağlasan bile alacağın bonus artışı yüz bin yeni geçmez herhalde? Böyle aptalca bir şey olur mu? Hal böyle olunca, yetenekli adamlara 'lütfen bizde çalışmaktan vazgeçin' demiş oluyorlar."

"Sadece para için olmasa bile, söz gelişi endüstri dünyasında başı çekip Japonya'nın daha da gelişmesine katkı yapabildiğimizi bilsek de çalışabiliriz ama…"

"Aynen öyle!" Vakabayaşi yürekten onayladı. "Fakat bizim bankanın elemanlarına bir bak! Yönetim kurulu başkanı, yönetici müdürler ve altındakilerin tamamı, bir şekilde ustaca ortalıkta dolaşıp, kendi cebine girecek parayı biraz olsun çoğaltmaktan başka bir şey düşünmüyorlar." Vakabayaşi'nin bakışları bardağında kalan biraya kaydı. "İmanişi iyi ki çalışabiliyor, böyle bir bankada. Elbette kendini boşlukta hisseder, bırakmak ister. Onu çok iyi anlıyorum. Hiçbir beklenti, mücadele edecek hiçbir amaç gösterilmeyen Fukoku Bankası'nın uluslararası finans bölümünde, o ölçüde çalışan bir insan ilk kez olsa gerek." Vakabayaşi bir an düşündü. "Yok ama, bir kişi daha olmuştu. İmanişi onun eline su bile dökemezdi, iş bağlamak için yanıp tutuşan bir bankacıydı."

"Pekiyi, kim o!? Öyle biri bizim bankamızda mı çalışıyordu?"

Bir an, Vakabayaşi'nin bakışları uzaklarda bir noktaya takılmış gibi oldu.

"Co Tatsuhana adında bir adam."

2.

"Abraham Alon'u rica edecektim" dedi Tatsuhana, telefonun ahizesine doğru.

Karşı tarafın telefona çıkmasını beklerken, camın ardındaki işlem salonunu izliyordu.

Pazar olmasına bakmaksızın, tatil gününde işe gelen çalışanlar vardı.

Tatsuhana'nın ofisinin yakınında bulunan CP (commercial paper; kısa vadeli şirket kredileri) bölümünün cam duvarlarla çevrili ofisinde Amerikalı yönetici müdür yerindeydi. Normalde tam takım giyinmesine rağmen, bugün yürüyüşe çıkarmış gibi yünlü tişörtün altına kot pantolon gibi rahat bir kıyafetle gelmişti. Süeterli haliyle bilgisayara verileri yükleyen tahvil bölümün genç analistleri gibiydi. Karşısındaki koltukta kocasının işinin bitmesini bekleyen eşi pervasızca kadın dergileri okuyordu. Gösterişli kırmızı yeleğini sırtına atmış kadın satış elemanı Bloomberg ekranını izleyerek, tatil günü olmasına rağmen telefonda birileriyle konuşuyordu.

"Hello, Alon speaking!" İsrailli adamın dilini kıvıra kıvıra konuştuğu İngilizcesi ahizeden duyuldu.

"Ben, Londra kredi-sendikasyon bölümünden Co Tatsuhana."

"Merhaba Co. Hiç değişmeyeceksin, çok çalışıyorsun. Burada Pazar günleri de iş günü ama yurtdışından senden başka telefon eden olmaz."

"Thank you for your compliments (İltifatın için teşekkürler)... Şu davet mektubu geldi mi?"

"Geldi."

"Geldi ha! Tamam öyleyse." Tatsuhana farkında olmadan tüm gücünü ahizeyi tutan eline vermişti. "Haydi, daha önce konuştuğumuz gibi hallet o zaman."

"Anlaşıldı. Ancak nereye kadar götürebilirim bilemiyorum."

"Orasını anlıyorum. Amacımız nihayetinde, şirin kuzuları menzilimizin içine çekmek... Eğlence ondan sonra başlıyor." Tatsuhana tuhafça güldü.

Bir süre sonra İsrailli adamla telefon görüşmesini bitiren Tatsuhana, tekrar telefonu tuşlamaya başladı. Hemen uluslararası hatta bağlandı ve hışırtılı parazit seslerinin ardından karşı telefon çalmaya başladı. Bir kaç kez çaldıktan sonra konuşmak istediği adam karşısındaydı.

"Ben Tatsuhana, Londra'dan. Tatil zamanında aradım, kusura bakma."

"Sen misin, Co? Kafana takma. Ben de şu an iş düşünüyordum zaten." Sakin, anadil olarak konuşulan bir İngilizce. Morgan Drexler'in İstanbul şirketinde bulunan Amerikalı başkan vekiliydi.

"Geçen gün sorduğunuz ek sermaye konusu tamam. Prop grubundan beş yüz kafaya (500 milyon dolar) kadar sermayeyi hazır edeceğiz."

Prop, *proprietary trading* sözcüklerinin kısaltmasıdır ve yatırım bankasının kendi hesaplarıyla hisse senedi yatırımına girmesi anlamına gelir.

"Beş yüz kafa ha. Bu çok iyi oldu. Sadece İstanbul şirketi olunca sermaye miktarı sınırlı çünkü."

"Bir de... az ama bu sefer kendi sermayemi de yatırarak oynamak niyetindeyim."

"Ohoo. Oldukça kendine güveniyor olmalısın" dedi adam, tatmin olmuş bir ses tonuyla. "Öyleyse ben de kendi param-dan koyayım bari."

"İstanbul Borsası ne alemde?"

Bir saat sonra, Tatsuhana işini toparlayarak ofisinden ayrıldı.

Binadan çıkmadan önce çalışanların kantinine uğradı.

Otomatik makinadan kağıt bardakta çıkan kahveyi içerken, öylesine çalışanların duyuru panosuna bakmaya başladı.

Birçok duyuru ve bildiri asılmıştı.

Bu ay işe girenler ve çıkanlar listesi. 70'in üzerine yeni eleman ve 100'e yakın işten çıkan elemanın adı, bölümü ve titri tam liste asılmıştı. Yatırım bankasında çalışanların işe girip çıkma trafiği oldukça yoğundur. Zayıf olanlar, göz açıp kapayıncaya kadar fırlatılıp atılır, sadece güçlüler ayakta kalır.

İşten ayrılanların bazılarından gelen mektuplar da asılmıştı. "Selam, millet! Ayrılık hediyeniz için teşekkürler. Aldığım parayı, arabama radyo taktırmak için kullanacağım." Geçen ay işine son verilen hisse senetleri bölümü erkek asistanından gelen bir mektuptu. "Veda partisi için teşekkürler. İşi pek sevmiyordum ama sizlerle Drexler'de birlikte çalıştığım günler anılarımda yaşayacak. Hepinizin mutluluğu için dua edeceğim." Bu ay işine son verilen, arka ofisten orta yaşlı bir kadın.

Hıh. Adamların mutluluğu için dua etsen ne olacak... Nihayetinde yenik düşmüş zavallılarsınız.

Tatsuhana kağıt kahve bardağını sıkıp, buruşturarak çöp kutusuna fırlattı.

Asansörle zemine indi.

Camdan yapılmış devasa bir obelisk gibi duran Canada Square Kulesi'nin kapısından çıktığında, pırıl pırıl parlayan son model bir siyah mercedes onu bekliyordu. Şöför saygılı hareketlerle kapıyı açtı. Tatsuhana kendini deri kaplı koltuklara bırakıverdi.

"Le pont de la Tour'a lütfen." Şöföre, Londra Köprüsü yakınlarındaki Butler's Warf'da bulunan restoranın adını söylemişti. Londra'da parmakla gösterilen Fransız lokantalarından biriydi. Bir zamanlar Başbakan Tony Blair'in İngiltere'yi ziyaret eden A.B.D. Başkanı Clinton ve eşini yemeğe davet ettiği yerdi. Tatsuhana bu restoranın devamlı müşterisiydi ve her yemekte mutlaka şişesi 300 pound tutan lüks Fransız şarabı açtırırdı.

Son model mercedes Dockland'ın modern binaları arasından kayarcasına geçiyordu.

Çevrede birçok yerde yüksek vinçler kurulmuştu, çok sayıda iş merkezi binası inşa halindeydi. Mayıs 2000'de Citibank'ın Avrupa merkezi tamamlanınca 3000 kişi, 2002 yılında ise HSBC merkez şubesi tamamlanınca 8000 kişi bu semte doluşacaktı.

O zaman geldiğinde burada olacak mıyım acaba?

İnşa halindeki binalara bakarken bir tür tedirginlik yüreğinden geçiverdi.

Tatsuhana göğüs cebinden şişkin siyah deri banknot cüzdanını çıkarttı. 50 poundluk banknot destesini çıkararak yavaşça dokundu. Pütürlü kağıda dokunmak rahatlatıyordu. Parmaklarının ucundaki kağıtların taşıdığı değer sanki ığıl ığıl vücuduna yayılıyordu.

Bu banknotlarla birçok şey satın alabilirim... Paranın olması iyi bir şey.

Huzur dolu bir sıcaklık göğsünü kapladı.

"İşimiz zor" dedi İmanişi, sendikasyon defterine bakarak.

"Öyle mi?..." Takahaşi'nin sesi çatallaşmıştı. Son bir kaç gündür bilgilendirme notası talebinde bulunan katılması olası bankaları takip etmek için sürekli telefonla konuşuyordu.

Tomita Otomotiv Türk'ün 150 milyon dolarlık sendikasyon kredisi piyasaya açıldıktan sonra on gün geçmişti. Henüz katılım isteğinde bulunan beş banka vardı ve ulaşılan rakam sadece 28 milyon dolardı. Dört düzenleyici banka onar milyon dolarla katılacaktı, geriye 110 milyon dolar kalıyordu. Şu an ulaşılan rakam düşüldüğünde 82 milyon dolar daha toplamaları gerekiyordu.

Sendikasyon defteri, tablo hesaplama programı Excel ile hazırlanan sayfa üzerinde kredi satış durumuna göre kayıt edilmesiyle yapılmıştı. Kredi satışını üstlenen üç düzenleyici banka herhangi bir gelişme olduğunda banka adını ve daha sonraki gelişmeleri hergün birbirleri ile paylaşıyorlardı. Bu bilgileri Fukoku Bankası derleyerek, birkaç gün arayla dört düzenleyici banka arasında dolaştırıyordu.

Bu noktada, sendikasyon defterinde kırktan fazla katılması olası banka kalmıştı. Dikey sırayla banka adı, sorumlu kişinin irtibat bilgileri, yanındaki sütunda irtibata geçilen gün, görüşme içeriği ve sonuç kaydediliyordu.

Abudabi Ticaret Bankası (14 Ekim) bilgilendirme notası gönderildi

(16 Ekim) ilgi duyuyorlar ama katılma komisyonunun biraz daha yüksek olmasını istiyorlar,

(sonuç) değerlendiriyorlar.

Bank Mysee Hope (12 Ekim) bilgilendirme notası gönderildi

(14 Ekim) katılmaları olasılıkla mümkün olmayacak, Türkiye riskini alabilecek durumda değiller,

(sonuç) değerlendiriyorlar.

Bank of Monaco (13 Ekim) bilgilendirme notası gönderildi

(sonuç) Japon şirketleri için limitleri prensip olarak üç yıl.

Berliner Bank (14 Ekim)

Credite Suisse (13 Ekim)

Çoğu ya değerlendiriyor ya da reddetmiş. Değerlendirenlerin tepkisi de pek iç açıcı değil. Büyük olasılıkla çoğu reddeder. İşimiz zor...

İmanişi dudaklarını ısırarak sendikasyon defterine bakıyordu.

Bu durumdan nasıl kurtulacağız?...

Sendikasyon oluşumundaki tedirginlik üstlenici bankalar arasında da gerginliğe yol açmıştı.

"British Chartered tepemizi attırdı! Benim kendime özgü bir kredi satış yöntemim var! Bir daha o tiplerle asla birlikte iş yapmam!"

Daha bu sabah Credit Generale'den Pierre Fountaine müthiş bir öfkeyle İmanişi'ye telefon etmişti. Kredi satış yönteminin gevşek olduğu söylenince çileden çıkmış gibiydi. British Chartered Bank'ın sendikasyon bölümü, katılması olası bankaları kovalamak konusunda ün yapmıştır. Örgütlü olarak açık nokta bırakmadan yaptıkları için "kene gibi yapışmak" deyimi yerinde olur. "Ya, Pierre, öyle konuşma. Onların da kötü niyetli olduklarını sanmıyorum. Burada biraz sabırlı olup mümkün olduğunca çok satmamız lazım." İmanişi söylenip duran Fountaine'i yatıştırmaya çalışmıştı.

Bu görüşmeden sonra on dakika bile geçmemişti ki, bu kez British Chartered'in sendikasyon bölümü müdür yardımcısı İngiliz'den telefon geldi. "Credit Generale'ye bir daha asla kredi satışı yaptırmamalı!" demişti öfkeyle. "Credit Generale'deki tipler bilgilendirme notası talebinde bulunan bankaları bile doğru düzgün takip etmiyorlar. Şu içinde bulunduğumuz şartlarda sadece bilgilendirme notası talep eden bankalar değil, mümkün olduğunca çok bankayla irtibata geçip, rakamı mümkün olduğunca yükseltmeye çabalamak lazım değil mi?"

Bu sözler karşısında İmanişi irkilmişti.

Bu laflar Fukoku Bankası'na da geliyor mu acaba?

Takahaşi canla başla telefon ediyordu ama aslında, Fukoku Bankası da katılması olası bankaların peşine düşme işini sıkı tutamamıştı. Nedeni Finans Denetleme Kurumu idi.

Yakınlarda Japonya Finans Denetleme Kurumu'ndan teftişe geleceklerdi, İmanişi ve Takahaşi bir yandan sendikasyon işiyle uğraşırken bir yandan da teftiş için hazırlanıyorlardı.

Bu yılın Haziran ayında, finans idaresinin etkinleştirilmesi adı altında Finans Denetleme Kurumu, Hazine Bakanlığı'ndan bağımsız hale getirilmişti ama en azından teftiş konusunda ilerlemek şöyle dursun, gerilemişlerdi. Eskiden beri süregelen Hazine Bakanlığı ve Japonya Merkez Bankası teftişlerinde incelenecek belgelerin İngilizce olması sorun yaratmıyordu ama Finans Denetleme Kurumu'nun çalışanlarının çoğu finans konularında amatör oldukları için belgelerin tamamının Japoncaya tercüme edilerek verilmesi gerekiyordu. Üstelik, bu hazırlanacak belgelerin ne olacağı konusunda da Finans Denetleme Kurumu henüz hiçbir şey söylememiş, merkez şube yapılacak hazırlıklar konusunda direktiflerde bulunmuştu. Önceden beri, planlama bölümünün Hazine Bakanlığı (MOF) sorumluları ve Japonya Merkez Bankası sorumluları, bürokratları çeşitli şekillerde ağırlayarak, teftiş öncesinde her haber elde edişlerinde, bütün banka aylarca öncesinden hazırlık işlemlerine girişir, bu süre zarfında reel sektörle ilgili olarak yaprak kıpırdamazdı. Bu durum, Finans Denetleme Kurumu'nun oluşumu ile iyice kötüleşmişti.

İmanişi ve Takahaşi, önlerindeki bu önemli sendikasyonu yeterince takip edemiyor olmak içlerine işlerken, Japonya'da pek duyulmamış yabancı ülke borçlularının adlarını bin bir zahmetle Japoncaya çevirerek hazırlamaları gereken dökümanların sayfalarını dolduruyorlardı. İşletmeler bölümünün işi gücü bırakarak rapor hazırlaması gibi bir durum Japon bankalarından başka bir yerde söz konusu bile olamazdı ve diğer yönetici bankalara bu durumu açıklayabilmeleri imkânsızdı.

"Takahaşi. Bu gidişle sonumuz hiç de iyi değil."

Sendikasyon kitapçığına dalıp giden İmanişi'nin yüzünde sıkıntılı bir ifade vardı.

"Eh, daha 28 milyon dolardayız." Takahaşi'nin yüz rengi de pek sağlıklıymış gibi durmuyordu.

"Henüz değerlendirme aşamasında olan otuza yakın banka var ama olasılıkla büyük kısmı reddeder. Bu haliyle ortaya çıkarabileceğimiz rakam 45-50 milyon dolar. Öyle olunca da her üstlenici bankanın altına gireceği yük 25 milyon doları bulur."

"Teklif dosyasında kabullenme şartı olarak konulan 10 milyon doların kat kat üzerinde."

"Yurtdışı teftiş bölümü 500.000 dolar fazlalıkta bile kabullenme şartlarına aykırı olduğunu söyleyerek yaygarayı basar. 15 milyon dolarlık bir fazlalığı tartışmaya bile gerek duymazlar."

İmanişi karanlık bir yüz ifadesiyle düşünmeye başlamıştı. Fakat bu kez çok neşeli bir yüz ifadesiyle konuştu. "Ne derlerse desinler, piyasa böyle olunca elimizden fazla bir şey gelmez. Olmayacağı zaman olmaz işte. O zaman şişlerler mi, yakarlar mı bilmem, ne isterlerse yapsınlar... Ama biz, elimizden geleni yapalım. Hangi koşullar altında olursa olsun elimizden gelenin en iyisini yapalım. Haydi bakalım, ikinci dalga hazırlığına geçiyoruz" diyerek, Takahaşi'nin omzuna vurdu.

Davetiyelerin her partisi dalga olarak adlandırılır.

Birinci dalgada toplam 800 davetiye göndermişlerdi. Şimdi ise ikinci dalgayı göndereceklerdi. Sendikasyon yolunda gitmezse üçüncü, dördüncü dalgalara başvurulduğu da olurdu ama üçüncü dalga sonrası çoğunlukla her şeyin sona erdiği anlamına gelir.

İmanişi diğer düzenleyici bankalarla irtibata geçerek acilen ikinci dalgayı yola çıkartma kararı almıştı.

"Takahaşi. Bankacılar Almanağı'nı getirir misin?"

Turuncu kapaklı Bankacılar Almanağı toplam 3800 sayfadır. Ansiklopedik sözlükle kadar kalın iki ciltten oluşur ve dünya genelinde yaklaşık 5000 bankanın irtibat bilgileri, şube ağı, yaptıkları iş içeriği gibi bilgiler yer alır. Zaten birinci dalgada Türkiye'ye yönelik finansman deneyimi olan bankaları eni konu taramışlardı. İkinci dalgada ise toplam sermaye temelinede dünyada ilk bine giren bankaları ellerinden geldiğince toplayacaklardı.

O gün, İmanişi ve Takahaşi geceyarısına kadar ofiste çalışmayı sürdürdüler.

Diğer bölümlerin ışıkları çoktan kapanmış, ofis karanlığa gömülmüştü. Sadece uluslararası finans bölümünün ışığı cılızca yanmaya devam ediyordu. O soğuk ışığın altında İmanişi ve Takahaşi kamburlarını çıkartarak, kızarmış gözlerini ovuşturarak Bankacılar Almanağı'nın sayfalarını karıştırıyor, banka adlarını, sorumlu kişleri, faks numaralarını not alıyorlardı. Bardaklar dolusu kahve içmekten mideleri ekşimişti.

İki adam ek olarak 80 bankalık bir liste çıkarttıklarında saat gece yarısını geçmiş, 2:00 olmuştu.

Ertesi gün düzenleyici üç banka, ikinci dalgadaki 500 davetiyeyi gönderdiler.

Tüm öğleden önce boyunca sekreter Yvonne ek irtibat numaralarını tek tek faks panelinde tuşlayarak faksları göndermeyi bitirdiğinde İmanişi Takahaşi'yi çağırdı.

"Takahaşi. Bu akşam uçağıyla Japonya'ya gider misin?" dedi İmanişi, uykusuz olduğu her halinden belli yüzüyle.

"Ne! Bu akşam mı!?"

"Evet. Yediyi biraz geçe, Heathrow'dan kalkan JAL seferinde yer ayırttım. Tokyo'da Tomita Otomotiv Türk'e açacağımız krediyi satmanı istiyorum... Bugün ikinci dalga için 500 davetiye gönderdik ama çıksa çıksa bir-iki banka çıkar."

"Sadece bir-iki banka mı!?"

"Satılmayan işlerde ikinci dalga dediğin öyle bir şeydir zaten" dedi İmanişi, sıkıntılı bir ses tonuyla.

"...."

"Aslında benim gitmem gerekir ama burada düzenleyici bankalar arasındaki iletişimi sağlam tutmam gerekiyor. Böyle birdenbire oldu, kusura bakma ama bu koşullar altında yapılması gereken müdahaleleri bir an önce yapmak gerekir. Merkez şubedeki yapılandırılmış finans bölümünden de yardımcı olmalarını rica ettim."

"Hedefimiz Japon bankaları mı?"

"En büyük hedefimiz, bizimle Tomita Otomotiv'in ana bankası olmak için mücadele eden Seikai ve İtsui bankaları. Onlar birbirleriyle rakip olduklarını düşünerek 10'ar milyon dolar alırlarsa çok etkili olur... Yine de kendini pek zorlamana gerek yok." İmanişi, Takahaşi'nin gözlerine baktı. "Tokyo'ya gidip görüşerek rica ettik diye, koşulların pek fazla değişeceğini sanmam. Ama denememiş olmaktan daha iyi. Öleceğimizi bilsek bile, elimizden bir şey gelmez ama yapabileceğimiz kadarını da yapalım."

"Anlaşıldı."

"Bir de sadece Japon bankalarını değil, yabancı bankaların Tokyo şubelerini de dolaşmanı istiyorum."

O gün, Takahaşi bilgilendirme notası ve sendikasyon listesini çantasına tıkıştırarak Tokyo'ya doğru yola çıktı. Takahaşi'nin bindiği JAL 402 sefer sayılı uçak, Narita Havalimanı'na ertesi gün öğleden sonra saat üçü biraz geçerken indi.

Japonya'ya varışı sonrasında, Takahaşi merkez şubesindeki yapılandırılmış finansman bölümüne saygı ziyareti için uğrayacak, sonra da Yaesu'daki otele giriş yapacaktı.

Ertesi gün İmanişi zamanı hesaplayarak Yaesu'daki otele birçok kez telefon etti. Fakat geç saatlere kadar Takahaşi otele giriş yapmamıştı.

Ne oldu acaba? Yoksa başına bir kaza mı geldi?

Durumu tuhaf bularak merkez şubesinin yapılandırılmış finansman bölümüne telefon edince, fazla mesaiye kalmış kadın elemanlardan biri çıktı. Takahaşi gerçekten de gelmiş, akşam saat yediye kadar görüşmeler yapmıştı. İmanişi saatine baktığında Japonya saati ile gece 10:00'a yaklaşmıştı.

Nereye gitti, gecenin bu saatinde!..

İmanişi, Japonya saatiyle gece 01:00'ı geçmişken de otele telefon ettiyse de Takahaşi'den hala bir haber yoktu, otele giriş yapmamıştı.

O akşam saat 11:00'de, İmanişi Londra'daki evinden Yaesu'daki otele tekrar telefon etti. Japonya saati ile sabah 7:00'dı.

Takahaşi otele giriş yapmıştı.

"Günaydın..." dedi Takahaşi, telefona uykulu bir sesle çıkmıştı.

"Takahaşi! Dün neredeydin sen yahu!? Gece geç saatlere kadar otele giriş yapmadın, çok endişelendim. Nereye gitmiştin?"

"Ehm... Aslında, yapılandırılmış finansman bölümü elemanları hoşgeldin partisi yapalım dediler, hep birlikte Akasaka'daki bir et yemekleri restoranına gittik. Oradan da Şibuya'ya içmeye, sonra da *karaoke* derken..." Çok fazla *ka-*

raoke söylemiş olacak ki Takahaşi'nin sesi çatallaşmıştı. İçki yüzünden burnu da tıkanmış gibiydi.

Böylesine kritik bir anda gece yarılarına kadar karoke! Olacak iş değil...

İmanişi neredeyse ağlamak üzereydi ama kendine hakim oldu. "Herneyse, bugünden itibaren elinden geldiğince bankaları dolaş" diye Takahaşi'yi yüreklendirerek telefonu kapattı.

Bu haliyle pek ümit beslememeli...

Ahizeyi yerine koyduktan sonra derin derin iç geçirdi.

Ertesi gün, İmanişi'ye İstanbul finans brokeri Haluk'tan telefon geldi.

"Tetsu. Tomita Otomotiv Türk'ün sendikasyonunda bir sorun mu var?"

"Aa! Neden soruyorsun?"

"Dünden beri hisse senetleri düşmeye başladı. Avro pazarında sendikasyon kredisinin pek yolunda gitmediği doğrultusundaki dedikodular piyasada dolaşmaya başladı."

"Ne dedin? Kim çıkartmış, böyle bir lafı!?..."

"Belki de Morgan Drexler'in İstanbul'daki şirketi olabilir."

"Ne! Morgan Drexler mi !"

"Dün ve bugün Tomita Otomotiv Türk hisseleri satıyorlar."

"Drexler ha..." Ağustos ayında Litvanya'da Tatsuhana'nın bir anlamı varmış gibi 'bu iş henüz bitmedi!' deyişini hatırlayınca, İmanişi'nin tüyleri ürperdi.

"Fakat pek önemli bir durum değil" dedi Haluk, her zamanki tasasız ses tonuyla. "Nihayetinde Japonya'nın önde gelen bir otomotiv üreticisi ve Türkiye'de parmakla sayılan sermaye grupları arasında yer alan Karaöz grubunun ortak şirketi. Bu ölçüde bir malzemeyle hisse senetleri düşse bile bir anlık bir şeydir. Olsa olsa, Drexler de harçlık ölçüsünde bir şeyler kazanmıştır."

"O kadarla kalacaksa mesele yok elbette..."

"Her neyse, Tetsu. Sendikasyon meselesine biraz daha asıl. Benim komisyon da var, biliyorsun."

Takahaşi Japonya'ya gittikten birkaç gün sonra bir sabah. Merkez şubesine acil bir raporu fakslamak için, İmanişi normalden daha erken işyerinde oldu.

Tamamladığı raporu eline alarak kimsenin bulunmadığı posta odasına girdiğinde, faks makinesinden birçok faksın çıkmış durumda olduğunu gördü. Eline alarak, öylesine göz attı.

İlk faks Fransa'nın büyük ticaret bankalarından Marseilles Bank'ın Tokyo şubesi antetliydi. Gönderi adresi İmanişi idi.

"Dear Mr.Imanishi, Thank you for your invitation for the US$150 million syndicated facility for Turk Tomita Motor Co., Ltd. We are pleased to confirm our participation of US$5million... (Sayın İmanişi. Tomita Otomotiv Türk için düzenlediğiniz 150 milyon dolarlık sendikasyon kredisine katılım davetiyesini aldık, teşekkür ederiz. Bankamız 5 milyon dolarlık bir payla katılmayı taahhüt eder....)

5 milyon dolarlık katılım! Başardın işte, Takahaşi!

İmanişi faks kağıtlarına sımsıkı sarılarak, sevincinden havaya uçacakmış gibi oldu.

Heyecanı henüz yatışmamışken ikinci faksa baktı ki, Bayerisch Komertz Bank'ın Tokyo şubesinin mektubuydu. Almanya'nın büyük bankalarından biri.

"Dear Sir/Madam, RE : US$150 million syndicated loan for Turk Tomita Motor, We are writing to advise you that we wish to join the captioned facility with the participation of US$7.5million... (Sayın Yetkili, Tomita Otomotiv Türk için düzenleyeceğiniz 150 milyon dolarlık sendikasyon kredisine ilişkin olarak, bankamızın 7.5 milyon dolar ile katılma arzusunda olduğunu tarafınıza bildirmek isteriz....)

Bu da 7.5 milyon dolar!

Üçüncü faks Pacific Avustralia Bankası'nın Tokyo şubesi. "We are please to commit US$4million... (4 Milyon dolar ile katılmaktan mutluluk duyacağız...)

Mucize meydana gelmişti işte!

Tokyo'daki yabancı bankalar, Tomita Otomotiv ile olan iş hacimlerini genişletmek için seve seve katılıyorlardı.

İmanişi öylesine rahatlamıştı ki, olduğu yere çömelip kalıverdi.

3.

24 Ekim Cumartesi günü akşamı Avrupa'da yaz saati uygulaması sona erdi.

Japonya ile Londra arasındaki saat farkı dokuz saate çıkmıştı. Uzun ve karanlık kış günleri yaklaşmış, caddelerdeki ve bahçelerdeki ağaçların yapraklarının yarısı soğuk rüzgarla uçuşmaya başlamıştı.

İmanişi tatil günlerinde, sabah evinin ön bahçesine düşen sararmış ağaç yapraklarını süpürgeyle toplar, mahalli idarenin dağıttığı büyük siyah çöp kutusuna atardı. Kurumuş yaprakları süpürmesi kolaydır ama ıslak olanlar bahçenin döşeme taşlarına yapışır bir türlü çıkmazlar. Londra'da kış başlangıcında güneşin ışınları parlaktır ama ısı 5 derece civarında seyreder. İnsanın verdiği nefes beyazlaşmıştır, gökyüzünün maviliği uzaklara kadar devam eder.

İmanişi'nin oturduğu lojman yerine tahsis edilen ev Londra merkezinden kuzeye doğru, metro ile otuz dakika süren bir uzaklıktaydı. Yarı-müstakil olarak adlandırılan tip evlerdendi ve müstakil evin iki yanında başka aileler yaşıyordu. Birinci kat mutfak ve oturma odası olmak üzere iki odadan oluşuyordu. Mutfağın arkasında sekiz metrekare kadar genişlikte bir güneşlik odası vardı. Tatil günlerinde sabahları burada karısının hazırladığı kahvesini içerek gazete ve dergileri okuduğu, dizüstü bilgisayarında dostlarından gelen e-postalara baktığı saatler İmanişi'nin en huzur dolu anlarıydı. Şeffaf camın arkasında insanın içini rahatlatan yemyeşil bir bahçe.

Kârısını küçüklüğünden beri tanıyordu, ailesi küçük bir dükkân işletiyordu. Dükkân herhalde babasından sonra kapanırdı. Kendisi bile sıradan bir evlilik yaptığını düşünürdü. Tek ayağı özürlü olan büyük oğlu ortaokula başlamış, özürlü olmasına aldırmaksızın başarılı bir okul yaşamı sürdürüyordu. İlkokul öğrencisi kızı da öyle üstün başarılı bir öğrenci değildi ama pek büyük bir sorun yaşatmaksızın büyüyordu.

"Tetsu! Gelecek haftaki yıllık değerlendirme toplantsına çıkabileceksin değil mi?" dedi karısı yan taraftan. Çocukların önünde İmanişi'yi 'babası' diye çağırırdı.

"Evet. Gelecek hafta bir sorun yok. Bay Cryan da gelecek değil mi?"

"Evet" dedi karısı, başını sallayarak da onaylamiştı.

Bay Cryan aynı mahallede oturan resmi muhasebeciydi ve büyük oğlunun gözetmenliğini üstlenmişti. Gözetmenlik 1993 yılında çıkarılan İngiltere Okul Eğitimi Yasası'yle yürürlüğe giren bir uygulamadır ve hukuk bilgisi ve formaliteler konusunda bilgisiz olan özürlü çocukların velilerine yardımcı olan, moral desteği sağlayan gönüllülerdir. İngiltere özürlü çocukların eğitimi titizlenilerek yürütülür ve yılda bir kez değerlendirme toplantısı yapılarak, veli, okul müdürü başta olmak üzere reel olarak eğitimin içinde olan sorumlular ve uzmanlar ile gözetmenler gibi kişiler katılır.

"Bay Cryan çok yardımcı oluyor. Özel olarak teşekkür etmek lazım."

İmanişi böyle dedikten sonra, kahvesinden bir yudum alarak okuduğu ekonomi dergisini kapattı. Japonya haberleri her zamanki gibi iç karartıcıydı. Bir hafta kadar öncesinde kredi değerlendirme kuruluşu Moodys' Nissho İvai'ın uzun vadeli kredi derecesini tek B'ye indirmişti. Kredi derecesi bu ölçüye düşünce ağır işletme krizi içerisine gireceği düşüncesi güçlenir ve sermaye sağlama fiyatı aniden artar. İkinci Dünya Savaşı sonrasında Japon ekonomisinin dinamoları olan bu tür büyük şirketler açısından da Japonya'daki uzun süreli ekonomik durgunluk ciddi bir hezimet anlamına geliyordu. İş dünyasında altıncı sırada bulunan Nişşo İvai ve altındaki şirketler kredi faiz yüklerini azaltmak için varlıklarını satıyorlardı. Bu çizginin yukarısındaki Marubeni ve C-İto yatırıma uygunlukta alt sınır olan 3 B çizgisinde tutunmak için vargüçlerini harcıyorlardı ve bu iki şirketin birleşeceği dedikoduları dolaşıyordu. Öte yandan Mitsui Bussan gibi daha yukarıdaki köklü sermaye grupları tek A derecesini koruyor ve dünya genelinde ticari faaliyetlerini sürdürüyorlardı. Ticari işlemlerin gerektirdiği sermaye yükünü kaldıramayacak hale gelen orta ve alt sıralardaki şirketlerden üst sıralardaki şirketlere akıyordu. Tam anlamıyla büyük balığın küçük balığı yuttuğu bir ortam söz konusuydu.

Japon bankalarına gelince, performans grafiği yüksek tek bir banka bile yoktu. İmanişi'nin maaşı da son yıllarda sürekli azalıyordu ve neredeyse hiç birikimi yoktu. Lüks bir restoranda şişeşi onbinlerce yen eden bir şarap açtırarak yemek yiyebilecek bir durumda değildi. Yine de günde üç öğün yiyebiliyor, yatacak yer bulabiliyor, dört kişilik ailesiyle mutlu bir yaşam sürüyordu. Herhalde mutluluk böyle yaşamak olmalıydı. Dürüst olmak gerekirse, Fukoku Bankası'na bağlılığını yıllar önce kaybetmişti ve mümkün olursa gücünü daha rahat ortaya koyabileceği bir yere geçmek istiyordu. Fakat ailesini düşündükçe tereddüt ediyordu. Hele bir de tek ayağı sakat oğlunu düşününce iyice cesaretini kaybediyordu. Türk

Haluk ondan dört-beş yaş daha gençti ama menkul kıymetler şirketi işletmeciliğinden ve borsa simsarlığından aylık geliri 20-30 bin dolara yaklaşıyor olmalıydı. Türkiye'de 20-30 bin dolar para Japonya'da 50-60 bin dolara eşdeğerdir. Ona gıpta ediyordu ama o kadar parayla ne yapılabileceğini de düşünmeden edemiyordu.

Arada sırada insan mutluluğunun ne olduğunu düşünürdü.

Fukoku Bankası'nı ve Japonya'yı fırlatıp bir kenara atan adam... Serveti yüz milyonlarca yeni çoktan geçmiştir. Uluslararası finans sektöründe geride bıraktığı parlak başarılar. Her zaman bir şeyler tarafından çekiliyor ya da bir şeyler tarafından kovalanıyormuşçasına, kanlı gözlerle iş bağlamaya devam ediyor. O haliyle mutlu mu acaba?...

İnsan mutluluğunun ne olduğunu düşündüğü anlarda, aklına mutlaka Marunouçi Şubesi döneminde iflasına neden olduğu şirketin patronu ve kızı gelirdi. Ondan sonra ne halde olduklarını bilmiyordu ama en azından şimdi mutlu olmalarını yürekten diliyordu. Her aklına gelişlerinde, sorumluluk bilinci göğsünde ağır bir baskı haline geliyor, pişmanlıktan ağlayacak gibi oluyordu. Ağlasa bile olanları düzeltemezdi. Bu olay hayatının dönüm noktası olmuştu.

Bir daha asla aynı hatayı yapmam. Hem de hiç olmazsa işimi doğru dürüst yaptıkça topluma bir faydam olur.

Pişmanlıktan ağlamaklı halde içinden geçenler böyleydi. Bu düşünceleri neredeyse bir dua gibiydi.

Kuyruğunu bir o yana, bir bu yana sallayan bir sincap bahçeye gelmiş, otların arasında yiyecek bir şeyler arıyordu.

"Nihayi olarak on kafaya inmemiz çok zor" dedi Takahaşi, sendikasyon defterine bakarak.

"Evet. Takahaşi, senin büyük katkın oldu ama piyasa, piyasa işte!"

Tomita Otomotiv Türk sendikasyonunun piyasaya açılması sonrasında üç haftadan fazla zaman geçmişti.

Takahaşi'nin olağanüstü çabaları sayesinde Japonya'daki yabancı sermaye kuruluşları sel olup akmıştı ama yine de dünya genelindeki finans krizinin etkisinden tamamen sıyrılmayı başaramamışlardı. Halihazırda ulaştıkları toplam katılım rakamı 87 milyon dolardı. Hedefledikleri 110 milyon dolar rakamından 23 milyon dolar daha eksik. Dört düzenleyici banka aralarında anlaşarak sendikasyon kapanışını bir hafta daha uzatmışlardı. Fakat uzattılar diye piyasadaki bankaların tavırları değişecek değildi elbette. Birkaç gün sonraki kapanışa kadar hiç olmazsa birkaç milyon dolar daha yükseltmek niyetindeydiler. Düzenleyici bankalar hedefledikleri 10 milyon dolarla katılım rakamını aşmaları durumunda ne yapacaklarını düşünmeye başlamışlardı.

"Bu rakamlarla..." dedi Takahaşi, hesap makinasını tuşlayarak. "Banka başına 15 milyon doların altına girmemiz gerekecek."

Yurtdışı teftiş bölümünün kabul ettiği azami rakam 10 milyon dolardı. İsteyerek bu kararı ihlal etmedikleri için kıdem açısından bir ceza almaları söz konusu değildi. Ancak, çalışma esaslarında bazı cezalara maruz kalmaları kaçınılmazdı. Akla gelen ilk ceza olarak, kredi onaylanan rakamı aşkın olarak kaldığı sürece başka hiçbir işin üstlenilmesine izin verilemeyebilirdi. Bu işlerin yürütülmesi açısından son derece ağır bir cezaydı. O krediden elde edilen gelirin iki misli bir rakamın şubenin gelirinden eksiltilmesi yöntemi de vardı. Ayrıca elde kalan kredi daha sonra yanacak olursa, şube müdüründen sorumlulara varana kadar sorumluluğun gereklerini yerine getirmeleri istenir, duruma göre kıdemle ilerleyişi ile ilgili cezalar alamaları da söz konusu olabilirdi.

"Artık yapabileceğimiz herşeyi yaptık. Daha fazla yapabileceğimiz hiçbir şey yok" dedi İmanişi, usulca. "Hele bir, şube müdürümüze durumu rapor edelim. Birlikte gelmek ister misin?" Sendikasyon listesini alarak ayağa kalktı.

Normaldeki İmanişi Bey, biraz daha asılırdı. O bile yoruldu herhalde.

Takahaşi bir şeylerin eksik kaldığı hissine kapılmıştı.

Şube müdürünün koltuğunun önündeki toplantı için kullanılan yuvarlak masada Müdür Hayaşi, yardımcısı Sone ve baş müdür yardımcısı, baş başa vermiş hararetle bir şeyler konuşuyorlardı.

"Ne konuşuyorlar acaba?" dedi İmanişi, alçak bir sesle.

"Önümüzdeki yıl Mart ayında genel müdürümüz Londra'ya geliyor ya, ona hazırlanıyorlar işte!" dedi Takahaşi, yine alçak bir sesle.

Yönetim kurulu başkanı ya da genel müdürün her gelişinde Hayaşi ve Sone altı ay öncesinden hazırlıklara başlarlardı.

Adamlar adetlere uygun olarak genel müdürün programını A3 büyüklüğünde bir kağıdı kullanarak şematize etmişlerdi. Kalacağı her gün için bir yaprak kullanıyorlardı. Çerçevenin solundan başlayarak sabah 6:00'dan gece 12:00'a kadar süre on dakikalık dilimler halinde ayrılmış, dikine ise birinci öneri, ikinci öneri, üçüncü öneri sütunları açılmıştı. Akşam yemeği için, öncesinden araştırarak genel müdürün sevdiği yemekler birinci öneri sütununa yazılıyordu. Eğer genel müdür o gün gelip de "Bugün farklı bir şeyler yemek istiyorum diyecek olursa, önerecekleri yemeği ikinci öneri sütununa yazıyorlardı. Bunu da beğenmemesi olasılığını düşünerek üçüncü bir seçenek daha hazırlamışlardı. Elbette, üç restorana da rezervasyon yapılıyordu. Genel müdürün konaklayacağı otelin herhangi bir aksilik sonucu kullanılamaması durumuna hazırlık olarak, parasını ödeyerek başka bir oteli daha ayarlamışlardı.

Otel odasındaki buzdolabı genel müdürün sevdiği yiyecek ve içeceklerle doldurulacaktı. Başucunda oda hizmetlerine verilecek bahşiş ve pul yapıştırılmış kartpostal hazır tutulacaktı. Genel müdürün programı ile farklı olarak, Londra şubesi elemanları için de ayrı bir program hazırlanıyordu. O program da yine A3 büyüklüğündeki bir kağıdın üzerine dökülmüş, yanlamasına on dakikalık dilimlereayrılmış, dikine ise Hayaşi ve diğer Japon çalışanların tamamı için birer sütun açılmıştı. Kimin nerede ne yapması gerektiği belirlenmişti. Amaç, genel müdürün Londra'da kaldığı süre içerisinde her şeyin mükemmel olmasıydı. Genel müdür mah-jong oynamak istediğini söyleyecek olursa diye, onu eğlendirecek şekilde oynayabilecek dört kişi seçilmiş ve hazırda beklemeleri emredilmişti. Her sabah, baş müdür yardımcısına bağlı genç Japon çalışanlar otele giderek, restoranda cam kenarında manzarası en güzel olan masayı kaparak, genel müdürün uyanmasını bekleyeceklerdi. Amerikan bankalarının dünya genelini bakış açılarına dahil ederek strateji belirledikleri, finans tekniklerini geliştirdikleri ve uluslararası finans piyasasını hedefleyerek bir biri ardına kaleleri kaptıkları bir sırada, Japon bankaları işte böyle şeylerle uğraşıyorlardı

"Önümüzde beş ay olmasına rağmen başlamışlar bile" dedi İmanişi.

"Müdür Yardımcısı Sone'nin emri üzerine geçen hafta terzi Savile Row'a ölçü vermeye gittim."

"Aa, ne diye ?"

"Genel müdürün opera izlerken giyeceği siyah resmi takım elbiseyi yaptıracaklarmış. Onun için de genel müdürle boyumuz aynı diye okun ucu bana çevirildi... Gerçekten de benim boyum genel müdürümüz kadar kısa ama göbeğim o kadar çıkmış değil."

Takahaşi'nin suratını gördüğünde, İmanişi neredeyse kahkahayı basacaktı.

İki adamın farkına varan Sone başını kaldırdı.

"İmanişi ve Takahaşi. Siz niye geldiniz?"

"Efendim, Tomita Otomotiv Türk için düzenlediğimiz sendikasyonun son durumu hakkında bilgi vermek istemiştik."

O anda Sone'nin yüzü sıkıntılı bir hal aldı.

"Hmm. Senin sözüne inanarak, ucu ucuna piyasaya açılmasına izin verdim ama pek satamamışsınız herhalde. Kaç rakamına kadar gelebildiniz?" Çenesini iyice dışarıya iterek sormuştu.

"87 milyon dolar. Şu andaki durumumuz bu." İmanişi, sendikasyon listesini Hayaşi ve Sone'nin önüne koydu.

"87 milyon dolar? Hedefimiz olan 110 milyon dolardan çok aşağıda değil mi? Banka başı on kafaya kadar düşüremezseniz ne yapmak niyetindesiniz, haa?" Sone'nin ses tonu yükselmişti. Takahaşi bilinçsizce başını yana eğecek gibi olduysa da İmanişi hiçbir şey olmamış gibi davranıyordu.

"Sendikasyon konusunda muhattabınız piyasadır, bir yerden sonrası kumar gibidir" dedi İmanişi, içinde hiçbir kötülük yokmuş gibi.

"Bana baksana sen! Kumar gibidir diyerek işin içinden sıyrılabileceğini mi sanıyorsun?"

"Birkaç gün daha var, bir şekilde hallederiz sanırım... Yoksa, sayın müdür yardımcısı Sone, sizin özel bir düşünceniz mi var?"

"Özel bir düşünce de ne demek?..." Sone bir an ümitsiz bir ifade takındı. Fakat, hemen kendini toparladı. "Bu uluslararası finanstan sorumlu bölüm şefi olarak senin düşünmen gereken bir şey değil mi?"

"Her halükarda, birkaç gün daha var. Biraz daha duruma bakalım." İmanişi bu sözlerinden sonra, hala bir şeyler söylemek istermiş gibi duran Sone'yi başıyla selamlayarak arkasını dönüp çıktı.

Of, of.. Böyle konuşmak normal bir şey mi?

Takahaşi iyice tedirgin olmuştu.

Birkaç gün sonra, sendikasyon kapanışı gelip çatmıştı.

23 banka katılmayı kabul etmişti ve katılım miktarları 92 milyon dolarda kalmıştı. Bu 150 milyon dolardan çıkartıldığında geriye 58 milyon dolar kalıyordu. Bu rakamı dört düzenleyici banka eşit olarak paylaşacağına göre banka başına 14 milyon dolar düşüyordu. 10 milyon rakamı çok fazla aşılmıştı.

"Tutmadı işte! Altına gireceğimiz nihayi rakam 4 milyon doları geçkin bir fazlalık veriyor. Müdür Yardımcısı Sone ve Müfettiş Şimamura'ya nasıl açıklayacağız?" Takahaşi'nin sesi ağlamaklıydı.

"Hıhhıhhıı." İmanişi sırıtıyordu. "Hepsini satmayı başardım."

Takahaşi bir an gözlerine ve kulaklarına inanamadı. "Efendim! Şimdi ne dediniz!?"

İmanişi sırıtmaya devam ediyordu.

"Tamamını sattım dedim."

"Tamamı satıldı mı?... İyi de nihayi rakam fazlalığı banka başına dört milyon doları geçmemiş miydi?" Takahaşi çevresini tilkiler kaplamış gibi hissediyordu kendini. Bir an, İmanişi'nin akli dengesini yitirdiğini düşündü.

"Hayır, hayır. Bize düşen rakamı sattım."

"Sattınız mı?... Pekiyi de, nereye sattınız?"

"Pacific Leasing ve Toa Hayat Sigortası şirketleri 3'er milyon dolar aldılar. Yönetici düzenleyici banka komisyonundan biraz fedakarlık ederek 'normal şartlarla katılan bankalardan biraz daha iyi koşullar sağlarım' diyince seve seve aldılar. Böylelikle bizim altına gireceğimiz nihayi rakam 8.5 milyon dolar."

Takahaşi ne diyeceğini bilmez haldeydi.

İmanişi sendikasyon listesini hazırlarken, önceden Japonya' daki banka olmayan yatırım kuruluşları ve sigorta şirketlerini hariç bırakmış, zora düşülmesi durumunda başvurmak üzere saklamıştı. Sonra da bir yandan sendikasyonu yürütürken, Fukoku Bankası'nın üstlendiği rakamın bir kısmını onlara "ikili işlem" olarak gizlice satmıştı.

İkili işlem, sendikasyon ile farklı bir kredi satış yöntemidir. Bu yöntemde ağırlıklı olarak kredi devri ve ikincil (gizli) katılım olmak üzere iki tür vardır. İlkinde, kredinin satıldığı borçluya bildirilir, krediyi satın alan muhatap borçluya karşı haklarını doğrudan kullanabilir. Buna karşılık, diğer yöntemde kredinin satıldığı kimseye bildirilmez, krediyi satın alan muhatabın alacaklı olarak sahip olduğu haklar krediyi satan tarafından temsili olarak yerine getirilir.

İmanişi'nin bu kez başvurduğu yöntem ikincil (gizli) katılım idi.

Tomita Otomotiv Türk'ün finansman kontratında Fukoku Bankası'nın katılım rakamı sonuna kadar 14.5 milyon dolar olarak gözükecekti. Bunun 6 milyon dolarlık kısmı da borçlu ve diğer bankalara bildirilmeksizin Pacific Leasing ve Toa Hayat Sigortası'na satılmıştı.

"İyi de bu, düzenleyici bankalık kuralına aykırı değil mi?"

"Düzenleyici bankalık yapan her banka bu yola başvurur" dedi İmanişi, tereddüt etmeksizin. "Şu sıralarda British Chartered de İsviçre'deki Almanya kökenli finans şirketlerinin kapısını aşındırıyordur. Herhalde, Credit Generale'den Pierre, böyle bir şeyin mümkün olduğunu henüz bilmiyordur."

"Gulf Banking Coorp nasıldır pekiyi? Nihayi üstlenme rakamının aşkın kalmasından şikayet etmiyorlar mı?"

"O adamlar bir parça bile fazla komisyon almaya uğraşırlar. Nihayi rakam arttıkça, o ölçüde fazladan katılım komisyonu alacaklarına göre, aksine sevinmişlerdir. Biz düzenleyici kredi şatış bankaları 'Mutlaka 10 kafaya kadar düşürün' diye baskı yaparken, banka içerisinde kesinlikle 15 kafanın onayını almışlardır... Nihayi üstlenici grubu oluştururken bu tür bankaları dahil etmek işe yarar."

"Öyleyse bir tek Credit Generale'den Fountaine aptal aptal ortada kalacak öyleyse."

"Evet öyle. Sadece işi bilmeyenler aptal aptal ortada kalır. Piyasanın kanunu budur" dedi İmanişi, neşeyle.

İmanişi'den satış hedefinin tutturulduğu haberini alan şube müdür Hayaşi'nin yüzünü babacan bir ifade kaplamıştı. Müdür yardımcısı Sone ise içten içe rahatlamış olmasına rağmen somurtkan yüz ifadesiyle "Ha, öyle mi? Haydi geçmiş olsun" diyerek geçiştirmişti.

Rapor verdikten sonra yerine dönen İmanişi hemen daha sonraki programla ilgili direktiflerine başlamıştı.

"Sendikasyonun kapanışı bugün ve dökümantasyon (kontrat hazırlama işlemleri) için üç-dört hafta lazım ve imza töreni de Aralık başlarında yapılır artık. British Chartered'e imza töreni için yer ayarlamalarını söyler misin? Bir de kredinin çekilmesinin yeni yılın başlarında mümkün olacağını Dişli'ye bildirir misin?"

"Tamam."

"Sonra bir de imza töreninde dağıtılacak anı promosyonu..." İmanişi'nin yüzünde yaramaz çocuk gibi bir ifade belirmişti. "British Chartered'e kalemden başka bir şey hazırlamalarını söyler misin? Her imza töreninde kalem alıyorum, bu gidişle kırtasiyeci dükkanı açacağım."

"Anlaşıldı." Takahaşi gülerek telefona sarıldı.

İmanişi ve Takahaşi'nin yüzleri gitgide neşeli bir hal aldı.

Sendikasyon tamamlanınca, bir sonraki adım olarak kontrat hazırlama işlemleri (dökümantasyon) başlatılır. Bu süreçte katılacak bankalar arasında savunma ve saldırı girişimleri olabilir ama bu seferki Tomita Otomotiv Türk için açılan kredi gibi, karmaşık yapılandırmalı ya da ipoteğe başvurulmayan işlerde görüşmelerin kesilmesi gibi bir durum hemen hemen hiç olmaz. Dolayısıyla, buraya kadar gelinince iş bitmiş sayılır. Geriye büyük bir hata yapmamaya özen göstererek imza törenine hazırlanmaktan başka bir şey kalmamıştır.

"Haa, bir de..." dedi İmanişi, bir anda anımsayıvermiş gibi. "İşlemler odasındaki Müdür Yardımcısı Tsuçiya'ya kredinin çekileceği tarihi bildirelim. Türk lirası paritesinde dalgalanma yaratabilir."

Bunu duyan Takahaşi'nin yüzünde şaşkınlık ifadesi belirdi.

"Tomita Otomotiv Türk'ün krediyi çekmesi döviz piyasasını hareketlendirir mi?"

"Bilmiyor muydun?"

"Eh..." Takahaşi saçlarını karıştırmaya başladı.

Öyle ya, henüz oralara kadar düşünemez. Şimdi bakıyorum da eskden bende böyleydim... İmanişi kendini tamamıyla kaptırarak çalıştığı uluslararası finans piyasasındaki ilk günlerini özlediğini hissetti.

"Tomita Otomotiv'in İran fabrikası inşaatını Doğuş adlı büyük bir Türk inşaat şirketi üstlendi" dedi İmanişi, iyice anlatmak ister gibi. "Türk inşaat şirketleri Orta Doğu'da başarılıdır, fiyat açısından da rekabet güçleri vardır. Tomita Otomotiv Türk'ün bu kredisinin büyük kısmı Doğuş'a yapılacak ödemeler için kullanılacak. İnşaat sözleşmesi Türk lirası üzerinden yapıldı. O yüzden, Tomita Otomotiv Türk 150 milyon dolarlık krediyi çektikten sonra, bu dolarları Türkiye'deki bankalara götürerek Türk lirasına çevirecek. Banka tarafında ise, bu dolarlar Türkiye'deki bankalar arası piyasada satılarak Türk lirasına çevirilip Tomita Otomotiv Türk'e verilecek. Ancak, Türkiye'deki bankalararası piyasanın çapı çok küçük olduğu için 150 milyon dolar ölçüsünde bir işlem piyasanın dalgalanmasına yetecek bir işlem olur." Tam bunları anlatırken İmanişi'nin aklına o dönem arkadaşının sözleri geldi. "*Türk lirası? Öylesine egzotik bir para birimi 200 milyon dolarlık bir işleme girse, piyasa allak bullak olur*" demişti.

"Yani, Türk lirasının dolar karşısında güçlenmesi yönünde bir piyasa hareketlenmesi olabilir."

"Ha, tamam, şimdi anladım." Takahaşi'nin yüzündeki neşeli ifade geri gelmişti.

"Müdür Yardımcısı Tsuçiya Türk Lirası'nın güçleneceği beklentisiyle, ileriye yönelik (forward) pozisyonu topladığından, onun bu pozisyonu için avantaj yaratır... Ancak, bir hayli pozisyonu açmış, işin o tarafı biraz tedirgin edici."

"Bunu Vakabayaşi Bey de söylemişti. 'O ölçüde enflasyon oranının yüksek ve mali açıkların büyük olduğu bir ülke olduğu için en ufak bir şeyde Türk lirası anında tepetaklak olur. Rusya krizi patlak verdiğinde döviz piyasasının tepki vermemiş olması, bundan sonra da aynı şekilde devam edeceği anlamına gelmez' diye, Müdür Yardımcısı Tsuçiya'ya birçok kez söylemiş."

"Vakabayaşi Bey'in anlatmak için nasıl çabaladığını gözlerimin önüne getirebiliyorum. Gerçekten de o adam bilgiyi ve analizi işle bağdaştırmaya çalışan Batı tarzı bir ekonomist." İmanişi gülümsedi. "Pekiyi, Müdür Yardımcısı Tsuçiya'nın tepkisi ne olmuş?"

"Bir kulağından girmiş, ötekinden çıkmış."

"Of of of..." İmanişi tavana baktı. "Her zaman böyle işte. Aslında, döviz piyasası konusunda tam bir amatör ama yine de, çok gururlu bir adam... Yine de biz durumu görmezden gelemeyiz. Diğer müdür yardımcısı Sone de Türkiye'ye ilişkin bilgileri derhal Tsuçiya'ya iletmemizi istemişti."

"Şube Müdür Yardımcısı Sone personel bölümünün altın çocuk Müdür Yardımcısı Tsuçiya'nın başına bir şey gelirse, kendinin de etkileneceğinden mi endişeleniyor acaba?"

"Eh, herhalde öyledir. Müdür Yardımcısı Tsuçiya "İç-dış İletişim Personel" biriminin gözdesi çünkü."

"Bu arada, Tomita Otomotiv Türk krediyi kaç dilim halinde çekecek.?"

"Kredinin çekilişi tek seferde olacak... Aslında üç seferde yapılması planlanıyordu ama Dişli Bey tek seferde yapılmasını rica ettim. Böylece piyasadaki etkisi daha büyük olur, Tsuçiya için de daha avantajlı."

Bunları duyan Takahaşi, İmanişi'nin bu ayrıntıları bile düşünmüş olmasını hayranlıkla karşıladı.

Konuşmaları bitince, Takahaşi Tsuçiya'nın bulunduğu bir kat aşağıdaki işlemler odasına gitti.

"Nasıl geçti?" diye sordu İmanişi, on dakika geçtikten sonra geri dönen Takahaşi'ye.

"Konuşmasına konuştum... Fakat Tomita Otomotiv Türk'ün krediyi çekmesi pek umurunda değilmiş gibiydi. Sırf bunu söylemek için mi geldin, der gibiydi."

"Tamam öyleyse. Yapabileceğimiz bir şey yok... İleriye yönelik satın alım pozisyonu hala çok yüksek gibi miydi?"

"Daha da artırmışa benziyor."

"Ne! Daha da artırmış mı!"

"Bu senenin sonundan yılbaşına kadar olan sürede gerçekleşeceki ileriye yönelik satın alım pozisyonu bir hayli toplamış."

"Hmm..." İmanişi düşüncelere daldı. "Pekiyi, bu işlemlerin karşı tarafı kim? Türk Lirası üzerinden ileriye yönelik işlem piyasası pek yoğun bir market değil, kolay kolay pozisyon artıracak muhatap bulunacağını sanmıyorum."

Piyasanın yoğun olmaması, o piyasaya dahil olan banka sayısı ve işlem hacminin düşük olması anlamına gelir.

"Öylesine duydum ama galiba Morgan Drexler'miş."

"Ne? Morgan Drexler ha?"

O an Tatsuhana'nın garip yüz ifadesi gözlerinin önüne geliverdi. Kötü bir şeyler olacakmış hissine kapıldı.

"Bir de Müdür Yardımcısı Tsuçiya dedi ki..." Takahaşi, suskunca düşüncelere dalan İmanişi'ye konuyu nasıl açacağını bilemiyor gibiydi. " 'Verdiğiniz bilgiler için teşekkür ederim ama normalde, bunları bana şef statüsündeki senin değil Müdür Yardımcısı İmanişi'nin rapor etmesi gerekir' dedi. Örgüt yapısı olarak uluslararası finans bölümü sorumlusunun işlemler odası sorumlusu olan Müdür Yardımcısı Tsuçiya'ya rapor etmesi gerekirmiş ve bir şefin gidip de doğrudan Müdür Yardımcısı ile konuşması pek hoş değilmiş."

Bunları duyan İmanişi 'Burası Tokyo Merkez Şubesi değil!' diyecek gibi olduysa da vazgeçti.

"Takahaşi, pek fazla takma kafana." Diyecek söz bulamazmış gibi bir yüz ifadesi takınan Takahaşi'yi teselli eder gibi konuşuyordu. " Bir Japon bankasında uzun süre çalışınca, normal düşünemeyen birçok insanla karşılaşırsın. Tamam, gelecek sefer Tsuçiya ile ben konuşurum."

Ertesi sabah, büroya gelen İmanişi faks odasından gönderilen bir faksa baktığı anda "Aaa!" diye bağırarak yerinden hoplayıverdi.

Credit Generale'nin davet ettiği ve katılmayı kabul eden bankaların adları ve katılım miktarlarının listesiydi.

Önceki gün sendikasyon kapanışından az önce Fountaine'den telefon gelmişti ama o sırada İmanişi tesadüfen yerinde değildi. O yüzden Fountaine, İmanişi'nin telesekreterine sadece yeni bir bankanın 4 milyon dolarla katılacağı mesajını bırakmıştı.

Faksta dün katılacağını bildiren bankanın adı ve katılım miktarı yazıyordu.

"West Jerusalem Bank: 4 milyon dolar."

Hapı yuttuk! İsrail bankasına davetiye göndermiş! Büyük sorun olacak şimdi!

İmanişi telaşla sendikasyonun piyasaya açılışı öncesinde düzenleyici bankaların birbiriyle değiştirerek gözden geçirdiği sendikasyon listelerini çıkararak, Credit Generale'nin listesine baktığı anda gözleri faltaşı gibi açıldı. Listede İsrail Discount Bank, Bank Hapoelium, Bank Leumi gibi yedi İsrail bankası vardı.

İmanişi hemen Fountaine'ye telefon etti.

"Pierre. Bu sabah faksa baktım da İsrail'in West Jerusalem Bankası 4 milyon dolarla katılıyormuş. Bu çok felaket bir durum."

"Aa, neden? İster İsrail bankası olsun, ister nerenin bankası olursa olsun parayı verdiğine göre ne farkeder ki? Borçlu açısından ödünç verenin kim olacağı, krediyi çektiği anda hiçbir risk içermeyecektir."

"Hayır. Ben daha önce Türkiye'deki Hisarbank için sendikasyon kredisine girdiğimde borçlu İsrail bankalarından para almak istemediklerini ve katılım daveti gönderme listesinden çıkartılmasını söylemişlerdi. Bildiğin gibi Türkiye Müslüman bir ülkedir. Borçlular arasında Yahudi bankasından para almak konusunda güçlü bir tepki var."

"Öyle mi? Ancak, bu sefer borçlu önceden sendikasyon listesini incelemişti, sorun olmasa gerek."

"Umarım öyle olur. Ancak sendikasyonun piyasaya açılışı öncesinde herkes koşuşturuyordu, gözden kaçmış olabilir. Ben kendim bile gözden kaçırdım işte!"

"İyi de West Jerusalem Bankası'ndan katılım bildirgesi gelmiş artık. Hem kendimiz davet edip, hem de nasıl 'düşündük de sizi alamıyoruz' deriz? Küplere binerler herhalde."

"Orası öyle. Ama onların katılması yüzünden işin tamamı tehlikeye girebilir. Sıfıra sıfır. Üstelik, çekindiğim sadece borçlunun tepkisi değil. Bu seferki sendikasyonda Arap kökenli bankalar da var, değil mi?"

"Evet. Bir bakalım... United Arab Bank 5 milyon dolar, Al Khaleej Bank 3 milyon dolar, Dubai Ticaret Bankası 7.5 milyon dolar. Toplam 15.5 milyon dolar."

"Buna bir de Gulf Banking Coorp'un nihayi üstlenme rakamı 14.5 milyon doları eklersen, toplam 30 milyon dolar. Sadece Arap kökenli bankalar toplam rakamın beşte birini kapatmış durumdalar. Hep birlikte ayrılacaklarını söylerlerse konsorsiyum çöker."

"...." Fountaine suskunlaşmıştı. Nihayet durumun ciddiyetini kavramış olmalıydı.

"Bu arada diğer İsrail bankalarının tepkisi ne şekildeydi? Sendikasyon kapandıktan sonra da konsorsiyuma katılmak için ısrar eden bankalar olur. Hiç öyle bir şey oldu mu?"

"Yok. West Jerusalem Bankası dışında tamamı reddettiler."

İmanişi'nin içi biraz olsun rahatlamıştı. "Bu felaket içinde bir parça sevindirici bir durum. Öyleyse sorunumuz sadece West Jerusalem Bankası... Şimdi borçluyu ve Gulf Banking Coorp'u arayarak görüşeyim. Ondan sonra bir strateji belirleriz."

İmanişi telefonu kapatınca, yanında konuşmayı dinleyen Takahaşi'ye döndü. "Tam bir felaket! Evet, ben de gözden kaçırmışım. Piyasaya açılış öncesinde tek endişem yeterince satılıp satılamayacağıydı. İsrail bankalarının hiç farkına varmamışım."

"İyi de Arap-İsrail karşıtlığı o kadar feci durumda mı? Gerçekten de eskiden karşılıklı olarak birbirlerinin varlığını onaylamazlardı ama Körfez Savaşı sonrasında barış görüşmeleri somutlaşmaya başlamıştı. 94 yılından beri Filistin'in özerkliğini kabul etmemişler miydi? FKÖ ve Yaser Arafat da Nobel Ödülü bile aldılar."

"Gerçekten de halklar arasında 90'lara girildikten sonra barış konusunda önemli adımlar atıldı. Ancak, şahinler takımından Netanyahu İsrail başbakanı olmasından sonra barış görüşmeleri durdu. Arap tarafı da Netanyahu'nun katı tavrına karşı çıkarak, Birleşik Arap Emirlikleri ve Mısır gibi ülkeler geçen yıl (1997) Kasım ayında IV. Orta Doğu ve Kuzey Afrika Ekonomik Toplantısına katılmadılar. Arap Boykotu'nda da 94 yılında GCC (Körfez Ülkeleri İşbirliği) Toplantısı'na katılan altı ülkenin bir kısmı geçici olarak geri çekilmişlerdi ama şimdi tersine güçlendirme eğilimindeler."

Arap Boykotu, Arap tarafının İsrail ürünleri ve İsrail ile işbirliği yapan şirketleri boykot etmesini ifade eder.

"Söz gelişi, Gulf Banking Coorp'un tüzüğünde ya da çalışma esasları içerisinde de Arap Boykotu maddesi yer alıyor olabilir."

"Öyle mi?"

"Öyle işte. Netanyahu'nun Arap karşıtı sertlik politikasının bizim sendikasyonumuza varana kadar etkili olacağı aklımın ucundan bile geçmezdi." İmanişi mırıldandı. "Takahaşi. Kusura bakma ama şu West Jerusalem Bankası'nın nasıl bir banka olduğunu araştırır mısın? Büyük olasılıkla adamlarla konuşmamız gerekecek. Arka planları konusunda bilgi sahibi olmak lazım."

İmanişi daha sonra kol saatine baktı.

Önce borçlu Tomita Otomotiv Türk'ünyaklaşımını tespit etmekle işe başlamak istiyordu ama saat farkı dolayısıyla önce merkezi Bahreyn'de bulunan Gulf Banking Coorperation ile görüşmenin daha uygun olacağını düşündü. Londra'da sabah 8:30, İran Körfezi'nde öğleden önce 11:30 demekti. Yemeğe çıkmak üzere olmalıydılar. Şimdi yakalayamazsa Diffrawi öğlen yemeği ve öğlen uykusu sonrasında ofisine döndüğü öğleden sonra saat 4:00'a kadar beklemek zorunda kalacaktı.

"Mümkün değil! Asla olamaz! West Jerusalem Bankası girerse bizim katılmamız söz konusu bile olamaz!" dedi, İmanişi'nin anlattıklarını dinleyen Diffrawi, telaşla.

Aldık başımıza belayı!.. İmanişi'nin gözlerinin önü kararmak üzereydi.

"Fakat Bay Diffrawi, sendikasyon listesini piyasaya açılmadan önce kontrol etmemiş miydiniz?" Şimdi mümkün değil deseniz bile, adamlar katılım bildirgesi göndermişler işte. 'Ya sizi almamız mümkün değil' gibi bir şeyi nasıl söyleriz."

"O konuda gerçekten çok üzgünüm. Dalgınlıkla gözden kaçırmışım. Fakat elimden hiçbir şey gelmez. İsrail bankasıyla birlikte bir sendikasyona katılmak gibi bir şeyi yönetim kuruluna kabul ettirmeme olanak yok."

Çöz çözebilirsen. Üstlenici bankalardan biri bile ayrılacak olsa sıradan katılımcı bankalar kıpırdanmaya başlarlar ve bu bile sendikasyonun çökmesi olasılığını doğurur. Ne yapsam acaba?...

"Anlaşıldı o zaman, Bay Diffrawi. Bir şekilde çözüm yolu bulmaya çalışalım."

"Evet."

"Daha önceden böyle bir durum olmuş muydu?"

"Hayır, benim bildiğim kadarıyla yok...İsrail bankaları sendikasyon kredilerine şu son birkaç yıldır katılmaya başladılar. Onların şimdiye kadar katıldıkları işlerin sayısı bile çok az. Üstelik bizim girdiğimiz sendikasyonlar Orta Doğu'daki Arap ülkeleri ağırlıklıdır. Bir Arap ülkesi için açılan iş için İsrail bankası davet etmek aklımızın ucundan bile geçmez."

"Öyle elbette."

"Fukoku Bankası'nda böyle bir durumla karşılaştınız mı, pekiyi?"

"Bizim de öyle bir deneyimimiz yok. Dürüst olmak gerekirse, şu an ne yapabileceğimi gerçekten bilemiyorum... Her halükârda, borçlunun ne düşündüğünü de öğrenmek gerek. Daha sonra bir strateji belirlemek için konuşuruz."

"Zahmet olacak, teşekkürler."

Konuşma bitip de ahizeyi yerine koyan İmanişi derince iç geçirdi.

O sırada Takahaşi elinde dökümanlarla içeri girdi.

"İmanişi Bey.West Jerusalem Bankası'nın ne olduğunu yaklaşık olarak anladım."

"Öyle mi? Zahmet oldu. Pekiyi, nasıl bir bankaymış"

"Merkez şubesi adından da anlaşılacağı üzere Jerusalem'de bulunuyor." Takahaşi bakışlarını elindeki kağıtlara çevirdi. "Çalışan sayısı 1850 kişi. İş içeriği olarak sıradan bir ticaret bankası. Toplam sermayesi 10.2 milyar dolarla İsrail'de altıncı sırada bulunuyor. Hisselerinin %70'ini Telaviv borsasına açmış. Geri kalan %30'luk dilimin sahibi bu bankayı reel olarak yönetiyor aslında."

"Geri kalan %30 kimin elinde?"

Elindeki kağıda bakan Takahaşi'nin gözleri titrermiş gibi oldu.

"Geri kalan %30'luk hissenin sahibi Morgan... Drexler'miş."

4.

"Haa, hiç sorun değil."

İmanişi'nin anlattıklarını dinleyen Dişli kestirip atıvermişti.

"Öyle mi? Ben önceden Türkiye'deki bir borçlanıcının sadece İsrail bankalarının konsorsiyum dışında tutulmasını istemesine tanık olmuştum."

"Yahu, o adam kendi tercihlerine göre öyle söylemiştir."

"Hmm..."

"Üstelik eskisiyle farklı olarak, İsrail'e karşı halkın duyguları büyük ölçüde değişti. Tomita Otomotiv Türk, İsrail bankalarıyla da sıcak ilişkiler sürdürüyor."

"Öyle mi?... Tamam, anlaşıldı. Öyleyse borçlu tarafında kesinlikle sorun yok, diyerek işlemleri yürüteceğim."

"Elbette."

"Yalnız Arap kökenli bankalar mızmızlanmaya başladılar, bir şekilde müdahale etmek lazım. Mümkün olduğunca iki tarafın da tatmin olacağı bir sonuca ulaşmak niyetindeyim."

"Anlıyorum. İmanişi Bey, sizin bileğinizin gücüne güveniyorum."

Tedirginlikten eser olmayan bir ses tonuyla konuştuktan sonra, Dişli telefonu kapattı.

Bileğimin gücüne güveniliyor ha! Fakat böyle bir durumla ilk kez karşılaşıyorum. Nasıl çıkacağım bu işin içinden?... Artık çok geç ama keşke sendikasyon listesine daha iyi baksaydım.

Dişli ile telefon görüşmesi bittikten sonra, İmanişi kendi koltuğuna oturarak ellerini başının arkasında birleştirerek düşünmeye başladı.

Nihayet, masasının üzerindeki telefona uzanarak, British Chartered'den Mike Harland'ın numarasını tuşladı.

"Hmm, durum böyle demek..." dedi, konuyu öğrenen Harland. "Benim aklım da Arap-İsrail sorununa kadar çalışmadı" dedi, bir şeylere içerlemiş gibi bir ses tonuyla. "Biz de böyle bir durumla hiç karşılaşmadık. Bir süre düşünmeme izin verebilir misin?"

Harland'nun bile deneyimi yok ha... Öyleyse bu bir hayli sıkıntılı bir durum.

İmanişi devamla Tozai Bankası'ndan Kudo ve Lexington Bankası'ndan Roger Moris gibi tanıdığı beş sendikasyon müdürüne üstüste telefon etti ama hepsi ağızbirliği etmişçesine "Öyle bir deneyimimiz yok" yanıtı verdiler.

Altıncı kişide nihayet aradığını buldu.

Konuştuğu kişi, Amerika'nın büyük ticaret bankalarından biri olan Chicago Manufacturers Bank'ın Londra şubesi sendikasyon müdürü Tom Taylor idi.

Chicago Manufacturers Bank'ın kredi-sendikasyon bölümü aynı bankanın övünç kaynağı olan işlem salonunun bir köşesinde bulunuyordu. Telefon açıldığı anda, işlemlere devam eden simsarların gürültüsü eşliğinde Taylor'un çok net duyulan sesi kulaklarına doldu.

"Selam Tetsu! Bir derdin mi var? Tomita Otomotiv Türk'ünsendikasyonunda çok başarılıydın." Amerikan aksanı güçlü bir İngilizce. Henüz otuzlu yaşlarının ortasındaki sendikasyon müdürünün neşesi yerindeydi. İmanişi hemen durumu açıkladı.

"Haa, başıma iki kez öyle bir şey gelmişti" dedi Taylor.

"Gerçekten mi? Nasıl çözümledin?"diye sordu İmanişi, heyecanla.

"Hıhhı" Taylor, eğlenmeye başlamış gibiydi. "Bir öğle yemeğine söylerim."

"İster bir öğle yameği, ister üç akşam yemeği olsun" diye yanıtladı İmanişi gülerek.

"Okey, işlem tamam!"

İmanişi dolmakalemini sıkı sıkı tuttuğu eliyle rapor kağıdını kendine yaklaştırarak, tek kelime bile kaçırmamak için sol eliyle de ahizeyi iyice kulağına yapıştırdı.

"Bizim sık sık Yunanistan işlerine girdiğimizi bilirsin. Geçmişteki iki deneyimim de Yunanistan işlerinde oldu. Yunanistan hem coğrafi olarak yakın olduğu hem de dönüş marjı dolgun olduğundan İsrail bankalarının katılması kolay oluyor."

Tüm yoğunluğunu sol kulağına veren İmanişi, bir yandan da makineli tüfek hızıyla not alıyordu.

"Burada olsa olsa üç çözüm yolu olacağını sanıyorum. İlk olarak, geçen yıl bizim düzenleyici bankalık yaptığımız Yunanistan Devlet Demiryolları sendikasyon kredisini söyleyeyim. Bu işte de Arap kökenli düzenleyici banka sendikasyon listesindeki İsrail bankasını gözden kaçırmıştı. Çok başımız ağrıdı. Katılan Bank Kapernaum adlı İsrail bankasının İsviçre şubesiydi. Kapernaum ve Arap kökenli bankalar arasında müthiş bir it dalaşı koptu. Sonuçta, ön planda bizim görüneceğimiz şekilde Kapernaum'un ikincil (gizli) katılım yoluyla katılmasında uzlaşıldı. Elbette, maruz kaldıkları durumun telafisi için katılım komisyonlarını 20 baz (%0.2) artırdık."

"Diğer olay da Arap ve İsrail bankası birlikte aynı finansman kontratını imzaladılar. Fakat işle ilgili basın duyurusu yapmadık. Bu sefer, Arap tarafı, dışarıya bildirilmediği sürece sorun olmayacağı hükmüne varmıştı."

Basın duyurusu, gazeteler ve dergilerde yapılan işin tamamlandığının reklam edilmesidir. En genel yöntem olarak *thombstone*'nin resmi konulur. İşin büyüklüğü ölçüsünde büyük ve seçkin renklerin kullanıldığı *thombstone*lar yapılarak, Financial Times ya da IFR'nin sayfaları süslenir.

"Üçüncü yöntem de şöyle. Bu bizim değil de bir Fransız bankasının düzenleyicilik yaptığı bir işti ve bunda da Arap ve İsrail bankaları aynı kontrata imza attılar. Fakat ikinci anlattığım olayla farklı olarak basın duyurusu yapıldı. İsrail bankasının adı listeye konmadı."

Demek böyle yapılabiliyormuş... Bunlar çok değerli bilgiler.

"Çok iyi anladım. Konuşmamız çok yararlı oldu. Teşekkürler!" İmanişi çok içten bir ses tonuyla konuşuyordu.

Telefonun karşı tarafındaki Taylor ise hiçbir şey olmamış gibi davranıyordu.

"Petrol parasının gücü son zamanlarda zayıflasa da Arapların sermaye gücü hala müthiş bir şey. Tomita Otomotiv Türk işinde de sonuçta İsrail bankasını ağlatmaktan başka çare yok! ... Haydi bol şanş!"

İşlem odalarının telefonlarında ahizenin kapanma sesi çıkmaz. Taylor'un sesi aniden vakumlu bir ortama girilmiş gibi kesiliverdi.

İmanişi aldığı notlara bakarak aklındakileri düzenlemeye başladı.

Bu seferki uzun bir aradan sonra ilk büyük Türkiye işi. Üstelik, şu piyasa koşullarında başarmış olmaktan herkes gurur duyuyor. Borçlu da, düzenleyici banka grubu da sorunsuzca imzayı atıp görkemli bir basın duyurusu yapmayı ister. Basın duyurusunun muntazam olması lazım. Öyleyse, Taylor'un dediği gibi West Jerusalem Bankası'nı ağlatmaktan başka çare yok. 4 milyon dolarlık katılım miktarı azalsa bile pek etkisi olmaz. Fakat Arap bankaları hep birlikte çekilecek olurlarsa işin kendisi bile tehlikeye girer.

İmanişi stratejisini belirleyince diğer düzenleyici bankalarla irtibata geçerek onaylarını aldı.

Şimdi telaşlanmadan, hele bir telefon edip karşı tarafın tavrını ölçelim.

İmanişi derin bir nefes alarak elini telefona uzattı.

Bir an, West Jerusalem Bankası'nın arkasında Morgan Drexler'in ipleri oynattığı endişesine kapıldı. Fakat yapması gereken şey gayet netti. Tereddütlerle geçirecek zamanı yoktu.

İmanişi kendini toparlayarak ahizeyi kavradı.

West Jerusalem Bankası'nın uluslararası ilişkiler bölümü müdürü Abraham Alon'un tepkisi tahmin ettiği gibi olmuştu.

"Hem siz davet ediyorsunuz, hem de katılım isteğimizi reddediyorsunuz. Bu da ne demek? İnsanı aptal yerine koymanın da bir ölçüsü var! Bankamız böyle bir şeyi asla kabul etmeyecektir!"

Dilini kıvıra kıvıra konuştuğu İngilizcesiyle gürlemişti.

Akdeniz'in öte yanında 5000 kilometre uzaktaki Yahudi ve Arapların kutsal mekânından fırlayan tükürükleri neredeyse suratında hissetmişti.

"Söylediklerinizde çok haklısınız. Fakat, beş Arap kökenli bankanın da sıkıntı yaşadığı bir başka gerçek. Bunu gözardı ederek işlemlere devam etmemiz imkansız.

İmanişi savunmaya çekilerek de olsa, titizlikle durumu anlatmaya çalışıyordu.

"Düzenleyici banka grubunda Arap kökenli Gulf Banking Coorperation da var. West Jerusalem Bankası'na katılım daveti gönderilmesini o Arap kökenli banka da onaylamadı mı?"

İmanişi yanıtlamakta zorlandı.

Aslında sendikasyon listesine pek iyi bakmamışız, demesine elbette imkân yoktu.

"Gerçekten de şeklen onaylamıştı ama..." kıvırmaktan başka çare kalmamıştı. "Arap Boykotu maddesi gibi somut bir engelin söz konusu olduğunu anlayınca..."

"Biz, sizin gönderdiğiniz katılım davetine dayanarak katılmayı kabul ettik. Hukuki açıdan bizim katılım kontratımız oluşmuş durumda." Alon konuyu hukuk tartışmasına çekmişti.

"İşin hukuki boyutunu tam olarak incelemedim, bir şey söyleyemem." İmanişi de konuyu tekrar kendi istediği yöne sürükledi. "Anlayış göstermenizi istediğim husus, bankanızın katılımını reddettiğimizi söylemiyor olmamız. Tüm ilgililerin hoşnut kalacağı şekle getirmek için bankanızın katılım şeklini biraz düşünebilir miyiz, onu soruyorum."

"İkincil (gizli) katılım gibi bir katılım yöntemini kabul edemeyiz. Bunun teklif edilmesini bile bankamıza karşı hakaret sayarız!"

"Bu hususu biraz düşünemez misiniz? Bankanız açısından kesinlikle ekonomik açıdan dezavantaj yaratacak bir durum değil."

"Ekonomik açıdan avantaj ya da dezavantaj meselesi değil. Sorun bankamıza karşı hakaret niteliğinde olması! Böyle bir şeyi idarecilerimize açıklayabilmem mümkün değil."

"Eğer gerekliyse, düzenleyici bankalardan bankanız idaresine açıklama mektubu gönderebiliriz." İmanişi son ışığı yakalamaya çalışyor gibiydi.

"Elimizde bir kağıt parçasıyla açıklayabileceğimiz bir durum değil... Az önce söylediğim gibi normal prosedüre göre katılım kontratımız ortaya çıkmış durumda." Alon tekrar meselenin hukuki yönüne dönmüştü.

Sonuçta, otuz dakikalık tartışma birbirine asla yaklaşmayan iki paralel çizgi üzerinde sona erdi.

Ahizeyi yerine bırakan İmanişi koltuğuna yığılıp kaldı. Uluslararası finans bölümü çalışanlarının tamamı o halini acıyan gözlerle uzaktan izliyorlardı.

İmanişi, bir yandan düşünerek tavana bakıyordu. Alon'un o cıvık İngilizcesi hala kulaklarındaydı.

"Yardım edebileceğim bir şey var mı?" diye sordu Takahaşi, çekingen bir ses tonuyla.

"Teşekkür ederim. Neyse, yarın bir kez daha konuşacağım."

"Yani, umursamadan yola devam etmek mümkün değil mi?"

"O başvurulacak en son çare. Öncelikle karşılıklı olarak enine boyuna tartışıp, ödün verilebilecek noktaların ne olduğunu ortaya çıkartmanın bu işlerde doğru yol olduğu kanısındayım. Amerikan yatırım bankaları karşılarında kim olursa olsun hemen namluyu doğrultuverirler ama bu yeteneksiz insanların başvuracakları bir yöntem... Üstelik bu sorunun hukuki yorumunun ne olabileceğini henüz bilmiyoruz. Yanlış bir adım atıp da dava etmelerine yol açmayalım."

İmanişi ertesi gün Alon'la tekrar telefonla görüştüyse de konuşma yine bir sonuç elde edemeden sona erdi.

İmanişi yılmaksızın, haftasonu sonrasında Alon'a tekrar telefon etti. O gün bir saate yakın konuşsalar da, yine birbirine kavuşmayan iki paralel çizgi üzerinde koşuşturup durmuşlardı.

"Takahaşi, biraz gelir misin?" diye seslendi İmanişi, üçüncü telefon görüşmesini yaptıktan sonra. Takahaşi yanına gidince, İmanişi West Jerusalem Bankası'ndan gelen katılım mektubunu çıkarttı.

"Bunu acilen Allen & McKenzie'den Bayan Lallemand'a fakslamanı istiyorum." Allen & McKenzie, bu seferki sendikasyonda düzenleyici bankaların hukuk danışmanlığını yapan büyük bir uluslararası hukuk bürosu idi. Bayan Lallemand ise orada çalışan bir Fransız avukattı. "Ondan bizim West Jerusalem Bankası'nın katılımını reddedip reddedemeyeceğimiz, reddetmemiz durumunda hukuki bir sorun çıkıp çıkmayacağı hakkında acilen yorum yapmasını isteyelim. Ellerinde bilgilindirme notamızın ve davetiyemizin bir örneği var. Faksla göndermen gereken tek döküman bu."

"Anlaşıldı... Neticede, konuşarak çözümlemek mümkün olmadı mı?"

"Evet. Abraham Alon sık sık işin hukuki yönünden bahsedip duruyor. Duruma göre tazminat isteyebileceklerini söylemeye başladı."

"Tazminat..." Takahaşi ürpermişti. Geçen Haziran ayında Mitsubişi Otomotiv, Amerika'da cinsel taciz suçlamasıyla dava edilmiş ve 34 milyon dolar ödemek zorunda kalmıştı. Şova Elektronik de Amerika'daki tazminat davasında uzlaşmak için ödediği para yüzünden, yıl sonu cirosu olarak 6 milyar Japon yeni karlı kapanış hedefindeyken, tepetaklak olarak 1 milyar Japon yeni zarar açıklaması yapmak durumunda kalmıştı. Amerika'nın çeşitli eyaletlerinde büyük sigara şirketlerine karşı açılan tazminat davalarında toplam 25 trilyon Japon yeni uzlaşma tazminatı öden mesi bekleniyordu.

"Ancak, Abraham Alon'un da nereye kadar ciddi olduğunu bilemiyorum... Her halükarda, konuşarak çözüm bulmak artık imkânsız. Kozlarımızı paylaşmamız kaçınılmaz oldu."

İmanişi'nin yüzünde yorgun bir ifade vardı ama ses tonunda buraya kadar getirdikten sonra her yolu deneyerek işi başarıyla tamamlama azmi hissediliyordu.

"Durum nasıl?" diye sordu, ahizeyi sol elinde tutan Tatsuhana.

"Şu beş gündür mücadele halindeyiz ama karşımdakiler de hiç fena değil. Neticede sıyrılabilirler" dedi, telefonun karşı tarafındaki Alon.

"Demek öyle. Konsorsiyumun içerisine girebilsek biraz daha rahat karıştırabiliriz ama..."

"Ancak iş bir hayli gecikmiş olmalı. İmza töreni bir hafta kadar ertelenmiş."

"Haydi ya!" Tatsuhana gülmeden edemedi. "Öyleyse iki-üç gün daha bastırabilirsen çok iyi olur... Sonrasını biz hallederiz."

"Tamam, anlaşıldı."

İki gün sonra Allen & McKenzie'den Bayan Lallemand'ın West Jerusalem Bankası'na ilişkin yanıtı yazılı olarak geldi.

Yanıtın içeriği yaklaşık olarak şöyleydi.

Düzenleyici banka grubunun, Credit Generale aracılığıyla West Jerusalem Bankası'na gönderdiği davetiyenin alınmasıyla hukuki bir ilişkinin doğmasına neden olacak bir "teklif" olup olmadığı tartışılır.

Davetiyenin West Jerusalem Bankası'na "katılım için ilgili oduklarını belirtme" şansını vermiş olmaktan öteye bir anlam taşımadığı şeklinde yorumlanabilir.

Düzenleyici banka grubunun katılan her bir bankanın nihayi katılım miktarını belirleme yetkisi olduğuna göre, West Jerusalem Bankası'nın nihayi katılım rakamını sıfır olarak belirlemesi prosedür açısından mümkündür.

Ayrıca, dökümantasyon aşamasında katılan her bankanın finansman kontratının içeriği hakkında hemfikir olması gerekir. Ancak bu aşamada Arap bankaları ile fikir ayrılığına düşmüş olmasından ötürü West Jerusalem Bankası'nın finansman kontratı konusunda hemfikir olamadığı yorumu da mümkün olabilir.

Öte yandan, davetiyenin alınmasıyla hukuki bir ilişkinin doğduğu şeklinde yorumlayacak olsak bile West Jerusalem Bankası'nın buna dayanarak dava yoluna gitmesi olasılığı son derece düşük. West Jerusalem Bankası'nın uğradığı zarar miktarını kanıtlama sorumluluğu var ve bunu kanıtlaması hiç de kolay olmaz.

Söz konusu Tomita Otomotiv Türk kredisi diğer Türkiye işleriyle karşılaştırıldığında geri dönüş marjı son derece düşük. Dolayısıyla, West Jerusalem Bankası'nın bu işle aynı düzeyde dönüş marjı olan bir iş bulması zor değil.

Yine, düzenleyici banka grubundan gelen ikincil (gizli) katılım teklifini West Jerusalem Bankası reddetmektedir. Dolayısıyla, bu banka düzenleyici bankalar yüzünden zarara uğradığı iddiasında bulunamaz.

Sonuç olarak, bu sorunla ilgili olarak hukuki bakış açısı farklı olabilir ama West Jerusalem Bankası'nın düzenleyici banka grubunu karşısına alarak tazminat davası yoluna gitmesi olasılığı, gerçekler açısından baktığımızda son derece düşük.

İşte şimdi kaleyi kuşatmaya hazırız!

Bayan Lallemand'dan gelen yanıt İmanişi'nin yüreğine su serpmişti.

Derhal West Jerusalem Bankası'na göndereceği mektubu yazmaya koyuldu.

Bayan Lallemand, şimdiye kadar yapılan tüm görüşmelerin telefonla yapıldığını, düzenleyici bankaların ne söylediğinin kağıt üzerine geçirilmesi gerektiği önerisinde bulunmuştu.

Titizlenmek gerektiren bir işti. İmanişi bir hayli zaman harcayarak İngilizce mektubu ortaya çıkarttı.

"When we decided to invite your bank to participate in this facility, we did not envisage any difficulties resulting from the tensions between Israel and Arab nations. I am now very embarrassed to have to advise you that a number of Arab banks have declined to be seen alongside with an Israeli bank in this transaction. If you would still like to be associated with this loan, we would be pleased to look at alternative arrangements such as a sub-participation to ourselves. We are ready to prepare mutually acceptable documentation. I would very much appreciate your co-operation in this matter and apologize for the inconvenience caused. I look forward to hearing from you at your earliest convenience." (Bizler bankanızı söz konusu iş için davet ettiğimizde İsrail ve Arap ülkeleri arasındaki gerginlik yüzünden sorun çıkacağını tahmin bile etmemiştik. Söylemesi çok sıkıntı verici fakat bu kontrata katılan çok sayıdaki Arap bankası İsrail bankaları ile birlikte iş yaptıklarının duyulmasını istemiyor. Dolayısıyla, halen bu işe katılmayı arzu ediyorsanız, ön planda bizim bulunacağımız bir şekilde ikincil (gizli) katılım gibi alternatif yollar aramaktan memnuniyet duyarız. Bu konudaki işbirliğinizi rica eder ve vermiş olduğumuz rahatsızlıktan dolayı özür dileriz. Acilen cevap alabilmeyi ümit ediyoruz.)

Mektubu tamamlayan İmanişi dolmakalemini çıkararak imzaladı.

Haydi bakalım!

Dualar arasında ve kararlılıkla West Jerusalem Bankası'na faksladı.

Ertesi gün, West Jerusalem Bankası'nın ivedi cevabı faks ile geldi. Abraham Alon imzası vardı.

"Bankanız tarafından katılmak için davet edilmiş olmamıza rağmen, şimdi kalkmış kendi özel durumunuz yüzünden bankamızın katılımının sorun yaratacağını söylüyorsunuz. İkincil (gizli) katılım gibi bir yöntemi kesinlikle kabul etmeyiz. Duruma göre sizden tazminat isteme hakkımız saklı tutuyoruz." Şimdiye kadarki telefon tartışmalarında olduğu gibi, sert bir üslûpla yazılmıştı.

İmanişi, tazminat talebini yazılı olarak göndermiş olmasından tedirginlik duyarak, Allen& McKenzie'den Bayan Lallemand'a danıştı.

"Bay İmanişi. Bu kadarcık bir şeyle korkuya kapılmayın hemen. Kararlılıkla tartışmaya devam edin. İsterseniz benim imzamla karşı tarafa bir mektup gönderebilirim."

Yaşı İmanişi'den birkaç yaş küçüktü ama İngiltere'de hukuk alanında master derecesi almış, artık dünya çapında bir hukuk bürosunun ortaklarından biri konumunda olan Fransız kadının bir yabancı tarafından konuşulduğu hiç belli olmayan İngilizcesi İmanişi'yi yüreklendirdi.

"Hayır, buna gerek yok" derken, İmanişi'nin aklından hayranlıkla Fransız kadınlarının ne kadar da güçlü oldukları düşüncesi geçti.

Bayan Lallemand'ın sözleriyle cesaret bulan İmanişi yanıt mektubunu yazmaya başladı.

"Further to your facsimile message, I would greatly appreciate it if you could give us any suggestions. As I explained to you, we are in a difficult position and would appreciate your understanding and assistance in solving this problem." (Faks mektubunuza istinaden, bu sorunla ilgili bir öneriniz varsa mutlaka bizimle paylaşmanızı rica ediyorum. Açıklamış olduğum üzere şu zor bir durumdayız ve bu sorun hakkında anlayışınızı ve yardımlarınızı bekliyoruz.)

Bitirir bitirmez hemen faksladı.

Bu sefer ne diyecekler acaba? Bir sonraki yazışmada, bizim tarafımızdan West Jerusalem'in katılımını reddedebilme olasılığımız olduğunu hissettirip, sonrakinde de kestirip atmalı...

Ancak, aradan günler geçmesine rağmen, West Jerusalem Bankası'ndan hiçbir yanıt gelmedi.

İki-üç kez daha tartışma yapılacağını tahmin eden İmanişi hayal kırıklığına uğramıştı.

"West Jerusalem Bankası'ndan hiçbir haber yok" dedi Takahaşi.

"Öfkeye kapılıp sempatilerini mi kaybettiler, yoksa dava etmenin ekonomik yararı olmayacağına mı karar verdiler bilinmez.... Belki de ikisi birden."

"Biraz kötü bitti."

"Elimizden bir şey gelmez. Aslında suçlu olan biziz...British Chartered'e telefon ederek, imza töreninin birhafta, on gün kadar sonraya atmalarını söyleyebilir misin?"

"Başüstüne."

"Haydi biraz havamızı tazeleyip dökümantasyona başlayalım" dedi İmanişi, neşeli bir sesle. "Arap-İsrail sorunu yüzünden bir hayli zaman kaybettik ama daha fazla gecikemeyiz. Borçlunun krediyi çekmesi durumu da var."

"Anlaşıldı... Öyleyse, nihayi üstlenme rakamı olarak West Jerusalem Bankası'nın 4 milyon dolarını düzenleyici bankalar arasında dörde bölerek, birer milyon dolar eklemiş oluyoruz..."

İmanişi ve Takahaşi'nin neşesi nihayet yerine gelmiş, uluslararası finans bölümü de canlanmıştı.

O sıralarda, Dockland'daki Canada Square Tower gökdeleninin 50. katındaki büroda bir adam aşağıya bakıyordu. Adamın bakışları beyaz dalgalar oluşturan Thames Nehri'ni geçiyor, Londra Köprüsü'ne, metalik Lloyds Sigorta Kooperatifi binasına, Nat West Tower binasına ve England Bank'a doğru kayıyordu. Bakışları, Cheapside Caddesi'ni batıya doğru katedip, nihayet St. Paul Katedrali'nin ön tarafındaki kararmış sekiz katlı binada takıldı kaldı.

"Fukoku Bankası..." dedi adam, dişlerinin arasından tıslarmış gibi bir sesle. "Görürsünüz siz!"

Co Tatsuhana'nın vücudunun derinlerinden, engel olamadığı bir yıkıcı dalga yükselmeye başlamıştı.

ALTINCI BÖLÜM

Dev Yatırım Bankası

1.

Aralık ayına girilince Londra'da dondurucu soğuklar başlar.

Yollarda yürüyen insanlar koyu renkli paltolarıyla önde yürürler, pek fazla da konuşmazlar.

İnsanların verdikleri nefes beyazlaşmıştır, yollar buzlanma ve düşen çiy yüzünden gümüş pırıltıları saçarlar.

Şehrin her yanı ışıklarla süslenmiştir, kitabevleri ve kırtasiye dükkanlarında rengarenk Noel kartpostalları sergilenir. Mağaza vitrinleri kırmızı indirim ilanlarıyla doludur.

İşyerlerinde, iş yapılan müşteriler ve iş arkadaşlarından insanlardan gelen kartpostallar, çiçek açmış gibi duvarları kaplar. Öğlen tatili gelince insanlar alış-verişe çıkarak yeşil Marks&Spencer ya da lacivert Austin Reed poşetleri ile geri dönerler. Soğuk rüzgârdan yanakları kıpkırmızı olmuştur.

Tatsuhana ofisinde oturmuş Noel kartlarını imzalıyordu.

Her yıl bu dönem geldiğinde sekreterler kartları hazırlar, Tatsuhana, Hildreth ve kredi-sendikasyon bölümü çalışanları imzalayarak müşterilere ve iş arkadaşlarına gönderirler. Yüzlerce kartpostalı çabucak imzalamaya çalışan Tatsuhana bir an geçen yıl da Miçiko'dan Noel kartı geldiğini anımsadı.

Zarftaki adresi; Tatsuhana'dan ayrıldıktan sonra sürekli yaşadığı apartman dairesiydi. Küçük, tek odalı bir ev. O eve sadece bir kez dışarıdan bakmıştı. Cam kenarında iyi bakıldıkları belli çiçekler dizilmişti.

Hala orada mı yaşıyor acaba?

"Hey, Co! Bir şey mi oldu?" diye sordu, cam panellerle çevrelenmiş ofisin girişinde duran Hildreth. Tatsuhana'nın dalgın halini tuhaf bulduğu yüzündeki ifadeden belli oluyordu. Yüzlerce işin sel haline gelerek ilerlediği bir yatırım bankası ofisinde, düşüncelere dalıp gidenler ancak kendisine işine son verildiği bildirilen insanlar olur. Fakat Hildreth daha fazla bir şey söylemedi.

"Sonunda Büyük Avrupa perdesi açılıyor" dedi, silik turuncu kapaklı Financial Times'i Tatsuhana'nın masasına atarken.

3 Aralık'ta, Fransa, Almanya gibi gelecek yıl Avrupa ortak para birimi uygulamasına katılacak olan on bir ülke topluca resmi faizleri düşürmüşlerdi. İtalya ve İrlanda dışında kalan ülkelerin resmi faizleri tam % 3 oranında sabitlenmişti. İmkânsız olarak nitelendirilen, 20. yüzyılın en büyük girişimi Avrupa birliği projesinin hayata geçirilmesine bir aydan az bir süre kalmıştı.

Amerikan yatırım bankaları Ağustos'taki Rusya krizinden çabucak sıyrılmışlardı. Hatta, Morgan Stanley tarihindeki en yüksek kâr rakamını egale etmek üzere emin adımlarla ilerliyordu. "Avrupa Devi" diye nitelendirilen Deutsche Bank, ünlü Amerikan yatırım bankası Bankers Trust'u satın alacağını açıklamıştı. Yatırım bankacılığı alanında Amerikan bankalarının üzerine yürüme tavrını netleştirmiş oluyordu. BMJ ile Morgan Drexler arasındaki çekişmede, BMJ ölüm kalım mücadelesi verirken çalışan sayısını yarı yarıya azalttıktan sonra ne idüğü belirsiz bir büyük yatırımcıdan bulduğu sermayeyi devreye sokarak kendi hisselerini almak yoluyla Drexler'in TOB (rekabet alımı) girişimine karşı ayakta durmaya çalışıyordu. Ancak Paolo Beneditti gibi bir finans dünyası kurdunun başarabileceği bir mucizeydi.

"Bu arada, Türk Hava Yolları finansmanı ne alemde?" diye sordu, Financial Times'ten yüzünü kaldıran Tatsuhana.

"Herşey yolunda. Bugün yarın imzalanır herhalde" diye yanıtladı Hildreth.

Başını sallayarak onaylayan Tatsuhana'nın bakışlarında güçlü ışıltılar dolaşıyordu.

İmanişi henüz masada oturup beklemeye başlamıştı ki, Haluk göründü.

"Haluk! Seni görmek çok güzel!" İmanişi ayağa kalkarak güleryüzüyle sağ elini uzattı.

"Geciktim, kusura bakma. Harrod's alışverişim biraz uzadı." Haluk da samimi bir gülümsemeyle İmanişi'nin elini sıktı.

İki adam masaya yerleşince, garsonu çağırarak aperitiflerini söylediler.

Avrupa'nın ünlü mağazası Harrod's yakınındaki Knights Bridge'de bir İtalyan restoranındaydılar.

Restoranın caddeye bakan tarafı cam vitrin olarak yapılmıştı. Caddedeki ağaçları süsleyen minik lambalar, Noel'in yaklaştığı Aralık gecesi onbinlerce mücevherle süslenmiş gibi ışıltılar saçıyorlardı. Hemen hemen tüm masaları dolu restoran Noel hazırlıkları konuşmalarıyla dolmuştu.

"Bu sefer Londra'da kaç gün kalacaksın?" diye sordu İmanişi.

"Bir hafta kadar. Üç gün İngiliz yatırımcıları dolaşacağım, sonra da kız arkadaşımla birlikte yılbaşı alışverişi" dedi Haluk, göz kırparak.

"Harrod's nasıldı?"

"Müthiş kalabalıktı. Binanın tamamı ışıklarla süslenmişti, insan kendini devasa bir taç içerisindeymiş gibi hissediyordu. Ellerinde kamera ve fotoğraf makinalarıyla dünyanın her tarafından gelen turistlerle doluydu. Sanki karıncalar yuvalarına girip çıkıyorlar gibi bir görüntüydü."

Haluk sevinç içerisinde konuşuyordu. 36-37 yaşlarındaydı ve İmanişi'den birkaç yaş daha küçüktü ama siyah saçlarını tamamen geriye taradığı yüzünde başarılı olmuş bir finans dünyası simsarı ve menkul kıymetler şirketi patronunun duruşu görülebiliyordu. Sarı, ince çerçeveli Boston tipi gözlükleri, renkli gömleğinin üstünde lacivert pantolon askıları, sarı papyon ve lacivert ceket gibi bir şık kıyafeti vardı ama bir Avrupalı ve Asyalıyı karıştırmış gibi yüzü ve sık sık hareket eden siyah gözleriyle sevimli bir adamdı. Boyu, 1.74 boyundaki İmanişi ile hemen hemen aynıydı.

Az sonra, aperitif olarak söyledikleri iki dry-sherry masalarına geldi.

"Şerefe!" dedi İmanişi, bardağını kaldırırken.

"Tomita Otomotiv Türk sendikasyonunun sorunsuz bitmesi şerefine!" dedi Haluk, bardağını tokuştururken. Sherry'sinden bir yudum alan Haluk çok mutluymuş gibi iç geçirdi ve "İmza töreni ne zaman?" diye sordu.

"14 Aralık Pazartesi, yani beş gün daha var."

"Dökümantasyon işlemleri yolunda mı?"

"Bir iki banka dışında, hemen hemen tüm bankalar örnek kontrat üzerinde uzlaştılar. Buraya kadar geldikten sonra sorun çıkacağını sanmam."

"Çok iyi öyleyse. Yine de piyasa öylesine çalkantılıyken 22 bankayı biraraya getirmek büyük başarı... Bu arada, Japon bankalarından katılanlar, sonuçta sadece Fukoku ve Suminoe bankaları mı oldu?"

"Evet. Bütün Japon bankaları en ufak bir hatada sermaye aktarımı hedefini tutturamayıp iflas etme paniği içerisindeler. Suminoe Bankası bile ancak 1 milyon dolarla katıldı... Japonya devlet bonolarının bile kredi derecesi düşürülünce, Japon bankaları ve şirketleri sermaye sağlama fiyatlarının artmasıyla büyük sorun yaşıyorlar."

Geçen 17 Kasım'da Amerika kredi derecelendirme kuruluşu Moody's, Japonya devlet bonoları ve döviz endeksli tahvillerinin kredi derecesini en yüksek derece olan AAA'dan AA1'e düşürmüştü. Nedeni mali açıklardaki büyümeydi. Kredi derecelendirmesi bir derece aşağıya düşünce sermaye sağlama fiyatı % 0.2 artar. Japonya resmi borçlanmasının büyük kısmını ülke içinde yaptığından net bir rakam söyleyebilmek güç ama asıl borç 600 tirilyon yen civarında olduğuna göre, teorik olarak 1.2 trilyon yen ek faiz yükü gelmesi söz konusudur. Yine, hagi kurum ya da şirket olursa olsun, bulunduğu ülkenin kredi derecesi üzerine çıkamayacağı şeklindeki "ülkesel tavan" kuralına göre, şimdiye kadar AAA olan elektrik şirketi gibi özel şirketlerin kredi derecesi de otomatik olarak düşürülüp, bu şirketlerin sermaye sağlama fiyatları da artacaktı. Dahası, yabancı banka yatırımcılarının Japonya'nın gidişatından duydukları endişe güçlenerek, Japon bankalarına yönelik "Japan Premium" (ek faiz) artarak, kredi açma kıskacı bir kat daha kötüleştirecekti. Yorum yapması istenen Japonya başkanı Miyazava "Yorumlanacak ne var ki!? Japonya devlet bonoları dünyada en güvenilir devlet bonolarıdır" yanıtını vermişti, ortada hiçbir şey yokmuş gibi.

"Moody's şimdi, Fukoku Bankası'nı da kredi derecesini düşürme yönünde değerlendirmeye aldı. Şu an tek A olduğuna göre, bu kez BBB'ye düşer herhalde. Oraya kadar düşerse de, müşteriler 'sizinle çalışma riskini üstlenmemiz mümkün değil' demeye başlar, türev finansal ürünler ve sermaye piyasası ile ilgili işlemlere büyük etkisi olur." Birlikte çalışma riski, iş yapılan muhatabın borçlarını ödeyememe durumuna düşme riski, yani Fukoku Bankası'nın ödeme kapasitesi riski anlamına gelmektedir. "Benim böylesine büyük bir sendikasyonu yapabilmem de sanırım bu son olur."

Bunları söyledikten sonra hüzünlü bir ifade takınan İmanişi'yi Haluk bakışlarını ayırmadan süzüyordu.

Tam o sırada ara sıcak olarak sarımsaklı mantar soteleri geldi ve iki adam suskunca yemeğe başladılar.

"Haluk. Söylemeyi unutttum ama" dedi İmanişi, aniden aklına gelmiş gibi. "Komisyonunu imza töreninin ertesi günü hesabına yatıracağım."

"Teşekkür ederim" dedi Haluk neşeyle gülümseyerek. "Havaleyi, belirttiğim Grand Cayman Adası'ndaki banka hesabına yap lütfen. Defterdarlık bir hayli şamata çıkartıyor çünkü."

Grand Cayman Adası, Karayiblerdeki bir vergi kaçırma cennetidir.

Bu seferki işte Fukoku Bankası 440 bin doların üzerinde bir komisyon alacaktı. Bunun 60 bin doları yerel danışman olarak Haluk'a ödenecekti.

"60 bin dolar komisyon pek de fena bir para olmasa gerek?" dedi İmanişi, elinde bıçak çatalla yemeğine devam ederken.

"Evet. Ama halihazırda üçte birini kullandım."

"Aa, nereye!?"

"Hani şu, Tomita Otomotiv Türk'den yetki belgesi alındıktan hemen sonra Türkiye Hazine Müsteşarlığı olur olmaz konuşmuştu ya..."

"Şimdi sen söyleyince anımsadım, evet, öyle olmuştu. O zaman, senin söylediğin gibi hareket edince, Hazine'de kolayca boyun eğmişti. Çok nadir rastlanır bir olaydı benim için."

"Hehhee... Aslında, biraz arka tarafına el attım o işin" dedi Haluk, pis pis sırıtarak.

"Arka tarafına mı el attın?"

"Siyasetçilerin eline biraz para tutuşturdum, Hazine'ye emir vermelerini sağlamak için."

"Si, siyasetçilere para mı verdin!" İmanişi sandalyesinden yuvarlanacak gibi oldu. Telaşla masanın üzerindeki su bardağına yapışarak tepesine dikti. "Bö, böyle şeyler yapınca, polis anlarsa ne olur? Hapse atmazlar mı!" diye sordu İmanişi hayret içerisinde.

"Polis anlarsa? Evet, öyle ya..." Haluk gözlerini fıldır fıldır çevirerek düşünüyordu. "öyle bir durumda herhalde polise de biraz para yediririm!" Işıltılı gözleriyle, çok kolay bir konudan söz ediyormuş gibi söyleyivermişti.

İmanişi kendini tutamaksızın kahkahayı patlattı.

Amma keyifli bir adam ya! Her şeyi rahatça yapabiliyor.

Haluk da birlik olmuş kahkahalarla gülüyordu. İki adam, bir süre midelerinin derinliklerinden kopup gelen kahkaha seline bıraktılar kendilerini.

"Haluk, şimdi söylediklerini duymamış olayım" dedi, nihayet kendini toparlayan İmanişi, hala gülümserken.

Sonra ana yemekleri getirildi.

İmanişi o günün özel menüsü olan soslu domuz sote sipariş etmişti. Müslüman Haluk ise domuz etinden çekinerek, sebzeli tavuk ızgara istemişti. Siyah pantolon ve beyaz ceket giymiş İtalyan garson bardaklarına şarap doldurdu.

"Hisse senetleri şirketinde her şey yolunda mı? Türkiye'deki hisse senedi fiyatları bir hayli düşmüş ya?" diye sordu, balon bardağı çevirerek kırmızı şarabın kokusuna bakan İmanişi.

"İyi, çok iyi. Gerçekten de, İstanbul piyasasının hisse senedi rakamı Temmuz ortalarında 4,351 puanla en yüksek değerine ulaştıktan sonra, Rusya krizinin etkisiyle bir hayli düştü. Bu yıl sonu rakamı 2,600 puan civarında olur herhalde. Ancak işlem hacmi geçen yıldan daha yüksek ve hisse senetleri düşse bile açığa satış yoluyla istediğim kadar kazanabilirim" diye yanıtladı Haluk, becerikli hareketlerle bıçak ve çatalıyla tavuğu keserken.

"Demek öyle! Süper bir adamsın Haluk. Bu yaşında şirket yönetiyorsun, finans simsarlığından da hatırı sayılır bir para kazanıyorsun... Çok zengin olmuşsundur. Sana gıpta ediyorum."

"Tetsu." Haluk yüzündeki gülümsemeyi eksiltmeksizin, İmanişi'yi süzdü. "Zengin olmanın hiçbir değeri yok. Benim, mevduat hesabımdaki rakamlara bakarak sevinmek, banknot destesine bakarak tatmin olmak gibi bir huyum yok. Paraya bağımlılığım yok benim."

"Nasıl yani?"

"Paranın olup olmaması, basitçe bir tercih sorunundan öteye gitmez. Yani, ne kadar param olursa tercih yelpazem o kadar genişler. Paranın değeri o işte. Ne fazlası, ne de azı."

"Hmm, anlayabiliyorum" dedi İmanişi, mırıldanır gibi..

Bu adam o kadar derinlemesine düşünüyormuş demek...

"Benim rüyam, şirketimi Türkiye'de birinci sıraya taşımak. Onun için para kazanıyorum. Para sonuna kadar bir araçtır, asla amaç değil" dedi Haluk, kararlı bir ses tonuyla. "Bu dünyada esas önemli olan şeyler parayla satın alınmaz. Rüya ve aşkın fiyatı yoktur."

İmanişi bu sözleri duyunca, aynı şekilde paranın peşinde koşturup dursa da Haluk'un yaşam tarzının Tatsuhana ile temelden farklı olduklarını düşündü.

"Tetsu, senin bir rüyan var mı?"

"Rüya ha..." İmanişi bir an düşündü. "Öyle ya... Londra finans semtinde çalışmaya başlayınca bu iş çok cazip gelmişti. Bir zamanlar kimseden aşağı kalmayacak, birinci sınıf bir uluslararası finans uzmanı olma rüyasını görürdüm..." Bir yandan da maziyi anımsarmış gibi bir ses tonuyla konuşmuştu. Haluk bakışlarını ayırmadan İmanişi'yi süzüyordu.

"Tetsu, eğer bankayı bırakacaksan ne kadar çabuk bırakırsan o kadar iyi olur" dedi Haluk, pervasız bir edayla.

Düşündüğü şeylerin anlaşılmış olması bir anda İmanişi'yi paniğe iteledi.

"Evet... Bankayı bırakmak... Dürüst olmak gerekirse son zamanlarda ciddi ciddi düşünüyordum. Aslında, başka bir yer oldukça iyi bir maaşla işe almayı teklif ediyor. Fakat..."

"Fakat?"

"Bırakmaya kalkarsam bankaya olan borçlarımı ödemek zorunda kalırım. Londra'da yaşadığım bankaya ait evden de çıkmak zorunda kalırım. Bunlar dışında da birçok şey için para lazım..."

"Hey, Tetsu! Sana bir finans kuruluşundan yüksek maaşlı bir iş teklifi geldi değil mi? Yaşıtların arasında en yüksek gelir seninki olmayacak mı?"

"Fakat gelecekte ne olacağını bilemeyiz, değil mi?"

"Gelecekte ne olacağını kim bilebilir!? Bunu bir tek tanrı bilir! Bilebildiğimiz tek şey bir gün gelip hepimizin öleceği. Şu anki halinle devam edersen, öleceğin gün geldiğinde pişman olursun."

Haluk bunları söyledikten sonra, kızgın bir yüz ifadesiyle balon bardaktaki şarabı ağzına götürdü.

İmanişi, Haluk'un sözlerine yanıt ararmış gibi, bir an camekanın arkasındaki caddeye baktı.

Caddedeki ağaçları süsleyen on binlerce minik lamba, İmanişi'nin yüreğinceki fırtınayı yansıtır gibi soğuk rüzgarla salınıyordu.

Ertesi sabah, Takahaşi düşünceli bir yüz ifadesiyle İmanişi'nin yanına geldi.

"Suminoe Bankası Londra şubesinde dökümantasyon işlerine bakan Alman avukat olur olmaz şeyler söylüyor" dedi Takahaşi.

"Alman avukat!?"

"Evet. Almanya'da avukat olduktan sonra, İlgiliz bir hukuk bürosunda sekiz yıl çalışmışlık deneyimi varmış."

Almanlar fnansman kontratları konusunda anormal hassas olurlar. Diğer bankaların sorun etmedikleri ifadeler ya da rakamlar üzerinde titizlendiklerinden sendikasyonlara Alman bankalarının katılması işleri bir hayli yavaşlatır. Bu seferki işe de bazı Alman bankaları katılmışlardı ama onları razı etmek pek büyük bir sorun olmamıştı.

"Oh be rahatladık, derken, bu sefer de Alman avukat mı çıktı başımıza. Cumartesi ve pazarı saymazsan imza törenine iki gün kalmış demektir. Hiç vaktimiz yok."

İmanişi o gün öğleden sonra uçağıyla acilen İstanbul'a uçtu.

·Londra'dan öğleden sonra dörtte kalkan 680 sefer sayılı çivit mavisi British Airways Boeing 767 uçağı, akşam 22:30 sularında İstanbul Atatürk Havalimanı'na ulaştı. Zifiri karanlık gökyüzünden, iniş pistine lapa lapa kar yağıyordu. Isı sıfırın altında iki dereceydi.

İmanişi terminal binası önünde, küçük sarı taksilerden birine binerek, karlı yolda İstanbul şehir merkezine doğru ilerlemeye başladı. İstanbul Boğazı'na tepeden bakan Maçka semtindeki Swiss Otel'de kalacaktı.

Otele giriş işlemlerini yaparak odasına girdiğinde saat gece yarısına yaklaşmıştı.

"Aa!"

Giysilerini koyduğu spor çantasını açtığında, İmanişi bağırmadan edemedi.

Katlayarak koyduğu beyaz gömleğini telaşla çıkarttı. Omzunda ve göğsünde kahverengi çamurlu su lekeleri vardı. Diğer mavi gömleğinin de sırtı kirlenmişti, iç çamaşırları da aynı durumdaydı. Herhalde Heathrow ya da İstanbul havalimanlarından birinde çantasını çamurlu suya düşürmüş olmalıydılar. Çantanın bir yanı çamur içerisinde kalmıştı.

Saat çoktan geceyarısına yaklaşmıştı ve otelin çamaşır yıkama servisini kullanamazdı.

Çaresiz, İmanişi banyo havlusuyla gömleği ve çantasındaki lekeyi temizlemeye çalıştı. Yarın daha az lekelenen mavi gömleğini giyerek, diğer giysilerini yıkama servisine vermekten başka çaresi yoktu.

Bu talihsiz başlangıcın yarattığı ruh haliyle uykuya daldı.

Ertesi sabah, Tomita Otomotiv Türk'den öğleden önce yapılması planlanan görüşmenin öğleden sonra 13:00'da yapılacağı haberi geldi.

Ucu ucuna erteleyip, görüşmelerde kendilerine avantaj mı sağlamak istiyorlar acaba?

İmanişi şüpheleri kafasından silip atamıyordu. Öğleden önce Londra'ya telefon ederek Takahaşi'ye hafta başındaki imza töreninde yapması gerekenleri söyleyip, oda servisinden kahvaltısını yaparak otelden çıktı.

Paltosunu giyip eldivenlerini takarak, karla kaplanmış kaldırımda Tomita Otomotiv Türk merkezine doğru yürümeye başladı. Yolda İstanbul kışlarının vazgeçilmezi olan kestane kebap tezgahıyla karşılaştı. Bıyıklı, yün şapkalı ve kalın paltolu adam tezgahın ortasındaki sacın üzerindeki kestaneleri maşayı ustalıkla kullanarak çeviriyordu. Yer yer kararmış iri kestanelerden kış soğuğunda buğu çıkıyordu.

Tomita Otomotiv Türk merkezine ulaşınca, kendini toparlayarak hukuk müşavirliği bölümü müdürünün adını vererek kabul edilmeyi beklemeye başladı.

Ne olursa olsun bugün halletmek zorundayım.

Tomita Otomotiv Türk'ünhukuk müşavirliği bölüm müdürü Doğan Sevim adında bir adamdı.

Doğan, Türkçede yırtıcı kuş anlamına gelir. Adına yaraşır, doğan gibi cesaret dolu bakışlarıyla uzun boylu bir Türk'tü. Haluk'un verdiği bilgilere göre, önceden bir Amerikan hukuk bürosunun İstanbul ofisinde avukat olarak çalışmıştı ve İmanişi'den iki-üç yaş daha büyüktü. Tamamen geriye taradığı siyah saçlarıyla enerjik bir görünümü vardı.

"İçecek olarak ne alırsınız?" diye sordu, İmanişi'yi hukuk müşavirliği bölümünün toplantı odasına buyur eden Sevim. Bakışlarından çetin geçecek görüşme öncesinde gergin olduğu seziliyordu.

"Türk kahvesi lütfen."

"Süt ve şeker?"

"İstemez."

İmanişi'nin yanıtı üzerine, Sevim yanındaki genç kadın odacıya dönerek "Sade" dedi, Türkçe.

Suminoe Bankası'nın dayattığı ve Tomita Otomotiv Türk'ün direndiği beş nokta vardı.

Fakat bunlardan üçü işlerin yapılış şekli ile ilgiliydi ve çözümü pek de zor değildi. Son ana kadar baş ağrıtacak iki sorun vardı.

Biri, çapraz ödeyemezlik uygulanmasında muafiyet rakamı idi.

Çapraz ödeyemezlik kuralı, Tomita Otomotiv Türk'ün bu 150 milyon dolarlık kredi dışındaki borçlanmalarında ödeme yapamaması durumunda, bu kredinin ödemelerini zamanında yapmış olsa bile, ödeme yapamama durumuna düştüğünü kabul etmek anlamına gelir. Ancak, çoğu durumda bu çapraz ödeyemezlik maddesinde belirli bir muafiyet sınırı getirilir. Bu kredide de ilk baştaki örnek kontratta, diğer borçlanmalarda ödeme yapılamayan rakamın 2 milyon doları geçmemesi halinde çapraz ödeyemezlik kuralının işletilmemesi öngörülmüştü. Buna karşılık, Tomita Otomotiv Türk tarafı bu rakamın 20 milyon dolara çıkartılmasını talep etmişti. Buna katı bir tutumla karşı çıkan Suminoe bankası olmuştu. Bugüne kadar yapılan görüşmelerde Suminoe Bankası'nın rakamı 5 milyon dolara kadar çıkartılmış, Tomita Otomotiv Türk ise 15 milyon dolara kadar inmişti. Ancak, aradaki fark hala 10 milyon dolardı.

İkincisi ise, kredi faizinde baz alınacak Libor'un (Londra Bankalar arası faizi) belirlenme şekliydi.

Suminoe Bankası, bu kredide düzenleyici banka olarak yer alan Fukoku, British Chartered, Credit Generale ve Gulf Banking Coorperation'u referans (standart) banka olarak alıp, dört bankanın açıkladığı faiz oranının ortalama değerini Libor olarak kabul etmek şeklindeki "referans banka formülü" düşüncesini ortaya atmıştı. Buna karşılık Tomita Otomotiv Türk tarafı BBA Libor yönteminde ısrar ediyordu. BBA Libor, BBA'nın (British Bankers Association: İngiltere Bankalar Birliği) belirlediği on altı bankanın her sabah 11:00'da açıkladıkları faiz oranları içerisinden, en yüksek ve en düşük dörder bankayı çıkararak geri kalan sekiz bankanın ortalamasının alınmasına dayanır. Bunun için belirlenen bankalar Amerika kökenli Chase ve Citibank; İngiliz bankaları olarak Barkleys Bank gibi toplam altı banka, Avrupa'dan Deutsche Bank'in da aralarında bulunduğu dört banka; Avustralya'dan West Pack Bank ve son olarak da Tokyo Mitsubishi Bankası başta olmak üzere üç Japon bankası idi. Amerikan doları üzerinden altı aylık faiz durumunda Japon bankaları "Japan Premium" ödemedikleri takdirde sermaye sağlamaları mümkün olamayacağından diğer bankaların belirledikleri faizden % 0.7 fazla faiz belirlemek zorunda kalıyorlardı. Suminoe Bankası'nın öne sürdüğü referans banka yöntemi kullanılacak olursa British Chartered ve Credit Generale bankaları sorun olmasa da Fukoku Bankası ve Gulf Banking Coorperation ancak Japon bankaları düzeyinde faiz belirleyebildiklerinden, uygulanacak olan faiz oranı BBA libor rakamından daha yüksek olacaktı.

Önce işin ilerleyişi ile ilgili üç tartışmalı noktayı halledelim. Sıkıntılı çapraz ödeyemezlik ve libor sorunu sonraya kalsın.

Telvesi bol Türk kahvesinden bir yudum alınca, kahve tozları dudaklarına yapıştı. İmanişi, ağzını mendiliyle sildikten sonra görüşmeyi başlattı.

"Şimdiye kadar olan görüşmelerimizde birçok tartışmalı noktada uzlaşma sağlayabildik ama geriye beş konu kaldı. Bugün Cuma ve imza töreni hafta başında olacağına göre bugün bir şekilde bu beş noktayı çözüme kavuşturmamız lazım. Uzlaşma sağladığımız anda nihayi kontratın hazırlanarak baskıya verilmesi için Allen&McKenzie avukatı da Londra ofisinde hazır bekliyor."

Sevim başını sallayarak onayladı.

"İlk olarak faize getirilen banka sigortacılık vergisi..."

İmanişi'nin açıklaması başlayınca, Sevim dikkatle dinlemeye başladı. Hiçbir şeyi kaçırmadığı belli olan bakışlar İmanişi'ye çakılıp kalmıştı. Bu hali İmanişi'de karşısında çok güçlü bir rakip olduğu hissini uyandırmıştı. Çiğ insanlar karşısındakinin ne dediğini dinlemeksizin yüksek sesle kendi kafalarındakini sürekli tekrarlarlar ama usta görüşmeciler (negotiator) öncelikle karşılarındakinin söylediklerini dikkatle dinlerler. Sevim'in tavrı tam bir usta görüşmeci gibiydi.

İmanişi'nin açıklaması sona erince, Sevim, Tomita Otomotiv Türk tarafının gerekçelerini açıklamaya başladı. Tahmin ettiği gibi, İmanişi'nin açıklamasını yeterince anlamış ve onun üzerine tartışmayı sürdürerek baskın bir şekilde üzerine geliyordu.

Ortadoks atak yöntemi... Olması gerektiği gibi bir görüşme tekniği işte.

Ancak açık vermemeliydi. Gerçekten usta görüşmeciler mücadele anında boşluk yakalayınca, akla hayale gelmeyecek yollarla karşılarındakine son darbeyi indirmek üzere hamle yaparlardı. İmanişi bir yandan not alarak, Sevim'in gerekçelerini dikkatle dinliyordu. Nihayet, İmanişi ve Sevim kendilerini karşılıklı olarak kılıçların çekildiği gerilimli bir tartışmanın ortasında buldular. İmanişi arada sırada kreditör tarafın hukuk danışmanı olan Londra hukuk bürosu Allen&Mckenzie avukatı ve Suminoe Bankası ile irtibata geçerek tartışmayı sürdürüyordu. Suminoe Bankası'nda, Alman avukat ile birlikte bu kredi işinde nihayi sorumlu olan uluslararası finans bölüm şefi Tagava da tartışmaya katılıyordu.

Yedinci kattaki toplantı odasının penceresinden Boğaz'ın kış manzarası, bulutlu gökyüzünün altında tamamen griye boyanmış gibi görülüyordu. Asya tarafındaki limanda yükselen devasa vinçler tuhaf siluetler haline gelmişti.

"Bir kahve molası verelim mi?" diye sordu İmanişi, ilk üç sorunu hallettikleri anda. "Konuşmaya başladığımızdan beri iki saatten fazla süre geçmiş."

"Tamam, olur."

İmanişi koridora çıkarak gerinmeye başladı.

Koridorun penceresinden, Maçka semtinin iş merkezi haline gelen caddeleri ve futbol stadyumu görülüyordu. Kül rengindeki stadyumda kimsecikler yoktu, soğuk bir görüntüsü vardı.

Esas şimdi başlıyoruz.

İmanişi kendini toparlayarak toplantı odasına dönüp, tekrar Sevim'in karşısına oturdu. Kadın odacının koyduğu yeni Türk kahvesi İmanişi'nin önünde duruyordu.

"Dördüncü konu, çapraz ödeyemezlik muafiyet miktarını konsorsiyum olarak 5 milyon dolar olarak belirlemeyi diliyoruz ama..."

"Şakası bile olamaz!" Sevim parlayıvermişti. "Tomita Otomotiv Türk'in diğer kontratlarındaki rakam tamamen 20 milyon dolar ve üzerindedir. Bizim öne sürdüğümüz 15 milyon dolar rakamı zaten bir hayli ödün verilmiş bir rakamdır. Daha fazla geri adım atmaya niyetimiz yok!"

Sevim'in öfkeli hali karşısında, İmanişi bir an suskun kaldı.

Bu ana kadarki görüşme tekniğinde hata yapılmış olmasından tekrar pişman oldu.

Şimdiye kadarki dokümantasyonda, Takahaşi Allen&McKenzie'nin bu işi takip eden avukatıyla irtibat halinde Sevim ile görüşmeleri yürütmüş, anlamadığı ya da kararsız kaldığı yerlerde İmanişi'nin fikrine başvurmuştu. Bu işe bakan avukat Bayan Lallemand idaresinde çalışan stajer avukatlardan biriydi ve Lallemand'ın kendisi dokümantasyonun ayrıntılarına karışmamıştı. Takahaşi'den nihayi olarak kalan tartışmalı noktalarla ilgili görüşme sürecini ayrıntılarıyla dinleyen İmanişi dudaklarını ısırmıştı. Takahaşi, konsorsiyumun arzu ettiği rakamı ilk baştaki 2 milyon dolardan başlatarak, görüşmeler ilerledikçe 3 milyon, 4 milyon ve 5 milyon dolar olmak üzere üç kez artırmıştı. Böyle yavaş yavaş rakam artırılacak olursa karşı taraf daha da fazla ödün verdirebileceğini anlar. İlk baştaki 2 milyon dolarda ayak diremeli, karşı tarafı yeterince yaklaştırdıktan sonra son anda ödün verecek olsa, muhtemelen 5 milyon dolarda uzlaşılırdı.

"Fakat 5 milyon dolarlık ödeyemezlik rakamı bile bir hayli ciddi bir rakam. Konsorsiyumda tedirginlik yaratmaya yeterli bir rakam" diye, karşı çıkmaya çalıştı İmanişi.

"Bay İmanişi, biz ödeyemezlik durumuna düşmeyiz. Çapraz ödeyemezlik limit rakamı, nihayetinde iş anındaki bir hata ya da ödemeler için bulduğumuz sermayenin elimize geçmesinin gecikmesi durumları içindir."

"Ödeyemezlik durumuna düşmüyorsanız, rakamın sıfır olması da sizi etkilemez. Ben çapraz ödeyemezlikle ilgili olarak böyle bir limit rakamının olmasını bile tuhaf buluyorum."

"Bizim finansman kontratlarımızın tamamı 20 milyon dolar ve yukarısındaki rakamlarda limit olarak belirlenir. Buyur, şuna bir bak."

Sevim daha önceden hazırda tuttuğu bir kredi kontratını açarak İmanişi'nin görebileceği bir mesafeye iteledi. Kontrattaki rakam 25 milyon dolardı.

"Eğer ikna olmadıysanız diğer kontratları da gösterebilirim." Kendine sarsılmaz bir güveni vardı.

Böyle giderse dediğini kabul ettirecek. Tehlikeyi hisseden İmanişi, çantasından cep telefonunu çıkarttı. "Londra'daki avukatımıza bir telefon edebilir miyim?"

İmanişi'nin ricası Sevim'in atağını kesmişti, Sevim isteye istemeye kabul etti.

İmanişi koridora çıkarak cep telefonuyla Allen&McKenzie'yi aradı.

Allen&McKenzie avukatı otuzlu yaşlara henüz geçmiş genç bir İngilizdi. Büro ortakları sınıfından bir avukat olsa Takahaşi'ye görüşme teknikleri konusunda uyarılarda bulunabileceğini düşündükçe pişmanlığa kapılıyordu.

"Şu an, Sevim'le çapraz ödeyemezlik hakkında görüşüyoruz ama senden bir ricam var" dedi İmanişi, telefonun diğer ucundaki adama. "Karşı taraf 15 milyon dolar diyor biz ise 5 milyon dolar. Olasılıkla 10 milyon dolar civarında uzlaşırız. Fakat görüşmenin gidişatında yanlış bir adım atacak olursak 15 milyon rakamını yemek zorunda kalırız."

"Şimdi tekrar görüşmeye devam edeceğiz ama senin de tele-konferans yöntemiyle görüşmeye katılmanı istiyorum. Sonra ben 6 milyon doları teklif edeceğim. Sevim 13 milyon dolar civarına çekecektir, ondan sonra tartışma biraz daha devam ettikten sonra uyugun bir zaman kollayarak 10 milyon rakamını önermeni istiyorum."

"Tamam da ben bu tür görüşmelerden pek anlamam... Üstelik bu limit miktarının ne kadar olacağı tamamen işle ilgili bir konu ve hukuki bir mesele değil..." Avukat, kendine güvenemediğini her haliyle belli ediyordu.

"Böyle konuşma da, biraz yardımcı ol. Rakam konusunda karşı taraf da ödün verecektir. Lütfen!"

"Pekiyi..." Adam bir an düşündü. "Anlaşıldı. Becerebilir miyim bilemiyorum ama elimden geleni yapmaya çalışırım."

İmanişi cep telefonunu kapatarak toplantı odasına geri döndü.

Tartışmaya Allen&McKenzie avukatının da katılmasını istediğini söyleyince, Sevim kabul etti. Avukata tekrar ulaşarak Sevim'in ofisine telefon ettirerek, telefonun sesini hoparlöre verdi. Bir süre az önceki gibi iki tarafın da kendi isteğini kabul ettirmeye çalışması ile geçtikten sonra, İmanişi kozunu ortaya sürdü.

"Bay Sevim. Bu noktayla ilgili olarak çok fazla zaman harcadık. Hafta başında imza töreni yapılacak. Bir şekilde bu tartışmayı sonlandırmak için konsorsiyum olarak bir adım daha atalım... 6 milyon dolara ne dersiniz?"

İmanişi, Sevim'in tepkisini bekledi.

12 milyon dolar mı diyecek yoksa, 13 milyon mu?

"Pes artık!" Sevim aşağılayıcı bir ifadeyle konuşmuştu. "Bay İmanişi. Bizim bu noktaya ilişkin olarak Kapalı Çarşı esnafı gibi pazarlık etmeye niyetimiz yok. Karşı taraf 6 milyon derse, biz 14 milyon; sonra karşı taraf 7 derse biz 13... O tür pazarlıklara girişmeyiz."

Olmadı! Büyük bir hataydı... Bir şeyler yapmam lazım.

"Fakat 15 milyon dolar da olmaz ama!" İmanişi paniklese de var gücüyle karşı çıkmaya çalıştı. Yüzünün kızardığını kendisi de anlayabiliyordu. "Bir miktar geri adım atamaz mısınız? Allen&McKenzie de aynı fikirde sanırım... Değil mi?" dedi, telefona doğru.

"Eh, öyle elbette. Yani, diğer kredilerde 5 milyon dolar ödeyemeziik durumuna düşmek, efendim, eh bir hayli ciddi bir durum ortaya çıktığında olur." Genç avukat 10 milyon dolar rakamını telaffuz etmeye uygun bir an olmadığına hükmetmiş olmalıydı.

"Peh... Az önce söylediğim gibi diğer finansman kontratlarının tamamı 20 milyon dolar rakamının üzerinde. Başka bankaların kabul ettikleri bir şeyi, sadece Fukoku Bankası'nın kabul etmemesinin nedeninin ne olduğunu açıkça söyleyebilir misiniz?"

Bu limit rakamında net bir standart elbette söz konusu değildir. Herşey kreditör ve borçlu arasındaki güç dengesi ve görüşme tekniğine göre belirlenir. Tamı tamına Kapalı Çarşı esnafı gibi pazarlık etmeyi gerektiren bir konudur. Bunu Sevim de çok iyi biliyor olmalıydı.

"Şu hale bakın. Konsorsiyum olarak, 15 milyon dolar hiç kabul edebileceğimiz bir rakam değil." İmanişi gerekçe ararken, yine de ayak diremeyi ihmâl etmemişti.

İki adam sinirli bakışlarla birbirlerini süzüyorlardı.

Allen&Mckenzie avukatının telefonun hoparlöründen parazitle karışarak gelen sesi Sevim'i ikna etmeye çalışıyordu ama Sevim'in geri adım atmaya pek niyeti yok gibiydi.

"Bu noktayla ilgili olarak konuşulacak pek bir şey kaldığını sanmıyorum" dedi Sevim, bir süre sonra.

"Anlaşıldı. Bu konuyu sonraya bırakalım öyleyse."

"Tamam, olur" diyen Sevim, telefonu kapattı.

Düğüm iyice açmaza girdiğinde, tartışma konusunu bir sonraki soruna taşıyıp, daha sonra tekrar tartışmaya açmak en doğal yoldur. Sevim ne derse desin, bu nokta üzerinde Kapalı çarşı esnafı gibi pazarlık ederek sonuca varmaktan başka çare yoktu. O tür pazarlıklarda hiçbir mantık aranmayacağından, en son noktaya kadar gitmek gerekir.

"Son olarak Libor konusu. Bizler kreditörün sermaye sağlama fiyatını en iyi yansıtan Libor'un kullanılması gerektiğini düşünüyoruz."

Bu sözler ağzından çıkarken, İmanişi kendisinin ne kadar da sıkılmasız bir adam olduğunu düşündü. Tomita Otomotiv Türk'e yapılan teklifte, faiz bazı olarak basitçe "libor" diye yazılmıştı. Normalde libor dendiğinde akla gelen piyasa faizi, yani BBA Libor olmalıdır. Referans banka yöntemine başvurulacak olsa bile, Japon bankaları gibi premium ödemediği müddetçe sermaye sağlayamayan bankalar referans alınmaz.

"Bu da nereden çıktı?" Sevim derhal karşı çıktı. "Normalde Libor dendiğinde, BBA Libor akla gelir. Bu referans banka yöntemini kabul edemeyiz."

Öyle elbette, dedi İmanişi içinden.

Aynı anda, Japan Premium'u ödemedikçe sermaye sağlayamayan kendi bankasının güçsüzlüğüne lanet okudu.

"Bu tür finansman kontratlarındaki Libor piyasadaki gerçek durumu en iyi yansıtan faiz olmalıdır. Bu haliyle piyasanın gerçek koşulları yansıtılmış olmaz. En uygun olan BBA libor."

Sevim, Fukoku Bankası ve Gulf Banking Coorperation'un ödemek zorunda olduğu premium konusuna doğrudan saldırmamıştı ama bunu aklının bir köşesinde tuttuğu belliydi.

"Bizle BBA Libor'dan daha az faizle sermaye sağladığımızda, Tomita Otomotiv Türk de düşük faizle borçlanmış olur, bizim Libor oranımız yüksek olduğunda şirketinizin borç faizi de yüksek tutulmalıdır. Biz kazanırsak siz de kazanırsınız; biz kaybedersek siz de kaybedersiniz. Bu yöntem daha iyi olmaz mı? Tek tarafın kazançlı çıktığı, diğer tarafın ise kaybettiği bir yöntemle, uzun süre iş yapmak pek mümkün olmasa gerek."

"Bay İmanişi. Sözlerinizin tatlı bir tınısı var amabu bir hile" diye yanıtladı Sevim, hışımla. "Hesaplarıma göre Bay İmanişi, sizin dediğiniz gibi referans banka yöntemiyle yapacak olursak, uygulanacak faiz BBA Libor'dan reel olarak 35 baz puanı (%0.35) daha yüksek olur. Yani, 150 milyon dolarda 525 bin dolar ekstra gider söz konusu olur. Böyle bir yöntemi asla kabul etmeyiz."

"Fiyat sıkıntısı çekmek konusunda biz kreditörlerin durumu da aynı."

"Bu söz konusu değil. BBA Libor ile sermaye bulabilen bankalar, bize 35 baz puanı fazladan ödeterek, o dilimi olduğu gibi ceplerine atacaklar. Yani, biz kaybederiz onlar kazanır."

"Fakat..."

"Bay İmanişi. Bu konu hakkında daha fazla tartışmaya niyetim yok!" Kesin bir ifadeyle konuşuyordu. Yüz hatları sanki tartışma daha fazla devam ederse sinir krizi geçirecekmiş gibi duruyordu.

"Anladım. Diğer bankaların ne diyeceğine bir bakmak istiyorum."

İmanişi cep telefonunu alarak yerinden kalktı. Suminoe Bankası'na telefon edeceğini söylememişti. Bu gibi durumlarda hangi bankanın güçlük çıkardığını borçluya söylememek profesyonellik gereğiydi. Bu söylenecek olursa borçlu ile o bankanın ilişkileri bozulabilirdi.

Koridora çıkarak, Suminoe Bankası Londra şubesinden Tagava'yı telefona çağırdı.

"Tagava Bey, Libor'un ne şekilde belirleneceği sorunu vardı ya, tahmin ettiğimiz gibi müthiş bir dirençle karşılaştım. Borçlunun bizim önerimizi kabul edeceğini hiç sanmıyorum."

"Böyle konuşmayın da biraz daha bastırın. Biz Japon bankalarının Japan Premium ödemek zorunda olduğumuzu unutmayın."

"Uzun zamandır bastırıyorum gerçi. Bu noktada pek fazla zorlarsak görüşme kopabilir ve Pazartesi günü imza töreni yapmamız zora girer."

"Siz yine de elinizden geldiği kadar zorlayın."

Tagava'nın sözleri, eğer olmazsa boynumuzu bükeriz nüansı taşıyordu.

İmanişi biraz rahatlamıştı.

"Anladım. Biraz daha konuşayım bakalım."

Telefonu kapatmak üzereydi ki, Tagava bağırarak durdurdu. "Ha, biraz bekle! Libor meselesi olmasa bile şu çapraz ödeyemezlik kuralı uygulanmasındaki limiti öyle bırakma. 15 milyon dolar pek yenir yutulur bir rakam değil çünkü."

Suminoe Bankası da insanı rahat bırakmaz ki!

İmanişi, telefondaki adama hissettirmeden iç geçirdi.

"Tamam, elimden geleni yaparım."

İmanişi telefonu kapatarak toplantı odasına döndü.

"Evet, konsorsiyum tarafı, referans banka yöntemini kullanmak istiyor..."

"Bunun olamayacağını söyledim ya!" diye bağırdı Sevim. İki tarafında bir adım bile geri atmadığı tartışma yeniden başlamıştı.

Artık iki tarafın da söyleyebileceklerini söylediği, mantık yoluyla karşı tarafı ikna edemeyeceği bir ortam oluşmuştu. Geriye, karşı tarafın bir hatasını yakalayarak konuşmanın akışını kendi açısından avantajlı hale getirmekten ya da karşı tarafın yorgunluğu ve dikkatinin dağılmasını kullanarak son bir güçle tartışmayı kazanma hamlesi yapmaktan başka çare kalmamıştı.

Fakat Sevim bu açığı verecek gibi değildi.

Açmaz durumu değişmiyor, zaman akıp gidiyordu.

Görüşme başlayalı beri saatler geçmişti.

Kış günlerinde güneş hızlı batar. Görüşme başladığında toplantı odasına dolan parlak ışıkların yerini batmaya başlayan güneşin kızıl ışıkları almış, toplantı odasını yorgunluk ve bezginlik havası kaplamıştı. İmanişi mendilini çıkararak tere batan ellerini ve yüzünü sildi.

Daha fazla sürdürmenin alemi yok, artık bir sonuca varmak lazım.

Başı yorgunluktan çatlayacak hale gelen İmanişi'nin aklından bu düşünceler geçtiğinde Sevim tekrar söze başladı.

"Bay İmanişi, Libor konusunda asla geri adım atmam. Konsorsiyum mutlaka referans banka yöntemi kullanılmasını istiyorsa, görüşmeyi burada keselim."

Muhakeme sonucunu açıklar gibi kararlılıkla konuşmuştu. Yüzündeki ifade daha fazla tartışmak düşüncesine karşı duyduğu nefretle yüklüydü. Bu nefret ifadesi gerçek miydi, yoksa rol mü yapıyordu, İmanişi çözemedi.

Tartışmayı bitirmek konusunda İmanişi de aynı duygular içerisindeydi. Referans banka yönteminde ısrar eden sadece Suminoe Bankası idi.

"Anlaşıldı. Bu konuda şirketinizin fikrinin değişmeyeceğini konsorsiyuma götürerek görüşlerini alacağım."

Biz daha tam olarak kabul etmiş değiliz anlamını da taşıyordu.

"Tamam öyleyse, size zahmet olacak... Öyleyse görüşecek konu kalmadı değil mi?"

Sevim masanın üzerindeki dökümanları toplayarak kucakladığı gibi ayağa kalktı.

"Bi, biraz durun! Henüz bitmiş değil" diye haykırdı İmanişi, telaşla.

"Yok, her şeyi konuştuk ya işte. İmza töreninin başarılı geçmesini dilerim" diyerek kestirip attı.

"Biraz bekleyin! Çapraz ödeyemezlik kuralının işletilmesindeki muafiyet rakamı konusu henüz bitmedi."

"Hayır, son olarak 15 milyon dolar diye konuştuk ya." Sevim dökümanlarını kucaklayarak kapıya doğru yürümeye başladı.

"Hayır, henüz bız kabul etmedik. Bizim rakamımız halen 6 milyon dolar!"

İmanişi, dik dik Sevim'e bakarak tüfek zoruyla bile yerinden kımıldamayacakmış gibi, oturduğu koltuğa iyice gömüldü. Sevim iyice bıkmış bir yüz ifadesiyle geri döndü.

"Bay İmanişi. Söylesene niyetin ne senin ha!? Az önce 15 milyondan başka bir rakamı kabul etmeyeceğimizi söylemedim mi? Unuttun mu yoksa!?"

Sanki Sevim'in tüm vücudundan bir alev dalgası yayılıyordu. Libor konusundaki tartışmadan içinde kalanları bir çırpıda boşaltmak ister gibiydi.

Kendimi böyle çiğnetmem! İmanişi içi içini yiyerek, saldırmaya devam etti.

"Ben de sizin nasıl bir ileri adım atacağınızı görmek isterim!" dedi bağırmaya yakın bir ses tonuyla ve bakışlarını oynatmadan Sevim'e bakmaya başladı.

Aslında içinden ağlamak geçiyordu. Şu havaya göre, burada Sevim sonuna kadar 15 milyon dolarda diretecek olursa kuyruğunu kıstırdığı gibi geri dönmekten başka çaresi yoktu. İşler bu raddeye geldiğinde güç her zaman borçluda olurdu.

Yenilgi ve görüşmenin sona ermiş olduğu duygularıyla, karşısındaki adamın tepkisini bekledi.

Pencereden odaya dolan batı güneşinin sarı ışıkları İmanişi'nin yüzünü kızıla boyamıştı.

"Bay İmanişi, sizin aklınızdaki rakam nedir? 5 milyon dolardan 6 milyon dolara çekmeniz hiçbir şey ifade etmiyor." Sevim tek adım atmayacağını anlatan gözlerle dik dik İmanişi'ye baktı.

"On milyon dolara ne dersiniz?" dedi İmanişi, takatinin son zerrelerini harcayarak, kısa ve net olarak.

Bir an toplantı odasına sessizlik hakim oldu.

Kızgın bir yüz ifadesiyle sert bakışlarını İmanişi'ye dikmiş halde Sevim sessizliği bozdu. "Tamam, anlaşıldı" dedi sakin bir ses tonuyla. "Eğer siz Libor konusunda bizim dediğimizi kabul ederseniz 10 milyon dolar, yoksa 15 milyon dolar. Oldu mu şimdi?"

Sevim'in sözleri İmanişi'nin bataklığa gömülmek üzereyken tutunabilecek son bir sicim parçası gibiydi. İmanişi bu sicime var gücüyle sarıldı. "Teklifiniz kabul edilmiştir."

İmanişi ayağa kalkarak sağ elini Sevim'e uzattı. Sevim de İmanişi'nin elini sıktı. Baştan sona sert ifadesini bozmayan Sevim'in yüzünde neşeli bir gülümseme belirmişti.

İmanişi, Sevim'in kendisine bir lütufta bulunduğunu biliyordu.

Sonuna kadar 15 milyon dolar rakamında diretse elbette kazanacaktı ama İmanişi'ye karşı bir silahşörün centilmenliğiyle son anda bir geri adım atmıştı. Mantığın mantıkla çarpıştığı, her an görüşmenin kopabileceği havasının hakim olduğu ve insanın saf hali. İşte bu Türk stili pazarlık tekniğidir.

2.

Haftanın başlangıcı Pazartesi günü. Nihayet imza töreni günü gelip çatmıştı.

O gün, İmanişi ofise herkesten daha erkenden gelmişti. İmza töreninin düzenlenmesini üstlenen British Chartered Bank'ın aslan ve yelkenli motifli armasının bulunduğu bir zarf masasının üzerine konmuştu. İmza töreni davetiyesiydi. İmanişi buraya kadar geldiği uzun yolu düşünerek zarfı açtı.

İmza töreni finans semtinin tam ortasında bulunan Foster Sokağı'ndaki Goldsmith's Hall'da yapılacaktı. 1327 yılında III. Edward'ın fermanıyla kurulan altın işçileri loncasının bedesteni idi. Finans semtinde aktarlar bedesteni, deri işçileri bedesteni gibi eski loncaların binaları çok sayıda bulunuyordu. Günümüzde ise farklı etkinliklerin düzenlenmesi için salon olarak kullanılıyorlardı.

İmza töreni katılımcıları. Tomita Otomotiv Türk'den Y.K. Başkanı Atilla Karaöz, Nonomiya ve Dişli başta olmak üzere yedi kişi. Cumhuriyet ve diğer üç Türk gazetesi; TRT ve bir diğer Türk televizyon kanalı; hukuk bürosu Allen&Mckenzie'den Bayan Lallemand ve iki avukat. İngiltere'deki Türkiye Büyükelçiliği'nden Ticari Ateşe Orhan ve bir diğer memur. Tomita Otomotiv Türk'le yakın ilişkiler içerisinde olan Türk bankalarından altı kişi ve düzenleyici bankalar dahil konsorsiyuma katılan bankalardan 46 bankacı. Uzun bir aradan sonra piyasaya çıkan, Türkiye'ye yönelik büyük ölçekli bir sendikasyon kredisine yaraşır bir imza töreni olacaktı.

Program.

10:30 Giriş ve Kahveli Kabul

11:00 Finansman Kontratının İmzası

11:30 British Chartered Bank Yönetici Müdürü Hamilton'un konuşması.

Tomita Otomotiv Türk Y.K. Bşk. Konuşması.

Ana Düzenleyici Bankayı Temsilen Konuşma ve Kadeh Kaldırılması.

12:00 Kokteylli Resepsiyon

12:30 Öğlen Yemekli Toplantı

İmanişi, Fukoku Bankası Londra Şubesi Müdür Hayaşi'nin yapacağı "Ana Düzenleyici Bankayı Temsilen Konuşma ve Kadehlerin Kaldırılması" ibaresini gördüğünde içi içine sığmaz olmuştu. *Ana düzenleyici banka... Başardım işte! Uzun bir mücadele oldu ama başardım. Bu büyük krediyi ben sonuçlandırdım... İnanasım gelmiyor.* Gözlerine dolan yaşlarla yazı bulanıklaşmaya başlamıştı. İçi büyük ölçekli bir işin kapanmasından duyduğu haz ve coşkuyla dopdoluydu. İmanişi şimdi o duyguları doyasıya yaşıyordu.

Nihayet, Takahaşi ve Yvonne de ofise gelerek neşeyle ve telaşla son hazırlıklara koyuldular. İmza töreni sonrasında kredinin çekilmesi notasının gelişine hazırlık olarak, ilgili belgeler bir takım olarak kredi yönetim bölümüne verilecek. İşlemler odasına sermaye hazırlığı istemi gönderilecek. Yurtdışı teftiş bölümüne nihayi katılım rakamı bildirilecek. İmza töreni sonrasında açıklanacak basın duyurusu daktilo edilerek son kontrol için düzenleyici bankalara gönderilecek.

Pencerenin dışarısında, soğuğa rağmen, açık ve parlak mavi gökyüzü göz alabildiğince uzanıyordu.

İmanişi ahizeyi kaldırarak, Gulf Banking Coorperation'un sendikasyon bölümü müdürü Said Al Diffrawi'nin telefon numarasını tuşladı. İmza törenine Gulf Banking Coorperation'dan Londra şubesi müdürü katılacaktı ama Bahreyn'deki Diffrawi coğrafi uzaklık nedeniyle katılamıyordu.

"Diffrawi Bey. Geçmiş olsun!" dedi İmanişi, rahatlamış bir ses tonuyla.

"Esas sana geçmiş olsun. Senin çekip çevirmen sayesinde imza törenine kadar gelebildik."

İran Körfezi incisi Bahreyn'den gelen ses de neşeli ve canlıydı.

"Ne diyorsunuz! Herkesin desteği sayesinde oldu."

"İmza töreni'ne bizden Kate gidecek, göz kulak oluver. Sen de sendikasyon sürecinde birçok kez telefonla görüşmüş olmalısın. Kate geçen sene mezun olur olmaz bizim Londra şubemize girdi. Büyük bir işin imza törenine düzenleyici banka temsilcisi olarak ilk katılışı, gözünü üzerinden ayırma lütfen."

"Elbette, seve seve... İyi de Diffrawi Bey, biz hiç bir araya gelemedik."

"Hahhahha, gerçekten de."

İmanişi, Diffrawi ile bir kez bile karşılaşmamıştı.

Uluslararası finans semtinde sözlü taahhütler ve sadece telefonlarla işler durmaksızın ilerler. Beş sene boyunca karşılıklı iş yapan insanların bile birbirlerinin yüzlerini tanımamaları söz konusu olabilir. Bu ancak "Sözüm senettir" felsefesi üzerine kurulu güçlü ahlak anlayışının ayakta tuttuğu profesyonellik dünyasında mümkün olabilir.

"Bu arada, Diffrawi Bey, önceden beri sormak istediğim bir şey vardı."

"Buyurun, nedir?"

"Yaşınız kaç acaba?" diye sordu İmanişi, gevşemiş bir ses tonuyla.

"Hahhahhaa.... Tahmin edin?"

"45 civarında olmalısınız."

"İyi atış. 46 yaşındayım... Ya sen?"

"41 yaşındayım."

"En yakın zamanda mutlaka görüşelim."

"Evet, mutlaka."

İmanişi'nin Diffrawi ile telefon görüşmesi bittiği sıralarda, Co Tatsuhana İstanbul'daydı.

Morgan Drexler'in Türkiye'deki şirketi, Drexler Yatırım Türk (Türkiye Drexler Menkul Kıymetler Şirketi) İstanbul'daki en eski iş semti olan Fındıklı'da bulunuyordu. Caddelerde bankalar ve büyük şirketlerin, deniz taşımacılarının ofisleri yan yana sıralanmıştı. Bir anlamda Türkiye'nin Marunouçi'siydi.

Otuz elemanın çalıştığı işlemler odası dördüncü katta cam panellerle çevrilmiş bir odaydı.

İşlem masası üzerinde Drexler'in el attığı Türk şirketlerinin hisselerinin piyasaya açılması projeleri dolayısıyla hazırlanan *thombstone*ler sıralanmıştı. Duvarda Osmanlı İmparatorluğu döneminde 1917 yılında basılan İstanbul Demiryolları ve Elektrik Şirketi'nin mavi hisse senedi ve 1923 yılında basılan İstanbul Havagazı Şirketi'nin bej hisse senedi çerçeve içerisinde asılmıştı.

"İşte başlıyoruz!" dedi Tatsuhana, yanındaki Türk hisse senedi simsarı adama. "Uçakların teslimatı hazırlığı ne durumda?"

"Az önce Seattle'dan haber geldi. Hazırlıklar tamam" diye yanıtladı, simsar.

Seattle Boeing Şirketi'nin merkezinin bulunduğu Batı Amerika sahilinde manzaralı bir şehirdi. Microsoft ve Starbuck's Coffee gibi yeni Amerikan markalarının doğduğu yerdi. Jumbo jetler Seattle'nin kuzeyinde Kanada sınırına 100 kilometre mesafede bulunan Everett fabrikasında monte edilir, teslimat prosedürü yerine getirilince de siparişi veren hava yollarının bulunduğu ülkeye gönderilirdi. Türkiye'ye küçük tip 737 gönderilmesi durumunda İzlanda'da yakıt ikmali yapılır, uzun menzil uçabilen 747 Jumbo jetler doğrudan İstanbul'a giderdi.

"Tamam öyleyse."

Tatsuhana'nın tüm vücudunu, avına atılmak üzere olan bir yırtıcının gerilimi kaplamıştı.

10:30. İmanişi, şube müdürü Hayâşi ve Takahaşi ile birlikte Goldsmith's Hall'a ulaştı.

Bina 1835 yılında inşa edilmiş kül rengi granitten üç katlı bir yapıydı. Ana cephede sıralı Korint stili sütunların arasında kupa ve aslan sembolleri bulunan kalkanı iki tek boynuzlu hayvan unicornun iki yanından desteklediği lonca birliği amblemi üç boyutluğu görselliği yansıtacak şekilde oyulmuştu.

İmza töreni, sendikasyon kredisinin son sahnesidir.

Uluslararası finans adamları için, oraya ulaşılana kadar akıtılan ter ve gözyaşının tamamen unutulduğu, alkışlar ve kutlamalarla sarmalanan görkemli bir sahnedir. İmanişi o görkemli sahneye uygun olarak kendi elbiseleri içerisindeki en pahalı koyu renk takımını seçerek, yakaları iyice kolalanmış beyaz gömleği ve gösterişli bir sarı kravat takmıştı. Ceketinin göğüs cebinde de kravatıyla aynı renkte bir mendil koymuştu.

Yvonne daha önce tören yerine gelmiş, British Chartered Bank sekreterleri ile birlikte güleryüzle kabul masasında çalışıyordu. Fukoku Bankası'ndan gelen üç adam plastik isimliklerini alarak kahveli resepsiyonun yapıldığı küçük salona geçtiler. Zemini yumuşak halıyla kaplanmış salonun yüksek tavanından sarkan avize ortalığı iyice aydınlatmıştı. Çevredeki insanların "İşte o Fukoku Bankası'ndaki İmanişi!" dedikleri duyuluyordu. Credit Generale temsilcisi, kestane rengi dalgalı saçlı Fransız Pierre Fountaine hızla yanlarına yaklaştı. Koyu lacivert takım elbisesi ufak tefek vücuduna tam oturmuştu. "Merhaba, Tetsu! Geçmiş Olsun!" Fountaine neredeyse sarılırmış gibi el sıkıştı. Büyük bir kredinin düzenleyici bankalığını neticelendirmiş olmaktan Fountaine de sevinçliydi. "İyi iş! Harika!" dedi bir ses, hemen yanlarından. British Chartered Bank'tan Mike Harland idi.

Gulf Banking Coorperation'dan Kate Cunningham gözlüklü, sarı saçlarını kısa kestirmiş bir İngiliz'di.

"Memnun oldum, Bay İmanişi... Çok daha yaşlı olduğunuzu sanmıştım."

"İngilizler, Japonları olduklarından daha genç sanabilirler ama sanırım sizden 15 yaş kadar büyüğümdür" dedi İmanişi, gülümseyerek kadının elini sıkarken.

İmanişilerden sonra da farklı ülkelerin bankacıları tören yerine gelmeye devam etti.

Arkasındaki muazzam sermaye gücüyle, arada sırada piyasayı şaşırtan işlere imza atan Frankfurt Dresden Bank'ın sendikasyon müdürü Hans Hessel. Mağrur yüz ifadesi ve dik duruşuyla çevresine vakur bir hava saçıyordu. Bilimadamı tarzı uzun saçları, rahat takım elbisesiyle gelen İtalya'nın köklü kenti Cenova'nın ünlü bankası Monte dei Paschi'nin Londra şube müdürü Ricardo Bellini. Fransız İndo-Mekong Bank İşletmeler finansman bölümü müdürü beyaz çerçeveli gözlük takmış orta yaşlı kadın. Tayvan Kanan Bank Londra ofisi şefi Lee, saçları dökülmüş yuvarlak kafası ve ufak tefek vücuduyla sempatik bir adam.

İmza töreninden önce, İmanişi Y.K.Bşk. Karaöz'den başlayarak borçlu taraf Tomita Otomotiv Türk'den gelen temsilcileri teker teker salondakilere tanıtarak dolaştı. Bu ana düzenleyici bankanın önemli bir göreviydi.

"Sayın katılımcılar! Lütfen yandaki salona geçiniz!" diye anons etti, frak giymiş, Goldsmith Salonu görevlisi zilini sallayarak. İşte imza töreni başlıyordu.

İmza töreni salonu kahverengi ahşap malzemeyle dekore edilmişti. Duvarların tavana yakın kısımları bitki motifleriyle bezenmiş, oturaklı havasıyla birlikte zarif bir görünümü vardı.

Salonda U şeklinde bir masa kurulmuştu. Dip kısmın ortasında Fukoku Bankası Londra Şube Müdürü Hayaşi ve Tomita Otomotiv Türk Y.K.Bşk. Karaöz yanyana oturup, onların sağında ve solunda dört düzenleyici bankanın temsilcileri oturdular. U şeklinin iki kıyısında ise, sol tarafta sıradan katılımcı banka temsilcileri, sağ tarafta ise düzenleyici bankaların elemanları oturdular.

11:00. British Chartered Bank'tan Harland'ın başkanlığında finansman kontratı imzaya açıldı.

Finansman kontratı, borçlu ve katılımcı bankaların tamamı tarafından imzalanması ve muhatapların her birinde bir esas nüsha kalması için 27 takım hazırlanmıştı. Borçlu ve katılımcı bankaların temsilcilerinin tüm finansman kontratlarında teker teker kendilerine ayırılan kısmı imzalayarak, yangına su kovası taşır gibi elden ele dolaştırmaları gerekiyordu. 27 finansman kontratının geniş imza salonunu bir dalga gibi dolaşması hoş bir görüntüydü. Dalga, Tomita Otomotiv Türk Y.K. Bşk. Karaöz'den başlıyor, saat yönünde dolaşarak Hayaşi'nin imzası ile son buluyordu. Son olarak Allen&McKenzie avukatları toplayarak düzgünce imzalanıp imzalanmadığını kontrol ettikten sonra arka taraftaki masanın üzerinde istif ediyorlardı.

Nihayet kontratların imzalanması sorunsuzca sona erdi.

British Chartered Bank Yönetici Müdürü Hamilton, Tomita Otomotiv Türk Y.K.Bşk. Karaöz'ün konuşmalarının ardından Hayaşi ayağa kalktı.

Nihayet başardım... Hafiften gergin bir yüz ifadesiyle konuşmasını yapan Hayaşi'ye bakarken, İmanişi işi bitirmiş olmanın coşkusunu yeniden yaşıyordu. *Sıfırdan başlayıp, bu ellerle böylesine büyük bir işi kotardım.* İmanişi sessizce, masanın üzerinde avuç içlerini yukarı çevirdiği ellerine bakıyordu.

Bunu biraz uzaktaki bir sandalyeden izleyen Takahaşi'nin aklından '*İmanişi ne yapıyor acaba?*' sorusu geçerken yüzü garip bir hal aldı.

"Öyleyse, sendikasyonun tamamlanmasının şerefine!"

Konuşmasını bitiren Hayaşi, coşkulu bir yüz ifadesiyle şampanya bardağını tutarak, salondakileri kadeh kaldırmaya davet etti.

Flaşlar birbiri ardına patlıyordu. 64 şampanya bardağı altın ışıltıları saçıyordu. Tomita Otomotiv Türk ve İngiltere'deki Türkiye Büyükelçiliği'nden gelen katılımcılara ek olarak, koyu takım elbiseler içerisindeki 46 bankacının topluca ayağa kalkarak, kasvetli lonca salonunda kadeh kaldırmaları etkileyici bir görüntüydü. Takahaşi şampanyasını yudumlarken, kendisinin de artık uluslararası finans mafyasının katıksız bir üyesi olduğu hissini yaşıyordu.

Sözüm, senettir... Takahaşi'nin aklında tek bir cümle vardı.

Kadeh kaldırma merasimi tamalanınca, katılımcılar tekrar resepsiyon salonuna alındılar.

Resepsiyon salonunda, bu kez kahvenin yerine kokteyl hazırlanmıştı. Öğlen yemeği öncesindeki kısa sürede, sendikasyonun başarıyla tamamlanması kokteyl içilerek kutlanacaktı.

İmza törenine katılmayan bankaların yerine de, finansman kontratlarının imzalanması gerekiyordu. Sendikasyon kredilerinin imza törenlerine, katılımcı bankaların tamamının mutlaka katılması gerekmez. İmza törenine katılmayan bankalar ana düzenleyici bankaya imza yetki belgesi vererek, kendi yerlerine imza attırırlar.

Kimseciklerin kalmadığı imza töreni salonunun bir köşesinde, bir avukatın eşliğinde, İmanişi 27 kontratı teker teker imzalıyordu. İmza için tükenmez kalem kullanıyordu. Mümkün olsa dolmakalem kullanarak layığıyla imzalamak isterdi ama bu kadar çok sayıda kontratı imzalaması gerekiyordu ve her birinin mürekkebinin kurumasını bekleyecek zamanı da yoktu.

Cezaya kalmış ilkokul öğrencileri gibiyim.

İmza atarken, İmanişi kendi haline gülüyordu.

"Geçmiş olsun!" dedi, yan taraftan bir ses.

Şube Müdürü Hayaşi idi. İmanişi ayağa kalktı. "İmanişi, mükemmel bir imza töreni idi. Ben de böylesine bir imza törenini Londra görevim boyunca bir kez ya yaşarım, ya yaşamam. Anılarıma kazınacak bir deneyim oldu. Gerçekten teşekkür ederim." Hayaşi'nin coşkusu yüzünden okunuyordu. "Ne demek efendim! Esas ben bugünkü harika konuşmanız için teşekkür ederim" dedi İmanişi başını saygıyla eğerken.

Biraz sonra, Gulf Banking Coorperation'dan Kate Cunningham geldi.

"Bay İmanişi, kendinizi işten kurtaramıyorsunuz... Buyrun, sizin için" dedi, kir-royal dolu ince uzun bardağı uzatırken.

"Teşekkürler." İmanişi gülümseyerek bardağı aldı.

Sonunda, İmanişi bütün finansman kontratlarını imzalamayı tamamlayarak, gümüş kaplama tükenmez kalemini ceketinin iç cebine koydu. Ayağa kalkarak avukatla el sıkıştı.

O an, İmanişi son bir kaç aydır soluğunu sürekli ensesinde hissettiği Co Tatsuhana ve Morgan Drexler'in ezici gölgesinden özgür kalmanın sevincini yaşamaya başladı. Son yazışmadan sonra, West Jerusalem Bank'taki Abraham Alon'dan hiçbir haber çıkmamıştı. Finansman kontratı imzalandıktan sonra da kimse karışamazdı artık.

İşte bitti! İçinden havalara uçarak sevinç çığlıkları atmak geliyordu.

Sendikasyon başarıyla tamamlanmış, belki alkolün de etkisiyle resepsiyon salonu imza töreni öncesinde olduğundan bir kat daha gürültülü bir hal almıştı. Frankfurt Dresden Bank'tan Hessel bir sonraki işin peşinde midir bilinmez, Tomita Otomotiv Türk Y.K.Bşk. Karaöz'e yapışmış kalmıştı. British Chartered Bank'tan Harland ve Suminoe Bankası'ndan Tagava şu an toparlamaya çalıştıkları İspanyol İberia Hava Yolları sendikasyonunun akıbeti hakkında tahminler yürütüyorlardı. Salonun bir köşesinde Yvonne ve Kate Cunningham ellerinde kırmızı şarap bardaklarıyla hararetli bir konuşmaya dalmışlardı.

İmanişi, Takahaşi ile birlikte Türk bankacıların arasına katılmıştı.

Bu seferki sendikasyona Türkiye bankaları katılmamışlardı ama Samsun Bankası gibi Tomita Otomotiv Türk ile yakın ilişkiler içerisinde olan üç büyük Türk bankasından altı bankacı konuk olarak imza törenine davet edilmişlerdi. Bir süre Türkiye'deki son gelişmeleri konuştular.

"Bu arada, Fukoku Bankası en son Türk Hava Yolları finansmanına katılmamıştı değil mi?" diye sordu, Samsun Bankası Uluslararası İlişkiler Bölümü Müdürü Yetkin.

İmanişi, "Haa, şu Morgan Drexler'in el attığı yedi Boeing 747-400 uçağının finansmanı işi değil mi? Yanlış hatırlamıyorsam o finansman Türk Lirası üzerinden yapılmıştı. Bizim Türkiye'de şubemiz yok, o yüzden Türk Lirası olarak sermaye bulmamız çok zor. O yüzden katılmadık" diye yanıtladı.

"Demek o yüzden katılmadınız. O finansmana biz oldukça yüksek bir rakamla katıldık. Eh, nihayetinde Samsun Bankası Türk Hava Yolları'nın ana bankası konumunda. Türk Hava Yolları'nın uzun bir aradan sonra piyasaya çıkan böylesine büyük bir finansmanı olunca, yerel bankalar elbette katıldılar ve birçok yabancı banka da sendikasyonda yer aldı."

"Ne zaman imza ediliyor?"

"İmza töreni on gün önce yapıldı. Üç gün önce de 1 milyar dolar tutarındaki kredi çekildi ve şu an bizim bankamızdaki Türk Hava Yolları hesabında yatıyor. Yerel ve yabancı bankalar Türk lirasını olduğu gibi toparlayıp bizim bankamızda hesap açmış gibi bir durum oldu." Yetkin durumdan oldukça memnun gibiydi. "Sermaye şu an Türkiye Merkez Bankası'nda repo edilerek kullanılıyor."

Nasıl yani? On gün önce imza töreni yapılmış ve kredi de çekilmiş ha! Öyleyse Morgan Drexler neden kredi anlaşmasını basına açıklamadı? Böylesine büyük bir işte, sadece

Drexler değil, kim olursa olsun görkemli bir basın duyurusu yapmak ister.

Yüreği ağzına gelmişti.

"Pekiyi, uçakların teslimatı ne zaman?" diye sordu İmanişi, korka korka.

"Haa, teslimat. Bugün olacağını söylüyorlardı."

Bir anda İmanişi'nin beti benzi atıverdi.

"Bay Yetkin, kusuruma bakmayın lütfen, ayrılmam gerekiyor." Gergin bir ses tonuyla izin istedikten sonra Takahaşi'ye döndü. "Feci bir şey oldu. Hemen bankaya dönmeliyim. Geri kalanı siz halledersiniz artık."

Takahaşi bir şey sormaya vakit bile bulamadan, İmanişi resepsiyon salonundan dışarı fırladı.

Oyuna getirildik!

Elektriğe kapılmış gibi bir şok dalgası İmanişi'nin kafasının içinde dolaşıyordu. Gözleri kararıyordu, her an yıkılmak üzereydi.

Kokteyl ve şampanya safra ile karışarak boğazına kadar yükseliyordu. Bunu boğazında durdurmaya çalışarak, İmanişi imza töreni salonu ve Fukoku Bankası Londra şubesi arasındaki yolda var gücüyle koşuyordu. Foster Sokağı'ndaki küçük İtalyan lokantasından çıkan müşterileri ucu ucuna sıyırdıktan sonra hemen Cheapside Caddesi kavşağına ulaştı. St. Paul Katedrali'nin çan kulesi görülüyordu. Caddede öğlen tatilinde Noel alışverişine çıkan insanların kalabalığı vardı. İmanişi insan kalabalığını yara yara ilerledi, otobüs durağındaki insanlara çarpmamaya dikkat ederek koştu. Elinde alışveriş çantası olan bayana çarpacak gibi olunca "Sorry!" diye bağırdı. Kadın soğuk gözlerle baktı. Nefesi gitgide daralıyordu. Yolda yürüyen insanlar, soğuk havada tek bir gömlek kalmış, ceketini kolunun altına kıstırmış, damarları patlayacakmış gibi şişkinleşmiş halde koşan bu Uzandoğuluyu görünce şaşkınlık içerisinde bakıyorlardı. Kaşlarını çatıyor, aşağılayarak gülüyorlardı. Fakat gözü çevresinde olan biten hiçbir şeyi görmüyordu. Kendisinin iki yanındaki manzara yanlış odaklanmış fotoğraf gibi şerit halinde akıp gidiyordu sadece. St. Mary le Beau Kilisesi'nden az önce yaya geçidi olmayan bir yerden siyah taksiler ve motosikletlerin arasında sıçraya sıçraya karşıya geçip Bread Caddesi'ne girdi. Eski, tuğla duvarlı hukuk bürosu binasının önünden geçince inşaat alanına geldi. İmanişi sağ eliyle başını koruyarak, bir kenarına boru istif edilince daralan yoldan koşarak geçti. Neredeyse yola saçılan inşaat malzemelerine takılıp düşecekti. Oradan kurtulup geniş Canon Caddesi'ne ulaşınca siyah Fukoku Bankası binası karşısına çıktı.

İmanişi dosdoğru Fukoku Bankası'na dalar dalmaz kendini asansöre attı.

Asansörün ağır hareketleri katlanılacak gibi değildi. İşlem salonunun bulunduğu 7. kat düğmesine üst üste birçok kez bastı. Artık kan ter içinde kalmıştı, tüm vücudundan buğu yükseliyordu. Soğuk havayla yüzü kıpkırmızı kalmıştı. İmza töreni için muntazaman yatırdığı saçları darma dağın olmuştu.

Nihayet asansör 7. kata ulaştı.

İmanişi henüz yarısı bile açılmayan kapının aralığından uçarcasına geçti. Nefesi kesilerek, neredeyse yuvarlanır gibi işlem salonunun kapısına vardı.

Kapıyı gürültüyle açtı.

İşlem salonunda gece sessizliği hakimdi.

50 kadar simsar ve asistanları koltuklarına yığılıp kalmışlardı. Arada sırada müşterilere bakan simsarlar neredeyse fısıldarcasına bir sesle müşterilerin siparişlerine yanıt verme sesi duyuluyordu sadece. İşlem salonunun ortasındaki büyük masada oturan müdür yardımcısı Tsuçiya transa geçmiş gibi monitör ekranına bakıyordu. Beti benzi atmıştı.

Geç kaldım!..

İmanişi yaklaşınca, Tsuçiya güçsüzce ona döndü. Her zaman özenle taktığı kravatını gevşetmiş, gözlerindeki canlılık kaybolmuştu.

"Ha, İmanişi, sen misin?... Bir şey mi istiyorsun?"

Sesi sinek vızıltısını andırıyordu. İmanişi'nin vereceği yanıtın hiçbir önemi yokmuş gibi, isteksiz bir yüz ifadesiyle tekran monitör ekranına döndü.

"Türk lirası...aniden düştü mü yoksa?" İmanişi sormaya korktuğu soruyu ağzından çıkartmayı başarmıştı.

"Evet..." diye yanıtladı Tsuçiya sesi zorla çıkıyor gibiydi. "Neden pekiyi!? Neden bugün aniden tepetaklak oldu!? Ne oldu ha?" Tsuçiya başını ellerinin arasına aldı.

"Pekiyi....Kaybımız çok mu büyük?" İmanişi'nin sorusu karşısında Tsuçiya bir an tereddüt edermiş gibi bakışlarını havaya dikti. "...En iyimser rakamla 10 milyar Japon yeni."

"10 milyar Japon yeni..." İmanişi seslice yutkundu. Tomita Otomotiv Türk sendikasyon kredisi sayesinde İmanişi'nin kazandırdığı parayı kat kat aşan bir miktardı.

"Neden...neden? Şu son iki üç gündür Türk Lirası piyasası çok dengedeydi halbuki..." Tsuçiya'nın gözleri dolmuştu. Ağlamaklı gözlerle İmanişi'ye bakıyordu.

O an, İmanişi'nin belleğinde, bu yılın Nisan ayında Londra'daki bir gece klübünde gördüğü bir sahne tüm berraklığıyla canlandı. Tatsuhana'nın not defterinde, kargacık burgacık notların düşüldüğü bir sayfa. "Türk Hava Yolları", "X7:141298 (14 Aralık 1998, yedi uçak)" ve "Fukoku B/K Tsuchiya (Fukoku Bankası Tsuçiya)."

İmanişi olduğu yerde çakıldı kaldı.

Şimdi herşeyi çok net anlayabiliyordu.

Türk Lirasındaki ani düşüş, Morgan Drexler'in Tomita Otomotiv Türk kredisinin imza töreni ile aynı saatte, 1 milyar tutarındaki Türk Lirasını bankalar arası piyasaya sürmesinden kaynaklanıyordu. Tatsuhana, Türk Hava Yolları'na yedi Boeing 747-400 uçağının teslimatını kullanmıştı. Tomita Otomotiv Türk kredisinin yetki belgesi Fukoku Bankası'na verildikten hemen sonra, Tatsuhana Türk Hava Yolları'nın ağzına bir karış bal sürerek, Amerikan doları bazında yapılacak olan finansmanı Türk lirası bazlı finansmana çevirmişti. Sonra da hiçbir şeyden haberi olmayan Tsuçiya ile Türk lirası ileriye yönelik işlem hacmini arttırdıkça artırmıştı. West Jerusalem Bank'ı kullanarak, Tomita Otomotiv Türk imza törenini uçakların teslimatına kadar geciktirmişti.

Uçakların satın alım bedeli normalde, teslimat günü imalatçıya Amerikan doları olarak ödenir. Uçakların teslimatında planlanan tarihin değiştirilmesi durumunda havayolları şirketi yetkililerinin onayı ve muazzam rakamlarda faiz sorunu ortaya çıkacağından, Tatsuhana Tomita Otomotiv Türk'ün imza törenini geciktirme yoluna gitmişti.

Üç gün önce Türk Hava Yolları'ndan alınarak yatırılan 1 milyar dolar değerindeki Türk Lirasını Samsun Bankası bankalar arası piyasaya sürmeksizin, Türkiye Merkez Bankası'nda repo yaparak kullanmıştı. O yüzden piyasada bir süre Türk Lirası şorta düşmüş, Amerikan doları gibi diğer para birimleri karşısında güçlü konumunu sürdürmüştü. Bunu görerek havaya giren Tsuçiya son iki üç gün içerisinde bir çırpıda ileriye yönelik satın alım pozisyonunu yükseltmiş olması can alıcı olmuştu.

İmza töreni günü, Morgan Drexler Samsun Bankası hesabında duran 1 milyar dolar değerindeki Türk Lirasını bir anda dolar almak için kullanmıştı. İşlemden iki gün sonra ciro edilen dolar gibi para birimleriyle farklı olarak Türk Lirası döviz işlemlerinde Londra saatiyle 14:00'a kadar işleme giren miktarlar o gün ciro edilir. Dolayısıyla o gün uçakların bedeli için kullanılması mümkündür. İşlemlerin yapılış şekli de ustacaydı. Bir sefer için 20-30 milyon dolar tutarındaki küçük parçalı işlemlere ayırarak dünyanın farklı yerlerinde ve farklı bankalarda işleme sokacak şekilde muazzam ölçekteki Türk Lirası satışını gerçekleştirmişti. Bir saat sonra bankalar arası piyasa katılımcıları farkına vardığında, piyasa çoktan Türk Lirasıyla dolup taşmıştı. 200 milyon dolarlık bir işlemle allak bullak olacağı söylenen Türk Lirası piyasası dik bir eğri çizerek tepetaklak olmuştu. Simsarların panik satışları da buna iyice ivme kazandırmıştı.

Ani düşüş Tsuçiya'yı doğrudan vurmuştu. Morgan Drexler'in ani düşüş sonrasında piyasadan ucuza topladığı Türk Lirasını önceden planlandığı gibi yüksek fiyata satın almak tuzağına düşmüş, göz göre göre zarar rakamı iyice kabarmıştı.

Öte yandan, Morgan Drexler Tsuçiya ile olan ileriye yönelik işlemlerinde muazzam bir kar sağlamıştı. Yine, 1 milyar dolar tutarındaki Türk Lirası satışından Türk Hava Yolları'ndan komisyon da almıştı.

"Bay İmanişi."

Olduğu yerde çakılı kalan İmanişi'ye, Tsuçiya'nın yanındaki sekreteri ahizeyi uzatarak seslenmişti. "İstanbul'dan Haluk adlı birinden telefon var."

İmanişi sekreterden ahizeyi aldı.

"Tetsu! Tam bir facia!" Haluk'un içine düştüğü panik sesinden belli oluyordu.

"Niye ki!?"

"Tomita Otomotiv Türk hisseleri aniden düşmeye başladı. Morgan Drexler'in Türkiye şirketi müthiş bir açığa satış başlatmış."

"Ne dedin?" dedi İmanişi hayret içerisinde.

"İmanişi Bey!" O an, yanındaki Japon simsar seslendi. "İstanbul'dan bir telefon daha var."

İmanişi kuşkuya kapılarak, Haluk'a kendisinin tekrar arayacağını söyleyip, diğer telefonu aldı.

"Ben İmanişi, buyrun?"

"İmanişi. Uzun zaman oldu görüşmeyeli... Hıhhıhhıı." Yerin derinliklerinden yankılanarak geliyormuş gibi bir gülme sesiydi.

"Tatsuhana! Sen ha!..."

"Nasıl buldun? Biraz erkenden Noel hediyesi vereyim dedim."

"Sen...Tomita Otomotiv Türk hisselerine varana kadar açığa satışa girmişsin, niyetin ne senin? Tsuçiya'yı mahvettin zaten, yeterince kazanmadın mı!?"

"Henüz değil" dedi Tatsuhana soğuk bir sesle. "Elimize geçen şansı sonuna kadar kullanırız. Kazanabildiğimiz kadar kazanırız. Sonra da düşmanımızı yerle bir ederiz. İşte bu Amerikan tarzı."

"Seni..." İmanişi dişlerini gıcırdatıyordu.

"Tomita Otomotiv Türk sendikasyonunda çok zahmete girdin. Ancak, hisse değeri düşerse güvenirliğini kaybeder ve Tomita Otomotiv Türk halihazırdaki banka borçlarını erteleyemez hale gelir. Öyle olunca da çapraz ödeyemezlik işletilir ve 150 milyon dolarlık sendikasyonu da çekemez. Senin bütün çabaların da buhar olup uçar. Neyse, keyfine bak. Hahhahhahhah..."

Tatsuhana telefonu çarparak kapattı.

O sırada İstanbul'da, Tomita Otomotiv Türk mali işler müdürü Dişli, Drexler'in Türkiye şirketinden içeri hışımla dalmıştı.

"Bay Tatsuhana'yla işim var!"diye danışmada haykırdıktan sonra, yol göstermelerine imkân bırakmaksızın bir çırpıda dördüncü kattaki işlem salonuna çıkmıştı.

Dişli işlem salonunun kapısını yıkarcasına bir gürültüyle açtı. Kapıya yakın oturanlar şaşkınlık içerisinde masalarının ön panelleri üzerinden Dişli'ye baktılar. Dişli'nin salonda gezdirdiği öfke yüklü bakışları, monitör ekranını izleyen Tatsuhana'nın sırtını bulduğunda çakıldı kaldı.

"Hey, Bay Tatsuhana! Ne yaptığının farkında mısın!?"

Tatsuhana yanıtlamadı. Sırtı dönük halde ekrana bakmaya devam ediyordu.

"Hey, duymuyor musun!? Cevap versene, hey!" Dişli sırtına doğru bağırıyordu.

"Duyuyorum elbette." Tatsuhana boğuk bir sesle, sırtı dönük halde yanıtladı. Bir sonraki an koltuğunu çevirerek Dişli'ye döndü.

"Aa..." O halini gördüğünde, Dişli farkında olmadan şaşkınlığını belli etmişti.

Tatsuhana'nın gözlerine kıpkırmızı kan oturmuş, iyice çekikleşmişti. Mezarlıkta kan emen bir vampir aniden işini bırakıp da dönüp bakıyormuş gibi bir hali vardı. Bakışları bir şeye saplanıp kalmıştı sanki. Dişli bir an, Tasuhana'nın ağzının kulaklarına kadar yırtık olduğu sanrısına kapıldı. Sanki adamın tüm vücudundan kara bir kötülük bulutu yayılıyordu.

Dişli sözcüklere dökülemeyecek bir korkuya kapılarak, söylecek söz bulamadı.

"Ne yaptığımın elbette farkındayım" dedi Tatsuhana, yavaşça. Gerilmiş yüzünde tuhaf, alaycı bir gülümseme belirmişti. "Tomita Otomotiv Türk hisselerini açığa satış yapıyorum işte. Ne olmuş ki?" Bir yılan kırmızı diliyle yalıyormuş hissi veren bakışlarıyla Dişli'yi süzüyordu.

"Bunun bizim için nasıl bir sorun yaratacağını biliyor musun, pekiyi?" Dişli nihayet korkusundan sıyrılmayı başarmıştı. "Tomita Otomotiv Türk'ün güvenirliğini yok eder, hatta belki iflas etmesine bile neden olabilirsin!"

"İflas? Neden olmasın? Neticede benim için farketmez."

"Farketmez mi?..."

"Elbette. Hiç farketmez. Ben bu açığa satış sayesinde Morgan Drexler ve kendim için para kazanıyorum. Benim için durum bundan ibaret. Senin şirketine ne olacağı hiç umrumda değil."

"Tomita Otomotiv ile Morgan Drexler'in ilişkileri ne olacak!? Tomita Otomotiv, Japonya'yı temsil eden bir dünya şirketidir. İşleri sadece Türkiye ile sınırlı değildir. Bu yaptığınla, Morgan Drexler tüm dünyada Tomita Otomotiv ile iş yapma şansını kaybeder."

"Hahhahhahhaaa..." Tatsuhana kahkahayı patlattı. "Hahhahhahhaa..."

Şaşkınlık ve öfkeyle, Dişli gözlerini kıstı.

"Komik olan ne?"

"Hahhahhahhaaa..." Uzun uzun güldükten sonra, Tatsuhana nihayet konuşmaya başladı. "Bay Dişli. Sen de US Atlantic Bank'ın yatırım bankacılığı bölümünde çalışmış olmana rağmen çok aptalca konuşuyosun."

"Aptalca mı?"

"Evet öyle. Benim sürekli Morgan Drexler'de kalacağımı mı sanıyorsun."

"...."

"Yatırım bankacılarını bağlayan tek şey paradır. Ben bu açığa satış sayesinde 5 Milyar Japon yeni kazanacağım. Ondan sonra Drexler'de kalmamı gerektiren hiçbir şey yok. O yüzden de Drexler ile Tomita Otomotiv'in ilişkilerinin ne olacağı hiç umrumda değil."

"Uhmm..." Dişli neredeyse hırlıyordu.

"Üstelik" dedi Tatsuhana, delici bakışlarını Dişli'ye yönelterek. "Tomita Otomotiv'in Morgan Drexler'le ilişkilerini askıya alabileceğine gerçekten inanıyor musun? Bizim gücümüz olmadan piyasada doğru dürüst sermaye sağlayabileceğinizi mi sanıyorsun? M&A işlemlerini sürdürebilir misiniz?... Bay Dişli. Sen de anlıyor olmalısın. Şirketler istese de istemese de Amerikan yatırım bankalarına yaslanmak zorundadır." Tatsuhana'nın bakışları Dişli'ye tepeden bakıyormuş gibi bir hal almıştı. "Çünkü piyasaya biz hükmediyoruz."

Dişli yanıt veremiyordu ama dik dik Tatsuhana'ya bakıyordu.

"Sonra, bir şey daha" dedi Tatsuhana. "Tomita Otomotiv'in Amerika'da büyük fabrikaları var değil mi? Azınlıklara ya da kadınlara karşı ayrımcılık yapılmadığından emin misin? Haksız rekabete yol açacak hareketleri yoktur değil mi? Bir araştırsak sürüyle açık yakalarız herhalde... Biz yatırım bankalarının OB'lerinin çoğu Amerikan hükümetinin çekirdeğindeler. Başta gelen bir isim olarak Maliye Müsteşarı Robert Rubin var. Eğer istersek Ticaret Bakanlığı ya da Adalet Bakanlığı'nı harekete geçirerek çeşitli açılardan baskı yapabiliriz. Avukatları kullanarak Tomita Otomotiv için çökertici etkisi olabilecek muazzam miktarlarda tazminat davaları açtırabiliriz." Tatsuhana sözlerine sırıtarak devam etti. "Zaten Amerika'da sansasyon peşinde olan binlerce avukat var."

Dişli, dişlerini gıcırdatıyordu.

"Bay Dişli. Şirketler ve Amerikan yatırım bankalarının ilişkisi aşk ve nefreti birarada yaşamak gibidir. Bu ilişkiden kaçmanın yolu yoktur" dedi Tatsuhana, bir nutuğun sonunu bağlar gibi. "Eh, artık burayı terketmenizi rica edebilir miyim? Şu anda tam iş ortasındayım."

Ne zaman geldilerse, siyah üniforma giymiş iki iriyarı güvenlik görevlisi, ellerini Dişli'nin kollarına uzattılar.

"Dokunma!" Dişli güvenlik görevlisinin elini silkeledi. "Bay Tatsuhana. Böyle her şeyin istediğin gibi yürüyeceğini sanma, yanılırsın!" İşlem salonuna sırtını döndü.

"Tozol!" dedi Tatsuhana, hırlar gibi bir ses tonuyla ve koltuğunu çevirerek monitör ekranına döndü. "Hey, haydi 200 milyon Tomita Otomotiv Türk hissesi satıyoruz!" diye bağırdı, yanındaki simsara.

Tomita Otomotiv Türk hisseleri düşmeye devam etti.

O gün tüm öğleden sonra ve ertesi gün öğleden önce ilk seansta % 10'luk alt sınıra ulaşınca, işlemleri durduruldu.

İşlemleri durdurulan hisseler, daha sonra beş seans daha işleme sokulmazlar. O yüzden tekrar işleme sokulması üç gün sonraki ilk seansta olacaktı. Hisseler bu şekilde tekrar işleme girdiğinde, hisse değeri sınırlaması da ortadan kalkar ve hisselerin dibe vurması olasılığı da yeterince vardır. Zaten piyasada Tomita Otomotiv Türk hisselerine karşı bir tedirginlik oluşmuş, panik havası yayılmaya başlamıştı.

Hisseler düşmeye başlayınca, Dişli'nin ofisine alacaklı bankalardan gelen telefonların ardı arkası kesilmedi. Hisselerin işlemleri durdurulunca verdiği kredinin geri ödenmesini isteyen bankalar da oldu.

Tomita Otomotiv Türk iyice köşeye kıstırılmıştı.

Bu durumdan kurtulmanın çaresini bulmak için Tokyo'daki merkez ile telefonlar ve e-postalar yoluyla yoğun bir görüşme trafiği yaşanıyordu.

Hisse işlemlerinin durdurulduğu gün öğleden sonra Dişli nihayi kararını verdi. Ahizeyi kaldırarak düşünceli bir yüz ifadesiyle telefon numarasını tuşladı. Bir süre sonra karşı tarafın santrali cevap verdi. Dişli son ümit olduğuna inandığı kişiye bağlamalarını istedi.

"Bay İbuki lütfen."

3.

Üç gün sonra, Tatsuhana öğleden önce 9:30 sularında Drexler Yatırım Türk'ün işlem salonuna geldi. Önceki akşam su katılınca rengi değişen "rakı" adlı Türk içkisiyle zaferinin ön kutlamasını yapmıştı. Biraz fazla kaçırmış olacak, hafiften başı ağrıyordu.

Pencerenin ardında, hemen yakındaki Boğaz sabah ışıklarını yansıtarak pırıltılar açıyor, kurşuni ışıltılar içerisinde güneşi arkasından alan gemilerin silüetleri kayarcasına ilerliyordu. Ön taraftaki caddeden araba ve motorsikletlerin gürültüsü geliyordu.

Saat 10:00'da açılan İstanbul Menkul Kıymetler Borsası'nda işlemlerin başlamasına 30 dakika kalmıştı.

Tatsuhana parmaklarını işlem masasındaki klavyenin üzerinde dolaştırarak ekranı açtı. İki yüze yakın kalemin dünkü kapanış fiyatları tüm ekranı kaplamıştı. Tomita Otomotiv Türk hisseleri üç gün önce işlemlerinin durdurulduğu 17,420 Lira rakamı siyah yazıyla yer alıyordu. Siyah yazılı değerler hisselerdeki düşüşü kırmızı ise yükselişi ifade eder.

"Esas eğlence şimdi başlıyor" dedi Tatsuhana, yanındaki Türk simsara.

"Fiyat sınırları da ortadan kalkınca nereye kadar düşecek acaba?" Kulaklı telefonun alıcısını başına takan Türk simsar sırıtıyordu. Yüzünün sol tarafında mikrofon ileri doğru çıkmıştı. Ceketini çıkartmış, beyaz gömleğiyle kalmıştı. Her haliyle piyasanın hareketleri hakkında anlık tepkiler verebileceği belli oluyordu.

"Satalım, satalım, satıp savalım. Hıhhıhhıh."

Bir süre sonra saat 10:00'ı gösterdiğinde borsanın ilk seansı başladı.

Tomita Otomotiv Türk hisseleri başdöndürücü bir hızla düşüyordu. Kolayca 17,000 Lira sınırını geçti.

"Beklediğimiz gibi" dedi, Tatsuhana'nın yanındaki Türk simsara gülümseyerek. "Bundan sonra her on dakikada bir dalga atağı yapalım. Önce 300 milyon hisse satalım."

"Tamam."

Türk simsar, mikrofon yoluyla borsa işlem salonundaki Drexler temsilcisine siparişi iletti. Anlık olarak ekrandaki Tomita Otomotiv Türk siyaf yazılı hisse değeri değişerek, 15,000 rakamına yaklaştı.

"Çok keyifli düşüyor." Tatsuhana'nın gülmesi durmuyordu. "Türkiye gibi borsa ölçeği küçük olunca çok keskin tepkiler veriyor. Uğraştığımıza değiyor."

"Yatırımcılarda da tam bir panik başladı" dedi Türk simsar, sırıtarak. "Piyasada herkes satmaya çalışıyor."

"Eh, iş buraya kadar geldiğine göre, gerçekten çökertelim o zaman." Tatsuhana'nın bakışlarında çılgınca pırıltılar belirmişti. "Haydi bakalım, şimdi de 200 milyon hisse. Satın!"

Ekrandaki rakam değişiyor, Tatsuhana satıyordu. Ekrandaki rakam yeniden değişiyordu.

Simsarların elinin altındaki telefonların panelindeki kırmızı ışıklar sürekli yanıp sönüyordu. Müşterilerden ve diğer borsacılardan gelen siparişlerin ardı arkası kesilmiyordu. Türk simsarlar sürekli borsa salonundaki temsilciye sipariş geçiyorlardı. Piyasa paniğe kapılan yatırımcıların satışıyla çığ gibi düşüyordu.

Öğleden önce 11:00'a kadar, Tatsuhana Tomita Otomotiv Türk hisselerinin % 20'sine denk gelen 3.2 milyar hissesini satmıştı. Hisseler çoktan 10,000 Lira sınırının altına inmiş, 5,000 lira çizgisi görünmüştü.

Öğleden önce 11:10'de borsa salonundaki temsilciden gelen haberi Türk simsar Tatsuhana'ya aktardı. "Satış siparişlerinin tamamı kabul edildi yapıldı."

"Tamam." Tatsuhana yanıtlarken, bir an tuhaf bi hisse kapıldı.

Kabul edilmiş olması, bir alıcının varlığını gösterir... Böylesine büyük miktarlardaki satışı absorbe edebilecek kadar alış da olmuş demek ki. Halbuki piyasada herkes satmak derdinde.

11:30'da ekrana bakan Tatsuhana'nın ağzı hayretten açık kaldı.

Tomita Otomotiv Türk hisse değeri rakamı bir an yükselme anlamına gelen kırmızıya dönmüştü.

Neler oluyor? Bu kadar sattığımız halde düşüş neden duruyor? Bu bir şaka olmalı.

Rakam hemen siyaha dönüştü.

Evet, evet, işte böyle!

Fakat, bir saniye sonra tekrar kırmızıya döndü.

Bu ne ya? Neler oluyor?

Bu kez bir süre kırmızıda kaldı.

Hisse değeri gıdım gıdım yükselmeye başladı. 7,000 Lira çizgisini aşıp 8,000 Liraya doğru ilerledi.

"Hey, yolunda gitmeyen bir şeyler var!"Tatsuhana yanındaki simsarla konuşmaya başladı.

"Evet, gerçekten de. Düşmesi gerekir halbuki."

"Deneme amaçlı olarak 300 milyon hisse daha satalım."

Simsar mikrofonla satış siparişini geçti. Fakat Tomita Otomotiv Türk hisse değeri hala kırmızıdaydı.

"Hey! Neler oluyor?" Tatsuhana bağırdı. "Satın alan kim?"

Türk simsar telaşla klavye tuşlarına vurmaya başladı.

Euro-link'in enformasyon ekranını açıp, satın alanın neresi olduğunu araştırdı. James Etiler Menkul Kıymetler Şirketi'nden büyük miktarlarda alım siparişleri geliyordu. Bir sonraki ekranda pasta dilimi şemasıyla alıcıların dağılımı görülebiliyordu. Yuvarlak şemanın tamamını kaplayan kırmızı renkten satın alım siparişlerinin reel olarak tamamının James Etiler Menkul Kıymetler'den geldiği anlaşılabiliyordu.

"Bu James Etiler Menkul Kıymetler de neyin nesi? Böyle bir şirketi hiç duymadım be!"

"Bir yıl kadar önce kuruldu, sadece borsa aracılığı konusunda uzmanlaşmış küçük bir menkul kıymetler şirketi. 30 kadar çalışanı var ve pek sermaye gücü de yok" dedi, Türk simsar.

"Öyleyse kendi başına satın almıyor demektir. Arkasındaki kim?"

"Bu ekrandan anlayabilmek mümkün değil. Borsa seans salonunda soralım." Bu yanıtı verir vermez, Türk simsar hızlı bir Türkçe ile mikrofona bağırmaya başladı. Bir süre sonra seans salonundaki temsilciden yanıt geliyor olacak ki, kulaklıklardan gelen sese dikkat kesildi. Başını sallayarak karşısındakinin dediklerini onaylıyordu.

"Yurtdışından büyük bir yatırımcı, büyük miktarlarda satın alım siparişi veriyormuş."

"Ne? Yurtdışından bir büyük yatırımcı mı!"

Onlar bu konuşmaları yaparlarken bile Tomita Otomotiv Türk hisseleri yükselmeye devam ediyordu.

"Lanet olsun! Kim bu? Nerede?" Tatsuhana'nın öfkeli bakışları ekrana çakılıp kalmıştı. "Adını bilmiyorlar mı?"

"Şu an seans salonundaki adamlarımız araştırıyorlar."

Hisse değeri yükselişe geçtikten sonra % 50 oranında eski değerini yakalamış, 10,000 Lira sınırına doğru sabit bir hızla ilerliyordu.

"Satın! Ne olursa olsun satın!" dedi Tatsuhana, bağırarak.

"Fakat daha fazla satarsak hisseleri bulabilir miyiz, bilemiyorum."

Yalnızca spot satışların kabul edildiği İstanbul Menkul Kıymetler Borsası'nda, işlemin yapılışının iki gün sonrasında hisse senedinin aslını teslim etmek gerekiyordu. Hisse senetlerini ödünç alarak bu teslimatı yapmak da söz konusu olabilirdi ama henüz bu tür emanetçiliğe dayanan piyasa gelişmemişti ve ödünç alınabilecek miktar sınırlıydı. O yüzden açığa satış durumunda, o miktarda hisseyi satın almadıktan sonra teslimat imkânsız hale gelecekti.

"Sen sat! Sat işte!" Tatsuhana gözlerine kan yürümüş haliyle bağırıyordu.

"Tomita Otomotiv Türk, 500 milyon hisse satın!" diye bağırdı simsar, mikrofona doğru. Yüzü kan ter içinde kalmıştı.

Fakat Tomita Otomotiv Türk hisselerinin yükselişi durmadı.

Sonunda ilk seans kapandığında 12,060 Liraya ulaşmıştı.

Öğle tatili boyunca, Drexler'in seans salonundaki adamları James Etiler Menkul Kıymetler'in arkasında olduğu söylenen büyük yatırımcının kim olduğunu bulmaya çalıştılar. Nihayet, ikinci seansın başlayacağı 14:00'dan az önce alıcının kimliği ortaya çıktı.

"Bmuda Investment adlı bir yatırımcıymış" dedi Türk simsar.

"Bmuda Investment!... Bu adı bir yerlerde duymuştum..." dediği anda Tatsuhana bir anda anımsayıverdi.

O İbuki adlı adamın şirketi! Bu yılın Nisan'ında GF Motor Finans Avrupa için yapılacak finansmanın imza törenine katılan gizemli Japon. Neyin nesi bu adam?"

"Bay Tatsuhana!" diye haykırdı yanındaki simsar, bakışlarını ekrandan ayırmadan. "Tomita Otomotiv Türk hisseleri birden %30 yükseldi. Yükselmeye de devam ediyor. Müthiş bir satın alım baskısı oluştu. Bu gidişle feci zararımız olacak."

"Ne dedin?"

Tokyo, Otemaçi.

İş yerlerinin yoğun olduğu caddedeki binalar kışın aydınlık sabah güneşi altında ışıl ışıldı.

Trenlerin yüksek viyadüklerden geçerken çıkarttığı takırtılar duyuluyordu. Tokyo İstasyonu'nun Marunouçi kuzey çıkışından paltolarını giymiş şirket çalışanları sürü halinde dışarı fışkırıyordu. Bu insanlar sessizce, İmparatorluk Sarayı'na kadar olan bölgeyi kaplayan Ote Center Building ve Otemaçi First Square gibi yerlerdeki iş yerlerine gidiyorlardı. Modern işyerlerinin bulunduğu semtin bir köşesinde 15 katlı sade bir bina vardı. O bina iki açıdan Otemaçi ve Marunouçi'deki binalarla farklı bir renk taşıyordu.

İlk olarak, çatısında dalgalanan kocaman bir Japon bayrağı vardı. Sanki Japonya'yı omuzlamaya hazır oldukları izlenimi uyandırıyordu. Bir diğeri ise binaya monte edilen dört devasa iletişim amaçlı uydu çanağıydı. Bu çanaklar sayesinde dünyanın her yanından elde edilen bilgiler biraraya getiriyor ve 80'i aşkın dünya ülkesinde 150 temsilciliği bulunan "güneşi batmayan" şirketin ihtiyacı olan bilgi yakıtını sağlamayı sürdürüyordu. Ayrıca bu çanaklar yeryüzünden 36,000 kilometre uzaktaki yörüngesinde bulunan şirkete ait "Rising Star" uydusuyla bilgi alışverişi gerçekleştirerek, şemsiye altında bulunan marketlere harita bilgileri ve programlar dağıtır. Japonya içerisinde 6000 marketten oluşan bu ağ yeni finans işinin çekirdeğidir.

İtsui Holding.

İtsui Banka, İtsui Metal ile birlikte Japonya'yı temsil eden eski tekelci holdinglerden "İtsui Grubu"nu idare eden köklü ailelerden birisidir.

Giriştikleri işler çok farklı alanlara yayılmıştır.

Ticari alış-verişlerde aracılık, çelik, demir dışı metaller, plantlar, elektirik, iletişim, otomotiv, kabotaj, uçak, petrokimya, ham petrol, gaz, gıda, tekstil gibi, üretim sektörlerine göre sınıflandırıldığında 150'yi geçen alanda, akla gelebilecek her şeyin ticaretini yürütmektedirler. Bunu da taşımacılık ve sigortacılık gibi ikincil bölümleri desteklemektedir.

Banka değildir ama sağladığı finansman 1 trilyon Japon yenini geçmektedir. Finansman içeriği de, işyaptıkları muhatapların satış bedelinin taksitlendırilmesinden, maden açma sermayesi, uçak finansmanı, kabotaj finansmanı, dış ticaret finansmanı, demiryolu vagon kiralama gibi yüksek düzeyde teknik gerektiren finansmanlara kadar çeşitli alanlara yayılmaktadır. Risk üstlenme şekli son derece ataktır. Finans kuruluşlarının kuyruklarını kıstıracakları türden işlere bile cesaretle girişirler. İşletmelere yaptıkları yatırım miktarı 1.3 trilyon Japon yeni. Menkul kıymetler işlemleri ile ilgili şirketleri ise toplam 1200 şirket. Yatırım amaçlı kullandıkları bir fona sahiptirler ve İtsui Holding ile hiç alış-veriş ilişkisi olmayan şirketlere bile sermaye kazanma amaçlı olarak yatırım yaptıkları olur. Ayrıca, değerli metal, ticari ürünler, ileriye yönelik işlemler, şirket alımları aracılığı da yapmaktadır.

Bir iş olduğunda, kendiliğinden farklı şekillere girerek, devasa bir amip gibi nüfuz alanını genişleten ve dünyada da benzeri bulunmayan işletme modeli, Japon tarzı holding.

O İtsui Holding'in binasının onuncu katında uluslararası finans bölümü bulunmaktadır.

Bölüm müdür vekili İbuki Şin'içiro sabah kahvesini gözünün önüne koymuş, masasının üzerindeki bilgisayarın excell sayfasında hisse alış-veriş verilerini kontrol ediyordu.

"Nasıl oldu İbuki, satın alımın yolunda gitti mi?"

50 yaşını iki-üç yaş geçmiş, düzgün yapılı bir adam ensesinden seslendi. İkinci Otomotiv Bölümü müdürü Mizuno idi.

"Günaydın!" İbuki sandalyesinden kalkmadan başını eğerek selam verdi.

"İstanbul borsasının son seansına kadar beklemiş, son trenin az öncesine kadar çalışmışsın, öyle mi?" Mizuno yanına kadar gelerek bilgisayarın ekranına göz attı. "Ohoo, muhteşem bir rakamla satın almışsın. Ortalama satın alım rakamı 9,000 Liradan düşük Ha!.. Kapanış fiyatının üçte biri kadar. Müthiş."

"Bugün piyasada satacak olsam 50 milyar Japon yeni civarında bir para tutar" dedi İbuki.

"Olmaz, olmaz." Mizuno buruk bir gülümseme takınarak, elini salladı. "Tomita Otomotiv Türk eskiden beri canı gönülden istediğimiz, stratejik yatırım hedeflerinden biriydi."

"Gerçekten de iyi bir şirket. Doğu Avrupa ve Ortadoğu'ya da ihracatı var ve o bölgenin tamamıyla otomotiv işi yapmak için bulunmaz bir üs."

"İstanbul ofisimizin iyi bir zamanlamayla James Etiler Menkul Kıymetler'den bu işin haberini alması büyük rol oynadı."

"O James Etiler Menkul Kıymetler de." İbuki bakışlarını bilgisayarının ekranına çevirdi. "Satın alım miktarlarını analiz edince, bizim dışımızda da onları kullanarak ökse atan yatırımcılar olmuşa benziyor. Aslında, bu tiplerin Tomita Otomotiv Türk'ün hisselerini ele geçirmek gibi bir dertleri yokmuş, öğleden önce ucuz fiyattan alıp, öğleden sonra yüksek fiyattan satarak biraz para kazanmışlar sadece."

"Haydi ya. İşte bu. Türk menkul kıymetler şirketlerinin manevraları müthiş. Bizim manevramızı yükselen marketler konusunda uzman kurumsal yatırımcılara gizlice bildirerek fişeklemiş ve komisyonlardan para yapmışlardır."

"Bizim açımızdan, bu tipler sayesinde piyasa istediğimiz gibi hareket ettiğine göre, belki de teşekkür etmeliyiz."

"Hıhıı. Bu sefer herşey planladığımız gibi gitti" dedi, kollarını göğsünde kavuşturan Mizuno, tatmin olmuş bir ifadeyle. "Sadece hisse sahibi olmakla kalmadık, Tomita Otomotiv'in bize borçlanmasını da sağladık."

"Türkiye Tomita mali işler bölümü müdürü Dişli'den de teşekkür telefonu geldi" diye yanıtladı İbuki, başıyla onaylayarak. "Hisselerin İtsui Holding üzerine geçirilişini ne zaman yapalım? Acil bir durum olduğundan, geçici olarak yurtdışı yatırımlarda kullandığımız Bmuda Investment üzerinde gözüküyor."

"İsmin değiştirilmesi yıl başında da olabilir. Tomita Otomotiv Türk baş hissedarı olduğumuzun basın duyurusunu bugün halkla ilişkiler bölümümüz aracılığıyla yapmak niyetindeyim."

"Bu arada, yurtdışı yatırım kurulunun onayını aldınız değil mi?" dedi İbuki sırıtarak. "25 milyar Japon yeni tutarında Türkiye hissesi satın alıp da "aslında ödeme onaylanmadı" gibi bir lafla karşılaşmak kalp sağlığı açısından pek hoş olmaz çünkü."

Bunu duyan Mizuno'nun yüzünde buruk bir gülümseme belirdi.

"Bak işte, sana Noel hediyem."

Mizuno ceketinin iç cebinden bir döküman çıkarttı. Sorumlu Y.K.Bşk. yardımcısının mührünü taşıyan bir ödeme emriydi.

"Böylelikle ben de sen de bu soğuklarda sokaklara düşmek durumunda kalmayacağız. Hahhahhaa.."

"Ödeme emri onaylanmasaydı, hisseleri satıp 50 milyar Japon yeni kazanmayı aklımda kuruyordum gerçi. Hahhahhaa..."

İki adam bir süre karşılıklı yüksek sesle güldüler.

"Bu akşam Ginza'da bir şeyler içelim. İkinci Otomotiv Bölümü ısmarlıyor."

Mizuno, İbuki'nin omzunu hafifçe sıvazlayarak odadan çıktı.

"İşte, Japon holdinglerinden biriymiş..."diye mırıldandı Hildreth, Londra'daki Morgan Drexler bürosunda Reuters ekranına bakarken.

Bu tipler sürekli aklıma takılmıştı. Lig tablosunda görünmezler ama bir anlamda, dünyının en güçlü yatırım bankalarıdır.

Hildreth, geçen sene el attığı, Ortadoğu'daki bir petrokimya projesini anımsadı. Morgan Drexler'in başlangıçta basit bir fizibilite raporu hazırlayarak finans takvimini çıkartmış olmasına karşılık, Japon holdingi olabilecek her alanda projeye el atmıştı. Proje için sponsör aramış, ayrıntılı fizibilite çalışmaları yapmış, yerel hükümetle iletişime geçmiş, kendiliğinden sermaye ayırarak EPC (Tasarım-İnşaat-Kontrat) aşamasını üstlenmiş, finansmanına katılmış, plantın işletmesini üstlenen operatörlüğü almış, hammadde sağlayarak, işlenmiş ürünü almış, projenin tamamlanmış halini gelecekte yerel menkul kıymetler borsasına açmak üzere planlar bile hazırlamıştı. Genel idare bölümü, uluslararası finans bölümü, kimyevi plantasyon bölümü, kimyevi ürünler bölümü, uluslararası inşaat bölümü, taşımacılık bölümü, yakıt bölümü, çelik boru ihracat bölümü, endüstri makinaları bölümü ve sigortacılık bölümü vs. olmak üzere bir seferde saymanın mümkün olmadığı sayıdaki bölümlerden birbiri ardına elemanlar gelerek, bir orkestra gibi bütün halinde güç birliğiyle projeyi olgunlaştırmışlardı. Hildreth, Japon holdinginin o ölçülmesi imkansız gücü ile yüzleştiğinde hayrete düşmüştü.

Japon bankalarının tasarruf hesapları ve kredi vermekten başka işlevleri olmayan uysal koyunlar olmaları, Japon menkul kıymetler şirketlerinin aracı olmaktan öteye gidememeleri bu holdinglerin yatırım bankacılığı işlevini yerine getirmesine bağlı olmalı...Roy C. Smith'in sözünü ettiği "Japon gücü" bu holdinglerden başka birşey olamaz!

Hildreth, İtsui Holding'in Tomita Otomotiv Türk'ün baş hissedarı oluşuna ilişkin Reuters ekranındaki haberi bir süre olduğu yerde çakılı kalarak izledi.

"Sarah!" Hildreth olduğu yerde dönerek Tatsuhana'nın sekreterine seslendi. "Co'nun bu akşam İstanbul'dan Londra'ya döneceği uçağın rezervasyonunu yap. Lufthansa havayolları ile Frankfurt aktarmalı geç bir uçuş olacaktı. Sonra da yarın öğleden sonra Bahreyn'e uçacağı uçak ve otel rezervasyonunu rica ediyorum. Bahreyn'de elektrik üretimi projesinin sendikasyon kredisi konusunu görüşmek gerekiyor. Dönüşünü de 23'üne ayarla."

"Jack" dedi Sarah adlı sekreter suçlayıcı gözlerle Hildreth'e bakarak. "Co şu an, büyük bir yenilgiye uğradı ve psikolojik olarak feci durumda olmalı. Kendi malvarlığının da büyük kısmını kaybetti. Buna rağmen, hemen Bahreyn'e uçmasını nasıl söyleriz?"

"Bunu anlayabiliyorum. Fakat ana-babası ölse de eşi ölse de" dedi Hildreth kasvetli bir ses tonuyla. "*Deals Must Go On*. İşler yürümelidir... İşte bu Amerikan yatırım bankasıdır."

Hildreth, bir an sekreterin bakışlarıyla karşılaştı. Bir an sessizlik hakim oldu.

"Anlaşıldı, öyleyse."

Sekreter derin derin iç geçirerek ahizeyi kaldırdı.

New York, Manhattan'da bir gökdelenin en üst katındaki daire.

BMJ (Beneditti Mondino&Janus) Y.K. Başkanı ve CEO'su Paolo Beneditti üzerinde pijamalarıyla boydan boya camla kaplı pencerenin yanına geçmiş, ağzındaki purosunu geveliyordu. Sabah güneşi, ayaklarının altında East Nehri'nin karşı kıyısındaki Brooklyn semtinin kahverengi binaları ve düzensiz evlerine vuruyordu. Brooklyn sözcüğü Hollanda dilinde 'taksim edilmiş bölge' anlamına gelir. Atlas Okyanusu'nu aşarak gelen farklı uluslardan insanların birlikte yaşamaya başladığı bir yerdir. Günümüzde bile yüzü aşkın etnik grubun varlığı bilinmektedir. O halk semtinden Goldman Sachs'ın efsanevi patronu Sydney Weinberg ve Citi Grubu'nun ortaklığına kadar yükselen Sandy Weill çıkmıştır. İtalyan göçmeni Beneditti de orada büyümüştü.

Purosunu tüttüren Beneditti'nin yüzünde zafer kazanmış olmanın verdiği tatmin duygusu hissedilebiliyordu.

Rusya kriziyle yükselen piyasalarda başlayan kaos neticesinde BMJ'nin işleri büyük ölçüde sarsılarak, finans dünyası devi Morgan Drexler'in rekabet alımı atağından kılpayı kurtulması dört ay önce olmuştu. Kıran kırana sıkıntılı bir mücadeleydi ama iki hafta önce Ortadoğu'daki Bahreyn'de merkezi bulunan şirket satın alımları konusunda uzman yatırım bankası Acquisition Corp'tan sermaye bulmayı başarmıştı. "Beni iyi dinle, yükselen piyasalar mutlaka kendini toplayacaktır" demişti Beneditti, Acquisition Corp'tan John McGloughlin'e. "Şu dünyadaki düşük faizlere bak. Japon yeni sıfır seviyesinde, Avro ise % 3, dolar ucu ucuna %5. Böyle ekmek kırıntısı niteliğindeki faiz oranları karşısında yatırımcılar ne kadar sabırlarını koruyabilir ki? Yüksek dönüş zokasını yutarak tekrar yükselen piyasalara döneceklerdir. Paranın gidebileceği başka bir yer yok. BMJ de kendini mutlaka toparlayacaktır."

BMJ, Acquisition Corp'tan sağladığı sermaye ile kendi hisselerini satın almıştı. Böylelikle, Morgan Drexler'e geçme ihtimali olan akışkan hisselerini büyük oranda azaltmış ve satın alım ataklarını önlemeyi başarmıştı.

Acquisition Corp açısından da kötü bir iş değil. Ne de olsa, onlara BMJ'nin hisseleri yükseldiğinde krediyi hisse senedine çevirerek büyük kar elde etme opsiyonu tanıdım. Yine de...

Beneditti'nin yüzünde tebessüm belirdi. Birçok badire atlatmayı başarmış, derin çizgili yüzü tebessüm ettiğinde çetin bir hava veriyordu. Sandy Weill gibi, sadece dipten yükselen adamların sahip olduğu etkileyici bir yüz.

McGloughlin'in o suratı görülmeye değerdi.

Beneditti sesli sesli neşeyle güldü.

Ben Türkiye'deki James Etiler Menkul Kıymetler'den Drexler'in büyük ölçekli bir açığa satış planladığı haberini alıp, tiplere kazık atacağımı söyleyip de•ek para vermesini söylediğim anki McGloughlin'in afallamış yüzü. Sonra da tam tahmin ettiğim gibi Tomita Türk hisselerini ucuz fiyattan alıp, yüksek fiyattan satarak 60 milyon dolar kazandığımı söylediğim anki, boğazına bir şey kaçmış gibi ifadesi...

Beneditti tekrar seslice güldü.

Sonra da iyice kısalan purosunu mermer kültablasına bastırırken kendi kendine söylendi.

"Kendi tarafımızdakilere de güvenemezsek, erkeklik bitmiş demektir."

O sıralarda, İstanbul'daki Drexler Yatırım Türk işlem salonunda, Tatsuhana transa geçmiş gibi bir halde koltuğa yığılıp kalmıştı. Yanındaki masada Türk simsar endişeli bir yüz ifadesiyle parmaklarını bilgisayarın klavyesinde gezdirerek alışveriş bilançosunu hesaplıyordu.

"Bilanço çıktı." Hesaplamayı bitirince Tatsuhana'ya döndü.

"...yaa"

"İşleme soktuğumuz hisse sayısı 5.8 milyar hisse. Ortalama açığa satış değeri 8,453 Lira, ortalama geri alım değeri ise 22,048 Lira. Buradan ortaya çıkan sonuç: 78.875 trilyon lira zarara girmişiz. Amerikan doları olarak hesaplarsak 25,452,272 dolar zararımız var."

"Yaa..."

Tatsuhana'nın gözleri artık hiçbir şeyi görmüyordu.

İşlem masasına yerleştirilmiş televizyonun ekranında New York'taki bir alış-veriş merkezinden görüntüler aktarıyordu.

Noel'e dört gün kalmıştı.

Fukoku Bankası Londra Şubesi işlem odasının zararı nihayi olarak 14.7 milyar Japon yenine ulaşmıştı.

Banka iç tüzüğüyle belirlenen üst limitten çok daha yukarıda bir pozisyona çıkan Tsuçiya'nın anında işine son verildi. Banka tarafının var gücüyle kamufle etmeye çalışmasına rağmen, olayı öğrenen İngiltere Bankacılık Denetleme Kurumu derhal teftişe başladı. En sert tepkiyi veren piyasa olmuştu. Fukoku Bankası, iç idaresi gevşek banka etiketi yapıştırılarak, 14.7 milyar Japon yeni dışında da zararının olması gerektiği tahminleri ileri sürülmeye başladı. Bunun sonucunda, bankalar arası piyasada sermaye sağlamak için % 1 üzerinde premium ödemek zorunda kalınca, uluslararası finans bölümü hiçbir işi yapamaz hale gelmişti.

İmanişi'nin herşeyden çok içine işleyen "Sözüm senettir" felsefesine dayanan güven ilişkileri üzerinde duran finans semtinde Fukoku Bankası gibi kirlenmiş bir adı sırtında taşıyarak iş yapmak zorunda kalmak olmuştu. Diğer bankalardaki sendikasyon dostlarıyla konuştuğunda bile kendini ezik hissediyordu.

"Bu kadar zarar çıkartıp, sonra da bir kişinin işten atılması yeterli mi!"

Merkez şubede genel müdürün bu tek sözü üzerine çekirge sürüsü ürkerek etrafa dağılmışlardı.

Gerçekle ilişkisi ne olursa olsun, "yaşayan tanrı" olan genel müdürün sözleri harfiyen yerine getirilmeliydi. Her zamanki gibi "yukarıdan gelen emir" rotasına girildiği anda şimşekleri üzerine çeken merkez şube personel dairesi günah keçisi aramaya girişmişti. Merkez şubede de Londra şubesinde de ateş parçaları üzerlerine düşmesin diye, herkes kulaklarını dikmiş, gözlerini dört açarak, günlerini diken üzerinde geçiriyordu.

En hassas tepkiyi veren Londra şubesi müdür yardımcısı Sone olmuştu. Özellikle Tsuçiya'ya karşı değişimi müthişti. Olay öncesinde aralarından su sızmazken, Tsuçiya ile ilgili kararın kesinleştiğini anlar anlamaz pis bir şey görürmüş gibi gözlerle bakmaya başlamıştı. Tsuçiya, bankadan ayrılacağı gün Sone'ye veda ziyaretine geldiğinde bile göz göze gelmemek için özen göstermişti. Sone ise bir zamanlar personel biriminde çalışmış olmanın kendisine kazandırdığı bağlantıları kullanarak, kendisinin işlemlerle ilgisi olmayan alanlardan sorumlu müdür yardımcısı olduğunu, Tsuçiya'yı yönlendirecek bir konumda olmadığını söylemiş ve kabul ettirmişti.

"Sorumluluk Tsuçiya'nın yöneticisi pozisyonunda olan müdürümüz Hayaşi'de değil mi?"

Sone şube içerisindeki özel odasında merkez şubenin personel bölümü yetkilisiyle sesini alçaltarak konuşuyordu.

"Müdür Hayaşi, yeni atanan personelden sorumlu genel müdür yardımcısı Fucita'nın yanında çalışmış. Şimdi de araları oldukça iyi" dedi, telefonun karşı tarafındaki Tokyo personel bölümü yetkilisi adam. "O yüzden genel müdür yardımcısı 'Yahu, Hayaşi'nin ne suçu olabilir ki?...' diyecektir, olasılıkla. Hatta, tepkisini bile çekebiliriz."

"Öyleyse kim?... Sakın beni düşünüyor olmayasınız?" Sone kalbi küt küt atarak sormuştu.

"Sayın Müdür Yardımcısı Sone, benim de tanıdığım personel bölümü çıkışlı olduğundan" dedi karşıdaki adam, kikirdeyerek. "Yok mu birileri? Kimse çıkmazsa okların ucu size de dönebilir çünkü."

Bu tip resmen beni tehdit ediyor! Sone dişlerini sıktı.

"Başka birini bulmak da...." Sone derken bir çıkış yolu arıyordu.

"Şef düzeyinde birileri olmaz mı?"

"Şef sınıfı mı?... İmanişi mi? Bu biraz ağır olmaz mı? Üstelik adam kendisiyle aynı devre elemanlar arasında ilk beşe giriyor. Fazla zorlayıp da işi bırakmasına neden olursak, sendikaya karşı da güç duruma düşeriz."

"Orası öyle elbette ama o kadar da kolayca işi bırakmaz herhalde. Bir şekilde "Kınama" derecesinde bir ceza alacağını kendisine bildir. Bir sonraki terfisi ve atanacağı yeri söyleyince elit takımı genelde söyleneni yapar... Elimizi çabuk tutmazsak genel müdürün öfkesi patlayacak ona göre."

Karşı taraftaki adam, tehdit eder gibi konuştuktan sonra telefonu kapattı. Sone'nin tüm eklem yerleri buz kesmişti.

Sone hemen İmanişi'yi çağırdı.

"Buyrun?" İmanişi kuşkulu bir yüz ifadesiyle Sone'nin karşısına çıktı.

"Kusura bakma da senden bu seferki işlemler odasının zararının ortaya çıkış süreci ve o sıradaki uluslararası finans biriminin hareketleri hakkında rapor hazırlamanı istiyorum."

"İşlemler odasının zararının ortaya çıkışı ve uluslararası finans biriminin hareketleri mi?... Bunun benimle hiçbir ilgisi olmadığı kanısındayım. Müdür Yardımcısı Tsuçiya'ya, yok, eski Müdür Yardımcısı Tsuçiya'ya elimizden geldiği kadar Türkiye ile ilgili bilgi geçtik sadece."

"O bilgi geçme şekliniz sorunlu olabilir!"

"Ne, ne diyorsunuz siz? Ben ve Takahaşi..."

"Tamam artık, her neyse. Sen gidip şu raporu hazırla!" Sone sesini yükselterek İmanişi'nin sözünü kesti. "Ondan sonra konuşuruz!"

İmanişi hoşnutsuz bir ifadeyle odadan çıktı.

Ertesi gün, İmanişi A4 büyüklüğünde beş sayfalık bir raporu Sone'ye teslim etti. Sone raporu okur okumaz İmanişi'yi şubedeki özel odasına çağırdı. Sonra da raporu cümle cümle sorgulamaya başladı. "Bu gerçek mi?" "Bu Türk borsa simsarı ile senin ilişkin ne?" "Neden biraz daha erken bir zamanlamayla Tsuçiya'ya bu durumu bildirmedin? Yoksa mahsus mu sonraya bıraktın?" "Hohho, bunu ilk kez duyuyorum. Neden üstün olduğum halde bana rapor etmedin?" Açık yakalamak amacıyla sorulmuş soruların ardı arkası kesilecek gibi değildi.

Bu herifi yemezsem, beni yiyecekler... Aslında kendi içinde panik yaşayan Sone vargücüyle çabalıyordu.

İmanişi, Sone'nin kendisini günah keçisi haline getirmeye çalıştığını anlamıştı.

Ayaklar altına düşmüş Fukoku Bankası adını piyasada korumaya çalışmak için şimdiye kadar canla başla çalıştım. Bankanın bana uygun gördüğü de bu işte...

Sone'nin sorgulaması akşam saatlerine kadar sürdü.

Ertesi gün, Sone kendi masasında şube içi planlama ve personel işlerini yürüten şef Yamada ile konuşurlarken İmanişi geldi.

"Günaydın" diyerek başıyla selamladıktan sonra, koltuğunda oturan Sone'ye baktı dik dik.

İmanişi'nin gözlerini gören Sone şaşırmıştı. Sanki hiçbir şey görmüyor gibiydi.

İmanişi ceketinin iç cebinden beyaz bir zarf çıkartarak sessizce Sone'nin masasına koydu.

"İi, İmanişi! Bu ne? ...İstifa dilekçesi mi?" İmanişi'nin tahmin ettiğinden daha hızlı tepki vermesi Sone'yi panikletmişti. "Baksana. Acele etme böyle! İşlemler odası konusu sadece prosedür gereği! Senin geleceğine bir etkisi yok!" Başarılı bir elemanın işi bırakmasından sorumlu tutularak geri kalan ömürleri boyunca taşra şubelerinde dolaştırılan adamların yüzleri bir şerit halinde Sone'nin gözünün önünden geçmeye başladı. "Üstelik sen şimdiye kadar hep zamanı geldiğinde terfi ettirildin! Daha ne istiyorsun?... Fukoku Bankası'nda şef olmak, toplumda ..." Canla başla durdurmaya çalışıyordu.

İmanişi, Sone'nin tükürükler saçarak can havliyle konuştukları on dakika boyunca bir kulağından girip diğerinden çıktı.

"Beni durdurmaya çalışmanıza müteşekkirim ama bu kararım kesin." Başıyla selam vererek odadan çıkmak için hareketlendi.

Durumun kendi aleyhine döndüğünü gördüğü anda Sone kedi miyavlaması gibi bir sesle konuşmaya başladı.

"Yahu, biraz dur, İmanişi. Biraz daha konuşalım seninle... Baksana, hey buraya bakar mısın? Konuşalım diyorum. Bunca yıl beraber çalışmadık mı?..Yahu dur, biraz dur. İmanişi!"

Arkasından haykıran Sone'nin söylediklerine kulak vererek İmanişi yürümeye başladı. Sone'nin emrinde çalışan Yamada'ya bağırışını duydu.

"Hey, Yamada! Aldık başımıza belayı! Hemen Tokyo'daki personel bölümü yetkilisine telefon et!.. Nee, evine mi dönmüş! Öyleyse adamın evine telefon et, evine! Saat kaç olursa olsun... Evet, saat kaç olursa olsun acilen bana telefon etmesini söyle. Anlaşıldı mı? Acil bir durum olduğunu söyleyeceksin. Çok acil, çok!"

O gün tüm öğleden sonra boyunca İmanişi, Şube Müdürü Hayaşi'nin bankada kalması için telkin edişini dinledi. Fakat Fukoku Bankası'na karşı bağlılığını tamamen kaybetmişti. Akşamüstüne doğru, İmanişi bir sonraki işyerinden gelen teklifi çoktan imzaladığını söyleyince Hayaşi çaresiz omuzlarını düşürüverdi.

Heathrow Havalimanı üçüncü terminali.

Uzun mesafeli uçuşlar için ayrılan epronda sıralanan uçaklar renk cümbüşü oluşturmuştu.

Tatsuhana bekleme salonunun koltuğuna oturmuş dalgın dalgın uçaklara bakıyordu. Pahalı yün takım elbisesinin iç cebinde İngiliz pasaportu ve uçağa biniş kartı duruyordu. Bahreyn'e gidecek olan Trans-Arabian Havayolları'nın 212 nolu seferinin kalkmasına 40 dakika vardı.

Öğleden önce, Morgan Drexler ofisinde Bahreyn'deki santral ihalesi ile ilgili toplantıya katılmıştı ama ne konuşulduğunu hiç hatırlamıyordu. Görüşme sonrasında zamanı olmadığı için masasındaki döküman tomarını kaptığı gibi havaalanına gelmişti. Az önce de dökümanlara göz gezdirmişti ama yine bir türlü kafasına yerleşmemişti.

Ben bugüne kadar ne için canla başla, çılgıncasına iş bağlamaya çalıştım ki?...

Boşluğa düşen yüreğinde sert rüzgârlar esiyordu sanki.

Para için her şeyimi feda ederek savaştım ama elimde hiçbir şey yok...

Tatsuhana fersiz bakışlarını bekleme salonunun camlarının ardına yöneltti. Pistte dünyanın her yerinden gelen farklı havayollarının uçakları kontrol kulesi tarafından yönlendirilerek, muazzam bir şekilde belirli aralıklarla piste iniyordu. Uçaklar en başta, güneşin yarattığı pusun uzaklarında salınan bir ateş gibi küçük parlayan bir nokta olarak görülüyordu. Bu ışık ön tekerlerin yakınına takılı farlardan geliyordu. Nihayet ışığın çevresinde gitgide uçağın kendisi görünüyor, kanatları ve gövdesinin üst kısmısinyal ışıklarını parıldatarak alçalıyordu. Motor gürültüleri arasında uçuşa geçen uçaklar, sanki başka hiçbir amaçları yokmuş gibi bir hızla göz açıp kapayana kadar havalanıyorlardı ama inen uçaklar uzun bir yolculuğun sonunda rahatladıkları havasını yansıtıyorlardı.

Kuş gibiler... Keşke ben de bir kuş olabilsem...

O sırada, kış öğleden sonrasının kurşuni gökyüzünde bulutların arasında beyaz bir uçak belirdi.

Kanatları olabildiğince uzun son model bir jumbo-jet. Tatsuhana bakışlarını yukarı çevirerek, henüz uzakta olan uçağı izlemeye başladı. Jumbo-jet burnunu hafifçe yukarı kaldırmış, yavaş yavaş alçalıyordu.

Beyaz bir uçak... Hangi ülkenin acaba?...

Tatsuhana'nın görüş alanında uçak gitgide irileşiyordu. Henüz uzakta kalan kuyruk kısmında kırmızı bir renk olduğunu anlayabiliyordu. Tatsuhana dikkatini o kırmızı renge verdi. Kırmızı renk gitgide bir yuvarlak şekline dönüştü. Jumbo-jet tekerleklerini açarak inişe geçti. Kuyruk kanadındaki turna resmi net olarak görülebiliyordu.

Haa...Japonya Havayolları imiş... Japonya...

O an, Tatsuhana'nın göğsünü bir sıcaklık kapladı. *Bu uçak Japonya'dan geliyor işte...*Bu duygu şüphesiz Japonya'ya duyduğu özlem, tenini yakarcasına yaşadığı sıla hasreti idi. *Japonya'dan geliyor...*Uzun zamandır var gücüyle bastırdığı duygular birkaç günden beri kabarmaya başlamıştı. Tatsuhana çevresindeki insanların görmesinden çekinerek gözyaşlarını tuttu.

Jumbo-jet piste temas edince tekerleklerinden beyaz bir bulut kalktı ve hafifçe sıçrayarak, Tatsuhana'nın önünden kayarcasına geçip gitti. Tatsuhana jumbo-jetin arkasından baka kaldı.

*Japonya bayrağını göğsüme takarak yarışabilmek için karla kaplı düzlüklerde koşarak antreman yaptığım günlerin üzerinden yirmi yıl geçmiş...*En sert hayal kırıklığı anında bile, gördüğü bir şeyle göğsünde o sıcaklığı hissedecek enerjinin kendisinde hala olduğunu hissetmek tuhaftı. *Demek ki, bilincimin derinliklerinde hala bir Japon'um. Anavatan... Belki de tek değer biçilemeyecek şey.* Tatsuhana hüzünle güldü.

Derin derin iç geçirerek, gözyaşlarıyla ıslanan gözlerini mendiliyle sildi.

Bir an bakışlarını aşağı indirdiğinde, elindeki döküman tomarının arasında bir kartpostal olduğunun farkına vardı. Dökümanların arasından çekip çıkarttı. Altın pırıltıları saçan ay ve yıldızlar altında Noel Baba'nın bindiği kızağı ren geyikleri çekerek gecenin karanlık gökyüzünde ilerledikleri, sıcaklık hissi veren bir resimdi. Noel Baba'nın torbası kırmızı ve beyaz şeritli kağıtlara sarılmış şekerler ve yeşil kurdelalar takılmış hediye paketleriyle dolup taşmıştı. Noel kartı Miçiko'dan geliyordu.

Bir an Tatsuhana'nın gözlerinin önüne Miçiko'nun güleryüzlü hali geldi.

"Baksana Co. Ben hiç zengin olmayı istemedim. Biraz para olsa yeter. Sıcak bir ev ve üç öğün yemek olduktan sonra yeter. Gerçekten yeterli... İnsanın mutluluğu nedir sence?... Bence mutluluk, birlikte ağlayıp birlikte gülebileceğim, sevinebileceğim bir insanların daima yanımda olmasıdır. Bir kişi bile olsa yeter. Gerçek mutluluk budur."

Bu kadın şimdi bile beni bekliyor mu acaba?...

Tatsuhana bir süre o Noel kartına baktı.

"Co, mutluluk dediğin akla hayale gelmeyecek kadar yakınında olan sıradan bir şeydir. Gerçek mutluluk işte odur." Ölen annesinin sözleri geldi aklına.

Tatsuhana çantasından cep telefonunu çıkarttı. Gözleri ılıklaşmaya başlamıştı.

Sekreteri Sarah'ın numarasını tuşladı.

"Sarah, benim..." Yüreğindeki fırtınanın anlaşılmaması için sözcükleri tane tane konuşuyordu. "Kusura bakma ama Noel akşamı için Le pont de la Tour'da iki kişilik masa ayırtmanı istiyorum. Bir de benim irtibat numaralarım arasında Miçiko diye bir isim var. O kadına telefon ederek Noel akşamı saat sekizde Le pont de la Tour'a gelmesini söyler misin?"

"Anlaşıldı, efendim" dedi sekreteri, tam bir profesyonel gibi sakince.

"Ha, bir de ...." dedi Tatsuhana bir an tereddüt ederek. "Ona iyi bir haberim olduğunu ilet."

"Tamam, Co... Mutlu Noeller!"

4.

23 Aralık. Tatsuhana'nın bindiği 184 sefer sayılı Trans-Arabian Havayolları Trister uçağı Arap Yarımadası'nın doğusundaki çölün yukarısında karanlık gökyüzünde uçuşuna normal olarak devam ediyordu. Bahreyn'deki görüşmeler başarılı geçmişti. Belki de yılsonu yaklaştığından, uçaklar kalabalıktı ve geri dönüş için direkt uçuş bulamamışlar, Umman başkenti Maskat aktarmalı olarak dönmek zorunda kalmıştı. Maskat'ta geceyarısı 00:30'da kalkan British Airways'a aktarma yaptıktan sonra ertesi gün sabah 6:30'da Londra'da olacaktı.

Trister kanatlarında birer ve bir de kuyruğunda olmak üzere üç motorlu Lockheed Şirketi yapımı bir uçaktır. Japonya'da da bir zamanlar ANA (All Nippon Airlines) Sapporo-Tokyo arası gibi hatlarda kullanmıştı ama ilk uçuşunun üzerinden otuz yılı aşkın süre geçen uçaklar yaşlanınca, gelişmiş ülkelerde rastlanmaz olmuştu. Her uluslararası finans bankacısının yapacağı gibi Tatsuhana'da uçak seçiminde titizlenirdi ama bu kez başka seçeneği yoktu. Fakat uçuş düşündüğünden daha yolunda ilerliyordu. Tatsuhana koltuğunda gevşemişti.

Yarın akşam Miçiko ile birlikte Noel Akşamı yemeği... Sonra ona tekrar birlikte olmayı teklif ederim.

Tatsuhana düştüğü ümitsizlik çukurundan yavaş yavaş çıkıyordu.

Uçakta Umman'da yaşayan yirmi kadar İngiliz işadamı da vardı. Rugby severler grubuna dahil, yirmili yaşlarından kırklı yaşlarına kadar sağlam cüsseli adamlar. Bahreyn'de yaptıkları bir karşılaşmadan dönüyorlardı. Adamlar Bahreyn'de uçuşa geçmeden önce bira içmeye başlamışlardı. Şimdi ise uçaktaki kağıt çöp torbalarından yaptıkları şapkaları başlarına geçirmiş şarkı söylüyorlardı. Hostesler şaşırmış görünüyorlardı ama şarkı söylemelerini durdurmaya çalışmadıkları gibi arada sırada samimi gülücükler saçarak konuşmalarına katılıyorlardı. Diğer yolcuların büyük kısmı körfez ülkelerinde hizmetçilik yapan Srilankalı kadınlardı. Hepsi Hintliler gibi özgün geleneksel kıyafetler içerisinde, yüz kişiyi geçen bir grup. Herhalde tatil için ülkelerine dönüyorlardı. Yorulmuş olacaklar, çoğu uyuyordu. Uyanık kadınlar da sohbet etmek yerine sessizce koltuklarında oturuyorlardı.

Uçak Maskat'a 22:00 sıralarında inecekti. Bir süre sonra "On dakika sonra inmiş olacağız" anonsu yapıldı. Tatsuhana kol saatine baktı. Saat akşam 9:50 olmuştu. Uçuş zamanında ilerliyordu.

Ancak anonsun üzerinden otuz dakika geçtiği halde, uçak hiç de inişe geçmiş gibi değildi. Hatta, yere doğru alçaldığı bile hissedilmiyordu. Gece uçuşları inişe geçtiğinde, normalde pencerenin dışında yer yer aşağıdaki evlerin ışıkları görülür. Ancak, pencerenin dışı siyaha boyanmış zifiri karanlık bir dünyaydı ve kaç metre yüksekte olduklarını anlayabilmeleri mümkün değildi. Tatsuhana kötü bir şeyler olacağı hissine kapıldı. Farkında olmadan uçağın kabin ısısı artmış olacak, şakaklarından ter akmaya başlamıştı. Business Class'ta en ön koltukta oturan Tatsuhana'nın bulunduğu yerden mürettebatın hareketleri çok iyi görülebiliyordu ama hepsinin yüzünü hoşnutsuz ifadeler kaplamıştı.

Aniden 'pinpon' diye kabin içi ikazı çalınca, mürettebat hep birlikte pilot kabinine yöneldi. Beş dakika kadar sonra geri geldiler. Business Class'ın ön tarafındaki mutfak boşluğuna toplanarak sıkıntılı yüzlerle konuşmaya başladılar.

Nihayet 1.5 litrelik pet şişedeki suyu aralarında dolaştırarak içmeye başladılar. Trans-Arabian Havayolları'nda yirmiden fazla ülkenin vatandaşları birlikte çalışır. O uçuşun mürettebatı da Avrupalı, Hintli, Arap ve Çinli gibi farklı uluslardan oluşmuştu. Avrupalı hostes sudan bir yudum aldıktan sonra Arap hostese "sen de iç" diye garip bir yüz ifadesiyle şişeyi verdi, o hostes de yine "sen de iç" diye Hintli hostese verdi. Sonra da on kişi kadar olan mürettebat bardak kullanmadan birer yudum içtiler. Bir an gözüne takıldı. Avrupalı hostes düşünceli bir yüz ifadesiyle başını yukarı çevirmiş göğsünde haç çıkarıyordu. Tatsuhana bu manzara karşısında afalladı.

"Uçağımızdaki teknik bir arıza yüzünden Maskat'a gitmekten vazgeçerek Birleşik Arap Emirlikleri Abudabi şehrine döneceğiz." Kabin içi anonsu yapıldı.

"Lanet olsun!" Tatsuhana yanında oturan İngiliz adam söylendi.

Trans-Arabian Havayolları'nın Abudabi'de uçak bakım merkezi vardı ve Abudabi'deki pistin uzunluğu da Maskat pistinden daha uzundu. Herhalde Abudabi'de gövde üzerine inmeyi deneyeceklerdi.

Kaptanın anonsu bitince mürettebat hemen patırtılar çıkartarak yemek servisi ve gümrüksüz satış kabinetlerini toparlamaya başladılar. Dörtgen metal kabinetler belirli dolaplarına tıkıştırılarak, sıkıca kilitlendi. Koridor gibi açığa bırakılmış tüm eşyalar kaldırılarak başüstü dolaplarına ya da mutfaktaki dolaba kaldırıldı, kapakları kapatıldı. Mürettebat telaşla koridorda koşuşturarak yolcuların emniyet kemerlerini yerlerinde olup olmadıklarını kontrol ediyorlardı. Tatsuhana ve İngilizler endişeyle mürettebatın koşuşturmasına bakıyordu. Srilankalı kadınların çoğu hiçbir şeyin farkında olmaksızın uyumaya devam ediyorlardı.

"Hey, siz! Biraz buraya gelir misiniz?"

Mürettebat şefi olacak, Arap adam Tatsuhana, yanındaki İngiliz ve hemen arkalarındaki Hintli adamı çağırdı. Üç adam yerlerinden kalkarak mutfak alanına yöneldiler. "Bakın. Şimdi size acil çıkışın açılış şeklini göstereceğim. Acil çıkışı normalde bizim açmamız gerekiyor ama gövde üzerine iniş sırasındaki sarsıntının etkisiyle biz yaralanacak olursak, sizin açmanız gerekecek." Kırk yaşlarındaki bıyıklı Arap sakin bir ses tonuyla üç adama acil çıkışın açılış şeklini anlatmaya başladı. "Bu manivela." Acil çıkışın sağ üst kısmında bulunan plastikle kaplı manivelayı gösteriyordu. "Bu plastik kabı çıkartıp, içindeki manivelayı güçlüce aşağıya doğru indirin. Sonra kapıyı itince acil iniş merdiveni otomatik olarak açılır. Binde bir ihtimal dışarıdaki rüzgâr gibi etkenlerle merdiven kabin içine dönecek gibi olursa tekmeleyerek dışarı çıkartın." Mürettebat şefi daha sonra acil çıkış kapısını açtıktan sonra yapmaları gerekenleri üç adama ayrıntılarıyla anlattı. Tatsuhana'ya arka taraftan yolcuların yüklenmesi durumunda, karmaşayı önlemek için onları geri itme görevi verildi.

Açıklamaları dinleyip koltuklarına döndüklerinde, yanındaki İngiliz " Benim adım Steeve. Senin adın?... Haa, tamam Co. Memnun oldum Co" diyerek sağ elini uzattı. Otuz yaşlarında, nazik bir adamdı. Tatsuhana adamın elini sıkınca "Pekiyi Co, sen daha önce böyle bir şey yaptın mı hiç?"diye sordu. "Hayır, hiç" "Tabi ya. Benim de başıma ilk kez geliyor." İngiliz adam endişeyle başını önüne eğdi.

Trister uçak homurtular çıkartarak zifiri karanlıktaki uçuşuna devam ediyordu. Arada sırada uçak gövdesinden gacırtılar çıkartarak sarsılıyordu. Rugbycilerin şarkı sesleri de susmuş, kabinin içerisi kasvetli bir sessizliğe gömülmüştü.

20 dakika kadar uçtuktan sonra aşağıdaki ışıklar görünmeye başladı. Abudabi'ye yaklaşmış olmalıydılar. Daha sonra ne olacağını kestiremiyordu ama yeryüzündeki ışıkları gör-

mek biraz olsun içini rahatlatmıştı. Biraz sonra uçak alçalarak Abudabi Havalimanı üzerinde bir tur attı. Karanlık pistte fosforlu ilaç serpilmiş, pistin kıyısında sıralanan onlarca ambulans ve itfaiye aracı kırmızı lambaları yanıp sönerek beklemeye geçmişti.

Acil iniş pozisyonu almaları gerektiği anons edildi. İşte kader anı gelmişti. Tatsuhana ayaklarını birleştirerek, başını dizlerine yaklaştırıp, kollarını başının arkasında bitiştirdi.

Böyle bir yerde ölecek adam değilim! Benim şansım güçlüdür. Tatsuhana elinden geldiğince güçlü olmaya çalışıyordu.

"Uçak durana kadar acil iniş pozisyonunu bozmayın! Lütfen, acil iniş pozisyonunuzu koruyun!" Mürettebat yüksek sesle bağırmaya başlamıştı. Tatsuhana'nın gözünün önündeki Avrupalı ve Hintli hostesler de Arap şeflerine uyarak avazları çıktığınca bağırıyorlardı. "Uçak durana kadar acil iniş pozisyonunu bozmayın! Acil iniş pozisyonunu..."

Uçak aniden gürültüyle sarsıldı ve ardından müthiş bir şok dalgası vücuduna yayıldı. Tatsuhana, vücudunu ezici bir ağırlığın altında kalmış, parçalara ayırılıyormuş gibi hissetmeye başladı. O bile ışığın bir an parlaması gibi bir histi. Görebildiği alanın kıyısında az önce önünde oturan hostesin kırılmış bir oyuncak bebek gibi uçuşunu gördü. Bir sonraki an, gözlerinin önü kıpkırmızı alevlerle kaplandı. Sonra da Tatsuhana'nın bilinci zifiri karanlığa gömülüverdi.

"Abudabi Havalimanı'nda Trans-Arabian Havayolları uçağı inişte başarılı olamamış."

İnternet üzerinden gazete haberlerini kontrol eden Takahaşi, İmanişi'ye döndü.

"Öyleymiş. Sabah evden çıkarken BBC haberlerinde şöyle bir gördüm. Hem de Noel Gecesi..." dedi İmanişi üzgün bir sesle. "180 kişilik yolcu ve mürettebattan kurtulan olmamış değil mi?"

"Evet. Japonya uyruklu kimse yokmuş."

"Ya... Eh hiç olmazsa biraz teselli edici."

İmanişi bakışlarını yeniden masanın üzerine yığdığı dökümanlara çevirdi.

Bu Fukoku Bankası'nda çalışacağı son gündü. İmanişi öğleden önce şube içerisinde dolaşarak veda ziyaretlerini tamamlamış, öğleden sonra da dökümanlar arasından geride kalan Takahaşi'nin işine yarayabilecek olanları ve öyle olmayanları ayıklamıştı.

"Maplewood'da yılbaşından itibaren mi başlıyorsunuz?" diye sordu Takahaşi.

"Evet. Ani oldu biraz, kusura bakma ama öbür taraf da eleman yetersizliğinden bir hayli sıkıntıdaymış. Aylar öncesinden baskı yapıyorlardı."

Maplewood hisseleri halka açılmamış şirketlere yatırım konusunda uzmanlaşmış bir Amerikan yatırım şirketidir. Kuruluşunun üzerinden henüz pek fazla geçmemiş olmasına rağmen yönetici takımına büyük yatırım şirketlerinden çok sayıda veteran ismi katmayı başarmışlardı. Japonya'da büyük ölçekli biryatırım fonu oluşturma planlarını ilerletiyorlardı. Ayrıca devletleştirilen Japonya Uzun Vadeli Kredi Bankası ve Nippon Credit Bank satın almını da incelemekteydiler.

" İmanişi Bey, siz Japonya şubesinin yatırımdan sorumlu müdürü olacaksınız değil mi? Japonya Uzun Vadeli Kredi Bankası'nın satın alımına falan mı el atacaksınız?"

"Henüz hedefin neresi olacağı belirlenmemiş ama bir şekilde ben de karışırım herhalde. Hem büyük bir iş, hem de toplumsal faydası daha fazla bir şirket. Ayrıca, yatırım fonunun oluşturulmasını da bana bağlayacaklar herhalde."

"Eğlenceli olmalı."

"Ben prensip olarak, yaptığım işin topluma faydasının ne olacağına takıyorum. Bunun da mümkünse başka bir ülke değil, Japonya olmasını isterim... Sone gibi tipler beni marjinal buluyorlar gerçi..."

İmanişi utangaç bir gülümseme takındı.

"Hiç de öyle değilsiniz" dedi Takahaşi, kendinden emin bir ses tonuyla. "Artık, esas sizin söylediğiniz gibi yaşamak daha fazla kabul görmeye başladı. Biraz konu değişecek ama ben dört sene önce Kobe deprem felaketi sonrasında gönüllü olarak çalışan liseli kız öğrencileri gördüğümde çok etkilenmiştim. 'İşte Japonya, asla batmaz. Böyle insanları var çünkü' demiştim kendi kendime. Öte yandan Japon bankalarını bu kötü haline getiren insanlar hala bankalara yapışıp kalarak yüksek rakamlardaki yönetici maaşları ve yüz milyonlarca Japon yeni emekli ikramiyesi alıyorlar." Takahaşi'nin yüzünde öfke kızarıklığı belirmişti. "Kobe'deki kız öğrencilerle bizim yönetim kurulu başkanımızın hangisinin daha üstün olduğunu sorarsanız, cevabım çok net. Eskiden herkes terfi etmenin o insanın değerini ifade ettiğine inanıyordu ama artık nesnelerin niteliğine çok dikkatli bakılan bir döneme geldik. Her insan kendi değer yargıları ve yaşam felsefesine göre yaşayıp, herkesin kendi başına başarılı olacağı bir dönemin geldiğine inanıyorum."

"Senden bunları duymak bana güç verdi." İmanişi gülümsedi. "Üstelik banka reformu ve yatırım fonu işi gerçekten eğlenceli olur. Japonya Uzun Vadeli Kredi Bankası gibi bir yer Batılı finans kuruluşlarında tecrübesi olan insanları başa getirerek geniş ölçekli bir reform gerçekleştirirse iyi bir banka haline gelebilmesi olası ve belki de kendinin yatırım yaptığın küçük bir şirket gelecekte Sony ve Honda gibi Japonya'yı sırtlayan dğnya markalarından biri haline gelebilir." İmanişi'nin gözleri parlıyordu. Takahaşi onun bu haline imrenerek baktı.

"Haa, bu arada..." Bir an İmanişi'nin aklına gelivermişti. "Vakabayaşi Bey de gelecek ay sonunda bankayı bırakıyormuş."

"Ne? Vakabayaşi Bey de mi bırakıyor?"

"Avrupa kökenli bir yatırım danışmanlığı şirketinde strateji uzmanı olacakmış."

Strateji uzmanlığı tek bir şirket ya da sektör üzerinde analiz yapmakla sınırlı kalmaksızın, makro ekonomi çerçevesinde sermaye dağılımı dahil olmak üzere yatırım taktiklerinin tamamı hakkında önerilerde bulunmayı öngören bir iştir.

"Şu sıralar analistler ve strateji uzmanları revaçta ya? Benim maaşımın sadece %20-30 artacak olmasına karşın, onun yıllık geliri 30-40 milyon Japon yenini bulur herhalde. Üstelik, Vakabayaşi de kendi araştırmalarından edindiği birikimi reel sektörde kullanmak istiyordu... Hem Vakabayaşi, hem de ben *big ban* sayesinde yaşam felsefemize uygun işlere geçiyoruz."

İmanişi bu sözlerinden sonra tekrar ayıklama işine döndü.

Takahaşi için, her bir belgeyi titizlenerek kontrol ediyordu. Arada sırada gerekli olabileceğini düşündüğü notlar düşüyordu.

Londra, Karafuto Adaları'nın orta kısmıyla hemen hemen aynı paralelde yer alan bir kuzey şehridir. Kışın güneş erken batar. Saat 15:00'ı gösterdiğinde dışarısı kararmaya başlamıştı. Arada sırada kredi yönetimi ve proje finansmanları bölümlerinden İngiliz çalışanlar İmanişi'nin yanına gelip, bol şans dileyerek elini sıktılar.

Akşam 7:00'da İmanişi nihayet ayıklama işini bitirdi.

Şubede kimsecikler kalmamıştı. İmanişi, yanında getirdiği spor çantasına kendi özel eşyalarını koymaya başladı. Kartvizitler ve kendi parasıyla aldığı kırtasiye malzemeleri. Elbette birkaç thombstone. İmanişi'nin binbir zahmetle gerçekleştirdiği sendikasyon kredilerinin *thombstone*ları. "Top Left" kısmındaki Fukoku Bankası adı ışıltılar saçıyordu. Herbiri ayrı öykü ve anılarla yüklü cep kitabı büyüklüğündeki akrilik bloklar İmanişi'nin gençliği ve coşkusunun sembolüydü.

Eşyalarını çantaya koyunca İmanişi ayağa kalkarak, Takahaşi'ye sağ elini uzattı.

"Evet Takahaşi, ayrılık zamanı geldi. İkimiz de Kobe'deki kız öğrencilerden aşağı kalmamak için çabalayalım."

"Herşey için teşekkür ederim. Artık farklı şirketlerde çalışacağız ama sizden yardım isteyeceğim birçok konu olacaktır."

Takahaşi, İmanişi'nin gözlerine bakarak elini güçlüce sıktı.

İmanişi ofisten çıktığında, gecenin şemsiyesi çoktan şehrin üzerine örtülmüştü.

Gökyüzünün yüksek bir noktasında ay çıkmıştı. Havanın dondurucu soğuğundan, çevresi buğulanmış gibi duran küçük ay beyaz pırıltılar saçıyordu. Nefesler beyaz bir duman haline geliyordu. İmanişi, Fukoku Bankası'nın sekiz katlı siyah binasına son bir kez bakarak on sekiz yıllık bankacılık yaşamına son vedasını etti. Sonra da binaya sırtını dönerek yürümeye başladı. Bir an St. Paul Katedrali'ne baktığında vitrayların ardından soğuğu kesercesine huzur verici bir ışığın süzüldüğünü gördü. Işığa baktıkça, içinde tanrının oğlunun bu gece dünyaya ineceği hissi oluşmaya başladı.

İmanişi siyah taksilerden birini çevirerek, karısıyla buluşacağı restorana yöneldi.

Bindiği taksi hareket ettikten sonra, dışarıdaki manzarayı izlerken, karısını düşünmeye başladı. Bir hafta önce iş değiştireceğini söylediğinde karısının yüzünde bir endişe ifadesi belirmişti. Çocukluklarının en hareketli dönemlerini yaşayan iki çocuğu olunca insanın endişeye kapılması çok normal.

Fakat karısı karşı çıkmamıştı.

Birçok sıkıntıya katlanmak zorunda kalacak...

Camın ardında kalan finans semti Noel Gecesi ışıklarına boğulmuştu.

Sözleştikleri saate biraz daha zaman vardı. İmanişi Londra Köprüsü İstasyonu'nda taksiden indi. İstasyon binası İkinci

Dünya Savaşı öncesinden beri ayaktaydı. Tuğla duvarları yaşlı bir insanın dişleri gibi yer yer eksilmişti. İmanişi restorana giden yolda yavaş yavaş yürümeye başladı. Thames Nehri kıyısında kalan bu kuşak eskiden bir dalgakıran olduğu için, çevredeki yer adlarında "dalgakıran" anlamına gelen *Quay* ve *Wharf* sözcüklerinin kullanıldığı çok sayıda ad vardır. Alışveriş merkezi halindeki caddede ilahiler söyleyen gençlik korosunun alçak sesi sakince yayılıyordu. Cadde yemyeşil dallarla süslenmiş, aralarına binlerce minik lamba yerleştirilmişti. Siyah mantosunun eteklerini toplamış, kağıt Noel alışveriş poşeti taşıyan uzun boylu bir kadın nezih adımlarla yürüyerek geliyordu. Çiçekçide saksılara dikilmiş ful çiçekleri sıralanmıştı. Kıpkırmızı çiçekleri Beytlehem yıldızına benzeyen çiçekler Noel çiçekleriydi.

On dakika kadar yürüdükten sonra, İmanişi restoranın bulunduğu Butler's Wharf'a ulaştı.

Restoranın girişi Thames Nehri kıyısındaki yürüyüş yoluna bakıyordu. Gezi yolu boyunca büyük yuvarlak lambalar takılmış sokak ışıkları sıralanmış yolun ıslak yüzeyini aydınlatıyordu.

"Kusura bakma. Bekledin mi?"

İmanişi nehri izleyerek bekleen karısına seslendi.

"Yok, ben de yeni geldim. Yahu bu 'Le pont de la Tour' çok pahalı bir restoran değil mi? Böylesine muhteşem bir yerde yemeğe çıkacak kadar paramız var mı?"

"Bugün Noel Gecesi"

"Öyle ya... Hem de senin iş değiştirme günün. Tebrikler Tetsuo! Bugün kutlama günü olsun!"

Şuna bak.. Ağlatacak beni neredeyse. İmanişi karısının düşünceli hali karşısında ağlayacak gibi olmuştu.

İmanişi sağ elini karısının omzuna atıp, restoranın girişine yöneldi.

Girişin yakınlarında yüzünde birilerini bekler gibi bir ifade olan ufak tefek bir kadın duruyordu. Lacivert manto giymiş, kapşonunu başına geçirmiş, eldiven takmıştı. Siyah saçlarını kısacık kestirmiş, yüzünde çocuksu bir masumiyet taşıyan Japon bir kadındı.

İmanişi çifti başlarını eğerek selamlayıp, kadının önünden geçtiler.

"Beyaz tenli, hoş bir kadın."

"Kesin kuzeyden bir yerlerdendir."

Çift konuşarak restoranın kapısını açtılar.

Selamlamalarını yanıtladıktan sonra, samimi bir şekilde restorana giren Japon çiftin arkalarından bakarken gülümsedi. Kol saatine baktı, Tatsuhana ile sözleştiği saati on dakia geçmişti.

Kesin, yine işi başından aşkındır.

Miçiko bakışlarını yukarı çevirdi. Thames Nehri'nin akıntısının sesi çok net duyuluyordu.

Nehrin geniş yüzeyinde karşı kıyıdaki oteller ve apartmanların ışıklarıyla kurşuni ve turuncu yakamozlar oluşmuştu. Sol tarafta ışıklandırılmış Londra Köprüsü gecenin karanlığına asılmış gibi duruyor, köprünün öte tarafında ise finans semti binaları tepecikler gibi görünüyordu. Sağ tarafta uzaklardaki Dockland devasa bir elmas gibi gümüş rengi ışıltılar saçıyordu. Karanlık gökyüzünde kül rengi bulutlar ağır ağır akmaktaydı.

Miçiko bir süre bu manzarayı izledikten sonra restorana döndü.

Pencerenin alt yarısına beyaz perdeler çekilmiş restoran Paris'ten bir köşe gibiydi. İçeriden parlak ışıklar geliyordu, duvarlar zarif bir bej rengine boyanmış, şık resimler asılmıştı. Masaların tamamı bembeyaz örtülerle kaplanmıştı. Tüm masalarda şarap bardakları sıralanmış, restoranın müşterileri mutlu yüzlerle yemeklerine devam ediyorlardı. Az önceki Japon çift şampanya ile kadeh kaldırıyorlardı. O hallerini görünce Miçiko gülümsedi.

Birazdan gelir.

Soğuk rüzgâr Miçiko'nun yanaklarına mızrak gibi çarpıyordu. Fakat yüreği mutlulukla dolmuş, sımsıcak olmuştu. Akan ırmağın ve Londra Köprüsü'nün üzerinden geçen araçların sesi, şehrin uyanık olduğunu anlatıyordu. Miçiko şehrin yaşam sesini dinleyerek beklemeye devam etti.

Sözleştikleri saati bir saat geçtiğinde de Tatsuhana görünmedi.

Miçiko'nun burnu kızarmış, yanakları hissizleşmeye başlamıştı.

Mutlaka gelir... Bugün bizim yeniden başlayacağımız gün olacak.

Miçiko bir türlü görünmeyen adamı düşünürken gülümsedi. Rüzgârla dağılan saçlarını toparladı.

Aniden gözlerinin önünden beyaz bir şey geçti, salınarak. Miçiko bakışlarını gökyüzüne çevirdi.

Kar yağmaya başlamıştı.

Epilog

Boeing 757'nin ince uzun gövdesi yavaş yavaş irtifasını azaltıyordu.

Aşağıdaki yemyeşil zengin ormanlarla kaplı Japonya manzarası, bir zamanlar Londra'da yaşadığı sıralarda ziyaret ettiği Güney Afrika manzarasını anımsattı.

United Havayolları 801 sefer sayılı uçağı planlanan saatte, öğleden sonra 2:30'da Narita Havalimanı'na indi.

Elinde siyah deri evrak çantasıyla uçaktan çıkan İmanişi, terminale doğru devam eden koridorda yürümeye başladı. Cam pencerelerden içeri dolan ilkyaz güneşi göz kamaştırıyordu. Japon bankasında çalışırken ciddi ve hiçbir albenisi olmayan takım elbiseler giyerdi ama şimdi pırıltılar saçan beyaz pamuklu gömleğin üzerine pahalı, pantolon paçaları duble bir koyu takım elbise giymişti. Bu haliyle kendini çok daha iyi hissediyor, içindeki mücadele ruhunu sürekli güçlü tutabiliyordu. Titri Japonya şubesi yatırımdan sorumlu müdür. Amerikan yatırım şirketi Maplewood'un takım kaptanı.

İmanişi, Fukoku Bankası'nın bıraktıktan sonra iki-buçuk yıl geçmiş, 2000 yılına girilmişti.

Bu iki yıl zarfında Japonya finans dünyası daha önce hiç karşılaşmadığı değişimleri tecrübe etmişti. Ağustos 1999'da Daiiçi Kangin, Fuci ve Kogin bankaları birleşeceklerini açıkladılar. Bunun ardından diğer büyük bankalar da birbiri ardına birleşeceklerini açıklayınca, göz açıp kapayıncaya kadar Tokyo merkezli bankalar dört şemsiye altında toplanmış oldu.

Medya 'Megabank Doğuşu' şeklinde abartıyordu ama aslında hasta adamların ayakta kalabilmek için birbirlerine yaslanmasından başka bir şey değildi. Herhangi bir stratejileri de yoktu. Citigroup eş-başkanı John Reed Nikkei Business dergisine verdiği röportajda "Mizuho Finans Grubu'nun sermaye açısından dünyanın birinci sırasına oturması hakkında ne düşünüyorsunuz?" sorusuna "Ancak, kar açısından 200'üncü sıranın üzerine çıkamıyor olsa gerek" diye omuz silkmişti. John Reed'in verdiği mesaj açıktı. "Ancak kar ve satışlar, müşteriler için yapmış olduklarınızı ifade eder. Toplam sermaye ölçeği hiçbir şeyi göstermez. Japonya'nın finans kuruluşları dünya piyasasında önemli bir yere gelebileceğini tahmin bile edemiyorum. Toyota ve Sony uluslararası pazarda ayakta kalabilecek işletmelere sahip ama aynı unsurları finans dünyasında bulabilmek mümkün değil."

Birleşeceklerini açıklayan her banka birleşme sonrasında olabildiğince fazla kadro elde edebilmek, piyasadaki finansman hacimlerini artırmak için ölesiye bir mücadele sergiliyorlardı. Fukoku Bankası'nda yeni genel müdür açık işletme modelini hedefleyerek, banka çalışanlardan kim olursa olsun herkesin e-posta ile doğrudan genel müdüre fikrini beyan edebileceği bir sistem getirmişti. Fakat bilgisayar şirketi ile iş yapan şubede çalışan bir eleman "Genel müdürün internet bankacılığı stratejisi çoktan çağın gerisinde kalmış durumda" içerikli bir e-posta gönderince, aslında genel müdürün e-posta falan okumadığı anlaşılmış, onun yerine yıldırım hızıyla sekreterliğini yapan yedi-sekiz kişiden ayrı ayrı "Genel müdürümüzün stratejisi şu şu açılardan çok isabetlidir ve düşünceniz çok yanlıştır" içeriğinde cevaplar gelmişti.

Büyük şirketler haline gelmek arzusundaki büyük bankalar hiçbir stratejileri olmaksızın birleşme yolunda hızla ilerlerken, yeni bir güç finans dünyasına giriyordu. Orix Trust Bank kurulmuştu. İto Yokado ve Sony'nin herbiri mevduat hesabı ağırlıklı banka ve internet üzerinden çalışan banka kurmak üzere harekete geçmişlerdi. Mitsui, C-İto, Nişşo İvai gibi holdingler menkul kıymetler şirketleri kurmuşlardı. Softbank, Orix, Tokyo Kaico gibi holdingler Nippon Credit Bank'ı satın almışlardı. Buna ek olarak bireysel sermayelerin 1200 trilyon Japon yenine ulaştığı altın ülke "*Jipangu*"ya birbiri ardına giren yabancı finans kuruluşları... Japonya Uzun Vadeli Kredi Bankası Amerikan yatırım şirketi Ripplewood tarafından satın alınıp adı Şinsei Bank olarak değişmişti. Bundan sonra, var olan büyük bankalar ve büyük menkul kıymetler şirketleri bu yeni güçlere paylarını kaptırmış, finans kuruluşları arasındaki rekabet iyice kızışmıştı. Müşteriler açısından hizmetler gün geçtikçe iyileştiği gibi, finans hizmetleri karmaşıklaşarak çeşitlilik kazanıp, yatırımcı sorumluluğunun bir kat daha fazla sorgulandığı bir döneme girilmişti.

Rusya hisse senetleri piyasası 26 Mart'ta yapılan devlet başkanlığı seçimlerinde Vladimir Putin'in seçilmesinden olumlu etkilenmiş, tekrar canlanmaya başlamıştı. Yılbaşına oranla % 36'yı geçen yükselme oranıyla (dolar bazında) dünya borsalarının zirvesine oturmuştu. Rusya'ya yönelik kredi ve bono kar marjları da aniden azalmıştı. 2007 vadeli Rusya devlet eurobondlarına bakılınca, Ekim 1998'de Rusya krizinin yansımasıyla (Amerikan bonoları artı) 8000 bazı (%80) aşan kar marjlarına ulaşmıştı ama 99 Mayıs'ında 5000 baz, Ocak 2000'de 2000 baz olmak üzere ani bir daralma göstermişti. Mart 2000'de ise 1000 baz sınırının altına düşmüştü. Rus hükümeti yıl sonuna kadar, eurobond piyasasına yeniden girmeyi planlıyordu. Türkiye, kredi derecelendirme kuruluşu FitchIBCA tarafından kredi derecesi tek B'den çift B'ye yükseltilip, Orta ve Güney Amerika'da ise Moody's Meksika'yı çift B'den üç B'ye çıkartılmıştı. BMJ Başkanı ve Ceo'su Paolo Beneditti'nin kehaneti gerçekleşmiş yükselen piyasalar kendini toparlamıştı.

Fakat Japonya ve yükselen piyasalardaki böylesi değişimler, şu an dünya genelinde yaşanan değişimle karşılaştırıldığında solda sıfır kalırdı. IT devrimi. Bu devasa çığ, tüm dünyadaki iş dünyasının gözünün yaşına bakmadan alt üst etme yolunda ilerliyordu. "Benim NatWest'e (National Westminster Bank) gittiğim Haziran öncesinde, dünya sağlam bir yere benziyordu. Ancak bu şu an bir hayli farklı." Bu sözler Mart ayında İngiltere'nin dört büyük bankasından biri olan National Westminster Bank'ın yürütücü genel müdürlüğünden istifa ederek, internet sektörüne yatırım yapan bir şirketin yönetim kurulu başkanlığına geçen Ron Sandler'e aitti. Olasılıkla on yıl sonra çoğu iş kolu tahmin edilemeyecek ölçülerde farklı yapılara dönüşerek, akla hayale gelmeyen oyuncuların faaliyet göstererek, insanların yaşamları ve değer yargıları bile değişecekti.

İmanişi bu büyük değişimin tam ortasında, gücü yettiğince işini yapabilmekten sevinç duyuyordu.

Amerika kökenli finans kuruluşları zorluydu ama çalışmaya değerdi. Örgütlenmesi düz ve karar mekanizması hızlı, üstelik toplum için katkısı olabileceği için Japon bankasında çalıştığı dönemlerde aklına bile getiremediği konularda birbiri ardına anlaşmalar gerçekleştiriyordu. Hatta, bazı zamanlarda anlaşma yapmanın cazibesinin esiri olacak duruma geliyordu. Fakat öyle bir ortam içerisinde bile İmanişi toplum için bir şeyler yapmak ve adalet prensiplerini koruyordu. Bundan sonra da koruyacak, yaşamında dümdüz ilerleyecekti. İsimsiz ama en azından, onuruyla yaşayan her sıradan insan gibi.

İmanişi ülkeye giriş işlemlerini halledip, bagajını alacağı banta doğru merdivenlerden inmeye başladı.

Bantın hemen yakınındaki banka oturarak bagajının çıkmasını beklemeye başladı. Üç ayda bir iş için New York'a gittiğinden on üç saatlik uzun yolculuklara da alışmıştı. Uçağın inişe geçtiği ana kadar okumaya devam ettiği dökümanları evrak çantasından çıkartarak, bacak bacak üstüne atıp rahat bir oturuşla sayfaları açmaya başladı. Bu gidişinde New York'taki toplantıda başlıca konu olan yüksek teknik gücüne sahip bir ortaklık şirketinin hisselerinin piyasaya açılması planıydı. Hemen bu baharda aynı türden bir iş yapmıştı ve İmanişi için ikinci piyasaya hisse arzı işi olacaktı. Bundan sonraki programı kafasında oluşturmaya çalışarak döküman sayfalarını çevirdi.

"Özür dilerim. Uyuşturucu kontrol köpeğimizin eğitimi için yardımınızı rica edebilir miyim?"

İmanişi şaşkınlıkla sesin geldiği tarafa baktı.

25 yaşlarında saf yüzlü bir genç yanında duruyordu. Lacivert iş elbisesi gibi bir üniforma giymişti. Şapkasını çıkartınca saçları darmadağın olmuştu.

"Ne yapmam gerekiyor?"

"Hiçbir şey yapmanıza gerek yok. Öylece oturun lütfen."

"Isırmaz değil mi?" diye sordu İmanişi, şakayla karışık.

"Sorun yok" dedi genç adam gülümseyerek ve elindeki şeffaf naylon torbanın ağzını açtı. Torbanın içinde çorap parçası ve elbezi vardı. "Bunu ayak bileğinize sararak, çorabınızı üstüne çekin" diyerek beyaz havluyu İmanişi'ye verdi.

Herhalde havluya uyuşturucu ya da öyle bir şeyin kokusu sindirilmiş olmalıydı.

Aynı seferle Japonya'ya gelen ve bantın çevresinde eşyalarının çıkmasını bekleyen Amerikalı ve Japonlar onlara dönmüş, aralarındaki diyaloğu ilgiyle izliyordu. İmanişi genç adamın söylediği gibi, havluyu ayak bileğine sarıp, çorabını üstüne çekti. Sonra, bankta otururken bir köpek göründü. Tüyleri uzun beyaz bir köpekti. Köpek bagaj bantının çevresi ve diğer yolcuların arasında her yeri koklayarak dolaşıyordu. Burnunu her yere uzatıyordu ama tek bir yerde durmuyordu. Bir, iki dakika geçtikten sonra köpek İmanişi'ye yaklaştı. Havluyu sardığı ayağını ısrarla kokluyordu. Sonra burnunu iki üç kez çoraba sürterek daha güçlü koklamaya başladı. Nihayet emin olmuş olacak ki, İmanişi'nin önünde oturdu kaldı. Sonra da sanki "Burası! Burası!" dermişçesine az önceki genç adama başını sallamaya başladı. Asla havlamıyordu.

Mükemmel eğitmişler!.. İmanişi hayran kalmıştı.

Genç adam gelerek kuyruğunu sallayan köpeğin başını okşayıp, tostop ettiği beyaz havluyu ödül olarak ısırmasına izin verdi.

"Teşekkür ederiz" derken başını saygıyla eğen genç adam enerji doluydu.

Havluyu geri verirken İmanişi'nin içinden 'kolay gelsin, yolun uzun' demek geçti.

Az sonra, bagaj bantı gürültüyle çalıştı.

Business Class'ta uçan İmanişi'nin bagajı hemen çıktı. Bagajını kaldırıp el arabasına koydu. Pasaportunu göstererek gümrükten geçince otomatik cam kapılar iki yana açıldı ve varış lobisine çıktı. Lobi tanıdıklarının gelişini bekleyenlerle kalabalıklaşmıştı. İmanişi el arabasını iterek insan kalabalığının arasından çıkışa yöneldi.

Şöyle bir arkasına dönüp baktığında yolcu bekleyenlerin kalabalığının başlarının yukarısında inen uçakların duyuru panosunu gördü. Siyah panoda uçakların durumu her an değişiyodu. İmanişi'nin bindiği United Havayolları 801 sefer sayılı uçağının sırasında sağ tarafta indiği saat yazıyordu.

Onun hemen altındaki havayollarının adını gördüğünde İmanişi'nin bakışları takıldı kaldı.

Trans-Arabian Havayolları...

Abudabi Havalimanı'nda buhar olan bir adamın silüeti gözlerinin önüne geldi.

Top Left statüsü en çok yakışan, hırçın kartallar gibi bir uluslararası finans uzmanı.

İmanişi olduğu yerde çakılmış kalmış "765 sefer sayılı Trans Arabian uçağı inmiştir" yazısına uzaklarda hayal meyal bir serap görmüş gibi bakıyordu.

Nihayet İmanişi hafifçe iç geçirerek, bakışlarını terminal binasının çıkışına çevirdi. Sonra da çıkışın büyük cam kapılarına doğru el arabasını itmeye başladı.

Yaz başlangıcının güneşi camın arka tarafında olabildiğince parlaktı, yaramaz bir çocuk gibi.